LA LIGUE

A

PONTOISE

ET DANS LE

VEXIN FRANÇAIS

PAR

HENRI LE CHARPENTIER

A PONTOISE

Chez Alexandre SEYÈS

LIBRAIRE

Rue de l'Hôtel de Ville

M. DCCC. LXXVIII

LA

LIGUE

à

PONTOISE

Tiré à 450 exemplaires.

〜〜

Imprimé pour H. Le Charpentier,

Sur les presses de Amédée Pâris, Typographe à Pontoise.

Les planches héliographiques hors texte gravées
par P. Dujardin,

Tirées par L. Eudes;

Les photogravures, dans le texte, exécutées par les
procédés de Yves et Barret.

Papier de la maison Van Gelder, d'Amsterdam.

Oval portrait inscription:

MARCHIO DE VILLEROI COMES DE BVRY &c. EQVES TORQVATVS C. CATAPHRACTORVM DVX LVGD FORIS BELLO I·O PROREX SVPREMVS CAROLVS DE NEVFVILLE DD HALINCOURT.

C. Audran fecit

En vultum excelsæ quaris vestigia mentis?
Proles. Lugdunum Gallia, Roma refert.

C . D ' A L I N C O U R T

GOUVERNEUR DE PONTOISE.

pendant la ligue

Heliog. Dujardin

Paris Imp.

INTRODUCTION

« Les événements accomplis pendant
» la Ligue et sous les derniers Valois
» forment peut-être la période la plus
» intéressante de notre histoire. »

M.-A. Dufour.

(Mémoires de la Société de l'histoire de Paris. T. II.)

L'écrivain qui s'exprimait ainsi n'émettait pas une opinion erronée, et si ces lignes peuvent s'appliquer à la France entière, elles sont empreintes d'un caractère de vérité plus grand encore, quand il s'agit de Paris, de l'Ile-de-France, et aussi du Vexin Français.

Quelle partie de notre territoire, en effet, a été le théâtre d'événements plus considérables, plus variés et plus nombreux, que les vallées de la Seine et de l'Oise, pendant les guerres de la fin du

xvi⁰ siècle ? Si nous jetons les yeux sur une carte de
cette contrée, nous n'y rencontrons pas un nom
qui n'éveille le souvenir de faits militaires plus ou
moins importants : ici, un siége, quelquefois plusieurs ; là, un combat ; ailleurs, le souvenir d'un
événement tragique ; ailleurs encore, un traité, ou
une entrevue de laquelle dépendit le sort de cette
partie de la France, vouée, selon les circonstances,
à la paix ou à la guerre.

Certains points, à cause de leur situation topographique, attirent l'attention du stratégiste, par
suite de l'intérêt résultant de leur possession.

Pontoise est de ce nombre : placée en travers de
la route la plus directe de Paris à la mer ; clef du
Vexin et de la Haute-Normandie, ces deux sources
de l'alimentation parisienne ; maîtresse enfin du
passage de l'Oise, cette Ville, à toutes les époques,
en 1441 comme en 1589, a eu le privilége, —
triste privilége dans ses résultats, — de devenir
l'objectif des belligérants, et par suite, le théâtre
d'événements politiques et militaires d'une très-
grande importance.

Mais si, dans la période de la Ligue, Pontoise va
jouer un rôle des plus considérables, on peut dire
qu'avec la Sainte-Union finit aussi, pour cette ville,
son histoire militaire. Cinquante ans plus tard, au
moment de la Fronde, le séjour du jeune Roi, du
Cardinal et du Parlement viendra bien encore mettre

en relief la vieille Cité pontoisienne, mais pour un instant seulement, et d'ailleurs cet épisode des troubles de la minorité de Louis XIV se réduit à un incident politique, étant loin d'avoir eu pour ce pays la gravité et les conséquences des guerres de la Ligue. Il faut ensuite aller jusqu'à la Révolution de 1789 pour trouver, sinon des faits militaires, du moins une modification profonde et nouvelle, tant dans la situation matérielle et administrative que dans l'état social et dans les idées politiques du pays.

Ce livre n'est pas une histoire générale de la Ligue : d'éminents écrivains ont depuis longtemps étudié et traité cette importante phase de l'histoire de France. Loin de moi donc la pensée de chercher à entreprendre ce travail si complexe, après tant de maîtres illustres, et de raconter cette lutte aussi longue que triste, qui désola notre pays pendant plus de dix ans. Mon titre parle de lui-même : *La Ligue à Pontoise* ne peut avoir et n'a d'autre prétention que de chercher à grouper et à coordonner tous les événements de cette période qui se rattachent, de près ou de loin, à notre histoire locale.

Il ne faudrait pas conclure de ce qui précède, cependant, que ce travail n'ait aucune utilité pour l'étude de l'ensemble de l'histoire de cette période. Il ne s'ensuit pas nécessairement, de ce qu'un

ouvrage ne concerne qu'une contrée, ou qu'une
ville en particulier, qu'il soit dénué d'intérêt au
point de vue général ; l'histoire de France entière
ne se compose en réalité que de celle de chaque
localité, et comme l'a pu dire avec raison, il y a
quarante ans, le rééditeur de Vaultier de Senlis :
« Est-ce qu'un lien historique, *surtout à l'époque de
la Ligue,* ne fait pas aboutir au centre même de
cette grande association toutes les parties du territoire ? Les recherches qui ont rapport à un lieu isolé
ne tardent pas à être utiles pour l'ensemble des
localités, et un coin de royaume peut nous offrir
matière à de hautes considérations morales et
politiques. » (1)

Rechercher quels étaient, avant la Ligue, les
sentiments et l'esprit de la Cité pontoisienne ;
décrire l'état matériel de cette ville, au moment
où commence cette guerre à la fois politique et
religieuse ; examiner quels étaient les moyens de
défense de la place ; énumérer ses officiers civils,
ecclésiastiques, ses gouverneurs militaires ; refaire
leur biographie, si elle offre de l'intérêt ; créer, car
en réalité il n'en existe pas, un *journal* du mémorable siége de 1589, et du deuxième siége ; établir
ensuite une sorte de *chronologie* des événements
remarquables des années suivantes ; reconstituer,
autant qu'il est possible de le faire, les *monuments*

---

(1) *Monuments inédits de l'histoire de France.* A. Bernier (1835).

disparus à l'heure présente, détruits par l'œuvre des temps, ou par la tempête de la guerre civile, et en placer sous les yeux du lecteur une image ou une reproduction aussi fidèle que possible ; fournir à l'appui de ces recherches, des notes, des points de repère et des documents authentiques qui en corroborent les résultats et permettent d'en contrôler l'exactitude ; étudier enfin dans quelles conditions Pontoise vit se terminer cette longue lutte, et rentra définitivement sous la domination du roi Henri IV : tel est le programme que je me suis tracé, et le but que je me suis proposé d'atteindre en faisant cette publication.

La tâche est lourde peut-être, et j'ai compté sur la bienveillance du lecteur pour l'avoir entreprise ; mais l'excellent accueil fait à la réédition des *Antiquités de Pontoise,* de Noël Taillepied, publication que M. François et moi avons faite l'année dernière, m'a prouvé qu'il existait, aussi bien dans cette ville qu'au dehors, un grand nombre de personnes qui s'intéressent à l'histoire de Pontoise et du Vexin-Français, et cela a été pour moi un encouragement très-puissant à continuer les études sur cette ville, et sur la contrée dont elle est le centre.

Peut-être, un jour, un laborieux enfant du pays voudra-t-il refaire sur de nouvelles et de plus larges bases ce qu'avait essayé l'abbé Trou : une histoire générale de Pontoise. Nous le désirons vivement ;

mais dans un ouvrage de ce genre, si bien fait qu'il
puisse être, l'auteur doit forcément abréger certains
récits et supprimer certains détails, souvent très-
intéressants, et qu'un travail spécial peut seul
reproduire ; nous croyons donc que les monogra-
phies des périodes les plus remarquables de notre
histoire offriront le double avantage de faciliter le
travail d'une histoire *à principio* et d'intéresser, en
outre, un très-grand nombre de personnes, dési-
reuses de se livrer à l'étude plus circonstanciée des
grandes époques de notre passé historique.

Il y a, dans l'histoire de Pontoise (en dehors de
la partie religieuse ou ecclésiastique, qui, à elle
seule, peut faire l'objet d'un spécial et sérieux
examen), trois périodes ou époques historiques des
plus saillantes ; ce sont, dans l'ordre chronologique :

L'occupation anglaise, et le siége de 1441 ;

La Ligue, et les siéges de 1589-1590 ;

Enfin, la période révolutionnaire, ou l'histoire
de la transformation de toute notre administration
municipale, ecclésiastique et politique.

Ces trois périodes trouveront, je crois, leur historien. J'offre aujourd'hui le fruit de mes recherches
sur la Ligue. D'autres que moi s'occupent de
ramasser des matériaux : celui-ci, sur le célèbre
siége de Charles VII ; celui-là, sur l'ensemble des
événements de 1789 à 1800.

C'est de cette façon que l'on arrivera à reconstituer

l'histoire du pays, et à faciliter la confection d'une étude générale, si elle se fait jamais. A vrai dire, depuis l'abbé Trou jusqu'à ces derniers temps, on avait laissé notre passé dans un oubli par trop profond. Il est temps de l'en faire sortir !

Après avoir fait connaître le but que je m'étais proposé et les motifs qui m'ont fait entreprendre ce travail, il me reste à dire quelques mots de sa composition.

A la suite de la première partie, dont j'ai en quelque sorte donné plus haut le sommaire, j'ai cru devoir publier une série de pièces justificatives et de documents historiques, dont le plus grand nombre sont *inédits* ou très-peu connus ; cette collection peut, sous ce rapport, offrir quelque intérêt.

On rencontrera aussi dans le cours de l'ouvrage quelques citations, plus ou moins étendues et empruntées à divers auteurs, anciens ou modernes. Il m'a paru préférable, lorsque ces extraits présentaient quelque utilité pour le récit, de les reproduire *in extenso* plutôt que de les modifier et d'en faire un résumé : les vieux textes surtout possèdent un art particulier de dépeindre les événements, et les racontent parfois avec un bonheur d'expression qu'une analyse ne pourrait qu'affaiblir, au détriment de l'intérêt historique et littéraire à la fois.

D'autre part, j'ai jugé inutile de réunir en une liste tous les *titres* des ouvrages à consulter, parce qu'en général une note indique la source des faits avancés dans le texte, et cette *bibliographie* n'eût été qu'une répétition des indications, assez nombreuses du reste, données au bas de chaque page. Un index alphabétique complète d'ailleurs la table des matières et facilitera les recherches.

Mais ce n'est pas seulement d'après les traditions locales, les manuscrits ou les publications antérieures qu'il faut chercher à rétablir le passé d'un pays ; l'histoire peut et doit aussi se faire par les monuments de l'art contemporain de l'époque que l'on étudie ; à condition, cependant, de ne pas s'appuyer sur des sujets imaginaires ou de fantaisie, mais bien sur des documents, émanés de source sérieuse, qui se gravent dans l'esprit et forment une sorte de petit musée rétrospectif annexé au texte, plutôt qu'une suite d'illustrations, peut-être plus agréables, mais destinées uniquement à plaire aux yeux. C'est dans cet ordre d'idées et dans ce but que j'ai ajouté un certain nombre de planches (vues, plans, portraits, fac-simile, autographes, etc.) qui ornent ce volume : ce sont des reproductions très-fidèles de pièces anciennes et authentiques, et je crois, sous ce rapport, être en droit de les signaler à toute l'attention du lecteur.

Enfin, je ne veux pas finir cet avant-propos sans adresser mes bien sincères remercîments à toutes les personnes qui m'ont aidé de leurs obligeantes

communications. Je les ai, autant que possible,
citées dans le cours du volume, lorsque s'en est
présentée l'occasion. Je ne dois pas oublier non
plus l'empressement et les soins apportés par celles
qui ont concouru à l'exécution matérielle de l'ouvrage. Que les unes et les autres reçoivent donc
ici l'expression de ma gratitude.

Un dernier mot sur l'esprit qui m'a guidé dans
mes recherches : j'ai tâché d'exposer les faits sous
le point de vue purement historique, et en dehors
de tout système. Le rôle de l'historien ne doit pas
se transformer en celui d'un avocat chargé de plai-
der, coûte que coûte, en faveur des intérêts de l'un,
et de combattre quand même les arguments de la
partie adverse ; c'est ce qui arrive pourtant quelquefois, et il faut, dans une période aussi troublée
que la Ligue, et dans une histoire aussi complexe
surtout, se garder de tomber dans le parti-pris, et
d'embrasser systématiquement la défense de tel ou
tel drapeau : on s'exposerait à de cruels mécomptes.
Cette ligne de conduite est encore plus nettement
indiquée quand, au lieu d'une exposition générale
des faits d'une époque, on ne s'attache qu'à une
étude particulière comme celle-ci.

J'ai dit quels étaient le but et le plan de cet
ouvrage.

Dans la première séance de la Société de l'Histoire de Paris et de l'Ile-de-France, tenue à l'École

des Chartes, le 7 mai 1874, M. Léopold Delisle, aujourd'hui l'érudit administrateur général de la Bibliothèque Nationale, faisait un appel aux membres de cette Société, qui savent, disait-il, « que le passé fournit d'utiles enseignements, et que pour les villes et les nations le respect des aïeux n'est pas un devoir moins sacré que pour les familles. »

Je crois avoir répondu, pour une part bien modeste il est vrai, à l'appel qui a été fait, pour me servir des expressions de M. L. Delisle, « aux hommes de bonne volonté », dans le but de consacrer à la reconstitution de l'histoire locale toute l'attention qu'elle comporte, et de propager, autant que possible, la connaissance du passé, qui est, on l'a dit avec raison, une des conditions de l'intelligence du présent.

Henri LE CHARPENTIER.

Pontoise, 20 décembre 1876.

LA LIGUE A PONTOISE

CHAPITRE PREMIER.

IGUE, s. f. (du latin *liga*, qui avait la même
signification dans la basse latinité, et qui était
fait de *ligare*, lier), union, confédération entre
des princes, des États, ou même des particuliers, pour
se défendre d'un ennemi commun ou pour l'attaquer,
quand ils ont un même intérêt religieux, politique ou
commercial. » *(Dictionnaire Français.)*

Dans l'histoire de France, on appelle *la Ligue*, ou *la
Sainte-Union*, la coalition formée par les Catholiques pour
défendre la religion contre les progrès du calvinisme,
vers la fin du xviᵉ siècle.

(1) Pour faciliter les recherches, nous avons fait précéder chaque chapitre d'un
sommaire ; mais le lecteur est prévenu que cet en-tête énonce seulement les *dates
principales* et les faits *les plus importants* rapportés dans le texte.

Les membres de cette association furent, dans l'origine et pour la plupart, guidés par des sentiments sincères et animés de loyales intentions ; mais, en prenant de l'extension, la Ligue ne tarda pas à devenir un État dans l'État : souvent, ses chefs placèrent les intérêts de leur ambition avant ceux de la Foi, et pour en citer un exemple, le duc Henri de Guise, l'âme de la Sainte-Union, espérait bien conquérir la couronne royale, grâce à l'ardeur de ses partisans et à l'incapacité d'Henri III.

A quelle époque doit-on faire remonter le commencement de cette association politico-religieuse ? Les historiens ne sont pas absolument d'accord sur ce point : dès l'année 1562, le cardinal de Lorraine forme le projet d'une Ligue, dans le but de placer sur le trône son frère le duc François de Guise ; mais ce dernier est assassiné par Poltrot de Méré. Plus tard, en 1568, une autre association, destinée aussi à la défense de la religion catholique, se forme en Champagne ; puis d'autres Ligues provinciales apparaissent en Guienne et en Bourgogne. Mais c'est généralement après la paix de Beaulieu, en 1576, que l'on voit se créer *la Ligue* proprement dite, qui se généralise, et prend, sous la direction du *Balafré*, un caractère à la fois sérieux et menaçant.

Les guerres civiles continuent ; on combat les Calvinistes par tous les moyens ; après le traité de Nemours, en 1585, la Ligue devient la plus forte ; elle publie des manifestes ; elle est *l'État dans l'État*, comme nous venons de le dire ; elle marche de pair avec l'autorité royale ; bientôt, elle ne vise plus qu'à renverser cette dernière au profit de l'un de ses chefs.

A Paris, se constitue le célèbre conseil des Seize ; au bout de quelque temps, l'orage amoncelé éclate : les barricades s'élèvent (1588) ; Henri III est obligé de fuir de la capitale. L'assassinat du duc de Guise, à Blois, est le signal d'une phase nouvelle : la guerre est déclarée entre le

Roi et la Ligue, dont Mayenne devient le chef. Henri III appelle à son secours le Béarnais ; le dernier des Valois périt sous le couteau de Jacques Clément ; la lutte continue, plus ardente que jamais, contre le chef de la nouvelle dynastie royale. Les ligueurs acceptent l'appui de Philippe II d'Espagne, qui veut bientôt se payer de son alliance ; mais Henri IV, plus heureux et plus habile que son prédécesseur, reconquiert son royaume et sort définitivement vainqueur de la lutte : la Sainte-Union a vécu.

Telle est sommairement l'histoire de cette célèbre association.

On peut donc dire que la Ligue a eu, dans son existence, deux périodes distinctes : la période de lutte, *avec* le roi, *contre* les Calvinistes ; et ensuite, la période de lutte, d'abord seule, puis *avec* l'étranger, *contre* l'autorité royale.

Nos études se limitant à la recherche des faits qui ont trait à l'histoire de Pontoise et des environs de cette ville, quelle a été, de ces deux périodes, celle qui doit nous intéresser le plus ?

C'est la seconde : c'est la période, pour ainsi dire *militaire*, qui commence après 1588. Nous n'aurons donc pas à entrer dans une étude aussi approfondie des faits historiques généraux de la première partie de l'histoire de la Ligue dans notre contrée : les guerres religieuses, il est vrai, désolaient le pays depuis déjà longtemps, mais *la Ligue* n'ayant jusque-là qu'une action politique, Pontoise n'est pas le théâtre d'événements, à beaucoup près aussi importants que ceux qui vont se succéder après les *barricades*.

Il est indispensable, cependant, avant d'en arriver là, de jeter un coup-d'œil sur les faits remarquables inhérents à l'histoire de la Ville, qui se sont passés antérieurement, et d'en faire un relevé chronologique.

Non-seulement, plusieurs de ces événements ont par eux-mêmes un grand intérêt historique, mais encore il est très-utile de les relater, parce qu'ils servent de prologue aux combats et aux siéges de 1589 et 1590, et qu'ils feront mieux connaitre quels étaient les sentiments de la population de Pontoise, à cette époque, en matière religieuse et politique.

Sans chercher à nous préoccuper des événements extérieurs, et à entrer dans les détails de l'histoire si compliquée des luttes civiles qui vont éclater, examinons, après ce bref exposé général, dans quelles conditions commence pour Pontoise la seconde moitié du xvi⁰ siècle.

C e que nous rencontrons d'abord et dès le commencement de 1550, en suivant l'ordre chronologique des faits, est une réunion des notables habitants de Pontoise, relative à des réparations urgentes à faire à l'église de Notre-Dame.

A la date du 19 janvier, dans un acte d'assemblée générale convoquée par le Prévôt-Maire et Voyer de la ville de Pontoise, pour statuer sur la restauration de cet édifice religieux, nous lisons en effet : « Le Procureur » du Roy.... dict que ladicte esglise de Nostre-Dame est » l'une des plus belles esglises et d'excellant ouvraige » qu'il soyt en tout le pays.... Et parce qu'il y a dès » longtemps eu advis de plusieurs notables personnes » pour la décoracion et augmentacion d'icelle belle esglise, » faire parachever les capolles *(coupoles, clochetons)*, et » chapelle qu'il convient parachever à l'entour, et derrière » l'entrée du cœur, et aussy pour rémédyer ad ce que le » hault dudict cœur, qui est fort ruyné, ne vienne à plus » émynent péril qu'il est de présent, etc. » (1)

Le plus mémorable fait de l'année 1550, que nous avons ensuite à enregistrer, est le Jubilé général, qui, autrefois, avait lieu tous les cinquante ans. Le Pape Jules III, dans le but de faciliter à Pontoise les moyens d'élever une

(1) Titres de la Fabrique de Notre-Dame (pièce originale, parchemin).

église digne de la célébrité dont jouissait la statue de Notre-Dame, avait indiqué le pèlerinage à ce temple, comme unique station de la province de Normandie, « pour gaigner lesdits pardons. » M. l'abbé Marchand place ce Jubilé en 1549 (vieux style), et Taillepied en 1555. Tous les historiens s'accordent à dire qu'un nombre immense de fidèles vinrent visiter la statue miraculeuse : on parle de plus de cent mille pèlerins. Il n'y a rien d'extraordinaire à ce fait, en raison des pieux sentiments de nos pères ; il est présumable, toutefois, que ce fut pendant la durée entière du Jubilé, pour l'accomplissement duquel est fixé habituellement un certain délai. L'abbé Trou dit cependant que *le 8 septembre*, plus de cent mille personnes *se rencontrèrent* dans les murs de la ville, accourues de tous les points de la Normandie. (1)

Les Pontoisiens, très-attachés au culte de la Vierge, furent remplis de joie en voyant une affluence aussi grande ; « aussi, dit Taillepied, du revenu des oblations, » on commença à édifier les chapelles tout à l'entour du » chœur, et sera bientost parachevé ledit ouvrage, moyen- » nant la dévotion des gens de bien. »

Cette démonstration religieuse, couronnée d'un pareil succès, devait naturellement porter ombrage aux doctrines du calvinisme, et surexciter la colère de ses adeptes. En 1553, profitant de l'obscurité de la nuit, un calviniste abat d'un coup de marteau la tête de l'Enfant-Jésus de la statue de Notre-Dame, et va la jeter dans l'Oise ; mais ce débris sacré est presque aussitôt retrouvé dans le filet du gardien du pont ; on regarde ce fait comme un événement en quelque sorte miraculeux ; on rapporte le fragment de statue à l'église, en triomphe ; on fait une procession expiatoire, et cet incident ne fait que redoubler la ferveur des Pontoisiens, et leur aversion pour la nouvelle religion.

(1) N. Taillepied, *Antiquités de Pontoise.* — M. Marchand, *Les Pèlerinages de Notre-Dame.* — L'abbé Trou, *Recherches archéologiques.*

L'abbé Trou commet à ce propos une grave erreur de date : il place cet événement trois ans après la mort de Robert Guériteau, c'est-à-dire *en 1647*.

Il faut, pour comprendre comment l'iconoclaste avait pu atteindre la statue de la Vierge, expliquer ici qu'à cette époque cette statue était placée sous le porche même, et non dans une chapelle, comme de nos jours. A la suite de l'attentat en question, P. Sabbatary, vicaire de Pontoise, et dom Allain, curé de Notre-Dame, voulurent l'ôter du portail et la transporter au-dessus du maître-autel, mais la masse des fidèles s'y opposa ; sur les références qui leur en furent faites, le cardinal de Bourbon (le roi de la Ligue), alors archevêque de Rouen, et Pierre de Gondi, évêque de Paris et abbé de Saint-Martin, décidèrent qu'elle resterait à la place qu'elle avait occupée jusque-là, « afin que le peuple put venir nuit et jour la prier librement. »

En 1554, une imposition extraordinaire dé 2925 écus 3 s. 7 d. est mise sur la ville de Pontoise, pour la solde de 750 hommes. Le Bailli de Senlis reçoit commission de mettre cette contribution sur les habitants (1). Ces troupes étaient destinées à soutenir la guerre contre Charles-Quint, qui, après avoir ravagé la Picardie, fut battu à Renty par les Français.

Ce fut vers cette époque que l'on fit des travaux d'installation et d'établissement des fontaines, alimentées par les sources de Busagny : on a retrouvé sur une pierre servant d'encastrement à la tête des premiers tuyaux la

---

(1) Archives, EE., n° 10. Nos archives municipales, entre autres pièces, renferment aussi deux lettres signées par Henri II, une de mars 1556, datée de Paris, et une de décembre 1557, datée de Saint-Germain, relatives à la guerre, et particulièrement à la confection de poudres et salpêtres : elles sont adressées aux échevins et officiers de Pontoise (AA., n° 31). Nous reproduisons ces deux pièces *in extenso* (voir aux *pièces justificatives*, page LXXI). On trouve également deux actes relatifs : le premier, du 1ᵉʳ février 1554, à un impôt destiné à mettre en état de défense les places fortes du royaume ; l'autre, du 26 février 1556, à une évocation, à Paris, de l'affaire d'un sieur Jubert, élu de Pontoise, retenu en prison pour une perception irrégulière de deniers sur les habitants de cette ville. (Fonds Pihan, 3ᵉ d., n° 1.)

date de 1556, avec les armes de France. On construisit également aux Cordeliers, où l'on a découvert, il y a quelques années, une pierre de fondation avec cette inscription : « F. N. R. G. 1551. »

Henri II meurt en 1559, blessé mortellement en joûtant contre Montgomery, son capitaine des gardes. Dans les dernières années de son règne, la lutte contre le calvinisme prend les proportions d'une persécution ; les Guises entraînent la royauté dans une politique qui prépare les guerres de religion.

François II ne fait que paraître sur le trône ; l'époux débile de Marie Stuart, aussi faible de santé que d'esprit, reste étranger aux affaires. On l'appela le roi *sans vices et sans vertus*. Après la conjuration d'Amboise, faite par les Calvinistes dans le but d'enlever le roi et de s'emparer des princes de Lorraine, François meurt, âgé de dix-sept ans, à Orléans, le 5 décembre 1560, et laisse le trône à son frère, Charles IX ; Catherine de Médicis s'empare de la régence.

Aucun fait historique remarquable ne se passe à Pontoise pendant tout le cours de cette période, mais l'année 1561 est signalée par un événement politique des plus importants :

Les États généraux convoqués à Orléans en décembre 1560, avaient décidé, lors de la clôture de cette réunion, qui eut lieu le 31 janvier 1561, que les députés des divers ordres s'assembleraient de nouveau le 1er mai suivant : Pontoise était le lieu désigné pour cette seconde session. Par suite de circonstances diverses, la convocation fut retardée jusqu'au 1er août : c'est donc par erreur que l'abbé Trou assigne à l'ouverture de ces États la date du 1er *mai 1562*.

« Le souvenir de l'assemblée de Pontoise, dit M. Henri Martin, a été comme englouti sous les terribles événements qui l'ont suivie ; ses cahiers n'ont jamais été publiés ;...

la plupart des historiens lui ont à peine donné un coup
d'œil, et pourtant, de 1356 à 1789, *aucune réunion d'États
généraux ne mérite l'intérêt à un si haut degré.* » (1)

Mais depuis que M. H. Martin a écrit les lignes qui précèdent, M. H. Tartière, archiviste des Landes, en dressant
un inventaire analytique des archives de Saint-Sever, a
retrouvé, dans un ancien registre des délibérations de la
communauté, une transcription complète du cahier général
du tiers-état, *aux États de Pontoise,* à la suite de celle
du cahier du même ordre aux États d'Orléans. Les Jurats
avaient probablement ordonné cette transcription, qui fut
faite au mois de novembre 1566 ; M. Tartière a publié ces
cahiers (2). « Rien, dit-il, ne donne une idée vraie de
notre pays au xvi⁰ siècle, de ses besoins et de ses aspira-
tions, comme la lecture attentive des cahiers des États
généraux d'Orléans et de Pontoise. »

L'assemblée commença ses séances le 1ᵉʳ août ; elle
siégea dans la grande salle du couvent des Cordeliers ; elle
était peu nombreuse : treize députés seulement de la
noblesse, et treize du tiers-état y purent prendre part ;
ceux du clergé étaient à Poissy, où s'était ouvert, quelques
jours avant, le synode, connu sous le nom de *Colloque
de Poissy.* Les États de Pontoise, composés en grande
partie de *modérés* et de quelques partisans du calvinisme,
formulèrent des vœux qui concordaient du reste avec la
politique du chancelier de l'Hospital, et qui remplirent de
joie Catherine de Médicis, croyant voir ses idées sanction-
nées par la volonté nationale.

Ils demandèrent : la convocation des États tous les
deux ans, la liberté religieuse, la convocation d'un concile
national, la réforme du clergé, l'unité dans la justice, le

(1) *Histoire de France*, 4ᵉ édition, IX. p. 94.

(2) « Cahier général du Tiers-Estat du royaulme de France, convoqué et assemblé
avec les aultres Estats, en treize gouvernements, par lettres du Roy, en sa ville de
Ponthoise, au moys d'aoust 1561, etc. » (In-8°, Mont-de-Marsan, 1867.)

vote de l'impôt, l'interdiction de toute guerre offensive sans l'assentiment des États. Ils approuvèrent le gouvernement établi et la régence de la reine-mère, mais ils demandèrent l'exclusion du Conseil des cardinaux et des princes étrangers. Sur la question financière, ils émirent le vœu : que le clergé fut dépouillé de la totalité de ses biens, et que le produit de la vente fût employé à l'extinction de la dette, à alléger certaines impositions, enfin à fournir aux prêtres un traitement et une indemnité convenables ; les *cahiers de Pontoise* contenaient encore beaucoup d'autres demandes trop étendues pour les énumérer ici.

En matière d'instruction, par exemple, l'article xi confirmait un article des États d'Orléans qui demandait l'établissement, auprès de chaque collégiale, d'un *précepteur*, élu par les chanoines, maire, échevins et quarante notables, pour instruire la jeunesse *gratuitement et sans salaire*. Le roi avait approuvé ce vœu.

Un autre article demandait que les livres saints fussent traduits en langue française : « pour tollir les obscurités, ténèbres, ignorance... ; que les instructions des enfants soient amendées et restituées à leur intégrité et langaige vulgaire et intelligible, de façon qu'ils puissent entendre les articles de nostre foy, la loy du Décalogue,... et sçavoir la fin et efficace des Saints-Sacrements. » Le clergé catholique s'était, on le sait, longtemps opposé à la traduction des livres saints en langue vulgaire.

Enfin, qui l'eût cru ? l'article xlix demandait en quelque sorte l'établissement du *libre échange*, dont les théories n'ont été mises en pratique que sous le règne de Napoléon III !

On voit par cet abrégé des vœux contenus dans les cahiers de Pontoise, le sens libéral et intelligent qui animait les députés ; mais ils demandèrent beaucoup trop à la fois, en raison des circonstances : le clergé effrayé se hâta de parer le coup qui le menaçait, en faisant un

don de 15 millions pour éteindre la dette. Le Gouvernement répondit, du reste, favorablement aux autres
demandes des États ; malheureusement, l'exaltation des
divers partis ne permit jamais de donner une solution
équitable aux intérêts de chacun, et les cahiers restèrent
à peu près lettre-morte ; il est très-remarquable qu'ils
diffèrent peu de ceux de 1789 : peut-être, par leur étude
mûrie, par leur adoption graduelle et pondérée dès le
xvie siècle, eût-on évité dans la suite, pour la France,
bien des désastres et bien des crimes !

Les États siégèrent à Pontoise presque tout le mois
d'août ; le 27, les députés se rendirent à Saint-Germain,
où se trouvait la Cour. Ce fut Jean Bretagne, maire
d'Autun, qui parla au nom du tiers-état. Son discours
produisit une impression d'autant plus profonde que la
noblesse se montrait d'accord sur presque tous les points
avec le troisième ordre.

L'année suivante, le massacre de Vassy fut le signal
et le commencement des guerres civiles et religieuses qui
devaient durer si longtemps, et toute espèce de conciliation
et d'apaisement devint désormais impossible, jusqu'à la
consolidation du trône d'Henri IV, c'est-à-dire pendant
plus de trente ans !

Il faudrait bien se garder d'assimiler les opinions des
députés du tiers-état de l'assemblée de 1561 aux sentiments généraux de la population pontoisienne : celle-ci,
au contraire, et particulièrement la classe laborieuse, était
éminemment dévouée aux intérêts catholiques, et ennemie
déclarée de la religion réformée. Ce furent ces sentiments
qui la conduisirent plus tard vers le parti de la Ligue
qu'elle soutint de tous ses efforts, comme on le verra
plus loin.

Après la réunion des États, fait historique d'un intérêt
général, se place dans notre histoire locale, à la même
époque, un incident particulier, qui dénote à quel haut

degré était développée chez nos pères l'aversion pour les huguenots : c'est le procès fait à Boicervoise et autres. Nous reproduisons sur cette légende quelques extraits qui résument les phases de cette intéressante affaire :

« Pour se rendre un compte exact du procès fait à Boicervoise, il est indispensable de se reporter aux circonstances dans lesquelles il s'est produit, et de consulter la législation de l'époque.

» La déclaration royale du 27 janvier 1562, inspirée par le sage Lhospital, « pour entretenir les peuples en paix et concorde, en attendant que Dieu fasse la grâce de pouvoir les réunir dans une même bergerie, » autorisait les protestants à tenir, de jour, en dehors de l'enceinte des villes, des assemblées où se feraient leurs presches, les prières et autres exercices de leur religion.

» Ces dispositions, regardées alors comme très-conciliantes, laissaient pourtant subsister dans toute leur rigueur les prohibitions formulées par les trois derniers édits (Blois, 1559 ; Romorantin, 1560 ; Saint-Germain, 1561) contre les réunions privées, nocturnes ou clandestines. « Ceux qui s'y trouveront ou assisteront seront punis du supplice de mort, sans aucune espérance de grâce, ny modération de peine, et les maisons rasées. »

» Bien que n'ignorant pas ces dispositions légales, mais cédant à l'irrésistible entraînement qui poussait les parlementaires dans le camp des novateurs, Jean Boicervoise, nommé dès 1548 lieutenant civil et criminel du bailli de Senlis à Pontoise, — Charles Choart, prévôt-vicomtal et garde des sceaux de la châtellenie, — David Aubéry, avocat du Roi, s'étaient ouvertement rangés parmi les adeptes du calvinisme.

» Il est aisé de comprendre jusqu'à quel point cette attitude devait indisposer la population pontoisienne ; car, dévouée plus que jamais au culte de Marie, depuis l'attentat commis en 1553 contre la vénérable image de sa sainte patronne, elle s'irritait de la haute protection dont les chefs de sa magistrature couvraient les fauteurs de l'hérésie.

» Plusieurs fois des émeutes ensanglantèrent les rues. La présence des États généraux, qui tenaient leurs séances à

Pontoise, et se signalaient par leur *véhémence* et leur *hostilité*
contre le clergé (1), avait donné beaucoup de hardiesse aux
réformés : ils se promettaient d'ériger un temple officiel à
Pontoise, et tenaient, en attendant, leurs conventicules chez le
prévôt-vicomtal.

» Cette assurance leur devint funeste. Les élus du peuple,
au nom du *corps de ville*, se basant sur la violation des édits
et sur les actes séditieux commis par Boicervoise, se décidèrent
à le poursuivre devant le Parlement de Paris. Le 23 juillet
1562, intervint un arrêt qui condamna le lieutenant du bailli
à être pendu et confisqua ses biens. » (2)

Boicervoise fut exécuté, le même jour, sur la place de
Grève. Quant à Choart, impliqué dans ce procès criminel,
il s'était dérobé par la fuite à la sentence qui l'attendait.
Par un autre arrêt du 1er août 1562, la Cour condamna
par défaut le prévôt-vicomtal « à être pendu et étranglé à
une potence, qui, pour ce faire, sera plantée et dressée
en la place du grand marché dudit Pontoise, son corps
mort y demeurer pendu l'espace de vingt-quatre heures,
et après être porté et pendu aux fourches patibulaires
dudit lieu, et sa tête mise et affichée sur une potence qui
sera dressée en ladite grand'place, si pris et appréhendé
il peut être. »

Choart fut exécuté en effigie. Douze cents livres parisis
furent prélevées sur ses biens, et pareille somme sur ceux
de Boicervoise, afin d'indemniser la municipalité pontoisienne « tant pour les frais et mises qu'il a convenu faire
pour obvier aux actes séditieux, que pour les poursuites
et dépens du procès criminel. » (2 *bis*)

Ce succès, d'autre part, enivra tellement le *procureur*
et les *gouverneurs* (nous dirions aujourd'hui le maire et
les adjoints), qu'on dut veiller en haut lieu à ce que la
liberté religieuse des dissidents fût sauvegardée. Dans une

(1) Henri Martin : *Histoire de France*, XI, pages 69, 70.

(2) et (2 *bis*) *Echo Pontoisien* (numéro du 13 nov. 1873, article de M. J. Depoin.

lettre du 24 septembre 1562, datée de Meulan, M. de Montmorency, gouverneur de l'Ile-de-France, écrit aux échevins :

« Messieurs, j'ay esté bien informé de ce que, au préjudice de l'édit du Roy, vous voulez contraindre aulcuns de vostre ville, et mesme l'advocat du Roy, à faire chose contre sa conscience, qu'aulcuns de vous ont esté à sa maison pour ce faire, qui seroit esmouvoir le peuple et contrevenir au vouloir et intention du Roy. Le Roy m'a fait vous commander de faire garder l'édit, informer des infracteurs d'iceluy et les pugnir, et m'advertir soigneusement des diligences que vous en aurez faictes. »

Tous ces troubles se dissipèrent sitôt que, sur les instances des Catholiques pontoisiens, l'exercice public de la religion calviniste, pour le ressort du bailliage de Senlis, eut été transféré de Pontoise à Verberie.

« Ceux de ladicte religion du susdit bailliage, disent les lettres royales, pourront, si bon leur semble, s'assembler pour leurs presches et aultres exercices de leur religion en observant nos ordonnances, faictes pour la pacification des troubles en notre royaume » (1). Le roi enjoint ensuite au lieutenant de Senlis d'empêcher dans les faubourgs de Pontoise tout exercice de la nouvelle religion, et de traiter les contrevenants comme infracteurs des ordonnances. Il enjoint par contre au lieutenant et aux officiers de Verberie de donner un *lieu convenable* aux protestants, et de ne pas les troubler ni souffrir qu'on les trouble dans leurs exercices.

Les Huguenots furent donc obligés de s'éloigner de Pontoise, qui venait de manifester d'une manière fort nette son aversion pour le calvinisme. La dame Madeleine Le Tur, femme de Boicervoise, se remaria le 20 juin 1569, avec Jean de Dampont, seigneur d'Ws et autres lieux. Profitant d'une amnistie générale accordée par l'édit

(1) Lettres patentes de Charles IX, du 22 septembre 1563.

de Saint-Maur, elle obtint du roi, le jour de ses secondes noces, des lettres patentes, datées de Vincennes, qui lui adjugeaient les biens de son premier mari, cassaient l'arrêt de 1562, et rétablissaient la mémoire de Jean Boicervoise.

Le 19 septembre (1563), c'est-à-dire trois jours avant la promulgation des lettres patentes dont nous venons de parler, Charles IX adressait aux officiers et habitants de Pontoise une lettre relative à la maladie de Catherine de Médicis, sa mère. On trouvera dans les documents publiés à la fin de cet ouvrage la teneur de cette pièce, dont l'original, existant dans nos archives municipales, est signé par le roi. (1)

L'abbesse de Maubuisson fit à cette époque punir sévèrement un serviteur infidèle de l'abbaye ; elle était « femme pour conserver le bien du monastère », disent les manuscrits de la Ville : (2)

« Elle obtint une sentence criminelle, en la *Prévôté de Maubuisson*, contre Thomas Rioud, pour un vol domestique, par lui commis, pour lequel il fut condamné à être battu et fustigé nu, de verges, en trois divers endroits, banni de la juridiction de l'abbaye, avec défense, *sous peine de la hart*, de ne plus user de telles voies, ni méfaire, ni médire aux religieuses... etc. ; et à 10 l. p. d'amende, et dépens du procès : « Prononcé au siége de la Justice de Maubuisson, en la présence du procureur et de Rioud, prisonnier, et exécuté ladite sentence à l'instant, pour le regard de la fustigation, qui a été faite, la première fois, au milieu de la grande cour de l'abbaye ; la deuxième, devant la porte de derrière, vers l'étang ; et la troisième fois, en la principale et première grande porte de l'abbaye, par Jacques Morin, exécuteur de la haute-justice de Pontoise, le mercredi 11 avril 1564 ; avant Pâques. »

La fondation du Collége de Pontoise remonte à la même année.

(1) Voir Documents historiques : page LXXIII.

(2) Manuscrits de Dom Estiennot (*Maubuisson*, ff. 21, verso).

C'est à l'initiative de la Confrérie-aux-Clercs qu'est due
la création de cet établissement, décidée dans une assemblée générale du 9 décembre 1563 (1) : la Confrérie consacre
à son entretien le surplus libre de ses revenus ; la chapelle
est construite à ses frais ; les professeurs reçoivent d'elle
une pension de 50 livres ; les statuts du nouveau collége
sont approuvés par les autorités municipales, le 4 mai 1564.
Un des articles du règlement révèle les préoccupations résultant de la crise religieuse du moment :

« Aura, le principal, *œil et regard* sur les régents à ce qu'ils
ne pervertissent le bon naturel et excellent entendement des
enfants, et s'il se trouve aucun des régents qui, couvertement
ou autrement, mène mauvaise vie, ou bien ait quelque communication ou intelligence ès-nouvelles doctrines, le principal
en avertira les autorités, qui prononceront la révocation du
professeur. »

Le personnel enseignant se compose : d'un principal ;
de quatre régents « de bonne vie et mœurs et *non suspects
d'hérésie* », élus par les échevins assistés des avocat et
procureur du roi au bailliage ; et d'un « précepteur, expert
en l'art d'escripture et arithmétique ». « Ne seront lus,
dit encore le règlement, aucuns livres par les régents, que
premièrement ils n'aient été visités par le principal ». On
voit quelles précautions minutieuses étaient prises pour
barrer le passage aux doctrines du protestantisme ; la
Confrérie-aux-Clercs, sous ce rapport, on l'a dit avec
raison, a peut-être plus fait que les armes des Ligueurs.
Le collége fut bâti sur l'emplacement d'anciennes maisons
appelées *séminaires*, nom générique donné à la plupart
des écoles au moyen-âge.

Nous regrettons que le cadre de notre travail ne nous
permette pas d'entrer dans de plus grands développements

---

(1) Archives de La Forest, carton 1. — V. aussi *Un coin de la vie Pontoisienne
au XVI⁰ siècle*, par J. Depoin, (*Echo Pontoisien* du 5 février 1874). — L'abbé
Trou : *Recherches*, p. 160. — Arch. Municip. : GG. liasse 1, n° 7.

sur l'histoire, très-intéressante d'ailleurs, de cet établissement, devenu dans la suite la pépinière de tant d'élèves
illustres. L'un d'eux naît à Pontoise dans le cours de cette
même année (1564) : André Duval (1), qui, après avoir fait
ses premières études dans sa ville natale, les termina à
Paris; devint docteur, professeur du roi, dans la chaire de
théologie en Sorbonne, puis supérieur-général de l'ordre
du Carmel; il refusa deux archevêchés, et laissa plusieurs
ouvrages, parmi lesquels une *Vie de Marie de l'Incarnation*,
fondatrice des Carmélites de Pontoise : cette dernière était
née à Paris, en 1565.

L'année 1566 n'a rien de particulier qui nous intéresse (2)
sous le rapport historique. Une seconde guerre religieuse
avait éclaté l'année précédente : la première avait auparavant causé, à Pontoise, une légitime émotion ; les Calvinistes avaient cherché à exciter des mouvements séditieux.
D'Andelot, agent des réformés et du prince de Condé,
était venu pour s'emparer du pont, et était déjà maître de
celui de Poissy. Rien de semblable n'apparaît cette fois, et
nous n'avons à relever aucun événement militaire à cette
époque.

Au point de vue local, nous avons à signaler un arrêté
très-curieux, dont nous croyons devoir reproduire le texte
en entier (3). Il est rendu contre d'innombrables mendiants,
estropiés ou non, qui faisaient leur séjour habituel du
porche de l'église de Notre-Dame, et avaient fini par

(1) Le portrait d'André Duval, peint par Michel-Ange, a été gravé plusieurs
fois, notamment par Lasne. La famille Duval portait des armoiries et avait pour
devise : « LAURI PLUS QUAM AURI. »

(2) Signalons l'existence dans nos archives : en 1565, de deux lettres du connétable
Anne de Montmorency, relatives : l'une, à l'élection de délégués aux États ; et l'autre,
à un dégât existant dans les murailles des Cordeliers. Et en 1566, de deux lettres de
M. de l'Aubespine, secrétaire d'État, homme de confiance de la reine-mère ; ces der-
nières ont trait à une prébende donnée à son frère dans la collégiale de Saint-Mellon.
(AA. liasses 30, 30 bis et 34.)

(3) *Archives de l'église de Notre-Dame* (pièce originale), 1, ff., parchemin.

transformer ce lieu sacré en une véritable *Cour des Miracles*,
dans laquelle les pèlerins et les étrangers, qui venaient en
grand nombre visiter l'église, osaient à peine s'engager,
tant était grande l'importunité de cette gent mendiante.
Depuis l'année 1520, c'était la *quatrième* mesure prise
contre ces perturbateurs d'un nouveau genre ; un arrêté
antérieur rapporte : « Qu'aucuns de ces pauvres sont
mallades de Monseigneur Saint-Main, Saint-Fiacre et plusieurs aultres maladies incurables » (1). Dès 1523, le curé
de Notre-Dame avait à plusieurs reprises essayé, mais
sans succès, d'expulser cette armée de besaciers dont les
rangs grossissaient de plus en plus. Il y avait surtout un
certain Colin Bousay, aveugle, qui, malgré son infirmité,
revenait à la charge avec une persistance digne d'un
meilleur sort, et qui doit — à quoi tient la célébrité ! —
à son incorrigible tenacité, d'avoir perpétué jusqu'à nous la
mémoire de son peu illustre nom. Voici la teneur de l'arrêté de 1566, dont nous venons de parler :

« A tous ceux qui ces présentes lettres verront, David Aubery, licencié ès-loix,
Prévost-Maire et voier pour le Roy nostre Sire de la ville, commune et banlieue de
Pontoise, salut.

» Sçavoir faisons que, sur la requeste à nous présentée par les marguilliers de
l'église Notre-Dame de Pontoise, présens, disant par eulx que, en ladite église, y
affluent plusyors pellerins, gentilshommes, marchands ou aultres gens, de loingtains
pays, qui viennent en dévotion et pèlerinaige en icelle église ; que eulx, illecques
arrivez et estant devant la représentation de la glorieuse Vierge Marie qui est mise
et assise au grand porche d'icelle église, iceux pellerins et aultres gens qui y affluent
ne y peuvent dire leur service et dévotion ; au moyen de plusyors paouvres et mandians qui sont devant et joignant ledit porche. Lesquelz, si tost qu'ils voyent lesdits
pellerins et aultres gens, incessamment ne cessent de cryer et demander l'omosne
après eulx ; et aulcunes foys et le plus souvent iceux mandians se entrebattent les ungs
aux aultres ; au moyen de quoy iceux pellerins et aultres sont contrainctz de eulx
partir et s'en aller d'illecques (*de là*) en aultres lieux, sans faire en icelle église leur

(1) Au XVIIe siècle, la Confrérie-aux-Clercs, à laquelle Pontoise est redevable de
tant d'œuvres charitables, fit construire le grand hôpital, dit *des Enfermés*, dans
lequel de nombreux pauvres atteints de maladies incurables étaient admis et soignés
pour le reste de leur vie. Ajoutons qu'à cette époque, on réputait *incurables* un assez
grand nombre d'affections que les progrès de la science moderne sont parvenus à
guérir, ou à amoindrir considérablement.

dévotion et pèlerinaige. D'advantaige souventesfoys plusyors notables personnes passent pardevant ladite église, meues de dévotion, et baillent argent auxdits paouvres et mandians pour mectre au troncq de ladite église, pour ce qu'ils n'ont loysir de descendre de dessus leurs chevaulx ; lequel argent lesdits paouvres mandians retiennent à eulx et à leur prouffict sans le bailler ne mectre au prouffict de ladite église. Et que, pour et au moyen de ce que incessamment ne font que cryer et entrebatre les ungs aux aultres comme dit est, ils empeschent que le divin service ne soit faict ; et sont les curez et chapellains d'icelle église souventes foys contrainctz de cesser à dire le divin service et venir les faire taire.

» A ceste cause nous requèrent que deffances leur soient faictes de non plus eulx tenir devant ledit porche pour y demander l'omosne, sur peyne d'amende arbitraire et de prison, et que lieu et place leur soit baillé convenable pour ce faire.

» Oy laquelle requeste, le procureur du Roy nostre Sire, prins l'oppinion des assistants, ainsi que sommes deuement certiffiez et informez du contenu de ladite requeste,

» Nous ordonnons que commandement sera faict par le premier sergent royal dudit Pontoise sur ce requis, que à ce faire commettons, sur peyne d'estre fustigez nud de vergès par l'exécuteur des haultes œuvres, et que par nous aultrement en soit ordonné, auxdits paouvres et mandians qu'ils n'aient plus à eulx tenir pour demander l'omosne devant le porche de ladite église, mais qu'ils aient à eulx retirer pour ce faire joignant les esdegrez qui sont devant ladite église ; et en leur reffus de ce faire, permettons audit sergent de amener iceux paouvres et mandians pardevers nous pour fournir à droict sur le contenu de ceste présente requeste. De ce faire vous donnons povoir, mandons à tous que audit sergent en ce faisant soit obéy. Donné et faict sous nostre scel audit Pontoise, le mardi trentiesme jour de julliet l'an 1566.

» Signé : D. AUBERY, GUÉRITEAU, le greffier absent. »

En 1567, une nouvelle démonstration s'ajoute aux précédentes, pour affirmer une fois de plus l'esprit religieux et catholique des Pontoisiens : les Calvinistes avaient le projet d'élever un prêche dans la ville ; leurs troupes, à ce moment, après divers mouvements, étaient arrêtées aux environs de Saint-Denis. Les nouvelles les plus alarmantes circulaient ; on craignait une attaque que l'on regardait comme imminente ; la ville était abandonnée à elle-même pour sa défense : « le danger devenait pressant. »

Il fallait prendre un parti le plus rapidement possible : une nombreuse réunion des bourgeois fut convoquée, et se tint à l'Hôtel-de-Ville ; après une longue délibération, il fut convenu qu'une députation serait envoyée auprès du roi pour appeler son attention sur les projets des ennemis

du catholicisme. Les députés étaient au nombre de cinq :
Jacques Cuvernon, échevin ; Audard Charton, notaire ;
Hyppolite Turpin, notaire ; Claude Guériteau, et Robert
Duval, avocat. Charles IX était alors à Moulins : au
xvi⁰ siècle, dans une période de troubles et de guerres
civiles, un voyage au centre de la France, entrepris par de
simples bourgeois, était un véritable acte de dévouement,
et présentait dans l'exécution des difficultés de toute
nature, que le progrès et les moyens nouveaux de loco-
motion ont aplanies de nos jours.

Les périls d'une mission semblable n'effrayèrent pas les
délégués pontoisiens, qui se mirent en route au mois de
février ; en partant, Duval fit à sa femme des adieux dont
les termes nous ont été conservés, et qui reflètent l'expression de la foi la plus vive et la plus sincère.

Après un assez long voyage, la députation arriva à
Moulins ; elle sollicita la faveur d'une audience royale, ce
qui lui fut accordé : ce furent MM. de Thou et Séguier,
présidents du Parlement de Paris, qui présentèrent les
délégués de la ville de Pontoise au roi Charles IX, à sa
famille et aux membres de son Conseil. Robert Duval,
chargé de porter la parole au nom de la ville qu'il représentait, exposa dans des termes éloquents et avec un
profond sentiment de douleur, le péril que couraient dans
Pontoise la vie et la foi des habitants. Ses paroles, respec-
tueuses et énergiques à la fois, firent une grande sensation
sur les illustres auditeurs. Charles, ému, reçut nos ambassadeurs avec bonté et intérêt, et leur promit de s'occuper
des intérêts de sa « *bonne ville.* » (1)

L'ambassade se retira, dit l'abbé Trou, accompagnée
comme à son arrivée et par honneur, par les deux présidents du Parlement. Quelques temps après l'anxiété de la
ville cessa ; les calvinistes avaient été battus et durent

(1) L'abbé Trou : p. 161.

s'éloigner. (Bataille de Saint-Denis, où le connétable de Montmorency fut blessé mortellement : 10 novembre.)

La période de 1568 à 1570 ne nous offre que le souvenir d'une troisième guerre religieuse et civile dans laquelle Pontoise ne joue aucun rôle ; les calvinistes battus à Jarnac, où périt Condé, et à Moncontour (1569), où Henri de Navarre fit ses premières armes, réussissent pourtant à obtenir certains avantages au traité de paix de Saint-Germain, qui fut conclu au mois d'août 1570. (1)

---

(1) On l'appela la paix *boiteuse et mal assise*, parce qu'elle fut signée par A. de Biron, qui était boiteux, et par M. de Mesmes, seigneur de Malassise. C'est à ce traité que Scribe a fait allusion dans son libretto des *Huguenots* :

DE NEVERS.

« ...... Notre roi
Nous en donne l'exemple, et nous en fait la loi :
Avec les protestants il se réconcilie ;
Coligny, Médicis, ont juré devant Dieu
Une éternelle paix.......

DE COSSÉ.

Qui durera bien peu ! »

(Acte I, sc. Ire.)

CHAPITRE DEUXIÈME.

Commencements de l'état civil à Pontoise : le registre du clerc Quevillon ; 1570. — Dialogue « plaisant et récréatif » sur ce que Pontoise ne veut pas être de Normandie ; 1572. — La Saint-Barthélemy. — Charles IX poète : Ronsard à Pontoise (?) — Fondation de Liesse ; 1574. — Élection du saigneur des pestiférés ; 1575 — Incidents divers. — La Compagnie de l'Arquebuse ; 1576. — Écroulement du pont ; 1579. — La peste : les pèlerinages ; 1580-1584. — Noël Taillepied ; 1585. — Événements politiques : journée des barricades ; 1588. — Pontoise se prononce pour la Ligue. — Commencement de la guerre ; 1589.

'est à l'année 1570 que remonte le plus ancien de tous les actes de l'état civil que possède la ville de Pontoise.

Dès 1539 pourtant, François Ier, dans la célèbre ordonnance de Villers-Cotterets, avait prescrit la tenue de registres sur lesquels les curés étaient chargés d'inscrire exactement l'époque de la naissance et les noms et prénoms des fidèles qu'ils baptiseraient. Il n'était pas encore question des actes de mariage, ni d'inhumation ou décès ; mais en outre de ces lacunes, les instructions de l'ordonnance royale ne furent que très-lentement mises en pratique : l'usage ne se généralisa qu'à la longue d'enregistrer les baptêmes, et encore les *registres* ne consistaient-ils le plus souvent alors qu'en des feuillets réunis en

cahiers très-incomplets pour la plupart ; de là, des difficultés considérables dans les recherches généalogiques,
quand on remonte à cette époque.

Le plus ancien document d'état civil que possède
Pontoise est intitulé :

« Registre des baptesmes de Sainct-Pierre de Ponthoyse,
» escrips par Pierre Quevillon (ou Guenillon ?) cler de
» ladicte paroysse, commencé à escripre du 1ᵉʳ iour
» d'apvril 1570. »

On lit ensuite cette mention : « Pierre Quevillon, 1570,
le 5ᵉ iour d'apvril », puis les vers suivants, qui rappellent
naïvement les inscriptions mises par certains écoliers sur
les plats de leurs livres de classe, pour en affirmer la
propriété :

Saphica.

Si quis hunc furto rapiat libellum

Nec suo ceddat Domino petenti

Pergat et tetras subdito (subito ?) paludes

Mente precamur

Si cupias Domini nomen coguoscere libri :

Petrus Quevillon possidet ille librum

Mantuanus

Qui viret in foliis venit ex radice et humo :

Sic patris in gnatos abeunt cum semine mores. .

Le *cler* Quevillon, on le voit, a l'air de considérer le
registre des baptêmes plutôt comme sa propriété particulière que comme un document officiel appartenant à l'église ;
voici le premier baptême qui s'y trouve consigné, et que
nous reproduisons, quoiqu'il n'ait rien de curieux par lui-
même, mais parce qu'il est le *doyen* des actes de notre
état civil :

« Le 7 iour d'apvril 1570 fust baptisée une fille à
» Clément Gainay et Jehanne Larcevesque par Monsʳ
» Brouard, vicaire, et fut nommée Catherine par Catherine
» Jubert et Ambroise Louette, maraines, et Jehan Audry,
» parain. »

HENRI IV DANS SA JEUNESSE
D'après un dessin du temps. — *(Collection Hennin).*

On remarque, dans les actes de cette époque, la présence de *deux* parrains et d'une marraine, quand il s'agit du baptême d'un garçon, et de deux marraines et *d'un* parrain, quand il s'agit d'une fille.

Mais il ne faut pas conclure qu'à partir de 1570 nous possédions un état civil plus ou moins complet : il s'en faut de beaucoup. Les registres de Saint-Maclou (baptêmes) ne commencent que le lundi 23 janvier 1584 ; ceux de Notre-Dame, le 8 janvier 1588 ; ceux de Saint-André, le 28 janvier 1591 ; ceux de Saint-Mellon, le 20 janvier de la même année, etc. Il n'est pas question d'actes de décès ; cependant, nous avons les *mortuaires* spéciaux de Saint-Mellon, qui commencent le 15 janvier 1589 ; puis, parmi les anciens registres de Notre-Dame, on trouve, en 1594, un recueil intitulé : *Sequuntur testamenta defunctorum*, sorte de suite de testaments ; les mariages font, au point de vue de l'état civil, leur apparition seulement en 1596. Il y a enfin de nombreuses lacunes dans *tous* ces registres, et puisque nous en sommes sur ce chapitre, disons par anticipation que pendant la période du premier siége (1589), on ne retrouve *absolument rien* ; ainsi, le registre de Saint-Maclou s'arrête au 29 juin 1589 et ne se continue que le 7 août suivant ; comme on n'avait pas encore d'actes d'inhumation ni de mariages, on peut dire que pendant cette période de guerre l'état civil n'existe pas.

Pour signaler des singularités d'une autre nature, nous voyons dans le registre de Saint-Pierre, paroisse du château, de nombreux baptêmes dans lesquels figurent, comme parrains et marraines, le gouverneur de Pontoise ou ses officiers, et leurs femmes ; puis des baptêmes d'enfants de lansquenets de la garnison, pour lesquels l'acte, commencé de la main du curé, est continué d'une écriture germanique, et en langue allemande, et signé *par le sergent* ; tel est, le 30 juin 1591, l'acte dans lequel nous trouvons les noms de :

« 𝕭iebol𝖉t 𝕱üerst, 𝖁el𝖉twaibel (*feldwebel*, sous-officier,
sergent) ; 𝕻eter 𝕾chmi𝖉t, etc. ; 𝕸aria 𝖉e 𝕭laüthewambt,
𝕵aniss (𝕱rau), etc. » (Voir plus loin l'acte du 15 décembre 1591). Dans les mêmes registres (de Saint-Pierre, avril
1592) on remarque des baptêmes de *lansquenettes* (sic) ou
filles de lansquenets, qui ont chacune quatre parrains et
quatre marraines.

Tel a été le commencement de notre état civil ; nous
aurons l'occasion, dans la suite, de revenir sur cet intéressant sujet, et même de citer *in extenso* quelques actes
importants que nous y avons relevés.

En 1570, le domaine royal de Pontoise est donné en
apanage au duc d'Alençon. La capitale du Vexin reste
étrangère de fait aux événements militaires de l'extérieur.
Dans le cours de cette année, on exécute divers travaux
à Saint-Maclou, et l'on travaille aux chapelles latérales
(à côté de celle de la Vierge). En 1571, on s'occupe
d'agrandir et d'augmenter les dépendances de l'église
Notre-Dame : le 24 septembre, la fabrique de cette paroisse
décide qu'il sera construit quatre corps de logis « sur
l'emplacement de l'ancien cimetière, assis près de la
chaussée, derrière l'église. » (1)

Une question, plusieurs fois soulevée à cette époque, fut
celle de savoir si Pontoise, qui était déjà du diocèse de
Rouen, faisait ou non partie de la province de Normandie ;
cette discussion dura un certain temps, et les publications
qui sont parvenues jusqu'à nous font foi de la vivacité du
débat.

En 1572, paraît chez Prigent Godec, à Paris, un petit
livre intitulé : « Dialogue fort plaisant et récréatif de deux
marchands, l'un de Paris, l'autre de Ponthoyse, sur ce
que le parisien l'avoit appelé normand ; ensemble la

(1) Titre de la P. N. D. (orig. parchemin). « Bail de quatre places, *autrefois* le
cimetière, louées, la première à N. Le Mercier, et les trois autres à Michel Debaque,
à charge de faire construire des maisons, et moyennant rente. »

diffinition de l'assiette d'icelle ville, d'après les ·Cróniques de France » (1). Les deux marchands, qui s'appellent *Paris* et *Pontoise*, vont côte à côte, à pied, de la capitale de la France à celle du Vexin, et tout en cheminant, Paris apprend à son compagnon qu'il va *en Normandie*; il ajoute qu'il espère être rentré pour coucher le soir même à Paris. Sur quoi, l'autre demande à quelle ville de Normandie il se rend. — « A Pontoise, répond le parisien ; Pontoise n'est-il pas de Normandie ? »

PONTOISE. — « Comment de Normandie ! Si vous aviez *débagoulé* ce mot-là dans la ville, on vous dyroit que vous en avez menty ; et fussiez-vous bourgeoys de Paris, cent mil foys ! »

PARIS répond en invoquant les divers motifs qui lui ont fait croire que la province de Normandie commençait à Pontoise. — Le pontoisien riposte que chacun se dispute la possession de son pays, « même les picards », et réfute victorieusement les arguments de son interlocuteur ; nous ne reproduirons pas cette discussion, dont on trouvera les éléments, pour et contre, dans les auteurs qui ont traité cette question. (2)

Les voyageurs arrivent à Pierrelaye : PARIS propose « de se rafraîchir un peu », car, dit-il, « voylà bien parler sans boyre ». Il ajoute qu'il se fait tard, et qu'il sera obligé de coucher *Aux Deux-Anges*. (3)

(1) Il en existe une autre édition : *à Lyon*, Benoist Rigaud, 1573. — Cette petite pièce, que Brunet dit *rare*, a été reproduite par Ed. Fournier, dans ses *Variétés*, I. p. 75.

(2) V. Noël Taillepied, Feret, Deslyons ; et d'autre part, Denyauld, Guy Bretonneau, etc.

(3) Une des anciennes hôtelleries de Pontoise : elle était située, dans la rue Basse, au-dessous et vis-à-vis de Saint-André ; Taillepied nous apprend qu'il y existait une fontaine (qui se trouve actuellement reportée au coin du mur de l'Hôtel-Dieu).

Dans un terrier du Domaine de Pontoise, de 1597 (fonds Pihan, carton 3, n° 17, *Archiv. municip.)* « Pierre Dussault, en la paroisse Soint-André, confesse qu'il tient du domaine du Roy notre sire, et de M. Ch. d'Alincourt, gouverneur, etc., etc.... une maison, contenant plusieurs corps d'hôtel, etc..., en laquelle pend pour enseigne:

PONTOISE. — « C'est un bon logis pour gens de bien, et non pas pour huguenots ! »

PARIS. — « Dieu merci ! je ne suis point huguenot, et ne vouldrois l'estre pour tous les biens de ce monde ! »

PONTOISE. — « Je ne voulois sçavoir aultre chose ! »

PARIS annonce à son compagnon qu'il ira le lendemain dimanche à la messe à Saint-Maclou.

PONTOISE répond : « *A furore Normanorum, libera nos, Domine !* »

On arrive dans la ville ; les deux voyageurs se séparent :

PARIS. — « A Dieu, vous dy, seigneur. »

PONTOISE. — « A Dieu, sire, Dieu vous conduise, et ne m'appelez plus Normand ! »

Cette plaquette, très-curieuse, est évidemment l'œuvre de quelque pontoisien, qui se trahit çà et là par ses réflexions et son amour pour sa ville natale ; on y remarque deux opinions très-nettement dessinées : d'abord, l'aversion qu'a Pontoise pour la qualification de *Normand* ; et ensuite un sentiment anti-huguenot des plus prononcés. C'est à ce point de vue qu'il nous a paru intéressant de faire de ce petit volume, reflet des tendances de la population en 1572, l'analyse qu'on vient de lire ; quant à la question en litige, relative à Pontoise, Taillepied nous

---

Les Deux Anges, assise audit Pontoise, rue de la Petite-Tannerie, tenant des deux côtés à Jean Cossart, tanneur ; d'un bout le pavé du Roy, et d'autre bout les remparts et forteresses de ladite ville. »

Parmi les anciennes « hostelleries » de Pontoise, signalons encore : celle *du Midi*, située en face de l'entrée actuelle de l'Hôtel-Dieu ; cet immeuble, depuis une époque très-reculée, est resté la propriété de ce dernier établissement ; celle de *l'Escu*, vis-à-vis le grand portail de N.-D. ; les hôtels et auberges : de la *Corne d'Or* et des *Trois morts et trois vifs*, rue de la Petite-Tannerie ; des *Trois Coqs*, rue du Pont ; de *Saint-André*, quartier du Bucherel ; de *l'Homme armé*, rue de la Charée ; de *l'Image Saint-Antoine* et du *Heaume*, place du Grand-Martroy ; de *l'Homme sauvage* et de *l'Ange*, rue de la Cordonnerie ; enfin, *l'Hostel Saint-Aubin*, rue de la Tonnellerie, et *du Cornet*, rue de la Picarderie, etc., etc.

(D'après les *Archiv. de la V.*, *Terrier de 1597* et les *comptes mss. de la Confrérie-aux-Clercs.* Pour les noms actuels des rues se reporter à la notice sur le plan de Pontoise à la fin du volume).

apprend, en 1587, que « le faict fut résolu que Pontoise estoit du Parlement de Paris et de la Nation. »

Viennent ensuite les noces de Henri de Navarre et de Marguerite de Valois, sœur du roi ; puis, la triste journée de la Saint-Barthélemy ; il ne paraît pas que la ville ait à enregistrer à ce dernier sujet quelque sanglant souvenir : l'unité religieuse de Pontoise, son ardente dévotion et son esprit anti-calviniste l'avaient fait surnommer la *Ville-Vierge*, et on s'explique, après ce que nous venons de raconter, qu'un nombre bien restreint de calvinistes ait pu faire de notre cité son séjour ordinaire ; c'est sans doute en partie à cet état de choses qu'est due l'absence, dans les souvenirs de cette époque, de tout épisode relatif au massacre des protestants.

D'ailleurs, à Senlis, il ne se fit non plus « aucun remuement ni outrage, les huguenots y demeurant *paisibles* ; seulement, furent avertis de se retirer, hors la ville, sans bruit, ainsi qu'ils firent » (1). Il est possible, cependant, qu'il y ait eu pendant le cours de cette année quelques réunions secrètes de Calvinistes dans les faubourgs de Pontoise, car nous trouvons dans les anciens documents de l'époque la trace d'assemblées « tenues contre l'honneur de Dieu. » (2)

Les archives de l'Hôtel-Dieu contiennent un grand nombre de lettres patentes des rois de France, concernant cet établissement ; nous en signalerons une à la date du 7 octobre 1572, signée de la main du roi, et relative aux priviléges des fermes de Champagne et de Mézières. (3)

Charles IX, par d'autres lettres du 28 décembre 1573, et sur le rapport qui lui en a été fait, autorise, pour la nourriture des indigents de « sa bonne ville de Pontoise », la levée d'une imposition sur les habitants « pour subvenir

(1) Chronique de Jehan Mallet, p. 65.

(2) Archiv. municip. FF, nº 17.

(3) Archives, Hôtel-Dieu, R. 135. (Champagne et Mézières, *Seine-et-Oise.*)

aux besoins des pauvres invallides ou vallides, et en raison
de la grande rareté et cherté des vivres ». Cette pièce est
datée de Saint-Germain. (1)

Si, à cette époque, on ne tenait pas encore d'une
manière régulière les registres de baptêmes, mariages et
sépultures, on n'oubliait pas, du moins, de dresser un
compte exact de la perception de l'imposition sur les vins :
le « compte de recepte, faite par Meulon Garson, des vins
que aulcuns habitans, tant de la ville de Pontoise que
faulbourgs d'icelle, ont recueillis en leurs vignes, les
vendanges de 1572-1573, et auparavant le jour sainct
Rémy », est, dans son genre, un chef-d'œuvre de calli-
graphie et de netteté. (2)

Pontoise n'avait pas cessé d'être, par intervalles, le
séjour des rois de France ; Charles IX, si l'on en croit
Voltaire (3), désirait que le poëte Ronsard vînt l'y rejoindre ; il lui écrivait :

> Il faut suivre ton roi, qui t'aime par sus tous
> Pour les vers, qui de toi, coulent braves et doux ;
> Et crois, si tu ne viens me trouver à Pontoise,
> Qu'entre nous adviendra une très-grande noise.

Charles IX, eût pu, quoique roi de France, tâcher de
faire des vers un peu meilleurs ; aussi, Voltaire s'écrie-t-
il, avec sa causticité habituelle : « Plût à Dieu qu'il eût
fait plus de vers, même mauvais ! Une application constante
aux arts aimables adoucit les mœurs. »

> *Emollit mores nec sinit esse feros.*

Il y a cependant quelque goût dans la *Chasse Royale*,
œuvre de ce monarque, de triste mémoire d'ailleurs, et
dont l'acte administratif le plus connu est d'avoir fixé au
1er janvier le commencement de l'année. Ronsard était en

(1) Archives Municipales, AA, nº 35.

(2) *Ibid*, CC, 69.

(3) Diction. philosophique : Art. *Charles IX*. (Édit. Dupont. xxxviii, p. 30).

grande faveur alors : le roi le faisait loger dans ses châteaux
et voyager avec lui ; Pontoise aurait - il été, par hasard,
le berceau d'une des œuvres de ce poëte, qui, après avoir
obtenu un succès exagéré, tomba plus tard dans un dis-
crédit qu'il ne méritait pas ? Ce qui nous permet d'en
douter, c'est que, dans une très-ancienne édition, au lieu
des mots : *à Pontoise*, on lit ceux-ci : A AMBOISE (1). Cela
ne fait en somme qu'un hiatus de plus. Voltaire a donc
fait une citation fausse ; ou bien, dans le but de rendre
le vers un peu moins mauvais, aurait-il substitué la
capitale du Vexin à la patrie de Charles VIII ?....

Le 30 mai 1574, jour de la Pentecôte, entre trois et
quatre heures de l'après-midi, Charles IX succombe au
château de Vincennes ; il était âgé de vingt-quatre ans.
Son frère, Henri III, est appelé à lui succéder, il *s'évade*
de Pologne, dont il était roi ; le nouveau monarque était
affable, instruit, ami des arts, comme tous les princes de
sa famille ; Pontoise salue son avénement ; il fit naître des
espérances qui s'éteignirent du reste bien vite !

Madame Marie de Pisseleu, seizième abbesse de Maubuisson, meurt le 20 octobre suivant : nommée par le roi
en 1546, elle avait fait exécuter des travaux assez importants, notamment les *tourelles* du mur de clôture de cette
célèbre abbaye ; puis, les bâtiments et la chapelle de Vaux,
qui furent rétablis par ses soins ; elle fit également bâtir
la ferme et les dépendances de Liesse, dans un lieu appelé,
dans les plus anciens titres, *Maison-Rouge*, et dans de plus
modernes, *Bergerie sur les Étangs* ; ce fut elle enfin qui
donna à cette ferme, devenue un hameau, le nom de
Liesse, qui s'est conservé jusqu'à nous. Mme de Pisseleu,
issue d'une très - ancienne famille de Picardie, portait :
« *d'argent, à trois lions de gueules* » : on voyait ses armes

---

(1) Œuvres de P. de Ronsard, etc., Paris, chez Gabriel Buon, au *Clos Bruneau*,
in-folio — 1584 : p. 467.

sur une grande croix de pierre élevée par elle vis-à-vis de la porte de l'abbaye. (1)

Après sa mort, le roi pourvut de l'abbaye Mme Madeleine Tiercelin de Brosse, religieuse professe de Maubuisson, fille d'Adrien Tiercelin, seigneur de Brosse et de Marines-en-Vexin (2). Elle avait été élevée dans l'abbaye dès sa jeunesse, et était âgée de quarante-cinq ans, lorsqu'elle fut appelée au gouvernement de cette communauté, fonctions qu'elle remplit pendant vingt années.

Des maladies apparaissent dans la contrée en 1575. : sur la requête du Maire et des Échevins, exposant que la peste est aux environs de la ville, une sentence *condamne* (sic) les chirurgiens et barbiers à élire entre eux un *saigneur et barbier des pestiférés* : le choix se porta sur Robert Coudrai : voilà un scrutin pour sortir duquel les candidats ont dû montrer beaucoup moins d'ardeur que cela s'est vu dans certaines élections de notre époque !

Le 17 octobre de la même année. le Chapitre de Saint-Mellon nomme maître François Volferin, précepteur, à l'effet « d'enseigner aux jeunes gens de Pontoise à lire, écrire, calculer », et même « l'étude de la géométrie. » Les chanoines, on le voit, n'étaient pas ennemis de la diffusion de l'instruction publique, et, sur ce point, répondaient au vœu des États généraux de 1561.

Depuis longtemps, il existait dans cette ville une société de tir, appelée la *Compagnie de l'Arquebuse,* qui, à diverses époques, rendit de réels services à l'ordre et à la défense du pays ; les membres de cette Société portaient un nom de guerre : *Usuriers* (3). Il en était de même pour les compagnies des villes voisines : ainsi, l'on désignait sous le

---

(1) Histoire de l'abbaye Notre-Dame la Royale de Maubuisson, par dom Estiennot, Bén. de la C^{on} de Saint-Maur. (Mss.)

(2) Sentence de la Prévôté en garde de Pontoise du 27 octobre 1554, dans laquelle on lui donne ces qualités.

(3) « Usuriers de Pontoise. » V. Le Roux de Lincy : *Proverb. Français,* I. 249.

nom de *Hiboux* les arquebusiers de Meulan, et sous celui
de *Chaudronniers* ceux de Beaumont-sur-Oise, etc. Malgré
ces noms assez peu gracieux, les chevaliers de l'arquebuse
donnèrent des fêtes très-brillantes, auxquelles vinrent
prendre part les villes de Mantes, Meulan, Magny, Beaumont, Paris, Meaux, etc. L'Hôtel de l'Arquebuse était
situé près de la vieille porte d'Auvers, dans le quartier
du Pothuis ; auprès de lui s'étendait un assez vaste jardin,
dont les allées étaient pavoisées d'oriflammes, dans les
jours de joute et de gala.

Plaque de baudrier des Arquebusiers de Pontoise.
D'après l'original conservé à l'Hôtel-de-Ville.
Dessin de C. Lomond.

Plusieurs fois, cette milice bourgeoise avait été l'objet
d'encouragements princiers : Henri III s'y intéressa tout
particulièrement, et pour témoigner de sa bienveillance

envers les compagnons de l'Arquebuse, il décida par lettres patentes de 1576, confirmées en 1578, que celui qui serait vainqueur dans le tir solennel du *Papegai* serait exempté d'impôts et de subsides pendant une année entière. On appelait *Papegai* un oiseau de bois peint, placé ou suspendu au bout d'une longue perche, et qui servait de but aux tireurs ; celui qui atteignait l'oiseau était proclamé *Roi*, et en outre de l'encouragement accordé par les lettres royales, jouissait, dans la Société, de certains avantages.

L'uniforme de cette compagnie, qui subsista jusqu'à la Révolution, consistait en : habit rouge, revers, doublures et parements bleus, collet de velours noir brodé d'argent, culotte blanche, chapeau uni, panache blanc.

Le 24 août 1576, d'après les bulles de Grégoire XIII, qui les incorporaient à l'ordre des Trinitaires, sous le nom de *Mathurins*, le roi concède aux trois *ermites* établis en 1566, la possession de l'ermitage de Saint-Michel-du-Val-lès-Pontoise. (1)

Au point de vue historique, cette année est remarquable par le traité de Beaulieu, accordé aux protestants, et le plus favorable qu'ils aient encore obtenu. Les concessions faites par le roi produisent un mécontentement général dans le parti catholique et déterminent la formation défi-nitive de *la Ligue*, dont l'influence triomphe aux États de Blois. Henri III, croyant se rendre maître de la situation et ramener à lui le parti catholique, s'en déclare le chef, mais l'assemblée le force à recommencer une sixième guerre civile. L'édit de Bergerac met fin cependant aux hostilités, en 1577 ; mais bientôt une septième guerre civile commence et ne se termine qu'en 1580, à la paix de Fleix.

En 1579, une pile et deux arches du pont de Pontoise s'écroulent, et cette chute menace d'entraîner la destruction

(1) Archives de Pontoise : *Cartulaire des pr. titres de fond. du Couvent de Saint-Michel, etc.*, ordre de la Rédemption des Captifs (fonds Pihan, in-4°, 30 ff. parchemin).

complète du pont : une assemblée de la Ville s'occupe au plus vite de cet accident, et décide « que la remise que le roi avait faite sur la taille, serait levée pour subvenir en partie aux frais de cette urgente réparation. » (1)

Nous trouvons dans nos archives, à la date du 10 juillet 1580, un acte de foi et hommage rendu par le seigneur de l'Isle-Adam à celui de Pontoise.

La période de 1580 à 1584 fut signalée par l'apparition d'une terrible épidémie qui avait commencé à Paris, dans le courant de la première de ces années : plus de trente mille personnes périrent dans la capitale, victimes de la contagion. Après avoir semblé s'éloigner, le fléau redoubla de violence, en 1583 ; des pèlerinages s'organisèrent de tous côtés. Pontoise prit la résolution d'aller visiter Notre-Dame de Mantes, et sept ou huit mille pèlerins, tant de la ville que des environs, s'acheminèrent vers le lieu désigné ; M. de la Saussaie, alors grand-vicaire de Pontoise, porta nu-pieds le Saint-Sacrement jusqu'à Mantes.

Senlis vint à son tour en pèlerinage à Pontoise, et cet exemple fut suivi de toutes parts ; on vit dans nos murs, peu de temps après, soixante processions de localités diverses : il en vint même de Meaux-en-Brie.

Le 1er janvier 1581, naquit Robert Guériteau, une des illustrations sorties du collége de Pontoise ; plus tard, docteur en théologie, doyen de Sainte-Croix de Mantes et fondateur des Ursulines de cette dernière ville, à laquelle il laissa une rente pour assurer l'existence d'un professeur au collége. (2)

(1) Arch. de la Ville, CC, n° 32. — Il serait trop long d'énumérer tous les actes de la municipalité que nous retrouvons dans cette période : il y en a qui ne présentent, du reste, aucun intérêt : il existe notamment beaucoup de pièces de procédure et un grand nombre de baux ; citons parmi ces derniers (10 décembre 1586) le bail du droit « de pesche et herbes dans les fossés, consenti par la Ville à Estienne Lognagne, moyennant 4 escus d'or et certaines charges. » En 1587, le bail « des loges de la Harengerie. » (V. Fds Pihan, 3e d. 1.)

(2) Il mourut le 16 mai 1644, et fut inhumé dans l'église collégiale de Mantes. Son portrait a été gravé par Montcornet, et sa vie écrite par Faroul (in-4°, 1653).

Le 7 mars suivant, la ville fait à Monseigneur, fils de
France, duc d'Anjou, et frère unique du roi, un *prêt* de
300 écus d'or, « ledit prêt fait par démontrance de l'affection et bonne volonté des habitans de Pontoise envers
lui ». Le duc d'Anjou, par l'entremise d'un fondé de
pouvoir, donna à la municipalité une reconnaissance de
cette avance de fonds ; ce duc d'Anjou était François,
quatrième fils de Catherine de Médicis ; il mourut peu de
temps après (1584), et sa mort vint encore compliquer la
situation politique : Henri III n'ayant pas d'enfants, et
n'ayant plus de frère, l'héritier présomptif de la couronne se trouva être Henri de Navarre, qui était calviniste.
La Ligue prit alors un formidable développement, et le
roi, obligé de suivre une politique à laquelle il était hostile
au fond, se vit forcé de commencer la huitième guerre
civile, qu'on a appelée *la guerre des trois Henri.*

Pendant cette période troublée qui précède l'explosion
des guerres de la Ligue, vivait modestement dans notre
couvent des Cordeliers, étranger à toutes ces discordes, et
tout entier aux devoirs de sa vie monastique, un religieux,
un écrivain, qui, n'eut-il pas d'autres mérites, aurait
toujours, pour Pontoise, celui d'être son plus ancien
historien local. Né dans cette ville vers 1540, c'est de
1576 à 1587 que Noël Taillepied publia ses principaux
ouvrages, parmi lesquels : *Les antiquités et singularités de
la ville de Pontoise* ; nous avons, l'année dernière, publié
de cette curieuse description de notre pays à la fin du
xvie siècle une réimpression augmentée de notes inédites,
tirées des manuscrits de nos archives (1). Cette réédition
a été très-favorablement accueillie du public ; elle était
précédée d'une notice biographique et bibliographique sur
Noël Taillepied. Vers 1587, celui-ci quitta Pontoise, où il
avait exercé huit ans les fonctions de lecteur en théologie,

(1) Librairies A. Seyès, Pontoise, et H. Champion, Paris. 1876. — 1 vol. in-8° pl.

et se rendit aux Cordeliers de Rouen, ville dont il décrivit aussi « les antiquités. »

Cependant la guerre continue : le roi de Navarre bat le duc de Joyeuse à Coutras (18 octobre 1587). Cette défaite redouble l'irritation des ligueurs : à Paris, se forme un comité insurrectionnel, dit des *Seize*; il se substitue violemment au Conseil municipal, que présidaient le prévôt des marchands et les échevins. Les Seize donnent de l'unité et de l'énergie à la Ligue ; ils préparent la *Journée des Barricades*. Ce soulèvement, dont le prétexte est une insulte faite par les Suisses aux bourgeois, est excité en faveur du duc de Guise ; Henri III est obligé d'abandonner la ville et de fuir avec quelques serviteurs dévoués.

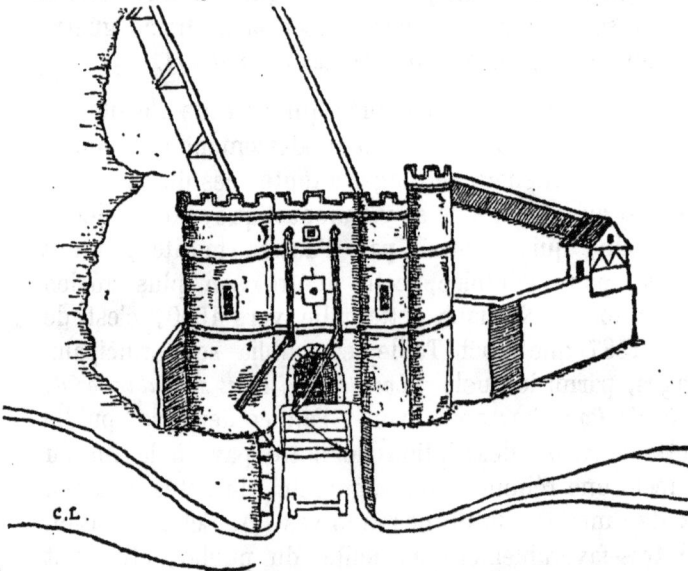

Porte extérieure, dite DE PARIS, et tête du pont de Pontoise
(Vers Saint - Ouen - l'Aumône)
A la fin du XVI⁰ siècle.
D'après un dessin de l'époque (copié par C. Lomond).

C'est ici que Pontoise va révéler ses sympathies pour la Ligue et entrer dans la période *militante*.

C'était le 12 mai 1588 : le roi avait mandé le régiment de Picardie, comme renfort ; mais les Pontoisiens s'opposent au départ de ce corps de troupes et *lui barrent le passage du pont*; la ville prend ici parti, nettement et sans ambages, *pour* la Ligue *contre* le Roi (1), et contribue au succès de l'émeute, en empêchant les forces militaires royales de la comprimer.

Le roi assemble les États à Blois, et se défait de Villeroi, son ministre jusqu'alors ; puis croyant en « tuant la bête tuer le venin », il fait assassiner le duc de Guise et le cardinal de Lorraine ; mais il ne peut saisir leur frère, Charles, duc de Mayenne, qui échappe à ses coups et devient le nouveau chef de la Ligue.

Six jours avant l'assassinat du *Balafré*, c'est-à-dire le 17 décembre, Pontoise donnait le jour à Jacques Charton, qui, après de brillantes études au collège de sa ville natale, devint docteur et composa plus tard, avec saint Vincent-de-Paule, le chancelier Séguier et le cardinal Mazarin, le Conseil ecclésiastique du roi.

La mort du duc de Guise mit le comble à la colère des ligueurs ; la nouvelle en était parvenue la nuit de Noël, pendant la messe de minuit : il y eut une véritable explosion de douleur et d'épouvante. La déchéance fut en quelque sorte prononcée : on parlait déjà de se « gouverner en république, sans roi ni princes d'aucunes sortes » (2). Le Parlement veut résister : Bussy le Clerc, avec une bande de ligueurs, conduit soixante de ses membres à la Bastille. La Ligue répandait les doctrines de la souveraineté du peuple; dans le but d'élever l'Église au-dessus de l'État, les Jésuites prêchaient cette doctrine, et parlaient sans cesse du droit imprescriptible que possèdent les peuples de repousser du trône un prince ennemi de leur

(1) Satire Ménippée, III, p. 46. (D'après une pièce imprimée par Michel Jouïn, rue Saint-Jacques.) Édit. Mathias Kerner. Ratisbonne, 1726.

(2) *P. de l'Estoile* (Journal de). — Th. Lavallée, II, p. 541. (Édit. Charpentier.)

religion et de leurs lois. « Les assemblées, disait le curé
Jean Boucher, possèdent la majesté suprême ;.. le prince
procède du peuple par élection libre. » (1)

Le roi avait congédié les États : Orléans, Rouen, Amiens,
Beauvais, Pontoise, Péronne, Montdidier, Clermont, Beaumont-sur-Oise, et d'autres villes, se prononcent hautement
pour la Ligue, et « se rebellent et mettent ensemble avec
MM. de Mayenne, d'Aumale, et autres seigneurs et
évêques. »

Les bâtiments de l'Hôtel-Dieu et la porte intérieure du pont en 1589.

Fac-simile d'un dessin sur parchemin, conservé aux Archives de Pontoise.
(Copié par C. Lomond).

Mayenne, devenu le chef de l'Union, mit des garnisons
dans les villes qui lui étaient acquises, telles que Pontoise,
et se prépara à la lutte, qui allait inévitablement éclater.
Ce fut le duc d'Aumale, cousin-germain du duc de Guise,
qui installa les gouverneurs nommés par la Ligue : il
commença par Pontoise, « vers laquelle ville, dit un écrivain du temps, il prit sa brisée pour en faire estat et y
mettre gens à sa dévotion pour y tenir ferme. » (2)

Henri III était à bout d'expédients pour sortir de la
situation ; il avait transféré à Tours le siége du Parlement

(1) V. : *De la Démocratie chez les prédicateurs de la Ligue* (Labitte 1841).
(2) Chronique de Jehan Mallet (mss. de Senlis).

et de la Chambre des Comptes ; il vint s'y réfugier aussi
(mars 1589). Malgré sa répugnance à s'allier avec les réformés, il ne pouvait plus hésiter : il se jeta dans les bras
du roi de Navarre et signa, le 3 avril, un traité avec ce
prince. Le 30 du même mois, eut lieu à Plessis-lès-Tours
une entrevue entre les deux rois. Henri de Bourbon y vint
en habit de soldat, le pourpoint usé par la cuirasse : il
s'agenouilla devant le roi qui le releva en l'appelant son
frère : l'alliance était faite.

Mayenne essaya d'enlever les faubourgs de Tours, mais
il fut repoussé par l'avant-garde du Béarnais. On connaît,
à ce propos, le mot d'Henri III, qui, empêchant le roi de
Navarre de poursuivre les ligueurs, et faisant allusion aux
prénoms du duc et des deux rois, dit « qu'il ne serait pas
raisonnable de hasarder un *double - Henri* contre un
Carolus. » (1)

Le temps pressait ; Henri de Navarre soumit au roi, et
lui fit accepter, un plan de campagne des plus hardis : il
fallait, disait-il, réunir toutes les forces royales et calvinistes devant Paris, et en finir par un coup décisif ;
l'armée commença son mouvement dans le courant de
juin.

Elle occupa successivement tous les passages de la Loire,
à l'exception d'Orléans et de Nantes, puis marcha vers
Paris : « C'est dans ce temps-là, dit Sully, que se firent
les siéges de Pithiviers, Étampes, Chartres... Il n'y avait
pas de *bicoque* qui ne se fît honneur d'arrêter son roi : il
ne rencontrait partout que révolte et désobéissance ! » (2)

A Chartres, Henri III avait reçu de Claude Vatherie,
procureur-syndic à Pontoise, l'assurance que cette ville
ne prendrait pas de garnison de la Ligue, renseignement
absolument faux d'ailleurs : ce fut, sans doute, dans la

(1) Le Double-Henri, monnaie d'or du xvie siècle, valait environ 12 livres. Le
Carolus était une ancienne monnaie de billon valant 10 deniers.

(2) *Mémoires de Sully*, Londres, 1778, in-12, II, p. 301.

suite, la cause de la fuite de ce personnage, qui avait lieu
de craindre le ressentiment du roi. Celui-ci, d'ailleurs,
fut sans pitié pour ceux qui s'étaient prononcés contre lui ;
et des exécutions signalèrent la prise de diverses villes,
entre autres Étampes, où plusieurs capitaines, magistrats
et bourgeois, furent pendus « haut et court ».

Puis, l'armée alliée, tournant Paris, se dirigea sur Poissy
et Pontoise, afin de s'assurer à la fois la possession des
rives de l'Oise et de la Seine.

D ans les deux chapitres qu'on vient de lire, nous
avons rapidement retracé les principaux événements
de l'histoire de Pontoise, depuis le commencement
de la seconde moitié du xvie siècle : ils servent de prologue,
et d'explication en même temps, aux épisodes dramatiques
qui vont se succéder dans la suite.

On a pu juger, en effet, de la piété des habitants de
Pontoise : au milieu des dissensions civiles et religieuses,
ils étaient restés inébranlables dans leur foi, et avaient, à
plusieurs reprises, donné des preuves incontestables de
leur profond attachement au culte catholique.

Il était logique et naturel, qu'au point de vue politique,
ces tendances conduisissent nos pères dans les bras de la
Ligue : c'est ce qui arriva ; et, dans la célèbre journée dite
des Barricades, croyant céder à un sentiment des plus
louables, mais peut-être, en réalité, n'obéissant qu'aux
excitations de meneurs politiques plus ou moins intéressés,
nous voyons notre population si pieuse, si dévouée et si
respectueuse jusque-là envers l'autorité royale, rompre
tout à coup avec cette dernière par un acte matériel, et
affirmer ses sympathies pour la Sainte-Union.

La ville devait s'attendre à supporter les conséquences de
cette décision : à partir de ce moment, nous entrons dans
une période nouvelle pour notre histoire locale, période plus
importante par les événements historiques dont Pontoise

sera le théâtre, et partant plus intéressante encore que celle que nous avons parcourue.

Nous examinerons d'abord dans quelles conditions matérielles, avec quels moyens de défense, et sous la conduite de quels chefs, s'ouvre pour la ville cette période *militaire* ; puis, nous ferons le récit des siéges et des combats livrés sous nos murs ; les manifestations religieuses, et même les actes de l'administration civile, vont, pour quelque temps, s'effacer complètement devant ces sanglants et tristes souvenirs.

ARCADE DE SAINT-MELLON

A l'entrée de la place du Château ; actuellement détruite.

(Restitution, d'après un dessin de Cl. Cousin).

CHAPITRE TROISIÈME.

Les anciennes fortifications de Pontoise ont été l'objet de tant de descriptions que nous n'avons pas à revenir et à nous étendre bien longuement sur ce sujet ; nous avons publié à la fin de la réédition des *Antiquités*, de Noël Taillepied, un extrait de l'ordonnance de M. de Heuqueville sur les remparts et forteresses de cette ville ; on pourra, pour de plus amples détails, se reporter à cette pièce, qui, précisément, date de l'époque de la Ligue.

Cependant, pour donner une idée plus exacte de l'enceinte fortifiée, et faire juger *de visu* de la configuration de la ville à la fin du XVIe siècle, nous avons fait faire le *fac-simile*, pour ce volume, d'un curieux et très-ancien plan de Pontoise, exécuté au lavis et conservé au département des estampes de la Bibliothèque Nationale. Il

n'existe pas dans nos archives communales, et il nous a
semblé digne d'intérêt de faire la reproduction de cette
pièce qui est inédite : nous y avons ajouté la légende qui
s'y trouve jointe, en l'accompagnant de quelques renvois
explicatifs. (1)

Ainsi, nous avons indiqué à côté du nom ancien, le nom
actuel de certaines rues ; il s'en trouve qui ont changé
plusieurs fois de dénomination ; il en est d'autres, au
contraire, dont le nom remonte fort haut ; telles sont : *la
Grande-Rue,* qui porte ce nom dès 1155 ; on le trouve
encore en 1366, en 1424, en 1514, etc. ; la rue de *la
Coutellerie,* dès 1358 ; on la retrouve en 1578, et posté-
rieurement ; nous ne voyons pas qu'en 1790, époque à
laquelle on fit une nouvelle « nomenclature des rues de
la commune de Pontoise », on ait changé le nom de ces
deux rues, qui l'ont conservé jusqu'à nos jours ; la rue
du Bordeau (ou du Valgeroult), et celle du *Petit-Bordeau,*
figurent dans des actes dès 1430 et 1525 ; la rue de *la
Roche* apparaît dès le commencement du xvie siècle. A une
époque qui n'est pas encore bien éloignée de nous, on
ajoutait aux mots *rue Basse* la désignation complémentaire :
de *la Grande - Tannerie,* de *la Grande - Boucherie,* de *la
Petite-Tannerie,* etc., etc. ; on l'appelait aussi *rue des
Moulins.*

En ce qui concerne les murailles de l'enceinte fortifiée,
elles avaient été augmentées et réparées ; le plan de
l'ingénieur italien que nous avons réédité en 1876 en fait
foi ; on y trouve, en effet, la trace de fortifications « faites
nouvellement », notamment du côté du Pothuis. En 1588,
on alloue, par exemple, une certaine somme « à Dupré
et Osmont, sergeants à Pontoise », pour avoir fait commandement à la paroisse de Genicourt de fournir quatre
hommes pour travailler aux fortifications ; on continue de
réparer les bastions ; on entasse les provisions, comme

(1) Voyez à l'appendice : *Notice sur le plan,* etc. (pl. hors texte).

en vue d'un investissement, et on clôt certaines issues, comme cela se faisait en prévision d'un siége ; on fait, la même année, commandement aux communes voisines, par actes de Vaultier et Duboys, sergents, d'apporter à Pontoise du « blé de munition ».

La Confrérie-aux-Clercs, qui avait encore son siége dans Notre-Dame, est mise à contribution pour la construction d'une casemate ; dans « l'estat et compte second de la » recepte et mise du recepveur de la Confrérie-aux-Clercs, » depuis le dimanche après l'Assomption Notre-Dame, » 1587, au mesme jour 1588, clos et arresté le 19 juin » 1590 », on lit l'article suivant :

« Item, à Jehan Legros, argentier de ceste ville de » Ponthoyse, *60 escus sol.* à laquelle somme ladicte » Confrairie auroit esté cottiziée à contribution de la » *cassemathe* qu'il a convenu faire en ladicte ville. »

En marge on lit : « Et attendu que ladicte *cassemathe* » a esté faicte pour la conservation de l'esglise et fabrique » Nostre-Dame, en laquelle ladicte Confrairie est instituée » et sauf recours. »

Nous doutons fort, après les événements qui advinrent, que la casemate en question ait servi précisément à la *conservation* du monument ; le mieux est quelquefois l'ennemi du bien. L'église, du reste, avait été en outre entourée elle-même de fortifications importantes ; on voit dans le *Discours du Siége* « qu'on feit battre les *remparts* estans *à l'entour* de Nostre-Dame. »

A diverses reprises, les fortifications, de tous côtés, avaient donc été au xvie siècle l'objet de travaux spéciaux et de réfections plus ou moins considérables ; nous en trouvons des preuves dans nos archives municipales, qui enferment à cet égard un grand nombre de pièces et de documents. (1)

(1) Parmi les pièces du xvie siècle relatives à la mise en état de défense de la place de Pontoise, citons : un acte passé devant Me Raffet portant acquisition d'une maison,

On retrouvera sur notre plan l'indication et l'emplacement des diverses défenses de Pontoise, telles que : les deux éperons du Pothuis ; les guérites, terrasses, plates-formes et casemates, qui garnissaient l'enceinte ; la porte d'Ennery, son bastion et ses tours ; l'éperon Notre-Dame ; la porte Chappelet ; la porte de Bart ; les tours *aux Prêtres, Percée, Penchée* ; la tour du *Friche*, célèbre par l'assaut de 1441, contre les Anglais ; le château ; le pont fortifié ; les étangs du Vert-Buisson, qui défendaient l'approche vers la rivière d'Oise. Tous ces ouvrages étaient plus ou moins garnis d'artillerie ; on en avait même mis dans la petite chapelle de l'Hôtel-Dieu.

Sur le vieux Mont-Bélien, dominant la plus grande partie de la ville et commandant le passage du pont, s'élevaient, à cette époque, des monuments aujourd'hui disparus pour jamais.

En quittant la rue de la Roche, non loin de l'antique hôtel d'Orgemont, on rencontrait d'abord, en montant, la « belle et ample église de Saint-Pierre, ... d'assez longue et large étendue, une belle tour de pierre façonnée en forme pyramidale, assise sur le bout du chœur, où il y avait six cloches, belles et bonnes et bien résonnantes. » Pour aller au château, on passait sous une arcade ; la rue traversait un cimetière ; puis, en continuant de monter, on apercevait une seconde arcade, qui donnait accès sur le sommet de la montagne. On laissait à gauche la collé-giale de Saint-Mellon, fondée par Philippe-le-Bel, « bastie de pierres de taille, à deux esles, le vestiaire du costé senestre et le cloché de l'aultre costé. » (1)

---

au château, « *pour construire batrie* » et défendre le boulevard du pont, etc. ; puis une requête au duc d'Alençon, pour faire réparer les remparts et le pont sur l'Oise, « sans quoi la ville deviendrait de fort petite deffence ; or, elle est de bien grande importance, etc. » (Arch. de Pontoise, D. D. 16.) On voit dans les pièces du procès Vatherie que l'abbaye de Maubuisson avait été taxée par arrêt de la Cour pour contri-buer à la construction de la casemate des fossés, et que le procureur-syndic, sur le refus de paiement, aurait fait vendre les vaches de l'abbaye pour solder les frais.

(1) N. Taillepied ; *Antiq. de Pontoise.*

Après avoir passé sous ce nouveau cintre de pierre (1), on apercevait alors les maisons du Chapitre des chanoines, ou le Doyenné (actuellement la maison de Boisbrunet); c'est la seule partie de tous ces bâtiments qui ait conservé

ÉGLISE SAINT-PIERRE.
Photogravure d'Yves et Barret, tirée de l'estampe de Moreau l'aîné.

quelque chose de son ancienne structure ; puis, franchissant un fossé à l'aide d'un pont-levis, on pénétrait enfin

(1) V. le dessin ci-dessus, page 50.

dans l'enceinte du château royal, « lieu éminent, haut et
eslevé, garni de tournelles et bastions » (1). Dans l'histoire
de Pontoise, cet édifice ne servit pas seulement à la défense
de la ville, mais il fut, à maintes reprises, le séjour des
rois de France. En temps ordinaire, c'était là que résidaient
le gouverneur de la place et ses principaux officiers ; c'était
également l'arsenal, ou le dépôt des armes et munitions
de guerre.

Enfin, derrière le château, sur la pente ouest du Mont-
Bélien, au-dessous des remparts et au-dessus de la rue de
la Petite-Tannerie, s'élevait Saint-André, paroisse située
en haut des degrés qui portent encore ce nom, et que Noël
Taillepied considérait de son temps comme « étant la plus
ancienne de la ville. »

Tous ces monuments sont détruits, et il n'en reste
même pas des ruines qui puissent nous représenter ce
qu'ils furent autrefois ; aussi, nous avons cherché à en
donner dans ce livre une restitution et une image aussi
fidèles que possible, d'après les estampes de Chastillon et
de Silvestre, ainsi qu'à l'aide d'anciens documents et des
plans, peu nombreux du reste, qui nous ont été conservés.

Il en est de même pour les fortifications, du pont sur
l'Oise : celui-ci était défendu, du côté de Saint-Ouen, par
une double tour crénelée, élevée sur un ilot (2) et ne com-
muniquant avec la rive opposée que par un pont-levis :
c'était la porte *extérieure*, dite porte de Paris ; du côté de
Pontoise, se trouvait une deuxième porte dite *intérieure*,
fortifiée, et analogue à celle dont nous venons de parler (3) ;
sur le pont même s'élevaient des habitations et des constructions diverses, moulins, boutiques de bouchers, etc.

A la fin du XVIIIe siècle, on voyait encore une grande

(1) Pour la description intérieure et extérieure du château, voir le procès-verbal du
3 septembre 1593, publié à la suite des *Antiquités de Pontoise* (1876), p. 134.

(2) Cet îlot a subsisté fort longtemps, et n'a été complètement relié à Saint-Ouen
qu'en 1842 (suppression de l'arche Martin et construction du pont actuel).

(3) V. ci-dessus, pages 45 et 47, le dessin de ces portes fortifiées.

partie, en fort mauvais état il est vrai, de ce qui avait constitué l'ouvrage appelé *l'Éperon* :

« Il existe, dit M. Pihan dans une note manuscrite, sur les bords des fossés, et du côté opposé à la ville, entre la porte d'Ennery et la porte de Chappelet, des restes de fortifications en forme de bastions, posés sur une éminence, d'où on domine la ville et le quartier Notre-Dame ; lesquels bastions sont entourés de fossés profonds. Ces bastions tombent actuellement en ruines. Ils paraissent avoir été faits pour protéger la ville de ce côté. » (1)

On trouvera aussi, dans l'ancien plan publié dans ce volume, les contours de cet important ouvrage de défense, casematé sur les côtés et en arrière ; on y voit même figuré l'escalier qui, du mur d'enceinte, conduisait au centre de la fortification, dominée elle-même par une arrière-plate-forme, d'où l'on pouvait encore foudroyer l'assaillant ; ce formidable bastion était construit sur ce contre-fort élevé qui domine le faubourg Notre-Dame, connu aujourd'hui sous le nom de *Petit-Labyrinthe*, dans le Jardin de la Ville.

Cet ouvrage joue un très-grand rôle dans le siége de 1589 et dans la défense de la place ; les assiégeants avaient porté tous leurs efforts de ce côté ; l'abord du faubourg était très-difficile, protégé qu'il était en outre par Notre-Dame, dont l'immense vaisseau, devenu lui-même une forteresse, masquait en partie les batteries de l'Éperon.

Les historiens de l'époque s'accordent à dire qu'en raison de sa position et du parti qu'on en pouvait tirer, on n'hésita pas à convertir l'église en une espèce de *ravelin* : on entend par ce terme une sorte de *demi-lune* extérieure, servant à couvrir une courtine ou un pont ; l'église servait ici de fortification avancée à la porte de Bart ; si l'on considère que *l'Éperon* dominait l'église et le faubourg, qui lui-même, gardé et retranché extérieurement, barrait

(1) Mss. Pihan, ff. 108.

le passage à l'ennemi, on s'expliquera les obstacles et les difficultés que devait rencontrer l'assiégeant de ce côté.

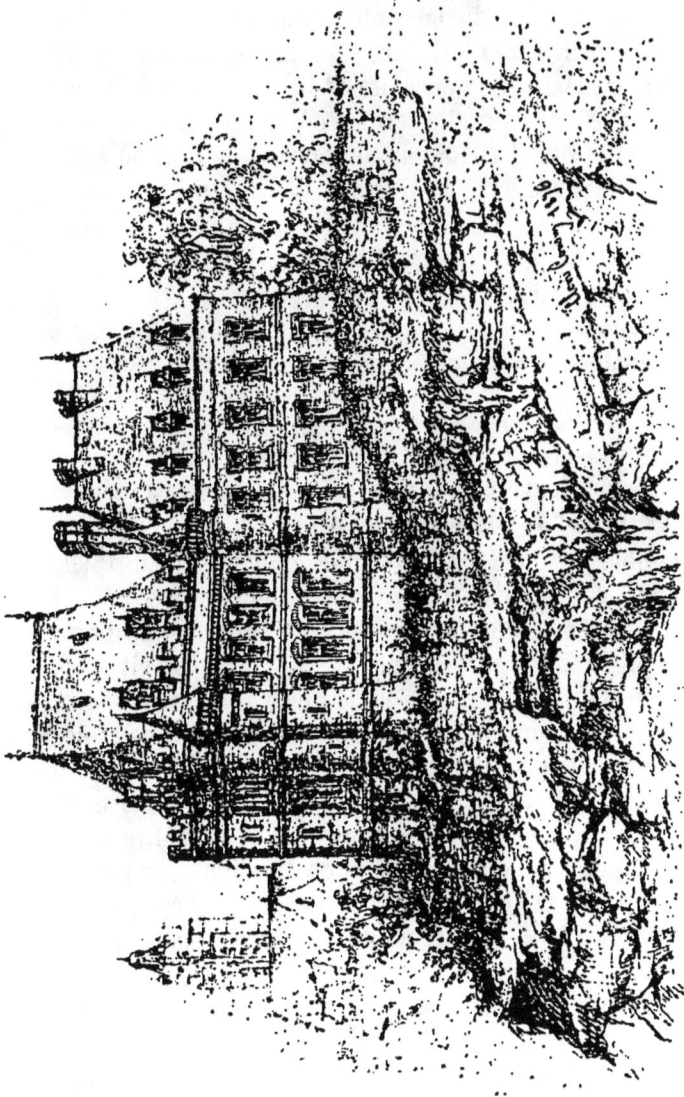

L'ANCIEN CHATEAU ROYAL DE PONTOISE

D'après les plans des Archives et les estampes de Chastillon et de Silvestre.

Dans nos archives municipales, existe un « *plan routier de la ville et faubourgs de Pontoise*, dressé par Duchesne, arpenteur royal, en 1772 ». Sur cette pièce, on retrouve bien encore la trace de la configuration de la redoute de l'Éperon, mais elle n'est plus complète, et elle y est représentée séparée de l'enceinte de la ville, on voit même sur la gauche une muraille terminée par une sorte de tour et sans continuité. La rue qui contourne l'endroit où s'élevait cette fortification, au-dessous du Jardin de la Ville, porte encore de nos jours le nom de *rue de l'Éperon*. Nous lisons encore dans les manuscrits P. de la Forest :

« On voyait, à deux des angles du grand bastion, les armes de M. (de Villeroy) le baron d'Alincourt, sculptées sur de grandes pierres de taille ; et à l'angle du milieu, regardant le couchant, les armes de France ; au-dessous encore, celle du baron d'Alincourt, qui était seigneur engagiste et en même temps gouverneur de la ville au 16e siècle. Il paraît que c'est à ce gouverneur que la ville de Pontoise était redevable de cet ouvrage, un des plus importants au point de vue de la défense de Pontoise. »

Il semble résulter de ces lignes que lorsqu'en 1590, d'Alincourt fut redevenu gouverneur de Pontoise, il fit terminer ou compléter les travaux de cette fortification ; dès le premier siége, cependant, l'Éperon servit à la défense de la place, comme on le verra plus loin.

Nous devons, puisque nous nous occupons de l'état des fortifications de Pontoise, à la fin du xvie siècle, dire maintenant quelques mots de *la Citadelle*, ouvrage militaire, « en quelque sorte, mort avant que de naître », et qui eût acquis sans doute, sans sa destruction, une grande importance par la suite ; c'est précisément à l'époque des siéges de la Ligue que remonte sa construction, restée incomplète.

Voici ce que disent, à ce sujet, les manuscrits de nos archives municipales :

« La ville de Pontoise s'étant *révoltée* (sic), sous le règne de

Henri III, et ce monarque étant venu l'assiéger *en personne*, il la réduisit, et y entra le 29 juillet 1589. »

« Il fit alors poser les fondements d'une forteresse (1) ou *citadelle*, au-dessus de la ville, près la porte d'Ennery ; les guerres continuelles que le roi avait alors dans son propre royaume, l'empêchèrent de veiller à l'exécution de ce projet, qui ne fut qu'ébauché ; mais après qu'Henri IV eût repris la ville, il fit continuer les travaux commencés.

» Cette forteresse était garnie de cinq bastions, entourés de fossés profonds qui venaient jusqu'auprès des fossés de la ville. Les bastions en commandaient entièrement les quartiers, de sorte que, de ce poste, on pouvait foudroyer toute la ville ; mais cette forteresse *ne fut point achevée*. Il restait à l'entourer de murailles, et à la fermer, lorsque *le même roi* rendit, dans son Conseil, un arrêt qui ordonna que toutes les citadelles proches de la ville de Paris de trente à quarante lieues à la ronde seraient rasées ou démolies.

» Ce travail devait se faire aux dépens des villes où étaient les citadelles ; les habitants de Pontoise auraient bien désiré que la citadelle fut détruite, parce qu'en temps de guerre on devenait maître de la ville en s'emparant de cette forteresse ; mais ils n'avaient pas le moyen de faire cette dépense.

» En 1614, effectivement, ils présentèrent une requête à Louis XIII, dans laquelle ils exposèrent l'impossibilité où ils étaient de démolir la citadelle (même inachevée), n'ayant pas de fonds, malgré la nécessité de la raser, pour préserver la ville d'une invasion subite de l'ennemi.

» Ils demandèrent que les habitants des villages voisins qui avaient intérêt à la conservation de la ville, où ils retiraient leurs effets en temps de guerre, fussent obligés de venir démolir cette forteresse, ou qu'ils fussent « cotisés à une somme suffisante pour pouvoir opérer ce travail. »

» Le Roi, par un arrêt du Conseil de la même année, ordonna que la citadelle serait vue et visitée, et finalement elle fut rasée et démolie. »

Cet ouvrage militaire était situé entre la rue d'Ennery

(1) V. *Pihan de la F.* P. 107 (mss. de la Ville).

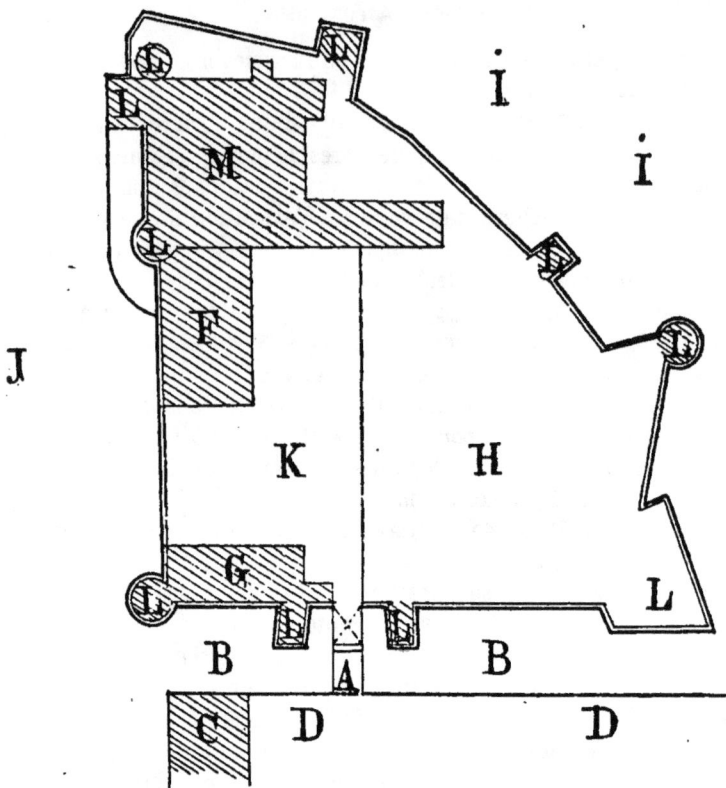

PLAN DE L'ANCIEN CHATEAU DE PONTOISE
D'après les documents des Archives de la Ville.
(Copié par A. Gossent).

A. Entrée du château ; pont-levis entre les deux tourelles. — **B**. Fossé, « allant du costé de la rue *du Pont* (rue de l'Hôtel-Dieu) à la rue de *la Boucherie* (rue Basse) », large de 18 pieds ; une fausse braie existait à chaque extrémité. — **C**. Doyenné (actuellement, maison de Boisbrunet). **D**. Grand mur de clôture. — **F**. Dépendances du château, cuisines, etc. — **G**. Autres bâtiments, dépendances, corps-de-garde, etc. — **H**. Cour (*) ; terrasses casematées sur les côtés. — **I**. Rue Basse (actuellement). — **J**. Rue de l'Hôtel-Dieu. — **K**. Emplacement présumé de l'entrée de la chapelle. — **L**. Tours, bastions, tourelles et sentinelles, servant de défense. — **M**. Château royal ; corps principal d'habitation.

(*) L'élévation du sol de la cour du château, au-dessus du niveau de l'Oise, était d'environ 29 mètres ; l'abbé Trou (p. 132) parle d'un puits, qui aurait existé au château, *creusé dans le roc à 200 pieds de profondeur*, c'est-à-dire à environ 70 mètres, soit près de *deux fois et demie* la hauteur du Mont-Bélien ! Il doit y avoir dans cette assertion une exagération, sinon encore une erreur.

et la rue de Gisors ; la rue dite encore aujourd'hui *de la Citadelle*, traverse l'emplacement de la forteresse ; l'habitation nommée *le Moulin-Rouge*, est bâtie sur les talus du fort. On peut encore en visitant les lieux, de nos jours, se rendre compte des contours des bastions, et des inégalités de terrain qui n'ont jamais été aplanies complètement.

La citadelle communiquait avec les remparts de la ville par des chemins couverts ou souterrains, dont on a retrouvé la trace.

Il est possible que l'ordre de commencer la construction de cette forteresse ait été donné par Henri III, après sa conquête, mais étant entré dans Pontoise quelques jours seulement avant sa mort, occupé qu'il était encore des combats et des événements qui se succédaient chaque jour, il est bien probable que ce roi n'eut guère le temps de *poser les fondements* de l'édifice militaire qui nous occupe, comme le disent les notes deM. Pihan de la Forest.

C'est aussi par erreur que l'abbé Trou déclare, dans ses *Recherches sur Pontoise*, que cet ouvrage fut « *achevé par Henri IV* » (p. 183). On vient de voir par ce qui précède que ce fut, au contraire, un édit de ce roi qui en empêcha l'achèvement, et que *jamais* cette forteresse ne servit, en réalité, soit à la défense de Pontoise, soit à comprimer une *révolte* quelconque des habitants de cette ville.

CHAPITRE QUATRIÈME.

Officiers municipaux, judiciaires, ecclésiastiques et militaires de Pontoise, en 1589.
— Jacques de Monthiers, lieutenant général du bailliage. — Gabriel de Monthiers,
prévôt-maire. — G. de la Bourdaisière, gouverneur. — Charles d'Alincourt, commandant en chef de la place. — Edme de Hautefort, son lieutenant. — Autres
officiers de la Ligue — Forces de la garnison. — Part prise par les habitants à la
défense de la ville. — Préparatifs en raison de l'imminence du siége. — Prise de
Poissy, et marche des deux rois sur Pontoise.

ous venons de parler des fortifications de Pontoise,
et nous avons cherché à donner également un
aperçu de la physionomie matérielle de cette
ville au moment du siége de 1589 ; il convient maintenant
de rappeler ici les noms des principaux magistrats et officiers municipaux, judiciaires, ecclésiastiques et militaires
à cette époque, et de dire à quelles mains la Ligue avait
confié la défense de la place.

Le lieutenant général du Bailli de Senlis, en résidence
à Pontoise, était alors Jacques de Monthiers, écuyer (1) ;

(1) Note sur la famille de Monthiers. Cette famille, dont les membres ont
occupé une place si considérable, et si honorable à la fois, dans la magistrature et
dans l'histoire de Pontoise, était primitivement originaire de Normandie, puis se
retira dans la Beauce, et dans le pays Chartrain ; on la voit figurer dans les rôles
du ban et arrière-ban, en 1272, des nobles du bailliage de Coutances ; on la trouve
également mentionnée dans le registre, coté *Pater*, de la Chambre des Comptes de
Paris (1254).

le prévôt-maire de la ville, Gabriel de Monthiers, seigneur
de Saint-Martin ; le procureur du roi, M° André Fournier ;
le maître de l'écurie (2), Jacques Gérard ; le procureur-
syndic, M° Claude Vatherie ; les échevins étaient Robert

Pierre I°ʳ, de Monthiers, sgʳ de la Folie-Herbault, était gouverneur, et son fils
Philippe, écuyer, de Louis, duc d'Orléans, fils de Charles V, frère de Charles VI
(lequel, duc d'Orléans, fut assassiné le 23 novembre 1407, dans la rue Barbette, par
les ordres de Jean sans peur, duc de Bourgogne).

Un autre de Monthiers, Jean, fut blessé à la bataille de Pavie, en défendant
François I°ʳ, et partagea la captivité de ce roi. Il mourut en 1566, âgé de plus de
80 ans.

C'est l'un des fils de ce dernier qui était lieutenant du bailliage de Pontoise au
moment du siège, en 1589 : Jacques de Monthiers, chevalier, seigneur de Rois-Roger,
fut pourvu le 5 juin 1563, sur la présentation des États, des titres de lieutenant
général et de prévôt en garde de Pontoise ; il succéda à Boicervoise, exécuté en place
de Grève.

Jacques de Monthiers fut la souche des *huit* lieutenants-généraux qui, pendant plus
de deux siècles, furent les chefs de la magistrature pontoisienne ; il épousa, par contrat
du 17 septembre 1559, damoiselle Marguerite Davergne.

Gabriel de Monthiers, fils de Jacques, chevalier, sgʳ de Saint-Martin, d'abord
prévôt-maire et voyer « de la ville et commune de Pontoise », succéda à son père
dans la lieutenance, en 1594 (*) ; il mourut vers 1632, et eut pour successeur son
fils, Charles de Monthiers. Le cœur de Gabriel de Monthiers fut porté aux Cordeliers,
et enterré dans l'église sous la lampe du chœur ; on lisait à ce sujet une inscription
latine, d'assez mauvais goût du reste, dans laquelle la parque Clotho figurait à côté
de Jésus-Christ ; il avait épousé, le 10 novembre 1585, damoiselle Marie Baudry, fille
de Guillaume Baudry.

Nous n'entrons pas dans de plus amples détails sur cette famille, éteinte aujourd'hui
dans les mâles ; les deux derniers représentants du nom furent : M. Ange-Charles de
Monthiers, ancien chef de bataillon du génie, né en 1794, mort le 14 février 1869 ;
et pour l'autre branche de la famille : Jacques-Casimir-Emmanuel de Monthiers-
Nucourt, ancien capitaine d'état-major, né en 1794, mort le 10 mai 1868.

Les armes des de Monthiers sont : *d'or à trois chevrons de gueules* (voir l'écusson
ci-après).

La lieutenance du bailliage était située, à la fin du XVI° siècle, place de la Belle-
Croix, dans la maison encore actuellement habitée par Mˡˡᵉ Le Seure, sœur de
M. Ange-Charles de Monthiers.

(Consulter : Généalogie nobiliaire du Vexin-Français, registre mss. de 304 ff. :
Arch. de Pontoise. — Le Père Ménétrier, p. 135. — Éloge de messire J. de Mon-
thiers, etc. Paris, veuve Hérissant, impr. du Bailliage de Pontoise, in-4°, 1783. —
Le traité de la Roque ; etc.)

(*) De 1595 à 1613, Simon Bredoulle est prévôt-maire de Pontoise.

(2) *Écurie du roi*, service et direction des postes.

LA VILLE ET CHASTEAV DE PONTOIZE

Par C. Chastillon

(COLLECTION DE H. LE CHARPENTIER)

François, avocat, et Guillaume Dancongnée (1), marchand ; enfin, l'argentier de la ville se nommait Jehan Legros.

Henry de Villers, écuyer, remplissait les fonctions de garde de l'hôpital Saint-Antoine ; Jean du Faure, seigneur de la Combe, celles d'administrateur laïc de l'hôpital Saint-Lazare ; la Prieure de l'Hôtel-Dieu se nommait Claude de l'Isle.

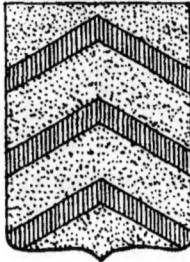

Armes des Srs de Monthiers.

Le grand-vicaire de Pontoise, représentant l'archevêque de Rouen, était Jacques de la Saussaye (2), nommé par le cardinal de Bourbon : c'est lui qui, selon les termes de N. Taillepied, « était chargé de maintenir en bonne et dévote police tout le vicariat de Pontoise », ayant sous lui les doyennés de Meulan, de Magny et de Chaumont.

Fac-simile de la signature de Gabriel de Monthiers, sgr de Saint-Martin, *Prévôt-Maire de Pontoise, en 1589.* (*)

(1) Leurs prédécesseurs étaient (1587) Me J. Derin, notaire, et Me Gaspar Honoré ; leurs successeurs furent (oct. 1592) Simon Charton, avocat, et Ant. Maître, marchand ; puis plus tard (1596), Pierre Duval, procureur, et Jacques Foubert, marchand.

(2) En 1594, M. de la Saussaie fut dépossédé par P. Deschevert, appelé par Henri IV : il fut dans la suite rétabli par le Parlement.

(*) On remarque dans cette signature, extraite d'une pièce des Arch. municip., que le nom est écrit en un seul mot, orthographe qui subsiste dans des actes notariés d'une date postérieure.

Parmi les autres dignitaires du clergé séculier, nous voyons à cette époque : L. Descouys et Jehan Robequin, les *deux* curés de Saint-Maclou (1) ; Robert Noël, curé de Saint - Pierre (2) ; Robert Lefebvre, prieur de la même église ; Jean Jollain, curé de Saint - André (3) ; Dom Lefebvre faisait les fonctions de curé de Notre-Dame, ayant pour vicaire Me Mathieu Guyempel (4). Citons encore : Pierre de Saldaigne, doyen de Saint-Mellon depuis 1577 (5) ; Nicolas You, chapelain de Saint-Wast ; Christophe Ler, chapelain de Saint-Jacques, etc.

Le seigneur apanagiste était alors Nicolas Aublain, seigneur de Favelles, qui, en 1578, avait acquis du duc d'Anjou, frère du roi, le domaine et la seigneurie de Pontoise. L'abbé de Saint-Martin (également *non-résidant*), était Pierre de Gondi, qui conserva ce titre jusqu'en 1612.

Antérieurement au siége, le gouverneur de Pontoise était Georges Babou, seigneur de la Bourdaisière, comte de Sagonne, chevalier des Ordres, et premier gentilhomme

(1) L. Descouys, nommé le 10 novembre 1580, mourut en 1590 ; Christ. Souvoye, son successeur pour *la 1re portion* de la cure de S.-M., se démit de ses fonctions en 1633. J. Robequin, nommé en 1578 (2e portion), fut remplacé par Gervais Caffin, qui fut enterré dans Saint-Maclou le 23 octobre 1592. On voit dans la suite, comme curés de cette église : Chr. Ler (1592-1594) ; Jacques de la Croix (1595-1626).

(2) Robert Noël, 1584-1591, curé de Saint-Pierre ; Jean Subtil, 1596, m. en 1605.

(3) J. Jollain, curé de Saint-André, 1588-1594. J. Vadecart lui succède le 25 février 1594 et meurt en 1615.

(4) Dom Regnault Lefebvre, installé en 1588, fut le dernier curé *régulier* de Notre-Dame de Pontoise ; son prédécesseur était dom Arnault Fournier, prieur de Ronquerolles (1581). Son successeur fut Charles de Boves, abbé de Rancé, grand-vicaire de Pontoise, 1603.

(5) Il fut remplacé par Jean Lordereaux, nommé le 22 septembre 1593 par le duc de Mayenne, sur la présentation de M. d'Alincourt, gouverneur de Pontoise ; il mourut le 1er juillet 1598.

Nous ajouterons, en terminant ces notes, que des erreurs de dates existent dans les divers tableaux placés par l'abbé Trou à la fin de ses *Recherches sur Pontoise ;* et que plusieurs des dates ci-dessus diffèrent des siennes. Le classement adopté par ui pour les officiers civils et militaires est également des plus défectueux.

du duc d'Alençon (1). Avant le commencement des hostilités sous nos murs, et même pendant les premiers jours
de la lutte, on lui donne les attributions et le titre de
gouverneur, fonctions dans lesquelles lui succéda par la
suite d'Alincourt.

G. de la Bourdaisière semble, du reste, n'avoir pris
part à aucun fait de guerre, et son rôle, au commencement du siége, paraît se limiter à des actes d'administration : c'est ainsi qu'on le voit, notamment avec l'aide
de l'échevin Robert François, prendre toutes les mesures
nécessitées par la présence d'une nombreuse garnison dans
l'intérieur de Pontoise. Puis, sans doute appelé ailleurs
par le duc de Mayenne, il disparaît et s'efface devant la
figure la plus remarquable de cette période de notre
histoire : Charles d'Alincourt, sur la biographie duquel il
est nécessaire de nous étendre plus longuement.

La Ligue n'avait pas trouvé, pour Pontoise, de défenseur
plus noble, plus zélé, et plus courageux, que Charles de
Neufville de Villeroi, plus connu sous le nom d'Alincourt,
ou de Halincourt ; ce fut à lui qu'elle confia la direction
des opérations militaires, et dans la suite, le gouvernement de la place ; il avait mission de défendre Pontoise *à
tout prix.*

Charles d'Alincourt joue un rôle considérable dans notre
histoire, à cette époque : aussi, nous avons reproduit ses
traits en tête de ce volume, d'après une ancienne estampe
d'Audran, conservée à la Bibliothèque nationale.

Il était fils unique (légitime) de Nicolas de Neufville,
seigneur de Villeroi, Magny, Bouconvillers, etc., connu
par les écrits et les mémoires qu'il a laissés, et qui fut
quatre fois ministre. Sa mère se nommait Madeleine de

---

(1) Georges de la Bourdaisière était cousin de la belle Gabrielle d'Estrées. Le château de la Bourdaisière se trouve près de Tours : cette famille descendait de financiers
récemment parvenus et anoblis ; toutefois, dans le courant du xvi⁰ siècle, ses principaux membres s'élevèrent à d'importantes fonctions dans l'État et dans l'Église.

l'Aubespine; il naquit en 1566. Jusqu'à la mort de son père, il porta le titre de marquis d'Alincourt ; nom d'une terre de sa famille (on lui donne seulement le titre de baron dans les inscriptions funéraires de l'église des Cordeliers de Pontoise). La résidence de sa famille portait aussi ce nom : « le sieur de Ville-Roy, secrétaire du Roy, dit Noël Taille-pied, fait sa demeure ordinaire près la ville de Maigny, en son chasteau de Halincourt. » (1)

Nous avons dit plus haut qu'on voyait sculptées en plusieurs endroits de notre ville les armes de M. d'Alincourt ; les Villeroy portaient : « *d'azur, au chevron d'or, accompagné de trois croisettes ancrées du même* ». Nous reproduisons ci-dessous ces armoiries, d'après la reliure de

Armes de C. d'Alincourt.

(1) La seigneurie de Magny, Alincourt et Villeroy était passée, en 1530, de la maison des Legendre de Villeroy, trésorier de France, dans celle des Neufville, par le mariage de Geneviève Legendre avec le petit-fils de Richard Neufville. Les Villeroy devinrent les bienfaiteurs de Magny. (Consulter : les intéressantes *Études biographiques* de M. A. Potiquet, 1877, et la *Notice sur le canton de Magny*, par M. Feuilloley, 1872.)

La mère du gouverneur de Pontoise, madame de Villeroy, née de l'Aubespine, fut un des ornements de la Cour sous les règnes de Charles IX, de Henri III et de Henri IV. Les poëtes de l'époque, et notamment Ronsard, Desportes et Bertaut, célébrèrent son esprit et sa beauté. Elle avait le goût des arts et composa elle-même des poésies. Elle mourut dans un âge très-avancé et fut inhumée dans l'église de Magny, où reposait depuis 1617 le corps de son mari.

Le dernier des Villeroy périt en 1794 sur l'échafaud révolutionnaire, mais la famille de l'Aubespine subsiste encore aujourd'hui.

volumes provenant de la bibliothèque de l'ancien gouverneur de Pontoise. (1)

L'orthographe ancienne de ce nom est : *Halincourt* ; c'est ainsi que les documents de la fin du xvie siècle le désignent ; lui-même avait pris ce titre pour nom, et ne signait jamais autrement (voir le fac-simile ci-dessous) ; mais, dès le milieu du xviie siècle, l'usage universel fut de modifier cette manière d'écrire ce nom : Tallemant des Réaux et beaucoup d'autres écrivent *d'Alincourt*, et c'est ainsi que nous le désignerons dans la suite de ce récit, conformément à l'orthographe moderne.

Fac-simile de la signature de C. d'Alincourt.

D'Alincourt eut pour parrain le roi Charles IX, et pour marraine Catherine de Médicis ; il fit ses études rapidement, et embrassa de bonne heure la carrière des armes, pour laquelle il avait dès son enfance manifesté du goût. Il servit quelque temps sous les ordres de Lesdiguières. Dans les guerres contre les Huguenots, on le vit porter la cornette blanche du maréchal de Matignon ; il contribue à la prise de Saint-Basile sur la Garonne, à l'assaut de Montaigu, et à l'affaire de Castillon, à la suite de laquelle il est envoyé au roi pour lui en apprendre la nouvelle, et lui porter les drapeaux pris sur l'ennemi. Il devient ensuite guidon de la compagnie des gendarmes d'Anne de Joyeuse ; il bat les reitres ; nous le voyons, à cette époque, figurer dans quelques affaires, comme chargé de

(1) V. Guigard : *Armorial du Bibliophile*, II, p. 145.

missions militaires : en 1587, il apporte aux reines, à
Paris, des lettres du roi par lesquelles celui-ci leur
annonçait « l'accord fait avec les reistres, à l'occasion
de quoi, un *Te Deum* fut chanté dans les églises. »

Il devient alors premier gentilhomme de la chambre du
roi, et obtient le poste élevé de gouverneur de Lyon;
mais après la journée des Barricades, en 1588, il est
chassé de Lyon par le duc de Nemours. Le P. Viallier
s'exprime ainsi au sujet de cette retraite forcée : « Par
des menées *aussi violentes que subtiles*, cette ville, remplie
de divisions, *se vit privée de son cher gouverneur !* » Depuis
le commencement de la Ligue, il ne se conduisait que
d'après les inspirations de son père, politique habile du
reste ; ce dernier s'étant tourné peu à peu du côté du duc
de Mayenne, d'Alincourt s'était mis à la tête des Lyonnais
qui avaient embrassé la même cause. Le P. Viallier a trouvé
une tournure heureuse pour raconter comment il fut expulsé
dans les troubles qui eurent lieu : « Le duc de Nemours,
dit-il, prit sa place ». Dans ses *Mémoires d'État*, Villeroi
est plus dans la vérité, quoiqu'il ne semble pas la dire
entièrement : il prétend, en parlant de l'affaire de Lyon
et du parti embrassé par son fils, « que ce dernier *fran-
chit ce sault* contre sa volonté. »

D'Alincourt avait épousé, le 26 février 1588, Marguerite
de Mandelot, dame de Paci, dont le père avait été aussi
gouverneur de Lyon ; elle porte le titre de dame d'honneur
de la reine-mère du roi, sur le mausolée qui lui fut élevé
aux Cordeliers de Pontoise. Il eut trois enfants de ce
mariage. Marguerite Mandelot mourut en 1593 ; il se
remaria plus tard avec Jacqueline du Harlay, dont nous
parlerons plus loin, en terminant cette biographie de l'ancien gouverneur de Pontoise ; biographie que nous avons
cherché à reconstituer, car il n'en existe pas de complète,
et les oraisons funèbres ne fournissent à son sujet que des
données peu précises.

On le nomme donc gouverneur militaire de Pontoise ; il était bien jeune encore ; écoutons le P. Viallier :

« Comme il était transporté d'un zèle infini pour la sainte et sacrée religion de ses pères, il se rendit à Pontoise avec ce courage invincible et ce conseil judicieux qui l'ont signalé en mille aventures, et il eut pour pressentiment *presque divin* des choses qui arriveraient après, que ce serait le conserver à l'État que ne pas l'ôter (Pontoise) à la Religion. Dirai-je les exploits mémorables de ce héros ? Parlerai-je de ses travaux et de ses peines ? Dirai-je que la force de son bras fut l'unique force de cette ville, et que les blessures qu'il y reçut en furent le salut ? Non, Messieurs,..... à moins d'être ignorant de l'histoire Française, on ne peut l'être de celle du *grand* d'Halincourt ! »

Et faisant allusion à sa rentrée à Pontoise, en 1590, en qualité de gouverneur, et pour la deuxième fois, le même orateur s'écrie : « Il rentra donc dans cette ville, l'ayant conquise une seconde fois, à son parti, je ne dis pas à son ambition ! »

D'Alincourt est certainement une figure remarquable, surtout pour l'histoire pontoisienne, mais nous préférerions de la part du « chevalier prestre de l'église de Lyon » moins d'enthousiasme et un peu plus de détails sur notre héros. Son oraison funèbre abonde en figures de rhétorique, mais est trop sobre de détails historiques qui puissent nous intéresser ; heureusement, nous avons pu recueillir dans d'autres ouvrages quelques notes qui nous permettront de terminer plus loin l'esquisse de sa vie.

Le nouveau chef militaire de Pontoise vint prendre possession de son poste, avec les pouvoirs les plus étendus sur la ville et sur la contrée, en raison des circonstances : c'était l'état de siége dans toute sa sévérité.

La Ligue lui adjoignit pour lieutenant un homme des plus résolus : Edme ou Edmond de Hautefort, qui, dans les précédentes guerres, avait donné des gages de ses

ardentes sympathies pour l'Union, et avait déjà été investi
d'importantes fonctions. Il était seigneur de Thenon et second
fils de Jehan de Hautefort et de Catherine de Chabannes;
il avait été gentilhomme ordinaire de la chambre du roi,
en 1572; capitaine de cinquante hommes d'armes des
ordonnances, en 1574 (titre également porté par d'Alincourt); chevalier de l'Ordre, en 1579; gouverneur et
sénéchal du Limousin, en 1580; lieutenant-général au
gouvernement d'Auvergne; puis, de Champagne et de
Brie, pour la Ligue, dont il était devenu un des plus zélés
partisans; il avait même été membre du Conseil général
de la Sainte-Union. Plus âgé que d'Alincourt, il était
cependant appelé à servir sous les ordres de ce dernier :
c'était un homme d'action, fait pour exécuter coûte que
coûte le commandement du chef, sans marchander son
sang ou sa vie.

Hautefort, dit P. Cayet dans sa *Chronologie novenaire*,
fit le serment « *de défendre Pontoise ou d'y mourir.* »

Il tint sa promesse !

Après ces deux principaux chefs militaires, venaient les
mestres de camp, et officiers qui commandaient les régiments et les compagnies des troupes de la Ligue. Quatre-
vingts gentilshommes s'étaient jetés dans la ville, à
l'approche de l'armée royale, et étaient venus prêter
main-forte aux chefs de l'armée de l'Union : « ils avoient,
dit d'Aubigné, cerché ceste occasion ». Citons, parmi les
défenseurs de la ville, « le sieur de Sagongnes, coronnal
» de la cavalerie de Messieurs les Princes catholiques »,
qui avait amené un certain nombre de chevaux; le mestre
de camp de Tremblecourt; Louis de La Fontaine, seigneur
de Cormeilles; Charles de Cossart, seigneur de Lieux
(Vauréal); le chevalier de Flavacourt; le marquis de
Canillac; les seigneurs de Serans, de Préfontaine, de la
Seullaye, du Pesché; les capitaines Bernard, Seureté,
Groulart, etc.

Les officiers de la ville et tous les habitants valides durent, plus ou moins directement, prêter aussi leur concours à la défense de la place. Nous en trouvons des preuves dans diverses dépositions du procès de Vatherie. On y voit, en effet, celui-ci représenté « en hausse-col », et des pistolets à la main, armé et équipé comme pour un combat. Un sieur Thiboult déclare : s'être rendu « sur le rempart, par le commandement de son corporal » ; Jean Robin : avoir, chez un cordier demeurant sur le pont, acheté « de la mesche à harquebuze », etc.

Nous avons dit que dans Pontoise l'esprit général de la population, et celui de la classe laborieuse spécialement, était éminemment catholique et ligueur ; une certaine partie de la bourgeoisie, au contraire, avait quelques tendances *politiques*, c'est-à-dire se rapprochant plus ou moins des doctrines de la réforme : c'était une minorité, peu importante il est vrai ; mais l'appel aux armes dont nous venons de parler mit dans un réel embarras les représentants de cette dernière opinion.

Les troupes régulières (de la Ligue) de la garnison de Pontoise se composaient, d'après le *Brief discours*, de deux mille hommes des régiments d'Alincourt, de Hautefort et de Tremblecourt, d'un corps de lansquenets, et de cinq cents chevaux. Dans ces troupes se trouvaient un certain nombre de Lyonnais, dévoués à d'Alincourt, et qui formaient un corps spécial. D'après d'Aubigné, le régiment du sieur de Tremblecourt, lorrain, « était fort à lui seul de trois mille hommes, et représentait la majeure partie de la garnison. » P. Cayet rapporte que le duc de Mayenne envoya environ deux mille hommes de renfort, au moment où le siége allait commencer, et qu'on les fit approcher en hâte : ces chiffres concordent à peu près avec le *Discours du siége* qui évalue à 4000 hommes les forces des assiégés ; on peut ajouter à ce nombre l'appoint formé par les habitants ; une certaine quantité de ceux-ci, toutefois, avait quitté

Pontoise et s'était enfuie « de l'autre côté de la rivière »,
croyant sans doute s'y trouver plus en sûreté, car le *Dis-*
cours du siége dit que « les païsans et le nombre de ceux
qui s'étaient retirés de la ville étaient d'environ 2000 ; »
le chemin, de ce côté, resta libre, au début du siége,
pendant quelques jours ; on put constater à ce moment,
comme cela s'est passé à Paris, lors de l'investissement
de cette ville par les Prussiens, en 1870, un double courant : l'un, de personnes abandonnant Pontoise pour se
soustraire aux horreurs d'un siége, et l'autre, de cultivateurs désertant, au contraire, la campagne pour venir se
réfugier sous la protection des remparts de la ville ligueuse.
Un certain nombre de bourgeois s'étaient enfuis à Paris,
à cause de leurs tendances *politiques*.

On peut supposer qu'en prévision d'un long siége, et des
périls auxquels la vie des habitants était exposée, on avait
fait sortir de la ville les femmes en état de grossesse ; ce
qui corrobore cette hypothèse, à l'appui de laquelle nous
n'avons du reste aucun document authentique, c'est précisément la lacune existant dans les actes de baptême (ou
naissance), les seuls que l'on relevât à cette époque, et
dont l'enregistrement cesse bien avant le début du siége,
pour ne reparaître qu'après la fin des hostilités sous les
murs de la ville.

Malgré la retraite d'un certain nombre de personnes,
on peut juger de l'encombrement que devait produire dans
la ville cette agglomération de troupes, eu égard au périmètre très-restreint de la cité, à cette époque. On s'est
souvent demandé comment, en raison de l'exiguïté de ce
périmètre, encore diminué, dans sa superficie habitable,
par les églises et les cimetières qu'il comprenait dans son
enceinte, une population aussi importante pouvait y être
contenue ; il faut se rendre compte des conditions de
l'habitation, alors bien moins confortables que de nos
jours ; et telle maison, dans laquelle aujourd'hui une

famille à peine existe seule, eût servi à cette époque à loger cinq ou six ménages. L'insalubrité résultant forcément d'un pareil mode d'existence, explique la fréquence et la gravité de ces épidémies qui s'abattaient sur les villes et les décimaient si rapidement au moyen-âge.

L'encombrement était rendu bien plus grand encore, en 1589, par la garnison qu'on fut obligé de loger chez l'habitant : chaque maison dut donner asile à un grand nombre de soldats : dix ou quinze, selon la grandeur du logis ; quelques maisons reçurent *jusqu'à vingt et vingt-cinq hommes* (1). Les habitants furent obligés, en outre, autant que cela leur était possible, de fournir des vivres, qu'on obtint au besoin par voie de réquisition.

D'Alincourt pouvait donc avoir sous son commandement, pour défendre Pontoise, si l'on s'en rapporte aux documents historiques de l'époque, de quatre mille à quatre mille cinq cents hommes de troupes régulières, dont 2000 arquebusiers.

Malgré tout cela, on trouvait encore dans la ville que les forces envoyées par la Ligue étaient trop peu nombreuses. On décida de demander du renfort au duc de Mayenne. M. de Villeroy et les échevins lui firent porter des lettres à ce sujet par deux bourgeois de la ville : Antoine Esgret fut le premier chargé de cette ambassade, puis Nicolas Souvoye ; aussi, lors du pillage des maisons des fugitifs, que le gouverneur laissa faire par les soldats, dans les premiers jours du siége, les maisons de ces deux personnages furent-elles sauvegardées ; les deux messagers ne purent, en effet, rentrer dans la place, investie par l'armée royale depuis leur départ, et durent rester dans Paris.

La ville de Pontoise était d'ailleurs bien pourvue de vivres en quantité suffisante, et elle eût pu, sous ce rapport, supporter un investissement de plus longue

(1) V. *Documents historiques*, p. LV.

durée ; les munitions de guerre ne devaient pas manquer non plus, quoique la *Chanson Nouvelle* attribue en partie à leur défaut la capitulation de la place.

D'Aubigné rapporte que « l'on n'avoit point pensé à deffendre le fauxbourg d'abas, pource qu'il estoit gourmandé du terrier » (dominé par le terrain).

Cependant, d'après les documents de l'époque, on fit fortifier les maisons qui se trouvaient à l'extrémité du faubourg Notre-Dame ; on creusa des fossés à l'entrée des rues et on éleva des remparts ou barricades, pour protéger cette partie, située en dehors des fortifications ; et enfin, empêcher l'approche de l'église, convertie elle-même en véritable forteresse. « C'était, dit le P. Daniel, en parlant de l'église *terrassée*, le principal boulevart et la meilleure défense ». La déclivité du terrain, dans les environs du faubourg, n'était pas très-favorable, en ce sens qu'en occupant Saint-Martin, l'ennemi jusqu'à un certain point, dominait la ville : on prit donc toutes les mesures nécessaires pour parer à cet inconvénient, préserver cette partie, la plus abordable, et où devait inévitablement se produire l'attaque la plus sérieuse ; c'était, du reste, ce côté qui se trouvait sur la route de l'assiégeant.

L'auteur de la *Chanson Nouvelle* dit :

> Si l'on eût razé le faubourg
> Qui ceint la Ville tout autour,
> Il n'y eût eu moyens quelconques
> De l'assaillir, ou la prendre oncques :
> Mais on ne voullut nullement,
> Détruire si grand bastiment ;
> Et voilà comme l'avarice
> Porte toujours préjudice !

Il est certain cependant qu'on fit tomber un certain nombre de constructions qui pouvaient gêner le tir des assiégés ; ainsi, en avant de la porte d'Ennery, d'Alincourt fit démolir, entre autres, *deux maisons* qui appartenaient à un nommé Gilles, maître fondeur de cloches, « lesquelles (maisons) valoient bien cinq cens escus, et estoient presque tout son bien. » (1)

On fit, selon l'usage en temps de guerre, fermer quatre des sept portes de la ville ; celles qui ne furent pas condamnées furent les trois portes d'Ennery, du Pont et Chappelet ; celle-ci correspondait avec le faubourg et l'église Notre-Dame ; des poternes pratiquées à la porte Notre-Dame et au bord de l'Oise, donnaient accès sur les fortifications extérieures ; on remplit d'eau l'étang du

LA TOUR DU FRICHE.

(1) Ce qui nous a transmis ce détail, est une requête de ce Gilles, fondeur, à l'effet d'être déchargé de 10 écus restant dus sur la taxe de 40 écus, « à quoi il avait été taxé pour sa rançon lors du siége ». Il expose qu'on lui a démoli deux maisons pour les besoins de la défense, « par commandement de M. d'Alincourt » ; qu'on lui a pris quatre muids de vin ; enfin, qu'il avait « baillé un chable servant à monter cloches, pour servir à souspendre la grille de la porte d'Annery, qui valoit bien dix escus » (le chable), etc., etc. Il était de ceux qui s'étaient réfugiés dans Paris à l'approche des armées royales. (*Archives de la Ville* : CC, n° 40. Requête du 15 mars 1591.)

Vert-Buisson, voisin de la tour du Friche ; en un mot, le
gouverneur n'avait rien négligé pour que la défense fût
organisée en tous points ; en même temps, par son activité
et son zèle, d'Alincourt stimulait ses troupes : Pontoise
devait avoir toutes chances de résister à un ennemi, même
supérieur en nombre, car de l'aveu de Henri IV, on croyait
que la ville ne serait pas prise.

Les deux rois avaient passé la Seine à Poissy, et avaient
pris cette ville rapidement :

« Les habitants, dit M. Noël, refusèrent leurs portes et se
défendirent avec acharnement : les troupes royales escaladèrent
les murailles de toutes parts et mirent, pendant quelques heures, tout à feu et à sang dans la ville, saccageant les maisons
et pillant les bourgeois. Un certain nombre de ces derniers, en
désespoir de cause, se jetèrent sur le pont et s'y barricadèrent.
Forcés dans leur dernier retranchement, ils furent faits prisonniers, et quelques-uns d'entre eux expièrent à la potence la
faute et l'opiniâtreté des autres. » (*Histoire de Poissy.*)

Henri III fut renforcé à Poissy de quelques troupes
arrivées de Picardie et de Normandie, ainsi que d'un
certain nombre de gentilshommes qui vinrent rejoindre
son armée. Maître du cours de la Seine, il fallait également
le devenir du passage de l'Oise : la prise de Pontoise était
nécessaire pour s'assurer la possession de cet important
cours d'eau ; aussi, cette ville devint-elle l'objectif des
armées royales, qui, sans plus tarder, se mirent en marche pour en faire le siége.

CHAPITRE CINQUIÈME.

près le départ des troupes du roi de Navarre, qui composaient l'avant-garde, les autres corps d'armée s'ébranlèrent successivement, et marchèrent sur Pontoise, avec le duc d'Épernon et le maréchal de Biron. Arrivés sur les bords de l'Oise, « en face du village de Cergy », les chefs de l'armée royale firent construire, sur la rivière, un « pont de bois composé de tréteaux et de bateaux, pour aller, venir, et passer deçà et delà l'eau ». Telles sont les expressions de Jehan Vaultier, dans les mémoires duquel mention est faite de ces travaux militaires.

Dans l'impossibilité d'attaquer la ville par la rive gauche, côté où l'on devait se borner à un simple investissement, il s'agissait d'établir une communication permanente entre les deux rives de l'Oise, afin de parer à toute éventualité. A défaut de pionniers, ou pontonniers, ce furent les Suisses qui furent chargés de la construction de ce pont, ainsi que de celle « de retranchements, et de plusieurs forts, » destinés à le protéger, et à couvrir la tête du passage, en cas de retraite, lesquels « furent faits en peu de temps ». (1)

Aucun document ne nous révèle que les ligueurs aient

(1) LES PONTS DE CERGY. — Nous avons recherché à quel endroit pouvait bien avoir été construit ce pont; mais les documents historiques, pas plus que la tradition locale, n'éclaircissent le fait d'une manière très-positive.

M. l'abbé Bourguignon, ancien curé de Cergy, dans une intéressante *notice* (manuscrite) sur cette commune, rappelle qu'à une époque bien antérieure à la Ligue, il a existé un pont à Cergy, ainsi que l'établissent deux ordonnances de Louis XI, datées de 1473 et de 1476 ; toutefois, ce pont devait être détruit sous Henri III. Voici une note que nous reproduisons, toujours d'après l'obligeante communication de M. Bourguignon, et qui date de son séjour à Cergy (mai 1872) : « M. P..., âgé de 76 ans, dit que dans son enfance, il avait coutume d'aller se baigner au lieu dit *le Port du Brûloir*, aujourd'hui *les Courçons*. L'Oise, à cette époque, ayant moins de barrages sans doute, diminuait ou grossissait plus sensiblement que de nos jours. Or, dans les basses eaux, on voyait, de distance en distance, des gros blocs de maçonnerie distants d'environ quatre mètres : cet endroit était redouté des mariniers qui y brisaient souvent leurs bâteaux..... »

Seraient-ce les vestiges du pont de 1476 ?... Les armées des deux rois n'ayant pas eu le temps d'établir un pont assis sur de la maçonnerie, recherchons ce qui nous rappellerait l'existence d'un *pont de bois*.

A une époque antérieure à la résidence de M. Bourguignon, l'administration, pour faciliter la navigation, fit draguer profondément la partie de l'Oise qui borde le territoire de Cergy ; ce travail mit à jour de gros pieux enfoncés dans l'eau et disposés en losange, ainsi : O O O. D'autre part, quand on fit draguer du côté de Ham, on retira, entre autres débris, une énorme pièce de chêne d'un mètre d'équarrissage.

Il y a deux endroits où, à peu près de tout temps, des bacs ont existé : 1° au bout du chemin de *Chasse-Marée* (actuellement lieu dit le *Brûloir*), ou vis-à-vis d'Éragny ; 2° à Gency, où les membres de la famille royale habitant Vauréal passaient pour gagner Neuville, par les routes dites *de la Princesse* et *des Ambassadeurs*. Le pont de l'armée de Henri III put être construit encore de ces côtés.

Il n'est fait mention, par nos historiens locaux, d'aucun autre pont, jusqu'à l'établissement de celui qui existe actuellement, et qui a été inauguré le 1er janvier 1872.

LE DUC D'ÉPERNON

CHARGÉ DE L'ATTAQUE DU FAUBOURG NOTRE-DAME.

(D'après une ancienne estampe.)

cherché à se porter au-devant des alliés et à leur barrer
le passage ; en raison de son infériorité numérique, la
garnison de Pontoise n'osa pas se hasarder en rase campagne contre les forces des coalisés : l'armée royale,
désormais assurée du passage de la Seine et de l'Oise,
maîtresse des collines de l'Hautil, s'avança de plusieurs
côtés dans la plaine, et s'empara, sans résistance et sans
obstacles, de tous les chemins conduisant sous les murs
de la ville.

Tandis que le duc d'Épernon s'avançait vers le faubourg
Notre-Dame, dont l'attaque lui était dévolue, les soldats
de Navarre, contournant Pontoise, occupaient les villages
et les hameaux de la vallée de la Viosne, puis remontant
sur le plateau, barraient les routes de Cormeilles et
d'Ennery. Henri III, de son côté, venait, avec le reste
des forces disponibles, retrouver peu après ses alliés, et
établir à Cergy son quartier-général.

Les officiers du roi envoyèrent des délégués pour sommer
la ville de se rendre à discrétion, et d'ouvrir ses portes ;
les Ligueurs, dit-on, répondirent par des injures à cette
injonction ; l'armée royale, dit le P. Daniel, « trouva à
Pontoise *plus de résistance qu'on ne lui en avait fait jusqu'alors*; il fallut faire le siége dans toutes les formes. »

Avant de continuer cette relation, on nous permettra
d'indiquer son origine : il n'existe aucun récit complet de
cette partie, pourtant si importante, de notre histoire.

M. de Lépinois, pour son *Histoire de Chartres*, ainsi que
M. Réaux, pour son *Histoire de Meulan*, ont eu, l'un et
l'autre, l'heureuse chance de trouver un *Journal du Siége*,
qui leur a retracé jour par jour, et quelquefois heure par
heure, les événements accomplis sous les murs de ces
deux villes. M. Ad. Bernier, a pu rééditer le travail de
Jehan Vaultier, grâce auquel Senlis a conservé la mémoire
de tous les événements de cette époque qui l'intéressent.
Moins favorisé, sous ce rapport, que ces écrivains, nous

avons dû chercher à parvenir au même résultat, pour
Pontoise, en recueillant des renseignements nombreux
mais épars, et disséminés dans une foule de documents ;
ce sont ces données *partielles* que nous avons réunies.

Nous avons puisé ces renseignements à trois sources
principales : les manuscrits de nos Archives ; lés travaux
des historiens les plus autorisés, principalement ceux
contemporains des événements de la Ligue ; enfin, quelques plaquettes de l'époque ayant trait à ce siége. Nous
défiant un peu de ces dernières publications, dictées souvent par l'esprit de parti, et qui parfois exagèrent la portée
des faits, nous rapportons leurs versions, mais sous certaines réserves. Ajoutons, cependant, que nous avons été
à même de contrôler l'exactitude de bien des faits, qui
se trouvent confirmés par le témoignage d'autres écrivains.

L'abbé Trou a fait de ce siége un récit tellement *som-*
maire qu'on ne saurait vraiment étudier dans son ouvrage
cette partie de notre histoire ; il est vrai qu'il n'a peut-être
pas eu à sa disposition les mêmes moyens d'investigation
que nous ; mais les quelques lignes qu'il a consacrées à
cette lutte contiennent des erreurs que nous aurons l'occasion de signaler.

L'approche des armées royales produisit dans Pontoise,
comme on peut se l'imaginer, une légitime émotion. Grâce
à la situation topographique de cette ville, on pouvait, des
points élevés, et notamment du château, de la tour de
Saint-Maclou, et aussi du haut de la tour centrale de
Notre-Dame, suivre tous les mouvements de l'ennemi
dans la plaine, et voir s'approcher de la ville cette four-
milière humaine qui venait l'assiéger.

Ce fut vers le 8 ou le 9 juillet que les premières troupes
alliées durent paraître en vue de la ville, car la plupart
des historiens de l'époque racontent que les préparatifs de
l'attaque durèrent *trois jours* ; or, ce ne fut pas avant le
11, qu'un premier et sérieux engagement eut lieu.

Le siége commença immédiatement : on fit ouvrir les tranchées, et les approches furent poussées avec vigueur ; les alliés ne tardèrent pas à occuper l'abbaye de Saint-Martin et ses dépendances, bâtiments très-vastes, entourés de murs et de jardins très-étendus. (1)

D'après Mézeray, « le faubourg qui accompagne la partie la plus élevée de la ville » (porte d'Ennery) était tellement bien fortifié et retranché, que l'attaque en parut très-difficile, dès le début, aux généraux royalistes ; ils se bornèrent à de fausses démonstrations et à un investissement rigoureux de ce côté.

Le même historien, d'accord sur ce point avec d'Aubigné, rapporte que ce ne fut qu'au dernier moment que l'on fortifia le faubourg Notre-Dame (2) ; dans le principe, les Pontoisiens n'auraient pas cru, dit-il, à une attaque sérieuse de ce côté, dominé par les hauteurs de l'Éperon. Cependant de Thou nous apprend que ce fut par *la ville basse* que l'on commença à assaillir la place ; les journées du dimanche 9 et du lundi 10 juillet durent se passer en préparatifs de part et d'autre, sans qu'aucun incident particulier nous soit révélé par les documents à l'aide desquels nous avons fait cette relation ; on parle seulement de quelques escarmouches sans importance qui auraient eu lieu.

Le roi de Navarre ne parut en personne devant la ville que le 11 juillet ; le 9, il était à Versailles ; le 10, à Saint-Germain-en-Laye ; de là, il vint à Pontoise, puis à Ennery, où son quartier-général resta plusieurs jours.

L'abbé Trou estime à trente mille hommes le total des forces qui investirent Pontoise ; nous croyons ce chiffre exagéré : l'armée alliée, avant d'avoir reçu les renforts

---

(1) Voyez la planche qui représente cette abbaye, actuellement détruite.

(2) « Ils s'avisèrent *sur le tard* de le vouloir défendre, et se mirent à terrasser une église de Notre-Dame, d'où l'on pouvoit battre de haut en bas toute la courtine de ce côté. » (Mézeray, *Henri III.*)

des Suisses et des autres corps amenés par de Sancy et de
la Noue, ne devait guère s'élever à plus de vingt ou vingt-
cinq mille hommes ; encore, sur ce chiffre, faut-il défalquer
le nombre de soldats nécessaires pour garder les passages
de l'Oise et de la Seine, les garnisons restées dans les
places voisines, etc. Nous estimons donc que les troupes
des deux rois qui prirent part au siége ne s'élevaient, au
début du moins, qu'à quinze ou dix-huit mille hommes,
chiffre déjà fort respectable, et qui dans la suite fut
augmenté de quelques renforts. Les armées alliées s'étaient,
il est vrai, accrues de quelques troupes amenées de Normandie par le duc de Montpensier ; à la suite de cette
jonction, il avait été tenu un conseil de guerre dans lequel
les chefs de l'armée royaliste avaient décidé de commencer
sans plus tarder le siége de Pontoise, parce que l'on
était en état de résister à Mayenne, et que cela permettrait
d'attendre les forces de MM. de Longueville et de Sancy.

Le maréchal de Biron, après avoir examiné l'état des
fortifications et la disposition topographique de la ville,
avait jugé que la partie la plus favorable pour aborder la
place était le faubourg de Notre-Dame, qui, à cette époque,
ne s'étendait pas aussi loin de l'église que de nos jours ;
il comprit aussitôt l'importance qu'aurait la possession de
l'église, et décida de porter de ce côté tous ses efforts.

Ce fut le mardi, 11 juillet, qu'eut lieu un premier
combat sérieux sous les murs de Pontoise ; Henri de
Navarre, qui, le matin, était à Saint-Germain, où il avait
fait un repas, arriva dans la journée sous les murs de la
ville, et fit attaquer le quartier Notre-Dame, « tant furieu-
» sement, que n'eust été le courage *des habitants* et des
» troupes de M. de Mayenne », l'armée alliée eût réussi à
occuper le faubourg ; les régiments de Hautefort, d'Alincourt et de Tremblecourt, ainsi qu'une compagnie de
lansquenets, prirent part à cette affaire, qui fut extrêmement chaude ; il y eut d'assez grandes pertes de part

et d'autre ; si l'on en croit le *Discours du Siége*, les alliés auraient laissé plus de quatre cents hommes (?) sur le terrain, tant tués que blessés ; en résumé, ils furent repoussés et délogés du faubourg, vigoureusement défendu par les assiégés ; le duc d'Épernon et le mestre de camp Charbonnières commandaient en personne les troupes royales dans ce premier engagement. (1)

Dans la soirée, le roi de Navarre établit son quartier-général à Ennery, où il soupa et passa la nuit ; il avait perdu dans cette journée plusieurs gentilshommes de son armée dont la mort lui fut, dit-on, très-sensible. Henri III avait maintenu son quartier-général à Cergy, que Vaultier de Senlis nomme *Surges*, dans son journal, malheureusement beaucoup trop abrégé en ce qui concerne le siége de Pontoise.

La journée du mercredi, 12, fut fertile en incidents de toute nature : l'artillerie royale ouvrit son feu sur divers points ; on braqua, notamment contre les remparts qui protégeaient l'église de Notre-Dame, six pièces, dont deux gros canons et quatre bâtardes (2) ; l'une de ces dernières fut bientôt mise hors d'état de servir ; mais les autres n'en causèrent pas moins un sérieux dommage aux assiégés. Cette batterie, qui semble avoir joué le rôle le plus important dans l'attaque de la place, fut établie par les soins de M. de Biron. Pendant ce temps, un feu de mousqueterie d'une grande vivacité s'engageait sur diverses parties des remparts.

Lors des guerres de la Ligue, le nombre des pièces d'artillerie était encore restreint dans les armées, et l'attaque du seul bastion de Notre-Dame par six ou sept pièces

---

(1) V. Davila, II, 466. — Daniel, IX, 394.

(2) D'après Mézeray et d'Aubigné, *sept pièces*, dont le feu ne donna pas aux Pontoisiens « le *loisir* de compléter leurs préparatifs de défense de ce côté ». On appelait bâtarde, dans l'ancienne artillerie française, un canon long de neuf pieds et demi environ, dont le calibre était de trois pouces dix lignes.

était relativement considérable, eu égard aux moyens de
défense et d'armement de cette époque.

Cette canonnade soutenue, suivie peu après d'une nouvelle attaque, causa aux assiégés une très-grande émotion,
qui bientôt dégénéra dans la ville en une véritable panique ;
sans la présence d'esprit de l'un des officiers de la Ligue,
la place eût peut-être été prise le jour même par les
troupes royales : « la ville fut battue, dit un témoin
oculaire, *par* le portail de Notre-Dame, qui est vis-à-vis
du logis où pend pour enseigne *l'Écu*, et fut ladite brèche,
défendue par les gens de guerre qui étaient dans l'église.
L'assaut (?) dura assez longtemps, tellement que le bruit
vint que l'église était gagnée par les gens du roi, et qu'ils
étaient dedans. »

Cette fausse alerte se répandit dans la ville avec une
rapidité incroyable ; André Fournier, marchand bourgeois,
était à ce moment dans la *rue du Pont*, lorsqu'il vit un
grand nombre d'habitants et de soldats se précipiter en
désordre vers la *porte de Paris*, pour s'enfuir ; car la rive
gauche de l'Oise n'était pas encore occupée par les alliés.
Ils criaient « que Notre-Dame était prise, et que les Huguenots allaient entrer dans la ville. »

Heureusement, le chevalier de Flavacourt « adverti de
cela », se transporta aussitôt du côté de l'Hôtel-Dieu,
accompagné de l'élu Fiacre Terrier ; il fit fermer au plus
vite les portes du pont, y mit une garde suffisante et sur
laquelle il pouvait compter, et porta lui-même les clefs
chez M. de Monthiers.

On était beaucoup plus rassuré chez le lieutenant du
bailliage, et loin de croire à la prise de la ville, plusieurs
capitaines, qui s'y trouvaient réunis, et qui causaient
entre eux des événements du jour, pensaient au contraire
que le siége allait être levé : à ce moment, en effet, on
voyait au loin, des fenêtres de l'hôtel de la lieutenance (1),

(1) Maison de Monthiers, place de la Belle-Croix. V. *Procès Vatherie*, D. II., p. XLIX.

toute « la cavalerie des rois, à cheval », comme pour se
disposer à se remettre en marche.

Les assiégés avaient encore repoussé l'attaque, mais non
sans une perte grave pour eux : Hautefort, qui, dans ce
siége, paya si vaillamment de sa personne, et qui avait
puissamment contribué à l'organisation de la défense du
faubourg, avait été continuellement, ce jour-là, depuis
le matin, exposé au feu, au milieu des combattants ; il
était dans Notre-Dame, et selon l'expression de l'historien
de Thou, « courait de côté et d'autre dans cette église » —
près du grand portail, dit un témoin, — lorsqu'il fut tué
d'un coup d'arquebuse, qu'il reçut dans la tête. (1)

Il était alors plus de midi : Louis de la Fontaine,
seigneur de Cormeilles, se trouvait dans l'église au moment
où Hautefort tomba près de lui : les habitants et les soldats
apportaient sans relâche, et sous le feu de l'ennemi, une
grande quantité de fagots, de tonneaux, de matelas, de
lainages et d'autres objets, pour réparer et combler au
plus vite la brèche faite par l'artillerie des assiégeants,
quand le lieutenant de M. d'Alincourt reçut cette blessure
mortelle.

Henri IV se trompe de date en écrivant, le 14 juillet, à
madame de Gramont (2) : « Hautefort fut tué *hier (13)*, qui
est perte pour la Ligue ». Le roi de Navarre n'apprit la
nouvelle de la mort de cet officier que le surlendemain ;
et l'erreur est d'autant plus explicable qu'un nouveau
combat avait eu lieu la veille. De Thou dit que ce fut dans
le combat du 12 que périt Hautefort, et, d'ailleurs, la
déposition de Jean Robin, huissier à cheval, rapportée
plus loin dans le procès Vatherie, ne nous laisse aucun
doute sur la date exacte de cet événement.

Personne ne niera le courage et la vigueur dont cet
officier avait fait preuve dans les guerres de cette époque

(1) De Thou L. XCVI, p. 482, éd. in-f°. — « D'un coup de canon », d'après Davila.
(2) V. cette lettre : ci-après, D. R., p. LXXVI.

et en particulier au siége de Pontoise. On voit par les
termes mêmes de la lettre de Henri de Bourbon à Corisande,
que ce roi avait quelque estime pour la valeur d'Edme
de Hautefort; le P. Daniel dit que « c'était un gentilhomme
limousin, homme fort déterminé » (1); et cependant, tout
en rapportant « qu'il fut fort regretté dans son parti », de
Thou s'exprime ainsi sur son compte : « Du reste, c'étoit
un homme sans probité, qui s'étoit déshonoré par ses
cruautés, et par les meurtres qu'il avoit commis dans le
Limousin, son païs, avec Jean de Saint-Georges, son beau-
frère, qui avoit eu la tête tranchée à Bordeaux, sept ans
auparavant. »

Si nous ne connaissions l'impartialité et la dignité qui
caractérisent de Thou, que Bossuet a proclamé « le grand
auteur, le fidèle historien », nous serions tenté de voir
dans ce jugement sévère un reflet de l'esprit de parti de
l'époque ; mais nous devons rapporter, sans commentaires,
cette appréciation de l'auteur de l'ouvrage qui est resté un
de nos plus beaux monuments historiques.

Le corps de Hautefort fut, un peu plus tard, transporté
à Paris, et inhumé dans l'église des Augustins. (2)

Sa mort, dit de Thou, « intimida *les habitants*, mais sans
leur faire perdre cœur, et ils se défendirent encore longtemps *dans leur église.* »

L'attaque du faubourg d'Ennery, « qui, pour sa hauteur
désavantageoit la ville », avait été le partage de l'infanterie
huguenote ; voici un incident qui se rattache à cette partie
de Pontoise ; il est ainsi rapporté par d'Aubigné :

« Cherbonnière, qui avoit la teste pour ceste affaire, trouva
ceux de la ville près de 1000 pas avancés hors le fauxbourg
(d'Ennery), disputans la haie et le fossé à l'envi les uns des

---

(1) Mézeray dit : « Le duc de Mayenne, sur l'avis que Pontoise étoit menacé d'un
siége, avoit adjoint à d'Alincourt Edme de Hautefort, qui lui promit de garder cette
ville jusqu'à la mort ». *Hist. de Henri III* (Alais, 1845), III, p. 420.

(2) *Brief discours de la défaicte de Henry de Bourbon*, etc.

autres ; ce mestre-de-camp tira profit de cela ; car sur l'approche de la nuit, il fit mener à la main droite, par La Croix-
Chasteauneuf, une troupe d'harquebuzerie desbandée, et fit tenir
bride à la teste ; et quand il vit La Croix assez avancé, il donna
partout ; La Croix, meslant la retraite des assiégés, en vit quelques-uns qui, pour éviter la presse qu'il y avoit à la porte du
fauxbourg, gagnoient le fossé d'entre la ville et ce fauxbourg ;
il prit ces gens pour ses guides, et par ce moyen, gagna un
logis, qui lui eût cousté des coups de canon, et *enfermoit dehors*
(sic) plus de cent hommes, si par le fond du fossé, ils n'eussent
coulé à la porte du pont (levis). »

Il y eut donc de ce côté une *sortie* des Pontoisiens, qui
ne fut pas couronnée de succès.

La ville se trouva bientôt serrée de près de tous côtés ;
il est même présumable que sur le versant *est* (les fossés)
on ne se borna pas à un simple investissement, et qu'il
y eut « quelques menues canonnades », car, dans les
murailles de cette partie, où l'on voit encore les restes
d'une tour (actuellement propriété de M. Agnès), on a
retrouvé des boulets et d'autres projectiles, qui vraisemblablement ont été lancés lors de ce siége.

On a découvert, également dans la partie des murs du
château, qui fait face au quartier Saint-Martin, un certain
nombre de boulets, parmi lesquels il en existe notamment
un très-gros ; ces projectiles ont dû être lancés sur le
château par les batteries des armées royales.

Revenons à la panique qui s'était produite dans la
matinée : un certain nombre d'habitants avaient réussi à
« efforcier les portiers », et, « tant de force que de bon
gré », étaient parvenus à traverser les deux portes du
pont et à gagner Saint-Ouen-l'Aumône. On cite parmi les
fugitifs : M° Nicolas Honoré, André de Machy, Oudin de
la Forest, Méry Charton, sergent royal, Guillaume Turpin,
et autres personnes notables ; les parents de M° Guy Brisset
purent aussi passer, et s'en retournèrent à Poissy.

Comme nous l'avons dit plus haut, « Messieurs les gens
du Roy (1), accompagnés de gens de guerre, prinrent les
clefs des portes et empeschèrent la sortie du peuple ; et
nonobstant, auparavant, il en estoit beaucoup sorti ».
Mais peu de temps après, on rouvrit les portes pour livrer
passage à un fugitif plus illustre, et qui s'éloignait de
Pontoise, pour des motifs politiques : c'était Villeroy,
« l'aisné », père de C. d'Alincourt, qui voyant l'investissement prochain de la place, se retirait à Paris, vers le
duc de Mayenne. Suivant le témoignage d'un avocat,
Michel Duval, qui assista à son départ, il « sortist, et
plusieurs chevaliers avec lui. »

Deux Pontoisiens, entre autres, profitèrent de l'occasion
pour s'enfuir : c'étaient Claude Vatherie, procureur-syndic,
qui craignait la colère de Henri III, et J. Derin, notaire,.
auquel Vatherie avait fait partager ses terreurs. On lira
plus loin les péripéties de la fuite et du voyage de ces
deux personnages, qui, à leur départ, furent salués de
plusieurs coups d'arquebuse à croc tirés sur eux par les
soldats de la Ligue.

Vatherie et Derin se rendirent d'abord à Maubuisson :
là, ils propagèrent, peut-être à dessein, et pour donner à
leur fuite un motif plausible, la fausse nouvelle de la prise
de Notre-Dame, ce qui jeta l'alarme dans le monastère.
Ils entrèrent dans la *galerie des Nopciers*, et demandèrent
à parler à madame Tiercelin de Brosse, qui se trouvait
dans la cour ; ils lui firent, de ce qui se passait à Pontoise,
une peinture tellement effrayante, que l'abbesse épouvantée
monta aussitôt dans son carrosse, et s'enfuit chez le seigneur
de Méry, où elle arriva dans un état de terreur indicible,
accompagnée de Jehan Dusaulx, chapelain de l'abbaye.
Elle se croyait déjà poursuivie par les Huguenots ; car ceux-
ci se répandaient de tous côtés dans la campagne : Herblay
était déjà à ce moment occupé par les troupes royales.

(1) Lisez : *les magistrats, officiers de la ville*, etc. (dévoués à la Ligue.)

Enfin, après des difficultés de toute nature, Vatherie et son compagnon arrivèrent à Paris, et allèrent loger à *l'hôtel du Chef-Saint-Jean*, situé près de l'hôtel de Bourgogne ; cet hôtel semble avoir été le rendez-vous de tous les Pontoisiens réfugiés. Ils y retrouvèrent André Vollant, curé d'Éragny ; Vatherie y resta trois ou quatre mois. Pendant le siége, les réfugiés firent chaque jour des démarches pressantes auprès de Mayenne, afin que celui-ci vint au secours de Pontoise ; le duc leur promit de le faire, mais on verra plus loin que ces promesses n'eurent aucun résultat effectif.

Le jeudi, 13 juillet, une nouvelle attaque « de vive force » fut ordonnée contre le faubourg Notre-Dame ; ce troisième assaut, aussi meurtrier et peut-être plus encore que les précédents, fut commandé par le duc d'Épernon, qui, dans cette affaire, « courut autant de péril qu'en aucune action où il se soit trouvé à la guerre. »

Il donna le signal du combat, et « sauta *le premier* sur la première barricade, élevée à l'entrée du faubourg, qui était très-bien retranché ; il eut *plus de cent de ses soldats* tués à ses pieds, et plusieurs officiers distingués tombèrent à côté de lui. » (1)

Ce combat ne semble pas avoir été aussi avantageux pour les Pontoisiens, bien qu'à entendre le récit qu'en font les ligueurs, l'armée royale y ait encore perdu de trois à quatre cents hommes (?) ; le *Brief discours* évalue à *neuf cents hommes* hors de combat, les pertes de l'armée de Navarre, depuis le commencement du siége, ce qui, toutefois, concorde avec les autres documents de l'époque. Quinze principaux officiers de l'armée de Navarre furent tués, entre autres, un sieur de Bouïllet, officier du Béarnais.

Le roi Henri de Navarre était venu en personne sur le théâtre du combat animer de sa présence le courage de

(1) *Hist. du duc d'Épernon*, par Girard (éd. 1663, in-12), I, p. 266.

ses troupes : il voulait diriger tout par lui-même. Sa bravoure faillit, à Pontoise, lui coûter la vie.

Pendant l'action, le Béarnais, tout en suivant des yeux
les diverses phases de la lutte, s'était avancé assez près
des remparts, et complètement à découvert. Il causait
familièrement avec un des officiers qu'il aimait le mieux,
« Gabriel, prévôt de Charbonnières, mestre de camp », sur
l'épaule duquel il s'appuyait et avait le bras posé, lorsqu'un
coup de feu, tiré des hauteurs de l'église de Notre-Dame,
brisa, au-dessous du coude, les deux bras de cet officier
supérieur, qui s'affaissa dans les bras du prince : il était
frappé mortellement, et succomba peu après aux suites de
cette horrible blessure. Le Béarnais éprouva un vif chagrin
de la perte de cet officier qu'il estimait beaucoup.

En raison de la courte distance qui séparait les deux
partis, et du peu de portée des anciennes armes à feu, il
est permis de supposer que c'était au roi qu'était destiné ce coup d'arquebuse ; c'est, en effet, vraisemblablement le Béarnais que visait le soldat ligueur qui tua
Charbonnières.

Il était d'ailleurs toujours facile de reconnaître Henri de
Bourbon à son chapeau orné de *la plume blanche*, et l'on
sait combien ce prince payait souvent de sa personne.

Cet incident, quoique peu connu, est absolument authentique, et corroboré par le témoignage de plusieurs
écrivains. (1)

Quelles modifications ce coup d'arquebuse eût pu apporter
dans la suite des événements ! Une légère déviation dans
la trajectoire du projectile, et la dynastie des Bourbons,
éteinte dans son chef, n'existait pas dans l'histoire de
France !

(1) Pour donner au récit de cet important épisode du siége toute l'exactitude dési-
rable, nous avons contrôlé les versions des divers historiens qui ont parlé de cet
incident et des circonstances dans lesquelles il s'est produit.

Nous supposons que c'est au péril couru ce jour-là par le roi de Navarre qu'a
voulu faire allusion M. Noël, dans son *Histoire de Poissy*, quand il dit que Henri de

Le roi de Navarre donna l'ordre alors de pointer sur l'église d'où le coup était parti ; le feu redoubla de violence. Les Royaux semblent, dans cette journée, être restés maîtres d'une partie du faubourg ; les Ligueurs, quoique ayant repoussé l'attaque, reconnaissent que ce ne fut pas sans pertes sérieuses de leur côté.

Le quartier de Navarre fut encore ce jour-là et le lendemain vendredi, maintenu à Ennery.

Les journées des 13 et 14 juillet furent signalées, dans l'intérieur de la ville, par des scènes de pillage et par des manifestations de haines personnelles, dissimulées grâce

---

Bourbon « faillit être tué en escaladant les remparts de Pontoise ». Il n'est question d'escalade dans aucun des auteurs de l'époque.

Charbonnières, qui vint trouver la mort sous les remparts construits à l'entour de Notre-Dame, était un officier de mérite, et avait donné dans maintes occasions des preuves de son courage et de son attachement à la cause de Henri de Bourbon. A la bataille de Coutras, où il n'était que capitaine, il avait chargé à la tête de sa compagnie les régiments de Tiercelin et de Picardie, et enlevé les positions de l'ennemi l'épée à la main. A Tours, lors de l'attaque de Mayenne contre les faubourgs de cette ville, il était venu au secours des Royaux, avec son régiment ; il avait passé le pont, et malgré le feu des Ligueurs, qu'il supporta à découvert pendant trois cents pas, il avait réussi à se rendre maître de l'autre rive et à s'y maintenir. Il avait puissamment contribué à faire échouer l'entreprise de Mayenne, qui faillit, dans cette journée, faire prisonnier Henri III. D'Aubigné dit de lui que « c'estoit un esprit et cœur ferré, homme digne des guerres civiles. »

Si l'on en croit Sully, le roi, lorsque Charbonnières fut frappé, « avait les deux bras et la poitrine appuyés sur lui. »

Voici comment s'exprime, d'autre part, l'historien Mézeray, en parlant de cet événement : « Dès les premiers jours, Hautefort fut tué, comme il hâtait ce travail (fortifications de Notre-Dame) ; et du côté des assiégeants, le mestre de camp Charbonnières, tous deux hommes de fer et de sang. Le roi de Navarre, qui voulait être présent à tout, y courut grand risque de la vie ; car il était appuyé sur les épaules de Charbonnières, quand une arquebusade brisa les deux bras de cet officier ». Pareille chose était déjà arrivée au Béarnais lors du siége de Gergeau, où un autre mestre de camp, M. de Montcassin, fut tué à ses pieds. Pendant le siége de Pontoise, des soldats de sa garde particulière furent aussi tués et blessés près de lui.

(Consulter : de Thou, éd. in-fº, année 1589. — Mémoires de Sully (éd. 1778), I, p. 301. — Palma Cayet : Chronologie novenaire, p. 216. — Brief discours de la défaicte, etc. — Le R. Daniel (éd. in-4º), IX, p. 394. — Noël : Histoire de Poissy. — D'Aubigné, III, l. 2, c. 24. — Œconomies royales d'Estat, Rouen, 1663, I. p. 220. — Mézeray : Hist. de Henri III (édit. Alais, 1845), III, p. 421 , etc).

aux circonstances. Certains habitants allèrent dénoncer
au gouverneur, sans doute comme des ennemis de la
Ligue, la plupart de ceux qui avaient pris la fuite : La
Bourdaisière déclara « de bonne prise » les biens des
fugitifs, et abandonna leur demeure à la merci de la
soldatesque. On cite parmi les maisons qui furent pillées
celles de Vatherie, Derin, de Machy, J. Marchant, etc. ;
on trouvera dans l'analyse du procès (D. H. P. LVIII et suiv.)
les détails de ces scènes déplorables, dont les victimes
furent « les politiques », ou du moins les fugitifs que l'on
accusa, à tort ou à raison, d'appartenir à ce parti.

L'échevin Dancongnée était malade ; Vatherie absent ;
seul, François était resté à son poste, et c'est sur cet
officier municipal, qui représentait dans le Conseil l'opinion
ligueuse, que retombe, en partie, la responsabilité des
actes regrettables dont nous venons de parler.

Monnaie de Henri III. Teston d'argent. (*)

Henri III semble avoir laissé, pendant ce siége, au roi
de Navarre le poste le plus périlleux : pendant que le
Béarnais s'expose à la « scopetterie », il expédie tranquil-
lement les affaires à son quartier-général. Nous le voyons

(*) On a trouvé à Saint-Martin, ainsi que dans la plaine qui s'étend entre Pontoise
et Cergy, un nombre assez grand de monnaies semblables au type ci-dessus reproduit
(tiré de l'*Histoire de France d'après les documents originaux*, de MM. Henri Bordier
et Ed. Charton). A Saint-Martin, ces pièces étaient contenues dans un petit vase, et
enfouies dans la terre ; on en a découvert également à l'effigie de Charles IX. Vraisemblablement, ces monnaies furent cachées ou perdues pendant le siége de 1589.

nommer des gouverneurs dans les villes qui lui étaient
acquises : par une ordonnance, datée du camp de Pontoise,
il pourvoit M. de Bouteville de la charge de capitaine et
gouverneur général de la ville de Senlis, « pour la lui
garder et défendre contre la rigueur de ses ennemis. »

Le 14 juillet, le roi de Navarre écrivit à la comtesse de
Gramont, sa maîtresse, également connue sous le nom de
la belle Corisande : son nom était Diane d'Andouins ; elle
était veuve de Philibert de Gramont, comte de Guiche.
Henri de Navarre était éperdûment amoureux de cette
femme, à laquelle il avait été porter en personne les
vingt-deux drapeaux enlevés à l'ennemi à la bataille de
Coutras, dont le résultat, dit Sully, par suite de cette
furia du prince, « s'en alla en vent et fumée ! »

Corisande était catholique ; la nature chevaleresque et
naïve du roi Henri l'avait séduite ; on retrouve dans sa
correspondance ce mélange de haute dévotion et de galan-
terie qui caractérise cette époque. Elle était fort jolie :
Henri IV, on le sait, n'aimait pas les femmes laides.

La comtesse de Gramont, il faut le reconnaître, fit
preuve d'une grande abnégation, et montra à quel point
Henri de Bourbon lui était cher ; elle avait vendu pour lui
ses diamants et engagé ses biens pour faire face à des
dépenses de toute nature occasionnées par la guerre ; elle
lui fournit des renforts considérables de Béarnais et de
Basques, enrôlés et équipés à ses frais : on dit qu'elle
réussit à lui envoyer ainsi 24,000 hommes.

Le prince volage, qui ne se piquait pas de fidélité envers
sa maîtresse, et qui fut un mélange de bonté et de légèreté,
tout à la fois, oublia plus tard Corisande, comme tant
d'autres, et les services qu'elle lui avait rendus.

La correspondance du Béarnais avec Mme de Gramont est
assez longue et ses nombreuses et curieuses lettres sont
conservées à la Bibliothèque de l'Arsenal ; la lettre *autographe*, du 14 juillet, est du format actuel, grand in-4° ;

elle est très-lisible, et comprend vingt-trois lignes
et demie. Au-dessus des mots : *Je vous jure que jamais
je ne vous ay aimée plus*, se trouve, en interligne, et *de
la main de Corisande*, une note qui, au grand regret des
curieux, a été plus tard raturée et effacée. Cette lettre,
comme toutes celles du recueil de l'Arsenal, est signée
d'un monogramme (1) ; elle est datée : DU CAMP, A PON-
TOISE ; c'est sans doute dans la soirée du 14 que la lettre
fut écrite, car le roi dit : « Les ennemys et nous, avons
» esté en bataille *tout ce jour, pesle mesle, la rivière entre
» deux* » ; expression singulière ! Il semblerait résulter de
ces termes que l'on aurait, dès le 14, échangé des deux
côtés de l'Oise (ou de la Viosne ?) un feu vif de mousqueterie.

Le roi de Navarre attendait l'arrivée du jeune comte de
Guiche, fils de « *Corisande* », et ne paraissait pas rassuré
sur l'issue du siége. Le plus dangereux restait à faire,
disait-il, et dans le conseil de guerre tenu au sujet de
Pontoise, il n'avait pas été d'avis d'attaquer ; mais l'avis
des « plus vieus » avait prévalu, et avait été adopté :
« J'ay peur qu'ils revoyent », dit le Béarnais, dans son
style simple et expressif en même temps.

Sa lettre constate cependant que les troupes de la garnison de Pontoise sont inférieures à celles des armées
royales, en nombre comme en solidité ; il annonce, comme
ayant eu lieu le jour même (*anuy*, aujourd'hui), la reddition
de l'Isle-Adam, importante, au point de vue du pont sur
l'Oise, pour les communications ; il devait, disait-il, y
aller loger le lendemain ; ce qu'il ne fit pas, car le 15 juillet
il coucha à Chambly.

« Il n'y a plus d'eau entre mons^r du Maine et moy »,
dit-il en quelque sorte joyeusement. Le quartier-général
des Ligueurs était, ce jour-là, à Saint-Denis. Il annonce
pour dans six jours l'arrivée des Suisses, conduits par
Longueville et de la Noue.

(1) V. ci-après, D. H., page LXXVII, le fac-simile de ce monogramme.

LA REMARQVABLE ET ROIALLE ABBAIE DE MAVLBVISSON

Par C. Chastillon

Heling Dujardin

Eudes. imp.

En lisant la lettre écrite à Corisande, on est à la fois
surpris et charmé par le style franc, simple et ardent tout
ensemble, de ce roi-soldat, qui

> .... gaiement s'élance
> De l'amour au combat,

et qui entremêle les récits de ses prouesses guerrières de
ses protestations amoureuses :

« Bien que nous soyons jour et nuict à cheval, dit-il, si
» est ce que nous trouvons cette guerre bien plus douce... »
et quelques lignes plus loin, il termine en disant : « j'aimerois
» mieux mourir que de manquer à rien que je vous aye pro-
» mis : ayés ceste créance et vivez asseurée de ma foy. Bon
» soir, mon âme, je vous baise un million de fois. » (1)

Le 15 juillet, Henri de Bourbon dîna à Ennery, et le
soir, comme il a été dit plus haut, il se porta vers le nord,
sans doute pour des motifs stratégiques, avec un petit
corps d'armée ; il transporta son quartier à Chambly, où il
soupa et coucha ; un détachement alla occuper l'Isle-Adam.

Le quartier-général de Navarre demeura à Chambly du
16 au 22 juillet ; toutefois, le roi n'y resta pas en perma-
nence, et se reporta plusieurs fois sur Pontoise, où la
lutte continuait avec acharnement de part et d'autre.

La journée du 15 juillet, fête de Saint-Henri, fut signalée
par un autre épisode intéressant : les Ligueurs, comprenant
toute l'importance acquise par l'église de Notre-Dame,
convertie en forteresse, et n'ayant pu l'enlever de vive
force, trouvèrent le moyen d'entrer en pourparlers avec
un *maçon* (ou architecte) qui connaissait parfaitement la
construction de l'église et ses fondations. Cet homme avait
indiqué quels étaient les « défauts de la cuirasse » et les
endroits où l'on pouvait avec succès pratiquer une mine ;
le roi de Navarre avait ordonné d'en commencer sur le

(1) On trouvera dans les *Documents historiques*, p. LXXVII, le texte complet de
cette lettre, document précieux pour l'histoire du siége, et intéressant sous tous les
rapports.

champ les travaux ; mais dans une sortie faite le samedi 15,
les assiégés firent prisonnier celui précisément qui dirigeait
cette opération. Conduit devant le commandant de Pontoise,
il avoua le projet qu'avaient les alliés de renverser l'église ;
mais si on lui accordait la vie sauve, il s'engageait, disait-
il, à éventer la mine, et à en paralyser les effets ; c'est
ce qui aurait eu lieu, d'après le *Discours du Siège*.

Une autre version, à laquelle nous accordons encore
moins de crédit, rapporte que la mine joua précisément
contre ceux qui l'avaient faite, et que dans le combat qui
eut lieu, les Huguenots perdirent *quinze cents hommes
d'élite* et *cent-cinquante* de leurs chefs (?) ; deux pièces de
canon auraient été *crevées*, et deux autres seraient tombées
au pouvoir des Pontoisiens.

On ajoute même que les assiégeants envoyèrent aux
remparts des trompettes avec des parlementaires afin
d'obtenir une suspension d'armes pour avoir le temps
d'enterrer leurs morts et d'enlever leurs blessés, ce à quoi
n'auraient pas consenti les défenseurs de Pontoise, « les-
» quels corps restoient, servant de voirie aux chiens et
» aux courbeaux ! »

Il y a certainement dans ces détails une très-grande part
d'exagération ; ce qui parait seulement avéré, c'est l'existence d'une mine dont l'effet fut à peu près nul, soit qu'elle
eût été découverte à l'avance, soit que l'explosion n'eût
produit aucun résultat.

Les alliés, cependant, s'étaient maintenus dans le faubourg Notre-Dame ; gagnant du terrain peu à peu et se
fortifiant à mesure, ils commencèrent une attaque en
règle et directe contre les fortifications de l'église ; aucun
secours ne venait du côté de Paris, et les Ligueurs avaient
fort à faire pour résister de toutes parts, en raison de leur
infériorité numérique ; les sorties n'étaient guère que des
surprises partielles, sans but général, et toujours meur-
trières pour l'assiégé.

Le dimanche, 16, à la nuit, les *Navarrais* réussirent à s'approcher tout auprès du rempart de l'église, et parvinrent jusqu'à vingt-cinq pas de la muraille, sans doute grâce à l'obscurité. Les assiégés trouvèrent alors le moyen de faire pleuvoir du haut des tours élevées de Notre-Dame une quantité de fascines, de bottes de paille enflammées, et de pièces d'artifice, qui jetèrent le désordre dans les rangs des assaillants, et « brûlèrent les roues et l'affût d'un canon et d'une bâtarde. »

D'Aubigné raconte aussi cet incident du siége, dans le style qui lui est particulier :

« De là, en hors, les approches se firent par les régiments. Le mareschal de Biron avoit logé ses *sept* canons en lieu assez eslevé (1), et à propos pour batre le temple Nostre-Dame et la courtine de dessous, tout à la fois : le duc d'Espernon aïant dit qu'on pouvoit bien les faire jouer de plus près, le mareschal, piqué, mit quelques pièces à huict pieds de la muraille, car il n'y avoit point de fossé, et en revenant de les loger, dit au capitaine des gardes : « Messieurs de l'infanterie, qui conte-» rollez les commissaires, c'est à vous à garder ces pièces » jusques à demain ; je ne sçais si vous le ferez bien. » Dès le soir, les assiégez, sans beaucoup de peine, abrièrent (2) le rouage de fascines gouildronnées et entretenans une forte escou·peterie, y mirent le feu : à une heure de là, le canon eut le cul dans la cendre ; lequel pourtant, le lendemain matin, fut remis à son devoir avec peine et péril. »

De leur côté, les alliés cherchèrent aussi à incendier l'église, et même la ville, si l'on s'en rapporte au passage suivant, intéressant au point de vue de l'art militaire de cette époque :

« Les pétards, les saucisses nouvellement inventées, dit Ravennes, montrent que tous arts se peuvent accroistre. Je

---

(1) Probablement les pentes de Saint-Martin, où s'était établie l'artillerie dans le commencement.

(2) *Abrier* le feu, le couvrir de cendres. (Glossaire du centre de la France.) Vieux mot.

fis des orloges qui débandoient en douze heures un rouet à
l'exemple d'un réveille-matin à ce qui coulez dans un magasin
par un espion le fissent sauter. De pareils peuvent estre enter-
rez au lieu où les ennemis se logent : faire jouer des mines,
ou avec des filets attachez aux choses nécessaires, desquels
ayant besoin les serviteurs arrivant au logis, les voulant changer de place, débandent leurs rouets qui font sauter leurs
maistres et maisons.

» En l'année 1589, j'investis PONTOISE, sur la parole d'un
capitaine qui me promit brûler *leur magazin* : il avait mis des
mèches allumées d'un bout dans la poudre, et soutenues d'un
baston dont le saut en tombant les esteignit sans effet : nous
ne laissâmes de prendre la ville.... » (1)

Nous reproduisons maintenant l'extrait suivant de nos
archives municipales (EE. 21, *copie*). C'est une des rares
pièces, datant de la période du siége, qui soient parvenues
jusqu'à nous :

ESTAT *sur le faict des pailles et avoines qu'il convient de fournir pour la
cavallerie en garnison à Pontoise, de l'ordonnance du sieur* DE LA BOURDAISIÈRE.

Pour la compagnie d'ordonnance du sieur DALLINCOURT sera baillé et délivré. . . . . 2 septiers 1/2 avoine.

Pour le chevallier Flavacourt, et le seigneur de Serans, pour les chevaux qu'ils
ont avec eulx, sera baillé chacun jour. . . . . 12 boisseaulx avoine.

Pour la maison dudit sieur DALLINCOURT, sera baillé chacun jour. 1 septier avoine.

Pour les chevaulx de notre maison, sera baillé, par chacun jour. 1 septier avoine.

Pour les chevaulx des gens de nos gardes, sera baillé, par chacun jour. 2 b. av.

Pour ung gentilhomme de Monsieur de Poutrincourt, sera baillé, par chacun
jour. . . . . 1 boisseaulx et demy d'avoine.

Pour le seigneur de Préfontaine, et pour quinze harquebouziers à cheval, sera
baillé, par chacun jour. . . . . 7 boisseaulx 1/2 d'avoine.

Pour les chevaulx du cappne Seureté, cappne Groulart, et son enseigne. 5 b. av.

Pour les cappitaines du régiment du sieur du Pesché, sera baillé, par chacun
jour. . . . . 12 boisseaulx avoine.

Pour les chevaulx du marquis de Canillac (?), sera baillé, par chacun jour. 5 b. av.

Pour le seigneur de la Seullaye, et aultres estans en nostre compaignye, sera
baillé, par chacun jour. . . . . 1 septier avoine.

Pour les chevaulx du sieur de Tremblecourt, sera baillé, par chacun jour. 12 b. av.

. . . . Escript ce 16e juillet 1589.

Signé : LA BOURDAISIÈRE.

(1) Mémoires : Collect. Michaud Poujoulat, 1re série, p. 218. — V. Bibl. de poche :
Curiosités militaires, 1855, p. 203.

Cette pièce est encore signée par M. de la Bourdaisière, en qualité de gouverneur de la ville (1), mais, à dater de ce jour, nous ne rencontrons plus son nom dans les documents que nous avons pu étudier. D'Alincourt, représenté à côté du gouverneur, comme le chef militaire, semble être devenu le maître absolu de la place ; Mézeray dit : « d'Alincourt-Villeroy *commandoit* Pontoise » ; et presque tous les historiens, à l'exception cependant d'Agrippa d'Aubigné, le représentent comme commandant en chef ; ils ne citent même pas le nom de M. de la Bourdaisière. Celui-ci resta-t-il dans Pontoise, ou bien, appelé ailleurs par la Ligue, put-il encore sortir de la ville par la porte de Paris ? Les alliés complétèrent l'investissement quelques jours seulement après le commencement du siége ; mais ils occupèrent alors toute la rive gauche de l'Oise, et coupèrent la route de Paris, restée libre jusque-là.

Nous trouvons, aux manuscrits de la Bibliothèque nationale, une lettre de ce même jour, 16, écrite par M. de Beauvoir La Nocle, datée de Beaumont, et adressée à M. de Laulnay, capitaine de cent hommes d'armes, « soubs monseigneur de Nevers ». Beaumont, comme l'Isle-Adam et Chambly, sont occupés par les troupes de l'armée royale, qui sont ainsi maîtresses, sauf la ville assiégée, du cours de la rivière d'Oise jusqu'à la Seine.

Pendant la journée du 17, la lutte continue avec vigueur ; l'artillerie des Ligueurs dirige son feu sur les batteries des assiégeants et cherche à les éteindre ; ceux-ci ripostent avec toute l'énergie possible.

Un certain découragement semblerait cependant, un moment, s'être emparé des assiégeants : la résistance inattendue qu'ils rencontraient, les pertes qu'ils faisaient

(1) Dans les mss. Pihan (I, ff. 177), on lit aussi : « *Le sieur de la Bourdaisière, gouverneur de la ville, et commandant lors du siège fait par Henri III* ». La liste d'où nous avons tiré cette annotation, contient du reste des interversions de noms et de dates.

chaque jour, les irritaient de plus en plus, témoin ce
passage de la chanson lyonnaise :

> Par quoy, ces Roys, de plus en plus,
> Voyant tant de leurs chefs perdus,
> Se despitoyent, et leur courage
> Estoit tout agité de rage.

La fatigue, les marches forcées, la chaleur et le grand
nombre de blessés qu'ils avaient, engendraient dans leur
armée des maladies qui menaçaient de prendre d'inquié-
tantes proportions ; de plus, les vivres leur faisaient défaut :
un pain d'un carolus valait, dit-on, six sols dans le camp
allié.

Henri III, bien que depuis quelque temps la fortune
semblât lui sourire, ne songeait pas sans un certain effroi
qu'il avait à dos les Catholiques, à Rouen, et que vers Paris
le duc de Mayenne augmentait ses forces de jour en jour,
mais il comptait sur son allié et attendait avec impatience
les troupes annoncées au roi de Navarre, renforts que
devait lui amener Sancy.

Le trésor royal semble être aussi dans une situation
bien peu prospère : le mardi, 18, Henri de Valois écrivit
à « son cousin, le duc de Nyvernois, pair de France »,
une lettre dans laquelle il regrette de ne pouvoir répondre
« comme il le vouldroit » aux demandes de secours que
lui adressait ce prince, « tant la nécessité de mes affaires
est grande, comme vous mesme sçavez ; quand mes
receptes seront libres, je vous ayderay », dit le roi ; cette
lettre, qui révèle un embarras financier non dissimulé, est
datée : *du camp devant Pontoise* (1), et signée de Henri III.

Ce même jour eut lieu une « attaque nocturne » (sic),
ordonnée par le Béarnais contre les fortifications de Notre-

---

(1) B. N. Mss. fds. fr. 8414, n° 7. — Reproduite ci-après : *Documents histori-*
ques, p. LXXIV. — On trouvera aussi dans ce volume le *fac-simile* de cette pièce,
exécuté par les habiles procédés de M. Dujardin ; cette reproduction est absolument
semblable à l'original : il en est de même pour les autres planches contenues dans ce
livre.

Dame ; les assiégés réussirent à repousser cet assaut dans
lequel les alliés « laissèrent encore plusieurs hommes de
marque. »

Mais du côté des Pontoisiens, un accident très-grave
s'était produit : « ils avaient été, dit Mézeray, fort décou-
ragés de la perte de Hautefort » ; ils le furent encore bien
plus par la blessure d'Alincourt, qui, cinq jours après,
fut atteint « d'une grande mousquetade à l'épaule ».
D'autres rapportent « qu'il fut blessé au bras, d'un coup
de feu ». Cette blessure, quoique n'ayant pas eu, dans la
suite, de graves conséquences, n'en fut pas moins considérée sur le moment comme des plus sérieuses, et acheva
de jeter le trouble dans la garnison ligueuse ; la direction
des opérations de la défense fut continuée par les lieutenants de C. d'Alincourt.

Villeroi parle de cet événement dans ses *Mémoires*, et
explique ainsi sa rentrée à Paris : « Nous fûmes contraints,
après la prise du pont de Poissy (car nous étions tous à
Alincourt), de nous retirer dans Paris, auprès du duc de
Mayenne ». Nous avons dit que Villeroi était parti de
Pontoise dans la journée du 12. Il venait donc alors du
château de Magny-Alincourt, et n'en était parti que sur
la nouvelle de la prise de Poissy, c'est-à-dire *au dernier
moment*.

Quelques lignes plus loin, l'auteur des *Mémoires d'Estat*
rapporte qu'après la mort de Henri III on voulut l'employer
à des négociations pour la paix, mais qu'il ne put se charger de cette mission à cause de *l'état grave* de C. d'Alincourt, « estant là où j'estois, dit-il, et mon fils *quasi
désespéré* et desploré de l'arquebuzade qu'il avoit reçue au
siége de Pontoise. » (1)

Le mercredi 19, l'armée des deux rois reçut enfin du
renfort en artillerie, sur la demande qu'en avait faite
Henri III ; on amena de Senlis au camp de Pontoise trois

---

(1) Villeroi, *Mémoires d'Estat* (1589 et suiv.)

grosses pièces de canon, dites « canons de batterie », avec
une grande quantité de poudre et de munitions ; et de
plus, dix mille pains de munition « qui arrivèrent bien à
propos, n'en ayant plus en icelle armée. » (1)

Du 20 au 22, le feu, grâce à ces renforts, recommença
avec une furie nouvelle sur Notre-Dame ; la situation de
la place devint de plus en plus grave ; malgré les efforts
des officiers qui remplaçaient d'Alincourt, et leur coura-
geuse défense, des brèches se formaient aux remparts ; le
faubourg était entièrement occupé par les alliés qui s'y
étaient fortifiés ; les assiégés auraient même été contraints,
suivant certaine version, de se retirer dans la place, et le
duc d'Épernon, l'épée à la main, s'était emparé de toutes
les barricades et des maisons disposées dans le faubourg
pour empêcher l'approche immédiate des bastions de la
ville.

Le 23 juillet, Henri III écrivit encore au duc de
« Nyvernois » (2), pour lui témoigner le plaisir qu'il avait
éprouvé en apprenant la prise de quatre villes du Berry.
Il lui envoie quinze mille écus « pour ayder à l'entretenement des gens de guerre », et il lui donne des instructions pour la conduite qu'il doit tenir. Cette lettre, datée
« du camp de Pontoise », se termine par la promesse
que fait le roi de savoir gré, dans la suite, des services
qu'on lui aura rendus. Henri III ne fait dans cette lettre
aucune allusion aux événements du siége.

Ce même jour, 23, qui était un dimanche, le roi Henri
de Navarre transféra son quartier-général à Maubuisson. (3)

Il est certain que, sous le rapport matériel, le plus grand
désordre devait à ce moment régner dans l'abbaye ; Maubuisson n'était gardé, dans le principe, que par quelques

---

(1) Vaultier de Senlis, p. 192. Une partie de ces munitions avait été prise aux
Ligueurs, ou abandonnée par eux, lors du siége de Senlis.

(2) V. cette lettre : *Documents historiques*, p. LXXV.

(3) Itinéraire de Henri IV (à la fin de la *Correspondance du roi de Navarre*),
in-4°.

soldats de la Ligue, qui ne purent opposer aucune
résistance sérieuse, et peut-être même s'empressèrent de
prendre la fuite à l'approche de l'armée royale.

Nous avons dit que madame Tiercelin de Brosse, épouvantée par les récits de Vatherie, s'était enfuie à Méry
dans les domaines de M. de Saint-Chamant ; son départ
fut bientôt suivi de scènes de violence et du pillage de
l'abbaye. Les rapports de témoins oculaires semblent même
faire peser sur l'abbesse, à cause de sa fuite, une certaine
part de responsabilité à ce sujet : « Sans l'effroi et frayeur
que lui donnèrent iceux bourgeois, dit F. Bunon, maçon
de cette maison religieuse, jamais n'auroit, ladite dame,
quitté et abandonné l'abbaye, à raison de laquelle absence
fut l'abbaye incontinent *pillée et vollée entièrement.* » Un
autre témoin, Nicolas Roullant, « garde des bestes porchines », déclare positivement « qu'à cause de l'absence de
ladite dame, cela fut subject que l'abbaye de Maubuisson
fut *pillée par les gens de guerre* qu'il a vus arriver depuis,
et enlever, et transporter hors tous les biens, meubles et
choses précieuses de l'abbaye. » (1)

Tout cela s'était passé, du reste, avant l'arrivée du
Béarnais, et son installation à Maubuisson. Qu'étaient
devenues les religieuses au milieu de ces scènes de sac et
de dévastation ? En partant, l'abbesse dut sans doute
charger la prieure, Antoinette de Cléry, du soin de veiller
sur elles. Dans les premiers jours du siége, alors que
l'investissement de Pontoise n'était pas encore complet,
les dames de Maubuisson eussent pu se réfugier dans la
ville ; ou, si elles craignaient les suites de la prise de la
place, elles eussent eu la possibilité de chercher un asile
dans Paris ; les routes étaient encore libres : les religieuses
prirent-elles la fuite ? Restèrent-elles à Maubuisson, expo-
sées à la merci et à la brutalité des envahisseurs ? Les

_____

(1) Procès Vatherie, *Documents hist.*, p. LII et LIII.

documents manuscrits de nos Archives restent muets sur
ces points.

Dans son *Histoire des environs du nouveau Paris* (1),
M. de Labédollière, faisant allusion à cette occupation de
Maubuisson, prétend que « le siége porta à l'abbaye un
coup funeste ; Henri Sauval, dit-il, a peint, avec une
énergie cynique, les désordres auxquels se seraient livrées
les religieuses avec les officiers de l'armée royale. »

Dulaure, d'autre part, qui dit à peine quelques mots du
siége de 1589, a trouvé ici une occasion de donner carrière à ses chroniques, d'origine quelquefois contestable ;
voici ce qu'il rapporte, au sujet de l'envahissement de
Maubuisson par les Huguenots :

« Les religieuses de cette abbaye furent souvent les *innocentes
victimes* des différentes guerres civiles qui ravagèrent la France.
Sous le règne de Charles VII, elles avaient éprouvé bien des
alarmes et bien des maux. Pendant les guerres de la Ligue,
elles essuyèrent des accidents d'un autre genre. Henri IV,
assiégeant Pontoise, logeait avec ses principaux officiers dans
l'abbaye de Maubuisson ; ces guerriers étaient galants. Ils
n'employèrent ni les flammes, ni le fer, ni la violence, contre
ces jeunes filles : l'amour se sert d'autres armes ; et ils surent
si bien les mettre en usage, que l'attaque produisit toujours la
victoire : les cœurs de ces religieuses furent pris beaucoup plus
tôt que la ville. Ce ne fut pas encore le seul mal ; les guerriers
de ce temps-là étaient de francs libertins ; *on assure que* par
les suites de ces galants exploits,.... » (2)

---

(1) Edit. Barba, in-8°, p. 291, col. 1.

(2) *Histoire des environs de Paris*, in-8°, II, p. 527. Dulaure, en ce qui touche
cette contrée, a puisé ses informations à une source fort peu sérieuse ; l'auteur de
ce volume a publié dans l'*Écho Pontoisien*, en 1873, deux lettres autographes que
le hasard a fait tomber dans ses mains, et qui établissent péremptoirement la part de
collaboration prise (en ce qui concerne Pontoise et les environs) à *l'Histoire des
environs de Paris*, par L.-D.-C. Guériteau, *homme de loi*. Guériteau, issu d'ailleurs
d'une très-ancienne famille pontoisienne, est l'auteur d'une tragédie ridicule, intitulée *le Siége de Pontoise* (1441), morceau d'une bouffonnerie telle, que les exemplaires en sont recherchés aujourd'hui, comme curiosité, par les bibliophiles du pays ;

Nous arrêtons ici la citation.

Si l'on en croyait Henri Sauval (1), huit religieuses, d'une part, et cinq de l'autre, auraient été (sous un rapport différent) les *victimes* des guerriers en question. Dulaure ajoute que « dans la suite, la leçon profita aux dames de Maubuisson » : en 1652, pendant les troubles de la Fronde, les religieuses, redoutant ce que Dulaure appelle « *les politesses* des officiers », qui auraient pu venir loger dans leur couvent, abandonnèrent momentanément l'abbaye, et vinrent se réfugier à Pontoise. (2)

Ce dernier point est exact ; mais nous ferons deux observations sur le passage en question de Sauval : la première, c'est que cet écrivain ne cite aucun texte à l'appui des détails qu'il donne ; on ne saurait démêler d'ailleurs, dans ce qu'il dit, si les religieuses, qualifiées *d'innocentes* par Dulaure, ont été les *victimes* de leurs propres passions, ou, comme c'est beaucoup plus probable, des conséquences d'une guerre qui ne respecte rien ; nous ferons remarquer, en second lieu, que parmi les *jeunes filles* qui composaient alors la communauté, et dont le cœur semble avoir été si inflammable, se trouvaient, bon nombre de religieuses d'un âge avancé déjà, et de nature à être respectées par les plus galants paladins ! Vraisemblablement, les dames de Maubuisson confiées à

l'histoire, dans cette pièce, est complètement défigurée, et Guériteau fait tenir à ses personnages un langage absolument invraisemblable.

Quant à M. de Labédollière, nous aurons plus loin l'occasion de parler de son ouvrage, et de donner un aperçu de l'exactitude de ses renseignements sur Pontoise.

(1) *Les amours des rois de France*, p. 24. Notices ajoutées à la fin du tome II des *Recherches et antiquités de Paris*, par Henri Sauval (édit. 1724, in-f°). L'auteur n'hésite pas à mettre en scène le *Vert-Galant* en personne, qu'il cite comme l'un des *auteurs* des.... événements dont il parle (?).

Sauval, né vers 1620, mort en 1670, a laissé 9 volumes in-folio, d'où l'on a tiré l'ouvrage dont nous venons de parler.

(2) V. la reproduction ci-jointe de l'estampe de Chastillon ; cette gravure date de la fin du XVIᵉ siècle, c'est-à-dire à peu près de l'époque des guerres de la Ligue : on remarquera les corps de troupes qui semblent manœuvrer autour de l'abbaye.

une femme aussi honorable et aussi pieuse que la prieure
de Cléry, durent imiter leur abbesse, et chercher ailleurs
un asile plus sûr et plus éloigné du théâtre des combats ;
mais peut-être cela leur fut-il impossible.

Désirant ne pas être accusé, comme l'a été Dulaure, et
avec raison, de parti pris et de partialité, nous rapportons
ces détails sur Maubuisson, mais en faisant nos réserves,
tant sur la véracité des faits, que sur les amplifications
dont ils ont pu être l'objet.

Nous reprenons le récit du siége.

Le dénouement approchait : les habitants avaient montré.
leurs vives sympathies pour la Ligue, et n'avaient rien
épargné pour aider à la défense de la place : les femmes
elles-mêmes se mettaient au service de l'Union-Sainte :

> « Les femmes venoyent aux remparts,
> Et y apportoyent aux soudards,
> Tout ce qui estoit nécessaire,
> Sans craindre le camp adversaire. »

Nous consacrons un chapitre spécial à l'église de Notre-
Dame, et à la recherche des causes de sa destruction ; il
est certain que la perte de cette église, considérée comme
poste militaire, décida de l'issue du siége ; mais les versions diffèrent sur la manière dont les défenseurs de la
ville durent l'abandonner. D'après de Thou, les alliés
l'emportèrent « d'assaut, l'épée à la main, après un combat
des plus acharnés » ; d'après une autre tradition, l'église
était presque en ruines, et les assiégés l'évacuèrent « pour
ne pas être ensevelis sous les décombres » ; nous revien-
drons plus loin sur ce sujet.

La situation de la place était en tous cas devenue des
plus tristes : il n'y avait pas moins, dans l'hôpital, de
cinq ou six cents malades et blessés, auxquels la Supérieure
fournissait des aliments et des secours ; les religieuses de
l'Hôtel-Dieu donnèrent leur linge « pour ensépulturer
les morts » ; et les Archives de cet établissement nous

apprennent que n'ayant plus de quoi ensevelir les corps
des soldats morts à l'hôpital, elles furent obligées de
demander aux habitants de leur fournir ce qui était
nécessaire à ce triste sujet. (1)

LA COLLÉGIALE DE SAINT-MELLON
D'après les estampes de Chastillon, Silvestre, Moreau et les anciens plans. (')
Dessin de C. Cousin.

Depuis la mort de Hautefort, et la blessure de C. d'Alincourt, bien d'autres officiers de la garnison avaient péri,
soit dans les quelques sorties tentées, soit en défendant le
faubourg, ou en repoussant les assauts ; les régiments de

(1) Archives de l'Hôtel-Dieu, B. 136. Il résulte des pièces d'un procès, dont nous
aurons l'occasion de parler plus loin, qu'il y eut *800 blessés et plus* dans Pontoise ;
parmi les médecins et chirurgiens qui donnèrent leurs soins à ces malheureux, et
dont le nom est parvenu jusqu'à nous, citons Robert Petit, Etienne Prévost et Robert
de Montreuil, qui firent preuve d'un grand dévouement.
 (') V. ci-dessus, Chap. III, p. 54.

la place avaient aussi beaucoup souffert ; d'Alincourt, blessé, était absolument hors d'état de diriger les opérations de la défense ; l'église et les bastions autour de Notre-Dame étaient en ruines ; l'incendie dans le faubourg ; les défenseurs de Pontoise, dit de Thou, « dans l'impossibilité de se montrer sur leurs remparts, brisés et ébranlés » (1) ; une brèche énorme s'était ouverte, qui allait incessamment donner passage à l'assiégeant, et livrer la ville aux horreurs du sac et du pillage ; la consternation avait succédé à l'ardeur guerrière et aux succès des premiers jours du siége ; on ne pouvait résister plus longtemps à une armée bien supérieure en nombre, et qui allait encore se grossir de renforts nouveaux.

Telle était la situation au 23 juillet.

On songea dès lors à parlementer ; le, lendemain, les principaux habitants et les chefs des assiégés tinrent conseil, et, pour la première fois, le mot *capitulation* fut prononcé : il ne fallait plus évidemment songer qu'à obtenir des conditions honorables, et à soustraire, s'il était possible, la ville aux brutalités des soudards : on résolut d'agir dans ce sens.

La reddition de Pontoise aux deux rois fut décidée.

(1) « Néanmoins (*après la blessure de C. d'Alincourt*), dit Mézeray, ils se défendirent encore sept à huit jours, autant par honte que par valeur (?), jusqu'à temps que les assiégeants eurent gagné cette église qui dominait si avantageusement sur leur rempart, qu'ils n'osoient paroître *à la brèche....* » (*Histoire de Henri III.*)

CHAPITRE SIXIÈME.

Fin du siége de 1589. — Pertes des assiégeants. — Capitulation de Pontoise. — Humanité de Henri de Bourbon. — Ambassade des habitants de Senlis. — Lettre du roi de Navarre à M. de Souvré. — Conditions imposées à la ville. — Contribution de guerre de 60,000 écus. — Détails relatifs à sa perception. — Les échevins arrêtés comme ôtages. — Paiements faits aux suisses, aux blessés, et à M. de Miraumont, nouveau commandant de la place. — P. de Mornay, gouverneur de Pontoise, pour le roi. — Entrée de l'armée royale. — Violences commises par les soldats, à l'Hôtel-Dieu, et contre certains habitants.

Dans la lutte acharnée dont nous venons de faire le récit, les Pontoisiens et la petite armée des Ligueurs avaient été très-éprouvés ; mais, de leur côté, les armées royales avaient aussi fait des pertes très-sensibles : la *Chanson nouvelle* nous l'apprend :

> Le camp des deux roys a esté,
> En ce siége, très-bien frotté.

Un certain nombre d'officiers supérieurs, mestres-de-camp et autres, avaient trouvé la mort dans les combats qui s'étaient livrés sous les murs de la ville ; parmi ceux qui furent blessés, nous voyons figurer : le comte de Grandpré, du régiment de Champagne, blessé d'une arquebusade et d'un coup de pique ; les seigneurs de

Baranqueville et de Breigneux ; le sire de Beaujeu, tous
trois blessés de coups de feu.

La liste dans laquelle nous avons puisé ces renseignements comprend ensuite plus de vingt capitaines, plus ou
moins grièvement atteints, parmi lesquels nous lisons les
noms de MM. de Bléry, Froux, de Ladevèze, La Cousture,
le sire de Tillodet, Bournonville, du Glas, de Chailly,
Foyteau, etc. ; vient ensuite une énumération de divers
soldats et de sous-officiers, blessés dans les régiments des
Gardes du roi, de *Picardie*, de *Champagne*, de *Baranqueville*, de *Rubercy*, de *la Garde*, des compagnies *Guimard*
et de *la Villeneuve*. On remarquera, qu'à cette époque
déjà, les soldats portaient des surnoms ou sobriquets
qu'on retrouve aujourd'hui dans le langage familier de la
caserne, tels que : Sevran, dit *la Croix* ; Fournier, dit *la
Jeunesse* ; Hérault, dit *la Pierre* ; le *Cadet* Dupuis ; Joachim,
dit *la Vigne* ; Thomas Dollain, dit *Dauphin*, etc. (1)

La capitulation de Pontoise étant chose décidée, les
assiégés demandèrent la suspension du feu, et envoyèrent
des délégués au camp royal pour discuter les conditions
de la reddition de la place.

Le roi était à Saint-Martin ; c'est là que les députés de
la ville durent aller le trouver ; en traversant le camp des
assiégeants, ils entendirent les soldats huguenots dire
« qu'il fallait les pendre tous. »

Le roi Henri, pourtant, les reçut, dit-on, avec beaucoup de douceur (2) ; il exigea une assez lourde contribution
de guerre, dont nous allons parler, mais il ne manifesta
aucun désir de venger par du sang la résistance vigou-
reuse qu'il avait rencontrée. Henri III avait fait pendre

(1) Le document qui nous a conservé ces noms est malheureusement *partiel*, et
ne s'applique, en outre, qu'aux blessés de l'armée assiégeante ; cette pièce (inédite)
peut cependant intéresser un certain nombre de familles à cause des noms qu'elle
renferme ; nous l'avons reproduite *in-extenso* : V. ci-après, *Documents historiques*,
p. XXI.

(2) « Le Rôy les reçut en père, etc. ». *Notice inédite sur Notre-Dame*, in-8°.

les chefs de la Ligue à Pithiviers et à Étampes : le futur
Henri IV, au contraire, s'entremit en faveur de la garnison
et des habitants de Pontoise, et imposa, en somme, des
conditions honorables ; les délégués retournèrent à la ville
soumettre les décisions du roi à leurs commettants.

Les Ligueurs furent frappés de cette humanité, qui
contrastait avec les vengeances de Henri de Valois ; et
l'un des plus violents prédicateurs de la Ligue déclara en
chaire que le Béarnais, tout hérétique qu'il était, valait
mieux que le tyran Henri III. (1)

La journée du 24 juillet fut remplie de discussions relatives à la « composition » avec les assiégeants.

A la date de ce même jour, Potier de Gesvres écrit au
duc de Nevers ; dans cette dépêche, cet officier lui dit :

« .... les communications seront désormais plus faciles ;
» M. de la Châtre est « par deçà », d'où il lui sera bien difficile
» de partir, les forces de M. de Mayenne étant « fort petites »,
» ce que nous sçavons au vray, et avons cogneu durant tout
» ce siége (de Pontoise), n'ayant, les ennemys, ausé entre-
» prendre de donner aucun secours ny rafraîchissement aux
» assiégés. Je pense », ajoute-t-il à la fin de sa lettre, « que nous
» entrerons aujourd'huy ou demain (25) dans la ville. M. de
» Longueville arrive aujourd'huy, etc. » (2).

Cette lettre est adressée : « A Mgr le duc de Nevers, pair
de France, commandant pour le Roy en Champaigne, etc. »
Il résulte de cette pièce manuscrite que Mayenne n'avait

(1) Henri Martin (*Henri III*, II, ch. 10).

(2) Mss. de la Bibl. nat. fds. fr. 3422, n° 38. — Potier de Gesvres (Louis), après
avoir été secrétaire des finances et du Conseil, était devenu secrétaire d'État, en
1589 ; sa lettre offre quelque intérêt à cause de la haute position qu'il occupait alors ;
il avait beaucoup contribué à réconcilier les deux rois ; il fut un des juges de Biron,
et mourut en 1630.

Le baron Claude de *La Châtre*, dont parle Potier de Gesvres, ne se soumit à
Henri IV, en 1594, qu'à la condition de conserver son gouvernement, et le titre de
maréchal de France qu'il tenait du duc de Mayenne, enfin de toucher une gratification
de 900,000 livres ; sa soumission fut bien payée. Il était né en 1526 et mourut en
1614.

pu rien faire pour venir au secours de Pontoise, et que,
sauf les renforts envoyés en dernier lieu dans la place,
avant l'attaque, la ville n'avait pu être secourue ni en
vivres, ni en troupes fraîches : ce document concorde
avec le quatrain de la *Chanson nouvelle* qui dit, en parlant
des munitions, etc. : :

> Nous en apporter l'on n'osoit,
> Car l'ennemy s'y opposoit,
> Se tenant sur les advenües
> Avec canonnades menües.

Le P. Daniel rapporte, en effet, que le duc de Mayenne
« parut *une* fois, durant le siége, à la tête de son armée,
« faisant mine de vouloir secourir la place », mais qu'il
se retira sans avoir osé rien entreprendre ; d'après d'Aubigné, il aurait fait *deux* tentatives de ce genre, également
infructueuses.

Ici doit se placer le récit d'une ambassade des habitants
de Senlis à Henri III, pour « *reconnoître Sa Majesté* ». Elle
se composait de Jehan Mallet et Thureau, échevins, Char-
molue et Poulaillier, procureurs, et maître Guillaume
Penneton, receveur. On a conservé la note des frais et le
souvenir des incidents de leur voyage ; et nous croyons
devoir donner quelques détails à ce sujet, car ils peignent
les usages et les mœurs de l'époque. Nous reproduisons
ce que nous avons recueilli sur cette députation, d'après
la collection manuscrite de M. Afforty, et les *Monuments
inédits*, de M. Adhelm Bernier.

Les frais de cette *ambassade* ne ressemblent guère à
ceux que nécessiterait à présent un voyage semblable.
« Avant de partir de Senlis, on acheta, moyennant trois
écus un tiers, pour porter au camp de Pontoise, trois
membres de moutons dont deux furent *mis en pâte*, quinze
pots de vin et trois pains ». C'était les provisions nécessaires pour le voyage, vu l'incertitude où l'on était de
trouver à se nourrir, soit pendant le trajet, soit au camp

sous les murs de Pontoise. Les délégués partirent le dimanche 23 juillet, et dépensèrent ce jour-là « 2 écus 15 sous ».
Mallet et Thureau étaient chacun sur un cheval, loué
quarante-huit sous. Un homme conduisait un mulet qui
portait les provisions. Ils passèrent le bac à Précy, ce qui
leur coûta *cinq sous*. Le lendemain 24, ils dinèrent à
l'Isle-Adam, et soupèrent au village de *Seugy* (Cergy). Ils
allèrent voir le roi le mardi 25, au camp devant Pontoise.
Ils furent présentés à Henri III, et selon l'expression des
manuscrits, « *lui firent la révérence* ». Le prince les reçut,
du reste, très-bien : ils exposèrent, au nom des habitants
de Senlis, les pertes de cette ville par suite du siége soutenu contre les Ligueurs. Pour les indemniser, et aussi
pour les récompenser de leur fidélité, le roi leur accorda
l'exemption des tailles pour neuf années, et de francs-fiefs
et nouveaux acquêts à perpétuité.

Les députés allèrent aussi présenter « leurs hommages »
au roi de Navarre, au Grand-Prieur, au maréchal de Biron,
au duc d'Épernon, au marquis d'O et à plusieurs autres
officiers-généraux de l'armée alliée ; toutefois, ils ne purent
obtenir de suite *l'expédition* des lettres d'exemption accordées par le roi ; c'était le jour de la capitulation de Pontoise ;
on était très-occupé des conditions de cette reddition ; on
allait entrer dans la ville et en prendre possession. (Quelques jours plus tard, survint la mort de Henri III. Ce ne
fut qu'en 1590 que Henri IV confirma ce qu'avait fait son
prédécesseur). Les Senlisiens durent repartir le 26, de
Pontoise ; ils dinèrent à Beaumont, moyennant « *deux
écus 52 sous* » ; à leur retour, Jacques Truyart, trésorier,
leur compta la somme de « 22 écus douze sols, montant
du total de leur dépense. » (1)

(1) V. *Introduction* au Journal de Vaultier de Senlis, p. xiv, et la *Chronique de
Jehan Mallet*, p. 107. (*Comptes de Jean Truyart, receveur des deniers et octrois
de Senlis*), etc.

Les habitants de Senlis, qui avaient embrassé la cause royale, à laquelle en général

Le 25 juillet, Henri III adresse au duc de Nevers un billet, pour lui notifier que sur les 15,000 écus qu'il avait mis à sa disposition, ce dernier en fasse payer 200 à M. de Birague, maréchal de camp. Cette lettre, datée « *du camp devant Ponthoise* », est une des dernières, sinon la dernière, que *signa* Henri III ; car à l'inverse de ce qui existe pour Henri IV, les lettres entièrement autographes du dernier Valois sont assez rares. (1)

Le même jour, dans la matinée, le roi de Navarre écrivit à M. de Souvré (2). Il lui dit que les gentilshommes enfermés dans Pontoise lui avaient fait demander sûreté et protection. « Ils offrent déjà, dit-il, leurs enseignes et tambours, et de sortir avec leurs armes, la mèche éteinte et les gens d'armes avec un bon cheval ». Il manifestait l'espoir d'entrer dans la ville le soir même. Pendant ce temps, les suisses arrivaient à Poissy : il avait le projet de les aller voir le lendemain, etc. Il annonce donc, le 25 juillet, à M. de Souvré la reddition de la place. (3)

Les bases de la capitulation, posées par le roi et acceptées par les défenseurs de Pontoise, furent celles-ci :

Par égard pour la belle défense de la ville :

Point de sac ni de pillage ; la ville de Pontoise paiera à S. M. une contribution de guerre.

était dévouée la population de cette ville, n'avaient pas lieu d'être très-satisfaits des Pontoisiens. Un certain nombre de ces derniers s'étaient, en effet, engagés comme *volontaires*, « non sous charge de capitaines », et étaient allés rejoindre l'armée des Ligueurs sous les murs de Senlis, pendant que ceux-ci faisaient le siége de cette ville. Dans l'*Estat des compaignies des princes ligués, défaites en la bataille de Senlis*, le 17 mai 1589, figure en outre la compagnie de M. d'Alincourt ; mais elle était commandée ce jour-là par MM. de Bilmapré et Legonbaut, ses lieutenant et cornette.

(1) Voir cette lettre ci-après : *Pièces justificatives*, p. LXXV.

(2) Gilles de Souvré, marquis de Courtenvaux, mort en 1626, âgé de 84 ans, était alors gouverneur de Tours. Le roi l'aimait beaucoup et avait la plus grande confiance en lui.

(3) Cette pièce intéressante est reproduite en fac-simile dans cet ouvrage ; on en retrouvera également le texte, avec l'orthographe de l'original, dans les *Documents historiques*, ci-après, p. LXXVII. V. aussi les *Notices* sur les pl. hors texte, à la fin du volume.

Les chefs militaires, les officiers et le reste de la garnison devront sortir « les armes et bagues sauves », à charge de ne point servir avant trois mois dans les armées du duc de Mayenne.

Cette dernière condition semble avoir été bien peu fidèlement observée par les Ligueurs, car le registre du Parlement de la Ligue, conservé aux Archives nationales, contient, à la date du 29 juillet 1589, un mandement qui prescrit « de faire armer de suite les soldats revenus de Pontoise sans armes. » (1)

Les pièces d'artillerie, arquebuses et autres armes à feu, ainsi que les munitions et le matériel de guerre que possédait la ville, devinrent la propriété des vainqueurs.

Les habitants de Pontoise déclarèrent « remettre leurs vies et biens entre les mains de S. M., à cause de la rébellion par eux faicte, et au moïen de la contribution imposée, leurs dicts biens et vies leur restèrent acquis ». D'Aubigné rapporte comme une chose honorable pour les défenseurs de Pontoise, qu'on « les fournit de chariots et brancarts pour emporter leurs blessez et malades, à quoi il fallut *dix-huit cents chevaux*, qui voulurent (les blessés, bien entendu) estre conduits par les trouppes du Roy de Navarre, disans assez licentieuzement qu'ils ne trouvoient de foy que de ce costé là ; mais c'est principallement pource que le *prince courtois* avouait Tremblecourt pour son parent. » (2)

Les troupes de la garnison, ou plutôt ce qui restait du

(1) Archives nat. *Reg. du Parlement de la Ligue* (29 juillet 1589). — Davila, *Historia delle guerre civili di Francia*, C. II, p. 466-467.

(2. *Les Histoires de M. d'Aubigné* (in-f°.) T. III, Livre II, C. 21, p. 175-179. Ce fait est confirmé par plusieurs historiens, et notamment par Mézeray, qui dit : « On leur accorda (aux Pontoisiens) bonne composition, et même des brancards et des chariots pour emporter leurs blessés, qui étoient *en si grand nombre*, qu'il fallut *dix-huit cents chevaux*, avec une escorte du roi de Navarre, duquel la foi leur sembloit plus sûre que celle du roi ». M. Vitet dit aussi que les pertes furent très-grandes des deux côtés, mais surtout du côté des assiégés. (V. *La Mort de Henri III*, I. p. 319, in-18.)

régiment de Tremblecourt et des lansquenets, rendirent leurs armes aux vainqueurs. L'armée royale prit possession des portes de la ville et du pont, puis occupa successivement les divers quartiers et le château. La porte d'Ennery fut rouverte ; les chemins livrés de nouveau à la circulation ; le roi de Navarre fit même réparer immédiatement certaines parties des fortifications que le feu de l'artillerie avait endommagées.

La plus dure des conditions de la capitulation fut une contribution de guerre de 60,000 écus, qui fut imposée à la ville. On voulait, dans le principe, exiger 100,000 écus ; mais sur la représentation qu'il serait absolument impossible de payer une pareille somme, et que la ville serait à jamais ruinée, on s'en tint à 60,000, chiffre qui, dans la suite, fut même réduit par Henri IV à 45,000 écus. L'abbé Trou, dans les quelques lignes qu'il a consacrées à ce siége, commet une double erreur : d'abord, il fixe à 100,000 écus le chiffre de la rançon de la ville ; et il ajoute qu'on dut en donner 45,000 au vainqueur « avant qu'il quittât la place ». M. de Labédollière a reproduit ces erreurs dans ses *Environs de Paris*. Il fallut, au contraire, bien du temps à la ville pour se libérer de cette dette.

On a dit avec raison que cette lourde imposition avait été le commencement de la ruine de Pontoise, dont les finances furent à jamais obérées, et dont la population diminua beaucoup dans la suite. Soixante mille écus étaient, à cette époque, une somme considérable, équivalant, en tenant compte de la valeur de l'argent à la fin du XVIe siècle, à plus de SIX CENT QUATRE-VINGT MILLE FRANCS de notre monnaie actuelle. (1)

Par ordre du duc d'Épernon, qui « alla se loger en la maison de la damoiselle de Montjavoult », plusieurs notables habitants furent arrêtés comme ôtages ; parmi eux se

(1) Évaluation d'après les proportions et les chiffres extraits de l'*Histoire financière de la France*, par Bally, II, p. 298 et suivantes.

trouvaient François Robert et Dancongnée, échevins. On les conduisit dans la maison d'un sieur Jean Maitre, où ils furent consignés et gardés par les archers de la garde royale.

Ce fut dans cette demeure que l'on fit, au commis du trésorier de l'épargne, un premier paiement de douze mille écus ; c'était à peu près tout ce qu'on avait pu réunir de fonds ; cet argent fut en grande partie distribué aux suisses. (1)

On dut payer en outre 700 autres écus pour donner aux blessés de l'armée victorieuse, et 600 écus pour le nouveau commandant de la place, que les manuscrits de la ville nomment S. de Miraumont. De Thou dit que le roi chargea ensuite du *gouvernement* de Pontoise P. de Mornay, s^{gr} de Buhy. (2)

On remarque dans le rôle de la répartition de l'imposition du siége, que non-seulement *tous les habitants*, nobles et roturiers, ecclésiastiques ou laïcs, furent taxés, mais aussi ceux qui s'étaient *réfugiés dans la ville* ; tels que Pierre Dubray, curé de Mézières ; Jean Chéron, curé de Livilliers ; Jean Dufour, curé de Labbeville ; Jean Dupron, curé du Fay ; Christophe Chennevières, curé d'Osny ; la taxe est fixée par tête ; parmi les personnes nobles réfugiées, madame de Balincourt dut payer 20 écus ; madame du Plessis, 115 ; M. de Soulfour, 160 ; Mlle de Montjavoult, 26 ; etc., etc.

(1) Compte du 29 décembre 1609 ; Me Nicolas Fournier, commis par le Bureau de la ville à la recette des 45,000 écus. (Arch. de Pontoise).

(2) Pierre de Mornay, seigneur de Buhy, était le frère aîné de Plessis-Mornay ; sa nomination lui donne le titre de : lieutenant-général du gouvernement de l'Ile-de-France, en ce qui est des villes de Pontoise, Mantes, Meulan et le pays Vexin-le-Français, avec accroissement des villes et pays du Beauvaisis, etc. etc. Les lettres patentes font en outre mention honorable de ses services et de sa fidélité. P. de Mornay avait épousé Catherine de Saveuse, sœur de M. de Saveuse, conseiller de la grande Chambre du Parlement de Paris. Ce dernier contribua avec sa nièce, Mlle de Buhy de Mornay, à la restauration des Ursulines de Magny.

Consulter : *Vies de plusieurs anciens seigneurs de la maison de Mornay, avec leur généalogie*, etc. (Paris, J.-B. Coignard, 1689, in-4°.)

Parmi les nobles de la ville, nous voyons Jacques de Monthiers, lieutenant civil du bailli de Senlis, imposé à 560 écus; André de Forest, 100; Gabriel de Monthiers, prévôt-maire, 120; le sieur de Groslay, 340; le sieur de Han, 100, et Mlle des Clos, 120.

La nomenclature des gens d'église imposés dans cette contribution est aussi très-intéressante; nous y lisons les noms de : Robert Noël, curé de l'église de Saint-Pierre, 60 écus; Jehan Robequin, curé de Saint-Maclou, 10 écus; Louis Descouys, 2e curé de Saint-Maclou, car cette paroisse avait alors *deux curés*, 20 écus; Mathieu Hazard, orga-niste, que Taillepied, dans son enthousiasme pour Pontoise, appelle « *le premier organiste de France et grand musicien* », 50 écus; Mathieu Guyempel, vicaire de Notre-Dame, que le même Taillepied déclare : « *homme certes bien qualifié pour son estat* », n'est imposé qu'à 6 écus; Mellon Soret, qui plus tard devint curé de Saint-Maclou, paie 3 écus seule-ment; G. Poisson, ch^lain de St-Mellon, 100 sols; etc., etc.

Il existe aux Archives de Pontoise plusieurs gros registres relatifs à cette imposition. Ces documents, très-complets d'ailleurs, et postérieurs au siége, établissent l'assiette de cette contribution de guerre, et la cote de chaque habi-tant; leur reproduction intégrale serait beaucoup trop étendue, et nous renvoyons seulement à l'extrait qu'on en trouvera dans les pièces justificatives annexées. (1)

Un de ces registres, contenant le résumé des comptes de l'imposition, a pour titre :

« ESTAT *au vray* de la Recepte et despence, faicte par Marie Cossart, veusve de
» feu Nicolas Fournier, vivant, Bourgeois de Ponthoise, commis.... par acte d'as-
» semblée générale des habitants de la ville et faulxbourgs, en l'auditoire royal
» dudict lieu, à la recepte des restans dûs par les habitants d'icelle ville de la somme
» de quarante-cinq mil escus.... à laquelle ont esté réduicts et modérés, les soixante
» mil escus promis au feu Roy Henri troisiesme, que Dieu absolve, au mois de juillet

(1) « Compte et levée de deniers de 45,000 escus (60,000 de 1589); in-folio, rel. parchemin, 140 ff. » (Arch. de la ville : Fonds Pihan de la F.) — « Rôle de répar-tition du reste des 45,000 escus, imposés à la ville de Pontoise, prise d'assaut par Henri IV (*sic*), pour se racheter du sac et du pillage (in-folio, 25 ff. — *Ibid*). » V. l'extrait ci-après : *Documents historiques*, IV. p. XVII.

» IIII ˣˣ IX, pour se rédimer du sac et pillage de ladicte ville audict temps ; par
» Sadite Majesté, assiégée et réduitte alors en une misère extrème, comme il sera
» remarqué cy-après. »

C'est à ce Nicolas Fournier que Noël Taillepied avait
dédié son livre des *Antiquités de Pontoise*; c'était un
homme honorable et estimé de ses concitoyens ; aussi
l'avait-on délégué pour établir les comptes des recettes et
du paiement de cette imposition ; mais il mourut avant
d'avoir terminé cette tâche ; on lit au dos du registre :
« *Compte de madame (veuve) Fournier, pour les quarante-
cinq mil escus.* »

Les pièces conservées aux Archives de la municipalité
pontoisienne font dater du 29 juillet seulement la prise de
possession de la ville, par les fonctionnaires royaux, du
moins sous le rapport *administratif*. Dans ces premiers
jours, ils ne parlent comme *capitaine* de Pontoise (ou gouverneur) que de M. *de Miraumont*.

A la suite du paiement, fait comptant, aux vainqueurs
dans la maison de « défunt Jean Maître », on dut faire un
emprunt de 10,000 écus qui furent avancés par certains
habitants ; cette somme fut payée à Etienne Regnault,
trésorier de l'extraordinaire des guerres. On donna aussi en
paiement, en guise d'espèces sonnantes, diverses marchandises, et notamment 300 muids de vin, que l'on acheta, à
à raison de 22 écus le muid, à des marchands de Compiègne « venus en bateau. » (Chiffres du procès Vatherie).

Les Pontoisiens fournirent également une certaine quantité de blé, et aussi de vin, aux troupes ; il en est tenu
compte, plus tard, dans la répartition de l'imposition. Nous
voyons figurer dans l'état de cette contribution, en outre
des 600 écus de M. de Miraumont, certaines sommes
payées à « divers gens de guerre », et notamment à un
nommé Canu, « sergent et ses soldats », etc. Plus tard
encore, dans la liste des frais relatifs à la recette et au
paiement de ces diverses sommes, maître Nicolas Fournier

compte à diverses reprises telle somme «..., pour avoir
été porter de l'argent aux trésoriers de l'Épargne », et
notamment pour être allé à Paris, « tant pour lui que
» pour son escorte, de trois hommes de cheval, à cause
» de la difficulté des chemins qui estoit pour lors, auquel
» voïage il avoit vacqué par l'espace de six jours entiers,
» attendu la cherté des vivres, causée par l'incursion
» des gens de guerre... »

Le premier registre contient non-seulement la cote personnelle de chaque habitant et la somme fournie, mais en
outre, un compte détaillé des dépenses et paiements, tels
que les sorties de fonds destinés aux blessés de l'armée
du roi. Ces paiements s'appliquent tant aux blessés mentionnés dans le rôle signé par le duc d'Épernon, colonel
de l'infanterie française, qu'à d'autres désignés par des
ordonnances de M. de Miraumont ; nous voyons le capitaine du Glas recevoir ainsi 40 livres « pour subvenir aux
pansements et médicaments d'un coup d'harquebuze qui
luy a esté donné en certaine partie de son corps ». Le
capitaine Foyteau reçoit 50 livres ; le capitaine l'Isle,
seigneur de Brigneux, 30 livres ; le capitaine des Moulins,
40 livres ; etc., etc.

Le receveur fait entrer en ligne de compte diverses
dépenses pour la réparation des fortifications, ordonnée
par M. de Miraumont, et qui, d'après la Ville, ne devaient
pas être supportées par elle ; on trouve aussi le détail
des fournitures de toute espèce, fourrages, bois à brûler,
chandelle, etc., faites par les habitants aux divers postes
et corps de garde de l'armée royale. Les habitants qui
avaient fourni aux troupes, en notable quantité, du vin
ou du blé, produisent à ce sujet des *certificats* qui rappellent assez les *réquisitions écrites* de l'armée prussienne ; on
dresse également un compte évalué de ces avances en
nature, et à l'aide de ces relevés divers, on arrive enfin
à résumer les opérations de la levée de deniers, et la

répartition de cette contribution de guerre ; ajoutons que
l'on trouve sur les registres des annotations manuscrites
et marginales de la Chambre des Comptes, admettant,
discutant, ou rejetant certains articles ; ces documents
manuscrits, des plus intéressants pour l'histoire de notre
municipalité, attestent un ordre parfait dans l'administration des finances, relativement à cette ruineuse imposition.

Malgré l'allégement apporté par le roi Henri IV au
paiement de cette rançon énorme, la cité pontoisienne fut
complètement obérée à partir de cette époque, et ne put
jamais reconquérir sa situation brillante d'autrefois. La
ville ne fut pas dévastée ; la *Chanson nouvelle* nous dit
d'elle :

> Et ne fut par elle outragée,
> Ny par l'ennemy saccagée.

Il est malheureusement trop certain que, malgré cette
convention, des excès furent commis par les soldats de
l'armée victorieuse ; seulement, le pillage ne fut pas
général, et ces faits isolés, si regrettables qu'ils aient pu
être, ont passé inaperçus dans l'histoire des guerres de
cette époque, qui sont une suite de scènes de carnage et
de dévastation plus hideuses les unes que les autres : on
en trouvera la preuve et les détails dans les pièces du
procès Vatherie publiées plus loin.

Au moment où les troupes de l'armée royale firent leur
entrée dans la ville, un grand nombre de femmes s'étaient
réfugiées au couvent des Cordeliers ; parmi celles-ci, se
trouvaient la femme de Claude Vatherie, emportant ce
qu'elle avait pu sauver d'argent, lors du pillage de sa
maison : nous voyons dans les pièces du procès « qu'une
partie (des écus) en fut perdue. parce que MM. d'Épernon
et d'O seroient entrés aux Cordeliers.... ». Est-ce encore
le résultat d'une nouvelle contribution personnelle, et les
malheureuses réfugiées durent-elles, à l'abandon de leur
argent, d'échapper aux violences et aux insultes des

soldats ?.... Y eut-il d'autres désordres, et des outrages
envers les personnes furent-ils commis sur d'autres points ?
Nous le croyons, sans avoir des détails précis sur ces
incidents.

A l'Hôtel-Dieu, par exemple, les papiers et les titres de
la communauté furent pillés par les soldats ; les religieuses
en étaient arrivées à ne plus oser fermer une seule porte,
de peur de la voir « incontinent rompue et effondrée par
les gens de guerre » qui venaient, entraient et sortaient
en emportant tout ce qui leur tombait sous la main ! Ces
faits sont rapportés dans les enquêtes officielles (1) ; d'autres
maisons particulières furent également victimes de la mauvaise humeur ou de la vengeance des royalistes.

Signalons encore une légende, d'après laquelle les
Huguenots se seraient livrés à d'odieuses violences
dans l'église de Notre-Dame. On prétend qu'au moment
de l'entrée des assiégeants, un certain nombre de femmes,
réfugiées dans le temple, seraient devenues les victimes
de la brutalité des soldats : parmi elles se serait trouvée
la sœur de Ravaillac, laquelle aurait été violée par un
officier du Béarnais; de là, le projet formé par Ravaillac de
tuer le roi, etc. Nous ferons observer que cette tradition,
tirée, dit-on, d'un ancien manuscrit (?), n'est corroborée dans
nos Archives par aucun document ; que Notre-Dame était
devenue une ruine inhabitable, et un refuge bien peu sûr,
quand les alliés s'en emparèrent; enfin, que rien, dans ce
qui nous a été transmis du procès de Ravaillac, n'est venu
confirmer ce prétendu viol de sa sœur, et les projets de
vengeance qu'il aurait formés par la suite.

Mais il est probable que bien des scènes de pillage et de
violence eurent lieu, malgré les conventions, car de part
et d'autre, dans cette triste guerre civile, les traités furent
souvent aussitôt violés que conclus !

(1) Archives de l'Hôtel-Dieu, B. 136. V. D. H., p. XLI. (Enquêtes de 1601).

CHAPITRE SEPTIÈME.

Les anciennes églises de Notre-Dame de Pontoise. — Recherches archéologiques. —
Restitution du plan et description du monument détruit pendant le siége. —
Translation de la statue de la Vierge et construction de l'église actuelle. —
Personnel ecclésiastique attaché à cette paroisse avant 1589. — Examen des
causes de la destruction de l'édifice ; versions de différents auteurs ; rectification
de diverses erreurs commises à ce sujet.

Le fait matériel le plus considérable, et qui attachera au siége de 1589 un souvenir douloureux et ineffaçable, est la destruction complète de l'ancienne et splendide église élevée sous le nom de Notre-Dame-de-Pontoise.

C'était déjà le *troisième* temple dédié à la Vierge, et construit sur cet emplacement : à une simple *chapelle*, fondée en 1226, par Nicolas, 2ᵉ abbé de Saint-Martin, et érigée en paroisse, en 1249, par Eudes Rigault, archevêque de Rouen, avait succédé une *église*, construite dans le courant du siècle suivant, et dont aucune description n'est parvenue jusqu'à nous. Charles V avait largement contribué à l'édification de ce second monument, qui fut détruit en 1435, par les Anglais, sous les ordres de Jean de

Ripelay (1). Pontoise, grâce au courage des Compagnons de l'Arquebuse, avait chassé la garnison anglaise ; Ripelay, impuissant à rentrer dans la place, avait, de rage, détruit Notre-Dame. Vers 1437, les Anglais redevenus depuis un an maîtres de la ville, par la ruse de Talbot, voulurent relever le temple qu'ils avaient abattu :

« Jeanne de Navarre, veuve de Henri III d'Angleterre, et dans le domaine de laquelle se trouvait Pontoise, dit M. A. François (2), protégea cette reconstruction ; aussi, les travaux furent-ils poussés avec vigueur, et quand Charles VII arriva devant Pontoise, on avait déjà fait le chœur et une partie de la nef. Les boulets de Jean Bureau endommagèrent les travaux ; c'est ce qui explique qu'un siècle plus tard on soit obligé de consolider le haut du chœur, qui, seul terminé en 1441, avait seul souffert du siége (3). Après le départ des Anglais, les Français continuèrent les travaux, et le 1er octobre 1484, elle fut consacrée et dédiée par l'évêque d'Hippone, suffragant du cardinal d'Estouteville, archevêque de Rouen... »

L'église fut donc, relativement, terminée peu de temps avant sa destruction ; et encore, les chapelles n'étaient-elles pas tout à fait finies, puisqu'en 1587 Taillepied déclare qu'elles n'étaient pas « complètement parache-vées » (4). Il est donc avéré que cette construction consi-dérable avait été en partie l'œuvre des Anglais, et c'est en vain qu'un arrêt de la Cour, dont parle aussi le corde-lier pontoisien, fit effacer les inscriptions et les armoiries

(1) V. *Archives des Cordeliers*, actes de 1428, 1432, 1445. — De Ripelay, ou Rupelay, fut tué dans la tour du Friche par Etienne Guillier, en 1441, lors de l'assaut.

(2) *Lettre sur l'église Notre-Dame*, par A. François, in-8°, 1876, p. 11.

(3) V. ci-dessus, p. 14.

(4) Voici la liste des chapellenies de Notre-Dame, avant 1589 :

De St-Nicolas, fondée en 1481. — St-Louis, vers 1485. — De la Première-Messe, en 1499. — De St-Romain, 1505. — St-Laurent, 1510. — St-Etienne, 1519. — N.-D.-des-Neiges, ou de la Deuxième-Messe, 1523. — St-Fiacre, St-Vincent, Ste-Anne et Ste-Barbe, fondées vers 1530. — Et de l'Immaculée-Conception, avant 1569.

Les anciens titres de la paroisse de Notre-Dame sont très-intéressants et curieux à consulter ; nous en avons cité quelques-uns dans cet ouvrage, grâce à l'obligeante communication de M. Marchand, curé actuel de cette paroisse.

qui se trouvaient sur un monument de marbre élevé par eux dans la grande nef, sous le crucifix. « Cet acte de petite jalousie, dit l'abbé Trou en parlant de cet incident, tout en démontrant l'horreur qu'on avait des Anglais, suffit peut-être aussi à tout homme impartial pour s'attacher davantage à la tradition qui leur attribue la part principale dans la construction de cette belle église. »

Passe encore quand il s'agit de l'étranger ! Mais vis-à-vis de l'œuvre d'un Français, d'un compatriote, quoi de plus triste, de plus haineux et de plus inepte à la fois, que cette manie de certains hommes, dont tout le génie, impuissant à créer quelque chose de beau ou d'utile, consiste à chercher à faire disparaître les noms ou les emblèmes qui rappellent l'époque à laquelle fut construit tel palais ou fut élevé tel monument !

S'imaginent-ils ainsi faire oublier à jamais le règne ou le régime sous lequel furent exécutés tels ou tels travaux, et le nom de leur auteur ? Ce serait une erreur étrange : l'histoire, plus tard, rétablit froidement les dates, relève les noms, perpétue le souvenir des événements, et juge impartialement ce qui a été fait de bon ou de mauvais, de juste ou d'inique, de grand ou de petit.

On peut gratter, mais on n'efface pas.

Nous avons esquissé en peu de mots l'histoire de la construction de Notre-Dame et des deux autres églises qui l'avaient précédée. Il convient à présent de donner une description de ce monument : il se composait d'une grande nef, de deux autres nefs latérales, d'un transept et d'un rond-point ; l'édifice avait, dit-on, quelque rapport, sauf une certaine réduction dans les proportions de la tour centrale, avec l'église Saint-Ouen, de Rouen, qui est, on le sait, un des plus beaux spécimens d'architecture que nous possédions en France.

L'ancienne église avait un périmètre beaucoup plus considérable que celui de l'église actuelle ; elle était fort

large, et s'étendait beaucoup plus encore en longueur, puisqu'on voit encore de nos jours, dans une maison appartenant à M. Mercier (non loin de l'ancienne gendarmerie),
les pierres servant d'assises aux chapelles du chœur. (1)

L'église détruite en 1589 avait 130 mètres de long, sur
43 mètres de large ; la hauteur de la tour du milieu, qu'on
dit avoir été de forme carrée (analogue à celle qui existe
sur Saint-Ouen, de Rouen), était de 55 mètres. L'église
actuelle a seulement 47 mètres de longueur. On se rendra
compte, du reste, par le plan ci-après, dressé par M. A.
François, de la disposition et des dimensions comparées
des deux édifices, ancien et moderne. Loin d'être en
contre-bas comme l'église actuelle, dans laquelle on descend, il fallait, pour arriver au portail, gravir un certain
nombre de marches. (2)

Nous empruntons aux *Recherches* de l'abbé Trou la description suivante de l'intérieur de l'édifice : elle achèvera
et complétera, dans l'esprit du lecteur, le tableau de ce que
pouvait être ce magnifique monument, à jamais regrettable
sous le rapport artistique et archéologique, tout autant
qu'au point de vue religieux :

« Les deux bas-côtés et le rond-point, qui n'avaient été ter-
minés que dans les premières années du xvie siècle, étaient
accompagnés d'un nombre considérable de grandes et belles
chapelles. On admirait, dans cette église, l'élévation et la
légèreté du transept, dont l'extrémité méridionale s'épanouis-
sait en une belle rosace « image du soleil vivant », et reflet de
la gloire céleste, véritable chef-d'œuvre de l'art (estimé, dit
Taillepied, « l'ouvrage des plus braves architecteurs qui soient
en France... »).

» Dans la partie inférieure de chacune des extrémités de ce
transept étaient construits deux magnifiques portails latéraux.
Au midi, la voussure ogivale, coupée en deux par un tympan,
renfermait dans son encadrement une statue colossale du

(1) Entrée pl. N.-D., no 7 bis ; auprès de la rue du Vert-Buisson.
(2) V. arrêté du 30 juillet 1566 : ci-dessus, p. 28.

Christ ; et sur le tympan, dans la voussure du portique du nord, on avait placé une statue de la Vierge, environnée d'*ex-voto* et de souvenirs pieux déposés par les fidèles.

» La façade principale, moins légère, plus sévère et plus simple, offrait deux grosses tours carrées d'une grande éléva-tion. Elles se terminaient par une plate-forme, bordée de balustrades, d'autres disent de créneaux. Dans leur encadre-ment s'élevait, en équerre et en forme de fronton, le pignon de la grande nef. Dans sa partie basse, se trouvait une voussure immense, qui renfermait deux grandes portes sous ses vastes arceaux. Au-dessus du point central, désigné par le transept et la grande nef, s'élevait une troisième tour, surmontée d'une haute pyramide et terminée par une croix. (1)

» Sur les douze principaux piliers de la nef, étaient sculptés en bas-relief les douze apôtres, de grandeur naturelle, et cha-cun avec son emblème. On avait aussi fait peindre, par les plus célèbres artistes de l'époque, les douze Sybilles les plus vantées du Paganisme, et on les avait placées parallèlement au-dessus des douze apôtres. D'antiques traditions leur attri-buaient plusieurs prophéties sur la venue de Jésus-Christ.

» Le rétable d'autel était un morceau magnifique, en airain très-pur, porté sur douze colonnes de même métal ; et sur le devant du maître-autel, se trouvait, historiée et enrichie de dorures du plus beau travail (2), et d'un grand prix, toute l'histoire de la Passion. Le chœur était orné de deux rangs de stalles, hautes et basses, d'une belle confection. Le jeu d'orgue était admiré pour sa force et son harmonie. Tout le mobilier et les ornements de cette église, rivalisaient en somptuosité et en magnificence avec la beauté du monument. »

Derrière le chœur, existait une belle chapelle sous le vocable de N.-D. de l'*Immaculée-Conception*. (3)

Les autels des chapelles étaient en pierre polie ; on voit actuellement, vis-à-vis la chapelle de la Passion, dite

---

(1) Tour garnie, dit Taillepied, « de trois petites cloches très-harmonieuses qu'on sonne tous les jours.... »

(2) « En or de ducat », dit Taillepied, « et les chaires de belle fabricature... »

(3) *Arch. de N.-D.* (Titre de fondation du 29 août 1569.)

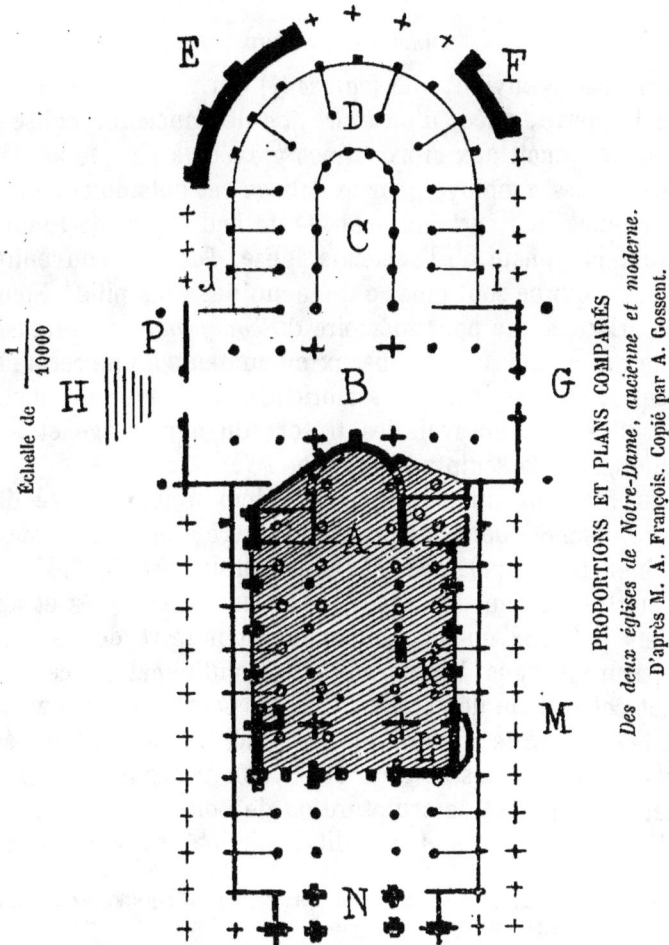

PROPORTIONS ET PLANS COMPARÉS

Des deux églises de Notre-Dame, ancienne et moderne.

D'après M. A. François. Copié par A. Gossent.

Echelle de $\frac{1}{10000}$

A Chœur de l'église actuelle. — **B** Transept de l'église détruite, au-dessus duquel s'élevait le clocher central haut de 55 mètres. — **C** Chœur de l'ancienne église. — **D** Abside de l'ancienne église. — **E** Partie extérieure des fondations de l'abside, que l'on voyait encore en 1826. — **F** Soubassement (des murs des chapelles du chœur) ou contre-forts extérieurs, visibles encore aujourd'hui (propriété de M. Mercier). — **G** Grand portail du midi, de l'ancienne église. — **H** Degrés (près de la maison Legros). — **I** et **J** Chapelles du chœur ancien. — **K** Tombeau de Saint-Gautier (dans l'église actuelle). — **L** Chapelle de la Vierge (nouvelle église). — **M** Endroit près duquel, en 1839, on a découvert un pilier de l'ancienne église. — **N** Portail de l'ouest. — **O** Sacristie actuelle. — **P** Pierre et contre-fort de l'ancienne église, servant de soubassement à la maison de M. Legros.

La partie centrale *ombrée* représente l'église actuelle ; les lignes de croix +, qui entourent l'édifice, indiquent les murs extérieurs, en supposant que les chapelles aient été achevées entièrement, tant au pourtour du chœur que dans le reste du monument.

aussi de Marcouville, une *marche* (1) qui n'est autre chose que la pierre, sciée, d'un *autel fixe* de l'ancienne église : on la reconnaît aux croix latines gravées à chaque angle.

On a aussi employé pour le dallage, et notamment sous le porche, une certaine quantité de belles pierres tumulaires, provenant de l'ancienne église. Tous ces souvenirs de ceux qui ne sont plus, ont été mutilés sans pitié ! Nous ne parlerons que pour mémoire du *badigeonnage*, affreuse plaie qui a gâté nos plus beaux monuments à une certaine époque, et sous lequel des fabriciens ignorants ont, dans tant d'églises, enseveli les trésors du moyen-âge et les dentelles de la sculpture gothique ! (2)

Au moment du siége par les deux rois, le curé de Notre-Dame, dom Regnault Lefebvre, et son vicaire Mathieu Guyempel, avaient pu emporter hors de l'église, et mettre en lieu de sûreté, tous les vases sacrés et les objets précieux qu'elle contenait. La plupart de ceux-ci disparurent dans la tourmente révolutionnaire : ce qui avait échappé au désastre de 1589 fut perdu définitivement en 1794. Il reste aujourd'hui bien peu de souvenirs matériels de ces richesses : çà et là, on rencontre à peine quelque fragment de sculpture ou de boiserie.

Parmi les épaves qu'on dit avoir été sauvées de ce

(1) Une des marches de l'escalier central, qui, de la grande porte, *descend* dans l'église, porte cette inscription : « Cy gist le corps de honeste personne.... Pierre » Mercier, en son vivant, mestre masson (*architecte*) de l'esglise de céans, et tres- » passa le dimanche de la Trinité, XXIᵉ iour de may mil cinq cens soixante-dix, et » Jehanne Fourment, sa femme, laquelle décéda le (*en blanc*) iour de.... mil vᶜ (*en blanc*). Priés Dieu pour leurs âmes. »

(2) Hâtons-nous d'ajouter que les pasteurs actuels de nos paroisses savent attacher aux souvenirs du passé le prix que ceux-ci comportent : dans Saint-Maclou, M. le curé Driou a fait relever plusieurs pierres tombales et plusieurs inscriptions dignes d'intérêt ; on a restauré plusieurs chapelles, notamment celle de la Vierge, et enlevé de ce côté l'horrible badigeon dont nous avons parlé.

A Notre-Dame, M. le curé Marchand a en quelque sorte transformé son église par les soins qu'il apporte incessamment à l'entretien intérieur de l'édifice et à la chapelle de la Vierge ; il a en outre publié plusieurs brochures et fait des recherches historiques sur son église.

désastre, et qui, non sans péripéties, ont pu nous être
conservées, on cite d'anciennes tapisseries, se trouvant
actuellement dans l'Hôtel-de-Ville de Pontoise; elles
auraient été, dit-on, exécutées à Bruges, d'après des car-
tons de Raphaël (1); elles furent données à la ville, il y a
plus de soixante ans, comme un souvenir précieux, par
la famille Le Tavernier de la Mairie (2); et l'Ermite de la
Chaussée-d'Antin (M. de Jouy) en parle dans son « *Voyage
à Pontoise* », comme d'une *curiosité* du pays (3). « Si la
municipalité, dit à ce sujet M. A. François, mettait à
exécution l'ancien projet de M. Seré-Depoin de fonder un
musée à Pontoise, ces tapisseries y occuperaient certainement la place d'honneur ». Nous devons ajouter qu'elles
auraient besoin pour cela d'assez importantes réparations.

Nous n'avons pu, à notre grand regret, retrouver aucune
ancienne estampe représentant l'église détruite, et nous
pensons qu'il n'en existe pas. On peut toutefois se faire
une idée de la structure, de l'ensemble et de la beauté
du monument, en se reportant à l'église Saint-Ouen, de
Rouen, dont on rapporte qu'elle était « *sœur*. » (?)

La Confrérie-aux-Clercs, qui, depuis plus de quatre
siècles, avait son siége dans l'église de Notre-Dame, dut
le transférer, d'abord aux Cordeliers, puis, plus tard, rue
de la Bretonnerie, dans une propriété que lui avait léguée
un nommé Leufroi Poupart, en 1458. (4)

Pas plus dans le siége de 1589 que dans les précédents,
la statue de la Vierge ne fut atteinte dans la ruine de

(1) V. *Les souvenirs matériels du passé* (*Écho Pontoisien* du 30 nov. 1876). —
Bulletin de la Société de l'histoire de Paris (3ᵉ année), p. 182.

(2) M. *Le Tavernier de la Mairie* était juge d'instruction au tribunal de Pontoise,
et n'avait aucun lien de parenté avec la famille *Tavernier*, dont les représentants
existent encore dans cette ville.

(3) *Gazette de France* (nᵒ du 3 juillet 1813).

(4) Une note tirée d'un ancien testament, reproduite dans les mss. de la ville, est
ainsi conçue : « Notre église a été abattue (sic) le dernier juillet 1589, et la Confrérie-
aux-Clercs a été au lieu où elle est en 1593. » (sic)

l'édifice : elle resta intacte et debout au milieu des décombres (1). Le premier soin de dom Regnault Lefebvre, aussitôt que la cessation des hostilités le permit, fut de la transférer à l'abbaye de Saint-Martin, où elle resta jusqu'au 16 avril 1599, époque à laquelle on la rapporta dans l'église actuelle. L'évêque de Vence et de Grasse fit le même jour la dédicace de ce *quatrième* temple, dédié à Notre-Dame, bâti à titre *provisoire*, et construit avec les débris de l'ancien monument ; la tour que l'on voit aujourd'hui ne fut même élevée que l'année suivante.

On peut encore se rendre compte de l'importance de l'ancienne église par le personnel ecclésiastique qui s'y trouvait attaché : ainsi, avant 1589, nous voyons, pour le service de la paroisse et du pèlerinage : un curé, deux vicaires, une collégiale, composée du doyen et de huit chapelains, six autres prêtres habitués ; à cela, il faut encore ajouter le doyen et les douze chapelains de la Confrérie-aux-Clercs, soit en tout *trente et un prêtres*, pouvant dire environ *onze mille messes* par an. Après sa consécration, la nouvelle église n'eut plus que huit prêtres pour sa desserte particulière : aujourd'hui, il n'en reste plus qu'un.

Il nous semble intéressant de réunir maintenant, et de mettre sous les yeux du lecteur, les versions très-différentes qui ont circulé sur les *causes* de la destruction de l'édifice.

M. l'abbé Marchand, dans une *Notice sur la statue de Notre-Dame* (2), s'exprime en ces termes : « Les assiégés

(1) Cette statue, mesurant 2 m. 10 c. de haut, repose sur un soubassement orné d'une salamandre. D'après les archéologues, elle est un type parfait du style dit égyptien, remontant à la période de 1140 à 1160. Le musée de Cluny, et plusieurs églises du milieu du XIIe siècle, renferment des spécimens de Vierges à peu près semblables. Un fait acquis à notre histoire locale, c'est que dès l'année 1180 elle est dans le quartier Notre-Dame, alors appelé *la Foulerie*, l'objet de la vénération des fidèles.

(2) Impr. Dufey, 1866, p. 4.

se retranchèrent autour de l'église, qu'ils fortifièrent de leur mieux...; à la fin, la petite armée du duc de Mayenne, mal conduite et trahie, périt presque tout entière sous les ruines du temple ensanglanté ». M. Marchand a sans doute voulu faire allusion à la mine dont nous avons parlé ; mais nous avons vu que cette tentative de trahison avait échoué ; en ce qui concerne les opérations militaires, nous croyons qu'elles furent conduites avec toute la vigueur et tout le soin désirables.

Une ancienne annotation manuscrite, faite sur une édition du siècle dernier de l'*Abrégé historique de Notre-Dame*, rapporte que l'église fut incendiée par les bombes lancées par l'armée royale ; mais outre que cet engin de guerre ne semble pas avoir été employé pendant le siége, aucun autre document ne vient confirmer ce fait.

Si l'on en croit, d'autre part, le sixain qui suit, l'église se serait écroulée après avoir été frappée de *huit cents* coups de canon :

> *Annis mille suprà quingentis octo decemque,*
> *Ultrà novem, cum sol ferventiùs ardet ïulo,* (sic)
> *Isara terribili tremuit perterrita fato,*
> *Virgineæque domûs rupit bumbarda columnas,*
> *Octo globis centum violento fulmine missis,*
> *Corruit inde sacræ illustris structura Mariæ !*

On a fait de ces vers la traduction suivante :

> En l'an mil cinq cent neuf, en plus quatre fois vingt.
> Alors que, dans juillet, Phébus brûlant devint,
> L'Oise avec horreur vit un fait de barbarie :
> Le canon bombarda le temple de Marie !....
> Huit cents boulets lancés sur ce beau monument
> En causèrent bientôt l'entier effondrement.

On a dit ensuite que, pour *démasquer* la batterie de l'Éperon, l'assiégeant aurait été obligé de tirer sur les tours et sur les toitures du monument.

M. A. François se prononce à cet égard dans le sens absolument opposé :

« La destruction de ce monument est trop connue pour que

je m'y arrête ; un autre dira bientôt.... sa triste fin en 1589 ; comment cette église fut détruite, *parce qu'elle gênait le tir* du bastion d'Halincourt.... (l'Éperon), et comment, *pour le même motif,* on la reconstruisit si basse et si enterrée.... Nous terminerons en disant : pour nous, il n'y a eu qu'*une grande église Notre-Dame ; c'est* celle détruite en 1589. »

Dans son *Histoire des environs du nouveau Paris,* M. de Labédollière raconte les choses de la plus étrange manière ; il dit, en parlant des deux rois : « Ils établirent leur *quartier-général* DANS l'église Notre-Dame, qui fut une seconde fois *ravagée* ». (1) Nous n'avons pas besoin de relever cette erreur incroyable ; c'est exactement comme si, plus tard, dans un récit du siège de Paris en 1870-1871, on disait : « Les Prussiens établirent leur quartier-général *dans* le Mont-Valérien, et commencèrent le siége... »

Parmi les historiens de l'époque, d'Aubigné s'exprime ainsi : « La bresche estant faicte, qui *confondoit les ruines* de Notre-Dame et de la muraille, et par la continuelle ruine des voûtes et des pilliers, rendoit très-périlleuse la place de combat aux assiégés, ils capitulèrent et eurent composition honorable. »

De Thou nous dit ensuite : « Comme ce grand vaisseau » commandoit la ville, les assiégés se hatèrent de le forti- » fier et de le remplir de terre ». Un peu plus loin, le même auteur nous apprend « que le canon l'avoit presque » ruynée et que les troupes du roi l'attaquèrent avec tant » de vigueur, qu'elles l'emportèrent l'épée à la main. »

Voici comment il explique la démolition de l'édifice :

« Comme l'église *avoit fait perdre la ville,* et que le Roi

(1) Édit. Barba, in-8°, p. 286. — M. de Labédollière semble du reste s'être bien peu préoccupé de l'exactitude des renseignements qu'il donne ; on va en juger : il explique dans le même ouvrage (p. 278) : « qu'un pont de douze arches fut construit au-dessous du château, et que le *but principal* (!) de ce pont était de mettre la ville *en communication avec le monastère de Saint-Martin* (primitivement St-Germain), abbaye de Bénédictins, située sur la rive gauche de l'Oise ». Saint-Martin sur Saint-Ouen-l'Aumône !... et un pont construit exprès pour s'y rendre ! Voilà pourtant comme souvent s'écrit l'histoire.

» appréhendoit *un pareil accident*, il la fit raser, d'autant plus
» que le canon en avoit ruyné le dehors, et que la terre dont
» on l'avoit remplie avoit gâté tout le dedans : S. M. chargea
» de cette démolition P. de Mornai, seigneur de Buhy. »

Ce passage expliquerait l'ordre, s'il a été donné, de
démolir l'église, ou plutôt ce qui en restait ; mais la tradition qui a fait accuser Henri IV d'avoir fait disparaître ce
monument en haine du catholicisme, est absolument
invraisemblable. (1)

Une autre version, qui ne mérite guère plus de crédit,
se trouve rapportée dans une *Notice inédite sur l'église
Notre-Dame* ; voici le passage de cette plaquette, qui en
parle du reste avec restriction :

« Les bourgeois de Pontoise craignant que le roy, qui assié-
» geoit leur ville, ne s'emparât de cette église pour mettre des
» canons *sur les tours* (!) ce qui auroit été leur perte et leur
» ruine, résolurent dans leur conseil de la détruire ; et pour le
» faire un fameux architecte, *que je ne nomme point*, fit ôter à
» chaque pilier des pierres, et fit mettre en leur place des
» étayes de bois ; ayant fait cela, et aux murs et aux piliers,
» on y mit le feu. Les étayes étant brûlées, et par ce moyen,
» les murs et piliers n'ayant plus rien qui les soutînt, tout le
» bâtiment s'en alla en ruine. »

« Je ne donne pas ceci pour une vérité constante, car j'ai
» peine à croire que des Catholiques aussi zélés eussent voulu
» ruiner l'église de Dieu, pour lequel ils soutenaient la guerre
» contre leur propre roy, sous prétexte de Religion, etc. »

Ce qui est beaucoup plus probable, c'est qu'en présence
de l'état où se trouvait le temple de Notre-Dame, il fallait
prendre un parti : ou tenter une restauration, ou rebâtir
une nouvelle église avec les débris de l'autre ; c'est à ce
dernier parti que se sont arrêtés les habitants de Pontoise,
qui durent procéder à la démolition de ce qui était resté
debout après la prise de la ville : environ trois semaines

(1) V. *Le Pèlerinage de N.-D. de Pontoise*, par M. Marchand, 1873 (p. 49 et s.)

après, on fit, en effet, abattre des pans de murs des chapelles restés debout, ce qui indique clairement que le
monument n'était plus qu'une ruine.

PORTE DU PONT DE PONTOISE, AU XVIᵉ SIÈCLE
Restitution d'après les anciens documents, par C. Cousin.

La *Chanson nouvelle* donne d'ailleurs un démenti formel à
la fable d'après laquelle les Pontoisiens auraient détruit, de
leurs propres mains, le plus grandiose de leurs monuments :

> Mais les canons des ennemis,
> Qui contre étaient braqués mis,
> Et tonnaient ainsi que la foudre,
> Mirent toute la voûte en poudre.

Cette affirmation d'un témoin oculaire lève le dernier
doute sur les causes de la destruction du monument, qui,

augmenté de casemates et converti en fortification avancée, devint le point de mire de l'assaillant. On peut remarquer qu'en 1441, comme en 1589, la prise de Pontoise sembla dépendre de la possession de l'église, « laquelle, selon l'expression très-juste de l'historien de Thou, servait de rempart à la ville. »

Rien donc d'étonnant à ce que, dans ces conditions, l'édifice qui faisait l'admiration de nos pères ait été la première victime de la guerre, et que la *nef* de Notre-Dame ait sombré dans la tourmente, pour reparaître, le calme revenu, beaucoup moins belle, il est vrai, mais renfermant toujours la statue de la Vierge ; et tout en déplorant qu'un aussi splendide monument soit disparu pour jamais, complètement d'accord sur ce point avec M. l'abbé Marchand, nous concluons de cet examen, qu'on doit, aussi bien pour la mémoire de nos ancêtres et celle d'un roi de France, que pour se conformer à la vérité historique, écarter absolument la pensée que sa ruine a été le résultat d'une préméditation.

CHAPITRE HUITIÈME.

Le *Trou fumant* du village d'*Héricourt*. — Grande revue passée par les deux rois
« au partir de Pontoise ». — Marche des alliés sur Paris. — Le roi de Navarre
quitte Maubuisson. — Assassinat de Henri III. — *De Justâ abdicatione Henrici
tertii*. — Retraite de Henri IV sur Pontoise. — Démolition des ruines de Notre-
Dame. — Combat d'Arques. — Mort de Noël Taillepied. — Fin de 1589.

Nous avons dit plus haut que, pendant le siége,
le duc de Mayenne avait cherché à s'approcher de
la place, pour faire diversion, mais sans en retirer
aucun avantage.

D'Aubigné, à ce propos, raconte l'anecdote suivante,
qui d'ailleurs n'est pas compréhensible dans tous ses
détails :

« Durant ce siége, le duc de Maïenne fit par deux fois
contenance de voir l'armée ; ce fut sans effet. Mais je ne puis
oublier un accident, lequel, pour sa nouveauté, aura ici sa
place. Cependant que la cornette blanche du roi de Navarre
estoit allé prendre sa place de bataille à l'une de ces deux
occasions, y eut quelque effroi dans le village d'Héricourt (?),
d'où ils estoient partis, et voient à même temps une columne
de fumée droite, estroitte et fort haute, sur le milieu de la
bourgade ; quelques gentilshommes envoient à ce bruit, trouvent qu'un sergent, ou capitaine d'environ 40 harquebuziers,

avoit donné dans la rue, pillé des logis, et tué des valets ; puis
se voyant poursuivis par ceux-ci, les galands se jettent tous
dans un trou, au milieu d'un jardin, hormy deux tués qui
n'obéissoient pas (sic) à leur capitaine, lequel se jeta le dernier
dans le trou. On les poursuivit si chaudement, qu'un soldat se
jetta après eux dans le trou, et fut perdu ; un second, retiré
de la fumée demi-mort : cette noblesse fut trois jours encores
logée dans Héricourt (1), regardant tous les jours en vain les
moïens de prendre ce pertuis qui n'avoit que *trois pieds et demi*
de diamètre et dans la surface duquel se contenoit la fumée ;
l'armée estoit honteuse, en voulant assiéger Paris, de laisser
derrière *cette forteresse*, faite comme on a seu depuis, dans les
cavernes et pierreries par le peuple du païs, instruit à choses
nouvelles, par nouvelles nécessités. »

Le jour même de la prise de Pontoise, la citadelle de
Jametz se rendit aux Lorrains ; en même temps, les renforts de troupes étrangères, dont le roi de Navarre parlait
dans sa lettre à madame de Gramont, arrivaient au pont
de Poissy ; le 25 juillet, 10,000 suisses, 2,000 lansquenets
et 1,500 reitres passèrent la Seine et vinrent se joindre à
l'armée des deux rois ; Sancy avait amené ces troupes
par la Franche-Comté, restée neutre au milieu de la
guerre universelle, par Langres, Châtillon-sur-Seine, le
Sénonais et la Brie.

Longueville et la Noue accompagnaient Sancy avec 2,000
fantassins et 1,200 chevaux ; le duc de Mayenne n'avait
pu réunir encore des forces suffisantes pour s'opposer à la
marche de cette armée. (2)

(1) Quel est ce village *d'Héricourt d'où ils étaient partis* ? Est-ce Ennery, où le
roi de Navarre eut son quartier général, et que les comptes mss. de son écurie nomment *Annecy* (pour Annery). Est-ce *Genicourt* ? Nous devons dire que d'Aubigné ne
se fait aucun scrupule d'écorcher les noms propres aussi bien des personnes que des
localités ; ainsi, il appelle Chaillot, *Chalior*, etc. En outre, il commet des erreurs
de date très-positives : ainsi, c'est « *au cinquiesme* » de juillet qu'il place la *reddition*
de Pontoise. L'éditeur a sans doute oublié le mot *vingt* qui rétablirait la vérité ; avec
des noms ainsi estropiés, il est quelquefois difficile d'éclaircir l'ordre des faits, lorsque
d'autres écrivains ne viennent pas corroborer par leur témoignage l'exactitude de ce
qu'il avance.

(2) Henri Martin, XII, p. 134. — De Thou, Liv. XCVI, tome 7.

La jonction des corps de Longueville, de la Noue et de Sancy avait eu lieu à Châtillon ; ces troupes marchèrent ensuite à grandes journées pour rejoindre le roi, au camp près de Pontoise.

Le mercredi 26 juillet, fête de Sainte-Anne, eut lieu une grande revue de l'armée, passée par Henri-III, accompagné du roi de Navarre. Caterin Davila estime à 42,000 le nombre total des combattants que les deux rois avaient alors à leur disposition ; et d'Aubigné, à 30,000, celui des troupes qui prirent part à cette solennité militaire.

Le roi adressa publiquement des vifs remerciments à Sancy et, en présence de toute la cour, il déclara qu'il venait de rendre un service signalé « à son roi et à sa patrie » ; ajoutant qu'il n'oublierait jamais cette marque de son zèle : « la veue de ces hommes frais, sains et bien armez *esmeut le roy, au partir de Pontoise.* »

Le même jour, mercredi 26, à neuf heures du matin, le reste des « gens de guerre de la garnison de Pontoise » était sorti de la ville : « les soldats avec l'épée et la dague, les chefs et gentilshommes, sur des bidets, et l'épée seulement ». On estime à 2,000 le nombre des hommes qui partirent ce jour-là et laissèrent la place aux alliés, désormais maîtres de la ville. (1)

Le jeudi 27 juillet, un gentilhomme envoyé par Henri III, à la suite de la prise de Pontoise, vint annoncer à madame de Montpensier qu'il « avoit charge de lui dire qu'il étoit averti que c'étoit elle qui entretenoit le peuple dans la rébellion, mais que s'il (le roi) pouvoit jamais entrer dans Paris, il la feroit brûler toute vive » ; à quoi elle répondit sans s'émouvoir « que le feu était pour les s........ de son espèce, et non pour elle, et qu'elle ferait tout ce qu'elle pourrait pour l'empêcher d'entrer dans Paris. » (2)

(1) Journal de Jehan Mallet, p. 106, in-8°, 1835.

(2) Journal de P. de l'Estoile (Henri III). Cette duchesse de Montpensier (Catherine-Marie de Lorraine) était la fille du duc François de Guise ; elle entra dans tous les

Les deux rois, se voyant à la tête d'une armée de 40,000 soldats éprouvés, n'hésitèrent plus alors à marcher sur Paris. (1)

Le 28 juillet, eut lieu à Pontoise, entre les mains de Balthazar Gobelin, conseiller du roi et trésorier de son épargne, un premier paiement *régulier*, à compte sur la contribution de guerre imposée ; ce paiement fut de 6,938 écus et 4 sols.

Le même jour, après avoir déjeuné à Maubuisson, le roi de Navarre quitta la ville de Pontoise, soumise et occupée par les troupes royales, et alla passer la nuit au camp de Poissy.

Le 29, il dîna à Poissy, et coucha à Saint-Germain.

Le 30, il dîna à Saint-Germain, et le soir alla s'installer à Meudon, où il passa aussi la journée du 31 juillet ; ce dernier jour de juillet, la ville de Pontoise versa encore en espèces au trésorier royal la somme de 492 écus, en compte, pour être remis à M. de Miraumont.

Pendant ce temps, l'armée royale marchait en plusieurs corps, et contournant l'enceinte de la capitale rebelle, occupait tous les villages de la banlieue, d'Argenteuil à Vaugirard. (1 *bis*)

Henri III, de son côté, était à Saint-Cloud, dont le pont fortifié avait été rapidement enlevé aux Ligueurs.

« Ce serait grand dommage, disait Henri III, contemplant Paris des hauteurs de Saint-Cloud, de ruiner une si belle et bonne ville ; toutefois, il faut que j'aie raison des rebelles qui sont dedans ; c'est le cœur de la Ligue, c'est droit au cœur qu'il faut la frapper ! » (2)

complots contre Henri III, elle avait à ses gages des prédicateurs pour faire insulter ce roi en chaire, et on sait qu'elle portait une paire de ciseaux dorés avec lesquels elle se promettait de lui faire la tonsure monacale ; malgré son acharnement, la nouvelle de la prise de Pontoise et de l'arrivée des renforts amenés par Sancy, lui fit une certaine impression ; peut-être avisa-t-elle alors à un autre moyen pour en finir avec Henri III.

(1) et (1 *bis*) Henri Martin, XII, p. 134.

(2) P. de l'Estoile (*ut suprà*).

Le dernier des Valois ne se doutait guère que Pontoise avait été son dernier triomphe, et que c'était lui qui allait périr, frappé par le moine Jacques Clément, « sans entrer dans Paris par une bresche, comme il en avoit délibéré. » (1)

L'émotion était immense dans Paris : assiégée par un roi irrité, menacée de la ruine et du pillage par les Huguenots impatients de se venger des persécutions passées, cette ville se préparait à une résistance désespérée.

On ne tarissait pas d'invectives contre *le tyran* ; tout le monde travaillait à fortifier les murailles, à se munir de vivres et d'armes; « ce fut alors, dit Théophile Lavallée, qu'il se trouva un homme qui traduisit la haine populaire en action ». Un dominicain, âgé de vingt-deux ans, fanatique ignorant et grossier, résolut de délivrer Paris, la Ligue et la Sainte-Foi en tuant Henri III.

Les circonstances qui ont précédé et suivi l'assassinat de Henri III sont connues, et s'éloignent trop de l'objet de cette publication pour que nous entrions à cet égard dans de bien grands détails : on sait comment ayant fait croire au procureur général Jacques de la Guesle (seigneur de Chars) qu'il avait des choses très-importantes à révéler au roi, l'assassin réussit à approcher de Henri III, lui donna des lettres de prisonniers de la Bastille qu'il s'était fait remettre, et tandis que le roi les lisait, « ce moyne endiablé, excrément d'enfer » (2), lui plongea dans le ventre un couteau qu'il avait caché dans sa manche.

Le crime de Jacques Clément excite certainement dans l'histoire une réprobation moins grande que le forfait de Ravaillac; mais si peu intéressante que devienne la personnalité de Henri III, quand on la met en parallèle avec celle de son successeur, la mort du dernier Valois n'en fut pas moins un assassinat; — et l'assassinat, politique

(1) Simon Goulart. *Mémoires de la Ligue* (4º R. p. 13).
(2) Jean de Serres, I. ºp. 574.

ou non, n'a jamais été un argument à l'honneur de celui
qui l'a employé !

La nouvelle de la mort du roi dut faire tressaillir Pontoise, dont les passions ligueuses étaient vaincues, mais
non éteintes. Dans Paris, l'émotion fut considérable : la
duchesse de Montpensier se jeta, dit-on, au cou du premier
qui lui apporta *la bonne nouvelle* ; on dit même qu'elle
s'écria : « Je ne suis marrie que d'une chose, c'est qu'il
n'ait pas su avant de mourir que c'est moi qui ai fait le
coup ! » Le duc de Féria, ambassadeur de Philippe II,
roi d'Espagne, et l'un des alliés les plus fidèles de la
Ligue, écrivait à ce prince que « c'était à la main seule
» du Très-Haut qu'on était redevable de cet heureux
» événement. » (1)

Lorsqu'on parcourt les publications qui se firent à cette
époque, on est frappé de la violence des écrivains du
moment.

Le hasard a fait tomber dans nos mains un exemplaire
d'un livre curieux, intitulé : *De justâ Henrici tertii abdicatione e Francorum regno* (2). Cet ouvrage, inspiré par les

---

(1) Archives de Simancas, d'après Capefigue, *La Ligue et le règne de Henri IV*,
t. V. p. 290. — On s'explique la facilité qu'eut l'assassin à parvenir jusqu'au roi, en
lisant dans de Thou le récit de ce dramatique événement : « La présence d'un moine,
dit-il, faisoit toujours plaisir à Henri III, et je lui ai moi-même entendu dire souvent
que leur vue produisoit le même effet sur son âme que le chatouillement le plus délicat
sur le corps.... » ; et en parlant de Jacques Clément, il ajoute : « C'était un jeune
homme..... sans lettres, vivant dans le libertinage et l'oisiveté, et toujours mêlé avec
la canaille. »

(2) PARISIIS, *apud Nicolaum Niuellum, vià Iacobœa, ad insigne Columnarum.*
— cIɔ Iɔ. XXCIX — (1589), in-8° r. vélin. Ce livre est de Jean Boucher, recteur
de l'Université de Reims, professeur de philosophie au collège de Bourgogne et de
théologie au collège des Grassins, prieur, docteur de Sorbonne, et enfin curé de
Saint-Benoît ; J. Boucher mourut à Tournay en 1644, âgé de 96 ans.

C'est dans la chambre de cet homme fougueux et violent qu'eut lieu la première
assemblée des partisans de la Ligue, dont il fut l'apôtre le plus ardent.

Dans le *De justâ abdicatione*, il accumule les mensonges et les calomnies les plus
atroces. Il osa cependant le faire imprimer sous son nom, avec un privilége (2e édit.)
portant injonction d'imprimer ce livre de « piété et de dévotion, servant à l'instruction
et à l'édification des peuples ». Pillehotte, libraire de la Sainte-Union, le réimprima

plus ardentes passions ligueuses, prodigue au roi les injures les plus grossières, et fait à ce sujet les comparaisons les plus viles. Dans le chapitre 19 : *Mors Henrici inopina ac cædes mirabilis*, l'auteur, Jean Boucher, s'écrie : *Ecce autem dum scribimus..., dum* CAPTA PONTISARA, *occupatoque S. Clodoaldi ponte, staret ad portas omnibus suis copiis auctus*

l'année suivante, à Lyon, avec une préface annonçant que le but de la publication était de susciter des assassins contre Henri IV.

Jean Boucher semble avoir été, du moins moralement, complice de l'assassinat du roi Henri III, car le jour même, et avant qu'il ait pu être instruit de l'événement, il l'annonça en chaire à Saint-Merry, en exaltant le courage de Jacques Clément.

Brunet nous apprend qu'il y a eu deux éditions, en 1589, du traité : *De Justâ abdicatione*, et que la réimpression faite à Lyon est beaucoup moins belle. L'édition de Paris, assez peu répandue, se compose de 310 ff. (ou 620 pages) : le privilége est daté du 17 août 1589. Le livre était vraisemblablement imprimé en partie quand l'auteur apprit successivement la prise de Pontoise et l'assassinat de Henri III. C'est, en effet, dans les derniers feuillets seulement qu'il parle de ces événements : « *dum scribimus, dum captâ Pontisarâ* », etc.

Je possède un exemplaire de cette édition, sur lequel se trouvent deux notes manuscrites, placées l'une à droite, l'autre à gauche de la *marque* de Nicolas Nivelle, libraire-juré en l'Université. Ces annotations émanent de deux personnages inconnus, mais également *ennemis de la Ligue* ; on lit en effet sur celle de gauche :

> « *Ce livre est très abominable et contre Dieu et raison ; on doit en interdire la lecture ; ainsi est l'avis de....* » (suit une signature soigneusement raturée et biffée).

La mention du côté droit, assez curieuse, et particulièrement importante au point de vue de l'histoire de Pontoise, est ainsi conçue :

> « Ce liure est uenu de la bibliotecque du Duc de Feria et me fut uendu par ung laquais qui lauoit pille avecques daultres en ladicte bibliotecque, lorsque le Roy entra dans Paris, en l'annee mil VC IIII xx XIIII (1594) le XXII de mars *auquel iour* CESTE VILLE DE PONTOISE feust reduicte en lobeissance de Sa Maieste, et deliuree de la (cruelle et tyrannique) domination de la Ligue. »

Cet exemplaire a donc passé par les mains de personnages d'opinions bien différentes : après avoir appartenu au duc de Féria, les apostilles manuscrites dénotent qu'il a changé de camp en même temps que de propriétaire : malheureusement, le *Pontoisien* qui fit l'annotation de droite a oublié de la signer, et nous est resté inconnu.

Plus tard encore, une nouvelle main, celle-ci amie de la Ligue, biffe la signature de l'annotation de gauche ; à droite, cherche à effacer à l'encre les mots « *cruelle et tyrannique* » que j'ai pu rétablir.

Enfin, après avoir habité des bibliothèques diverses, ainsi que l'attestent des *ex libris*, ce volume ligueur est revenu élire domicile à Pontoise, pour la seconde fois et à trois cents ans bientôt d'intervalle.

Habent sua fata libelli ! H. L. C.

HANNIBAL... *sanguinem spirans...,* etc...; *Henricus à frater-
culo quodam Dominicano mirabiliter interfectus !* »

Suit une apologie du meurtre du roi : chaque circonstance est analysée et commentée comme un texte d'Écriture
sainte, et l'auteur fait ressortir ce qu'il y a de *providentiel*
dans les plus petits détails de cet événement : « *Henricus
nudus percussus. — Henricus in stercorariâ sede percussus* ».
Ceci est une allusion à ce que, précisément, le roi venait
de quitter un certain siége.... qui n'a rien de royal, lorsque Jacques Clément se présenta ; on dit même, que par suite
de cette circonstance, ses vêtements n'étaient pas remis
en ordre, ce qui facilita le coup donné par le moine avec
tant de furie que le couteau resta dans la plaie.

Citons encore un passage du livre en question ; il peint
en quelques mots la fureur de Paris ligué contre Henri III ;
nous maintenons le texte latin : ·

        « Le latin dans les mots brave l'honnêteté. »

· Comment Henri III fut-il frappé ? « *Non cardinalis, non
regis, non ducis, non potentissimi cujusdam exercitûs, non
strenuï alicujus, et armati militis, sed vilissimi è fratrum
turbâ in speciem homunculi, non ense aut nobili mucrone
aliquo, sed abjectissimo cultello, non forìs, sed domi, non in
aulâ aut areâ, sed in penetralibus ; non in nobili opere aliquo,
sed in stercorariâ sede, per quam sæpe bonis ac clericis illu-
serat, percussus moreretur.* »

On voit par ce qui précède quel était le déchaînement
des passions de l'époque, et dans quel sens, en quelque
sorte miraculeux, on interprétait la mort du roi.

Au sujet de la prise de Pontoise, en 1589, la *Satire
Ménippée* met aussi ce discours dans la bouche du duc de
Mayenne, haranguant les États de la Ligue :

« Vous savez à quelle extrémité nous fûmes réduits quand
ce tyran (Henri III), fortifié de l'hérétique (le roi de Navarre),
vint à notre barbe prendre Estampes et Pontoise ; mais par les
bonnes et dévotes prières des Pères Jésuites et l'intercession

de Madame ma sœur, avec l'entremise de plusieurs saints et religieux confesseurs, nous trouvasmes ce saint martyr qui fist éclater ce coup du ciel et nous tira de la misère où nous estions prêts de tomber en peu de temps ! » (1)·

Le mardi 1er août, Henri IV était au faubourg Saint-Germain (hors Paris) quand on vint lui apprendre que le roi venait d'être frappé. Il ne crut pas d'abord la blessure très-grave. Il écrivait à M. de Souvré : « La prospérité des affaires du Roy, *après la reddition de Pontoise et la prinse du pont de Saint-Cloud...*. a bien cuidée estre changée...., mais Dieu a préservé Sa Majesté...; la résolution de cet hypocrite caphard s'est exécutée...; Sa Majesté est hors de danger, dans six jours, elle pourra monter à cheval. » (2)

Puis, dans un *post-scriptum*, qui, sur la lettre originale, est également écrit de sa main, mais d'une autre encre, et évidemment sous le coup d'une émotion très-vive, le roi de Navarre ajoute que « l'advis des chirurgiens le faict changer de style ». Il doute fort de la guérison du roi, qui en effet expira le lendemain 2 août, vers quatre heures du matin.

Avant de mourir, le prince exprima son chagrin de laisser la France dans un état si déplorable ; il engagea vivement ses gentilshommes et ses officiers à reconnaître le roi de Navarre pour son successeur, embrassa son beau-frère, et lui dit : « Soyez certain que vous ne serez jamais roi de France si vous ne vous faites pas catholique. »

On sait dans quelle critique position se trouva alors Henri IV; on le somma, ou peu s'en faut, de se faire catholique sur l'heure ; il promit de se faire instruire plus tard dans la religion romaine, et la plupart des seigneurs le reconnurent pour « *roi de France et de Navarre* ». Malgré cela, d'Épernon et d'autres catholiques se retirèrent dans leurs gouvernements ; d'autres passèrent à la Ligue avec

(1) Satire Ménippée, t. I, p. 36.
(2) Origin. Bibl. nat. mss. 1939, fo. 25.

leurs soldats ; enfin, la Trémoille, avec neuf bataillons de protestants, « refusa de combattre sous les drapeaux d'un souverain qui venait de s'engager à protéger l'idolâtrie. »

De cette belle armée réunie à Pontoise dix ou douze jours auparavant, il ne restait à Henri IV que dix mille hommes environ, la plupart étrangers, et qu'il pouvait à peine solder et nourrir. Il fallait se hâter de quitter les environs de Paris ; Mayenne avait reçu des secours de l'Espagne et rassemblait une armée de trente mille hommes. Henri IV, après avoir pensé à retourner dans le Midi, suivit les conseils d'Agrippa d'Aubigné ; il envoya d'Aumont et Longueville avec des petits corps en Picardie et en Champagne, et prit le chemin de la Normandie avec une armée d'environ 7000 hommes, plus ou moins démoralisés et surtout mécontents de n'être point soldés et nourris. Il en était arrivé à être, selon sa propre expression, « roi sans royaume, mari sans femme et guerrier sans argent. »

Le samedi 5 août, le duc de Mayenne fait publier dans Paris, au nom du cardinal de Bourbon, proclamé roi de France sous le nom de Charles X, un édit qui promet la convocation des États. Il prend lui-même le titre de lieutenant général de l'État et couronne de France.

Monnaie de la Ligue. (Le cardinal de Bourbon). — Cabinet des Médailles.

Le 6, Henri IV dîne à Saint-Cloud, et se dirige sur Poissy où il passe la nuit ; il y séjourne le lundi et le mardi ; il y expédie six lettres officielles, et donne l'ordre de lever le siége de Paris.

Le mardi 8, l'armée, ou plutôt les restes de l'armée de Henri IV, quittèrent Saint-Cloud et se mirent en retraite. Le roi passa la Seine à Meulan ; il emportait avec lui le corps de Henri III qui fut ensuite transporté dans l'église de Saint-Corneille, de Compiègne, où il lui fit rendre les honneurs funèbres.

Le 9, après avoir dîné à Poissy, le roi vint coucher à Pontoise, avec les officiers de sa maison. (1)

Le jeudi 10 août, Henri IV avait son quartier-général dans cette ville ; il y écrivit ce jour-là deux lettres, dont l'une, à M. le Président de Grémonville, est publiée aux *Documents historiques* ; l'autre était adressée à M. de Lanquetot, conseiller au Grand-Conseil, pour lui faire part de la mort de Henri III et l'exhorter à la fidélité. Nous n'avons pu reproduire cette seconde lettre dans les pièces annexées. L'original, daté de Pontoise, appartient à la famille Le Roux d'Esneval, et n'a pas été publié dans le recueil général de la correspondance de Henri IV.

Bien que dans le deuxième siége, en 1590, les historiens désignent de Mornay, s[r] de Buhy, comme toujours chargé du *gouvernement* de Pontoise, Henri IV semble avoir laissé comme *commandant* de cette place « le sieur de Miraumont l'aisné » à son passage, lors de sa retraite de Paris sur Dieppe. C'est entre les mains de ce chef militaire que se font, du reste, les paiements dont nos Archives municipales ont conservé les pièces justificatives.

Nous voyons Henri IV présider à Pontoise un conseil dans lequel, entre autres délibérations, on soumet à sa signature un état particulier et relatif à l'imposition et à la contribution de guerre due par la ville de Pontoise ; l'original de cette pièce est contre-signé : Ruzé.

Avant de s'éloigner de cette ville, le roi s'occupa des

(1) V. Comptes mss. de la Petite-Écurie du Roi.

fortifications, que le siége avait notablement endommagées. Nous croyons devoir citer à ce sujet les expressions de son médecin Duchesne, qui offrent un certain intérêt ; il dit dans son *Journal* : « Il donna ordre à la seureté de » Meulan, et ordonna de la fortification de cette place, » *par l'architecte du Cerceau ; il a faict le mesme* (sic) *à* » *Pontoise.* » (1)

Dans la soirée, le roi partit pour Marines, d'où il écrivit à M. de Saint-Geniès une lettre reproduite plus loin, dans les documents annexés. Il soupa et coucha à Marines, et le lendemain alla camper à Chambly, où il passa la nuit. (2)

Le 12 août, Henri IV part de Chambly et s'en va par Mello et Mouy, où on le voit le 13 ; le 16, il est à Clermont (*) ; le 17, à Neuilly (Oise) ; le 19, à Fresnesl'Éguillon ; le 20 août, au matin, arrivent au camp de cette dernière ville des envoyés de Pontoise qui viennent verser au trésorier du roi une somme de 1,260 écus, adressés par la Ville, à imputer sur la contribution de guerre du siége.

Le même jour 20, à Pontoise, en vertu d'une ordonnance du gouverneur, on procède à la démolition des pans de murs restés debout des chapelles de l'église de Notre-Dame, et on compte à cet effet une certaine somme à un maître maçon chargé de ce soin.

(1) V. *Mémoires du duc d'Angoulême* ; et le *Journal de Duchesne*, médecin du roi, « qui, pour son contentement, a recueilly de jour à autre ce qui se passa en ce » voyage. »

(2) Voir la note additionnelle (Appendice).

(*) 16 août 1589. — Ce même jour, *acte passé devant M° Prévost, notaire* :
Robin Maqueres, clerc des vivres de l'armée du Roi, demeurant à Tours, étant de présent à Pontoise, confesse que ce jourd'hui, pour lui faire plaisir et à sa requête, et pour le retirer des mains du cappne de la Rivière, cappne des gens de pied des troupes du sr d'Espernon, par lequel il estoit détenu prisonnier, et mis à rançon, Antne Charier, escr, sr de la Varenne, estant à la suite de Mgr le maréchal d'Aumont, et Victor de Soignencourt, commis aux vivres de l'armée du Roi, se sont obligés avec lui en la somme de 120 escus sol. envers noble homme Jehan de Bobier, secrétaire de feu Mgr le duc, frère du Roi. (Pièce originale conservée dans les minutes de l'étude de M° Jouarre, notaire à Pontoise.)

Dans la journée du 20, le roi poursuit sa marche et arrive dans la soirée devant Gisors ; le 22, il est à Écouis ; le 24, à Darnetal ; le 26, à Dieppe ; le 28 août, la ville de Pontoise envoie encore 3,430 écus à compte sur l'imposition ; la quittance est datée : « Du camp d'Arnetal. »

Dans cette campagne de retraite, et avec les faibles ressources dont il disposait, le Béarnais avait trouvé le moyen de s'emparer de Creil, de Clermont, de Gisors et d'autres villes. Pontoise, toujours gardé par ses troupes, barrait le passage de l'Oise et la route de Normandie, de ce côté, et était sa place la plus avancée vers Paris.

Le 27 août, le duc de Mayenne sortit de Paris, disant qu'il allait « prendre le Béarnais ». Après quinze jours de combats devant Dieppe, il dut, à la suite de l'affaire d'Arques, se retirer (9 octobre), en apprenant que des renforts arrivaient au roi. Sept mille hommes avaient résisté à trente mille ! On se rappelle la célèbre lettre écrite par Henri IV à ce sujet : « Pends-toi, brave Crillon, nous avons combattu à Arques et tu n'y étais pas ! A Dieu ; je t'aime à tort et à travers ! »

C'est le 21 septembre qu'avait eu lieu cette rencontre mémorable : parmi les régiments de l'armée de Mayenne, nous retrouvons celui de Tremblecourt, qui avait concouru à la défense de Pontoise. Le colonel de Tremblecourt y fut fait prisonnier par M. de Brigneux, mestre-de-camp, qui, lui-même, avait été blessé au siége de notre ville (1). Ceci confirme ce que nous avons dit du service repris immédiatement, et malgré les conventions, par les défenseurs de Pontoise, dans les rangs de la Ligue, si toutefois cette condition fut stipulée d'une manière expresse et formelle.

Pendant que le duc de Mayenne attendait ses auxiliaires espagnols, le roi avait reçu des renforts de Longueville, d'Aumont et d'Élisabeth d'Angleterre ; il fit une pointe rapide sur Paris, qui ne s'attendait pas à cette attaque, et

(1) *Mémoires du comte d'Auvergne* (duc d'Angoulême).

à la faveur de Meulan et de Pontoise, qui lui assuraient la
route libre, il emporta d'assaut les faubourgs du midi.
Son passage à Meulan est signalé par un incident rapporté
dans le Journal de P. de l'Estoile :

« Le lendemain (fin d'octobre 1589), que le roi fut entré dans
le fort de Meulan, il monta au haut d'un clocher avec les sieurs
de Rosny, Belangreville et autres, pour reconnaître le duc de
Mayenne qui s'était logé en un lieu fort avec une grande partie
de ses troupes ; mais les ennemis qui tiraient continuellement
sur ce clocher ayant par trois ou quatre volées de canon coupé
la moitié de ce clocher, le roi et ceux de sa compagnie furent
contraints de descendre, un bâton et une corde entre les
jambes. » (V. aussi l'*Histoire de Meulan*, par M. Réaux.)

Nous ne suivrons pas dans tous ses détails l'Odyssée de
ce prince, obligé de reconquérir son royaume ; sa cause
gagnait pourtant du terrain de jour en jour ; malgré sa
pauvreté et la guerre qu'il soutenait contre la Ligue, il
s'était créé des relations diplomatiques très-étendues. Il
fut successivement reconnu par l'Angleterre, les Provinces-
Unies, la Suède, le Danemarck, la Turquie ; Venise fut la
première puissance catholique qui le traita en roi, puis
vinrent les ducs de Mantoue et de Ferrare ; le pape lui-
même se radoucit et consentit à recevoir une ambassade
« *du Béarnais* », ce qui jeta la désunion dans la Ligue.

Le 13 novembre, mourut à Angers, au couvent des
capucins, F. Noël Taillepied, ancien cordelier de Pontoise
et auteur des *Antiquités* de cette ville ; il n'avait été mêlé
à aucun des événements de cette triste époque ; bien lui
en prit, car, presque le même jour, on pendait, à Tours, un
cordelier du nom de Jessé, qui avait excité les habitants à
prendre les armes contre le roi.

Henri IV, après sa rapide expédition sur Paris, étant
reparti par Étampes qu'il quittait le 10, arrivait à Tours
le 21 novembre. Ce fut alors qu'il prit Le Mans (1er déc.),
Alençon (23 décembre), Argentan, Bayeux, Lisieux, et
d'autres villes de la Normandie.

CHAPITRE NEUVIÈME.

Année 1590. — Deuxième siége de Pontoise. — Reprise de cette ville par le duc de Mayenne. — Réinstallation de C. d'Alincourt, en qualité de gouverneur. — Siége de Meulan. — Retraite de Mayenne sur Pontoise, après la bataille d'Ivry. — Siége de Paris. — Processions de la Ligue. — Reprise de Conflans, de l'Isle-Adam et de Beaumont-sur-Oise, par le roi. — Maubuisson réoccupé par les Huguenots. — Escarmouches devant Pontoise. — Histoire de M. de la Curée et de son pistolet. — Henri IV lève le siége de Paris. — D'Alincourt et le siége de Corbeil ; prise et reprise de cette ville. — Correspondance du duc de Mayenne concernant Pontoise. — Fin de 1590.

ers la fin de 1589, les choses avaient déjà bien changé d'aspect pour la Ligue : Henri IV, par ses victoires, avait soumis une grande partie du royaume ; mais le duc de Mayenne, avec le secours et l'aide des Espagnols, devait longtemps encore résister au roi ; les troubles et les guerres civiles étaient loin de toucher à leur terme.

Dans les derniers mois de l'année, le chef de la Ligue résolut de rentrer en campagne ; il chercha d'abord à chasser les garnisons royales des environs de Paris, et parvint à s'emparer du château de Vincennes : il ôta « cette épine du pied des Parisiens » ; puis s'empara successivement de Dammartin, de Nanteuil et de Poissy. Il s'agissait de reprendre. Pontoise, resté au pouvoir de l'armée royale : « Le dessein de l'Union était de rendre libres les rivières de Seine et d'Oyse, afin que les vivres fussent amenez à Paris sans empeschement. » (1)

La prise du château de Vincennes avait rendu disponible une assez grande quantité d'artillerie qui avait servi dans cette affaire ; on la dirigea sur Pontoise le plus vite qu'il fut possible ; mais la rivière d'Oise déborda et empêcha, ou plutôt retarda d'abord, la réussite de l'entreprise. Il fallut attendre que les eaux fussent rentrées dans leur lit pour commencer les opérations militaires.

Le 25 décembre, l'artillerie et les troupes désignées à cet effet se dirigèrent sur la capitale du Vexin-Français. Cette ville était toujours commandée « par Pierre de Mornay, sieur de Buhy » ; mais, d'après de Thou, ce gouverneur « était sorti » quand les Ligueurs parurent devant la place.

Quelques jours auparavant, Mayenne avait envoyé M. de Tavannes avec une avant-garde pour « éclairer la route ». Le duc ne put le suivre immédiatement avec le gros de l'armée, et M. de Tavannes attribue à l'attachement de son chef « aux plaisirs de Paris », ce retard qui faillit devenir funeste. Voici ce qu'il dit de cet incident, dans ses *Mémoires* : (2)

« En l'année mil cinq cent quatre-vingt-neuf (fin de décembre), par le commandement de Monsieur du Mayne,

---

(1) P. Cayet, MDXC. Liv. II.

(2) *Mémoires de Gaspar de Saulx, sgr de Tavannes, maréchal de France*, etc. Ed. s. l. n. d. in-folio, p. 205. — Extrait d'une dissertation intitulée *Prise de Pontoise*, et qui ne contient relativement à cette ville que le passage cité ; le reste se rapporte, malgré le titre, à d'autres faits de guerre étrangers à notre sujet : citons-en encore cependant quelques lignes : « Aux extrèmes malheurs il faut d'extrèmes remèdes : pour avoir trop avancé un canon à Meulan, les ennemis s'en saisirent ; j'y cours. J'hasarde (sic) tout à la faveur de la fumée d'un autre que je fis tirer. Je regagne la pièce perdue avant qu'elle fut enclouée ni rompue : il ne faut estimer sa vie quand l'honneur est en proye. » (*Ibid.* p. 206). Ces dissertations ne se trouvent pas dans les autres éditions des Mémoires de Tavannes.

j'investis Pontoise : je défis à la pointe du jour deux enseignes de lansquenets, dans leurs faubourgs. M. du Mayne, et l'armée, attaché aux plaisirs de Paris, me laisse cinq jours avec six cents arquebusiers, logés dans les portes de Pontoise, la rivière d'Oise entre Paris et moi. Messieurs de Longueville et de la Noüë, avec cinq cents chevaux, veulent couper la chaussée de Beaumont, et empêcher M. du Mayne de venir passer l'Oise pour me secourir : ils en sont divertis pour avoir tenté de prendre nos bagages, qui résistèrent contre eux, à l'aide de cent arquebusiers qui les gardaient, en un bourg moitié fermé ; et pour s'être présentés, pensant nous étonner : ayant pour ennemi la ville et eux, nous, *comme un gaufre entre deux fers*, fîmes de nécessité, vertu.

» La valeur, la bonne mine nous sauva, et fit que ceux de dedans la ville qui étaient plus forts que nous, avec l'assistance de toutes ces grandes troupes de cavalerie desdits sieurs de Longueville et de la Noüë, ne nous purent forcer, et nos ennemis se retirèrent confus.

» *Le péril passé, M. du Mayne arriva*, battit et prit Pontoise. »

Ce siége est loin d'avoir la même importance que le premier ; outre qu'il dura moins longtemps, les documents relatifs à ce deuxième épisode des guerres de la Ligue à Pontoise sont aussi beaucoup moins nombreux que ceux que nous avons recueillis sur le premier. On y voit seulement l'importance qu'on attachait à la possession de la place.

Nos Archives ne contiennent, sur ce siége, aucun document digne d'intérêt. L'auteur de la *Reprinse de la ville de Ponthoise* est très-sobre lui-même de détails sur la manière dont se fit l'investissement : il fait cependant, à propos de *la nourrice et des nourrissons*, une comparaison que nous recommandons à ceux qui liront cette pièce :

« L'Oyse entre en la rivière de Seine du costé de Ponthoyse, d'où il vient aussi grande abondance de bleds, de bois et de foins, ce qui est cause que l'on dict que les Parisiens la doyvent respecter et tenir pour chère et précieuse, ainsi que doit faire

un petit enfant la mamelle de sa mère nourrice, etc... M. de
Mayenne, en considération des biens et commoditez pour la
vie humaine, qui viennent ordinairement en la ville de Paris
par Ponthoyse, se délibéra d'y dresser un camp pour la repren
dre, à quoi il a toujours travaillé et en propre personne. »

L'armée de Mayenne était composée de deux mille
chevaux et de douze mille hommes d'infanterie ; le duc
avait en outre amené, sous Pontoise, environ vingt pièces
d'artillerie, dont cinq ou six canons de fort calibre, et
autant de coulevrines. On dit qu'il avait choisi précisément le moment où il savait de Mornay absent (?) de la
place pour entreprendre le siége. Mayenne était très-
chagrin de n'avoir pu réussir dans son expédition de
Dieppe, et il y avait perdu beaucoup de sa réputation ; il
estimait, et il ne se trompait pas, que la reprise de Pontoise le relèverait un peu de ses échecs précédents.

La garnison de Pontoise avait été changée par « le
Béarnais » à son retour de Dieppe ; le roi croyait avoir
confié la défense de cette place à des troupes solides et
capables de résister longtemps ; la garnison se composait
notamment du régiment de Picardie. Le feu fut ouvert le
1er janvier 1590, et avec une violence extraordinaire,
d'après les historiens qui ont parlé de ce siége.

« C'eût été grand dommage si les Huguenots royalistes
» qui estoient dedans Ponthoyse y estoient demeurez da-
» vantage, attendu que leur intention étoit d'y faire le
» presche publiquement, veu que c'est un lieu de dévotion
» qui a toujours esté hanté et fréquenté par les Catholiques
» de la France, à raison des miracles qui ont esté faicts
» en l'esglise de Nostre-Dame de Ponthoyse. » (1)

Le *commandant* (M. de Mornay ?), d'après l'auteur de
la plaquette que nous venons de citer, et que ce dernier
nomme *M. du Plessis*, aurait perdu la vie dans ce siége ;

(1) V. ci-après *La Reprinse de la ville de Ponthoyse*, D. II. p. XXIX.

il se serait approché d'une batterie et aurait été tué « d'un coup de canon. »

Ceci est en désaccord avec P. Cayet, avec de Thou et autres, qui, eux-mêmes, sont en contradiction sur le fait de la présence du gouverneur dans la place.

Ce qui est positif, c'est qu'en six jours, après une furieuse canonnade, la place dut capituler : la garnison fit signe qu'elle voulait parlementer, mais le duc de Mayenne n'accepta pas les propositions des assiégés ; on dut parlementer de nouveau, et les seules conditions acceptées furent que le gouverneur et la garnison « en sortiraient la vie sauve seulement » ; si l'on en croit, au contraire, le *Journal de Jehan Mallet*, le seigneur *de Bury* (Buhy), sortit de la place « *avec armes et bagages* »; mais la première version est la plus probable et la plus accréditée.

Les Ligueurs rentrèrent en possession de Pontoise le mardi 6 janvier 1590. P. Cayet dit que le s^r de Buhy fut *contraint* de rendre la place au duc ; peut-être avait-il trouvé de l'hostilité dans la population pontoisienne, restée toujours ligueuse dans le cœur. De Thou dit de son côté que le lieutenant de M. de Mornay fut soupçonné d'avoir été d'intelligence avec l'ennemi dans cette affaire.

La place avait été serrée de très-près, de l'aveu de tous, et aucun secours n'y avait pu parvenir en temps utile, tant l'attaque avait été vive et bien menée.

Des versions contradictoires existent cependant au sujet de cette reprise de la ville par les Ligueurs ; bien que nous pensions avoir parlé de ce second siége de la manière la plus vraisemblable et la plus conforme à la vérité historique, nous devons citer ici un extrait du Journal de Vaultier, de Senlis, qui prétend que Pontoise fut repris « *sans coup férir* ». Nous croyons que ce chroniqueur a été, sur ce point, mal informé; car, s'ils diffèrent sur des questions de peu d'importance, et s'ils fournissent peu de renseignements sur cet événement, les divers autres historiens qui en ont parlé sont unanimes pour affirmer une attaque *très-vive* contre la place. Voici le passage de Vaultier, dont nous venons de parler :

« L'armée de l'ennemi du roi étant arrivée ès-environs de Paris, étant rafraîchie, et après que le seigneur de Mayenne eut donné ordre à tout, et voyant le temps favorable, fut assiéger Pontoise qui lui fut rendue par composition et sans coup férir, pour ce qu'ils furent pris au dépourvu, ayant la nuit fait passer leurs artillerie et bagages par-dessus la glace qui portait partout, étant fort épaisse de grande glace, et gelée, qui continua longtemps. Sortis qu'ils furent, ledit sieur de Mayenne y entra, et après avoir pourvu à tout pour la défense d'icelle, la commanda à la garde du seigneur d'Alincourt, qui l'a toujours gardée et fortifiée pour les princes ligués durant les troubles. »

« .... Durant, le mois de décembre audit an 1590, encore qu'il fît de grandes froidures, ce néanmoins les maladies ne cessaient pas, mais augmentaient ; et décédaient infinis habitants... tant du chaud mal que d'effroi d'alarmes que d'autres indices, et principalement de maisons en maisons de proches voisins... »

D'après d'Aubigné, le second siége aurait eu lieu dans la même forme que le premier, mais beaucoup plus rapidement :

« Ceste grosserie (le château de Vincennes) demandoit une grande despense de pouldres et de boulets ; le duc de Maiene pour espargner ceste chère marchandise, mesnagea et emporta les assiégez par leurs incommoditez ; il assiége ensuite Pontoise, de laquelle nous avons descrit la foiblesse cy devant, et aïant pris *les mesmes erres de batrie* qu'avoit faict le dernier Roi mort, les assiégez se rendirent à composition bien gardée. »

Rapportons encore, afin de compléter autant que possible les renseignements fournis par les divers historiens sur cette reprise de Pontoise, un extrait du P. Daniel, qui donne en même temps les motifs pour lesquels d'Alincourt fut une seconde fois nommé gouverneur de la place :

« Le duc, sur la fin de l'année... forma le siége de Pontoise avec uné armée de douze mille hommes de pié et de deux mille chevaux. L'artillerie commença à tirer le premier de janvier ; et comme la place ne valoit rien, et que ses principales défenses avoient été ruinées dans le premier siége, sans avoir pu être bien réparées, Buhy qui y commandoit, fut obligé de se rendre par capitulation, dès le sixième du mois. »

« Le gouvernement en fut donné à d'Alincourt, non-seulement parce qu'il le possédoit avant la première prise, et qu'il avoit été dangereusement blessé en défendant cette place, mais encore pour engager son père, le sieur de Villeroi, à demeurer dans Paris, d'où il vouloit se retirer, désespérant de la paix, pour laquelle il avoit fait d'inutiles efforts, aussi bien que le président Janin, et prévoyant les désordres où les Espagnols et le Légat alloient précipiter le royaume. » (1)

Voilà donc M. d'Alincourt devenu gouverneur de Pontoise, pour la seconde fois, et réinstallé dans cette ville qu'il avait, du reste, si vaillamment défendue : nous le verrons par la suite seconder d'abord chaudement les entreprises des Ligueurs dans diverses affaires, puis tiédir sensiblement, selon l'impulsion de Villeroi son père.

En même temps que Mayenne redevenait maître de Pontoise, les capitaines de Pertuis et de Hédouville lui rendirent l'Isle-Adam, qui, plus tard, fut réoccupé de nouveau par les troupes royales.

« Le mercredi septième (janvier), dit P. de l'Estoile, la joie augmenta dans Paris, parmi le peuple, à cause que la veille le duc de Mayenne avoit pris la ville de Pontoise. »

Le jeudi 8, on déposa solennellement dans l'église Notre-Dame de Paris les enseignes du régiment de Picardie et autres trophées, venant de Pontoise, « afin de » louer Dieu et lui rendre action de grâce de ce qu'il luy » a pleu de assister pour reprendre en si peu de temps » qu'il a faict la ville de Ponthoyse. »

(1) *Hist. de France*, par le P. Daniel, IX, p. 460. — V. aussi d'Aubigné, III, p. 227. (Maille, 1616.)

Pendant qu'on traitait des conditions de la reddition de cette ville, le cardinal Cajetan, légat du pape, arrivait à Paris, accompagné de plusieurs évêques italiens; il fut reçu en grande pompe : tout le monde était « en joye », dit l'Estoile, sauf le légat, que les harangues, trop longues, fatiguèrent beaucoup.

On raconte à ce propos une anecdote assez amusante de l'arrivée de cet ennemi du *Béarnais;* arrivée qui coïncida avec la nouvelle de la reprise de Pontoise :

« Il fit une station au faubourg saint-Jacques, attendant les suisses qui allaient le saluer d'une salve « de huit ou dix mille, tant mousquetaires qu'arquebusiers. »

» Cependant qu'on faisoit la décharge du canon et de l'artillerie pour le bien veigner ; mais lui qui avoit ouï parler de la suffisance et addresse de telles gens au maniement de ces bâtons-là, trembloit de peur que quelque lourdaut ou quelque politique s'étant glissé parmi eux, n'eût chargé à plomb, et faisoit perpétuellement signe de la main que l'on cessât ; mais eux, pensant que ce feussent bénédictions qu'il leur donnât, rechargeoient toujours, et le tinrent une bonne heure en cette allarme ! » (1)

L'abbé Trou, dans ses *Recherches sur Pontoise*, n'a fait absolument que citer la reprise de la ville, et n'entre dans *aucun* détail à ce sujet. Le deuxième siège fut certainement beaucoup moins important que le premier, mais il eut cependant pour conséquence, de faire retomber la ville, après cinq mois d'occupation par les troupes royales, sous la domination de la Ligue, dont elle ne s'affranchit qu'en 1594, quand le pouvoir de Henri IV fut définitivement assuré.

De Pontoise, le duc de Mayenne se dirigea sur Meulan dont le gouverneur était Joachim de Berengueville (2), mestre de camp, qui y tenait garnison pour le roi ; de

(1) Décades de Henry-le-Grand, L. V. 449.
(2) Ou de Bellengreville, mestre de camp du régiment de Cambrai ; il s'était jeté dans Meulan avec cinq compagnies : *la Colonnelle*, et celles dont nous parlons plus loin ; la garnison n'était forte que de 80 cavaliers et 600 hommes de pied.

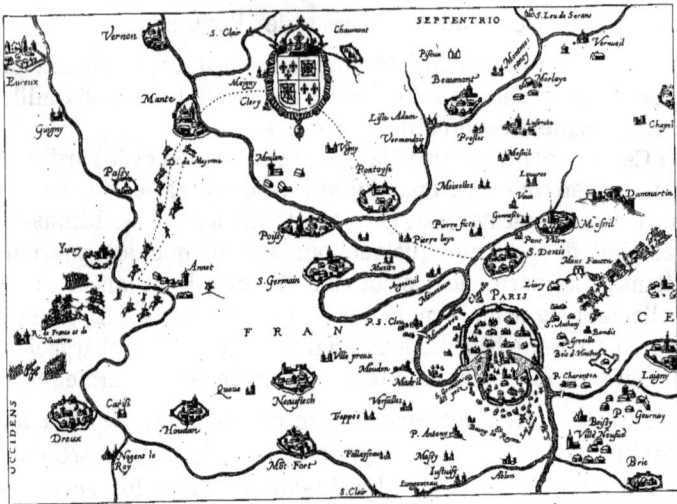

RETRAITE DU DUC DE MAYENNE SUR MANTES ET PONTOISE, APRÈS LA BATAILLE D'IVRY

d'après une Carte du Théâtre Géographique. (Gravure de Peroré vers 1591)

Saint-Marc commandait d'abord cette place, au nom de la Ligue; mais il avait embrassé le parti de Henri III pendant que ce roi faisait le siége de Pontoise.

Mayenne, induit en erreur par les rapports de quelques habitants de Meulan ou des environs, qui étaient venus joindre son armée à Pontoise, pensait se rendre maître en très-peu de temps du *fort de Meulan*. Il comptait sur l'infériorité numérique de la garnison de cette place ; mais il ne s'attendait pas à la résistance héroïque que lui opposèrent les Meulanais ; ceux-ci, d'ailleurs, tout à l'inverse des habitants de Pontoise, étaient absolument ennemis de la Ligue : quand Henri III, fuyant Paris couvert de barricades, avait voulu s'assurer de leurs sentiments, ils avaient renouvelé, dans l'église Saint-Nicaise, le serment de fidélité au roi.

Sous le rapport stratégique, Meulan était considéré comme un poste important et avantageux : Mayenne fit investir la place du côté du Vexin, et accourut en personne pour diriger les opérations militaires.

Le siége commença le 9 janvier; la ville était bien pourvue de munitions, fortifiée de toutes parts. Parmi les compagnies qui la défendirent, nous retrouvons celles des capitaines la Fontaine, la Chapelle, Guimard et de Chailly, officiers que nous avons déjà vus au siége de Pontoise, en 1589, où de Chailly, notamment, avait été blessé d'une arquebusade au bras.

Nous ne suivrons pas dans toutes ses phases l'histoire de ce siége, qui fut extrèmement remarquable, tant par le nombre des combats qui se livrèrent, que par les incidents qui s'y produisirent; nous renvoyons les lecteurs qui désireraient avoir à ce sujet de plus amples détails à l'intéressant ouvrage de M. Réaux. (1)

(1) *Histoire de Meulan*, par M. Réaux (in-18, 1868), p 381 à 405. — V. aussi le *Journal du siége de Meulan*, par Jérôme de Gamaches, procureur du roi.

Le 13 février, après une lutte très-opiniâtre, l'armée royale parut devant Meulan, et le 27, le duc de Mayenne, forcé de battre en retraite, se replia sur Rouen. C'était aussi la prise de Poissy par Henri IV qui l'avait déterminé à se retirer ; cette dernière ville s'était rendue au roi ; les principaux habitants allèrent processionnellement au-devant de lui, et lui présentèrent les clefs de la place. (*)

Une lutte plus importante encore allait bientôt avoir lieu : le 14 mars suivant, pendant que le Béarnais assiégeait Dreux, Mayenne lui présenta la bataille près d'Ivry, avec 16,000 hommes ; le roi n'avait que 11,000 soldats. Au bout de deux heures d'un combat acharné, l'armée de Mayenne était dans une déroute complète ; on connaît les détails de cette mémorable journée.

A la suite de la défaite qu'il venait d'essuyer, le duc de Mayenne effectua, en désordre, avec les débris de son armée, une retraite précipitée, par Mantes, sur Pontoise. Il se présenta aux portes de Mantes le soir même de la bataille d'Ivry, et n'y fut reçu qu'en faisant courir le faux bruit de la mort du Béarnais.

Celui-ci, loin d'être mort, déployait au contraire une grande activité ; à la même heure, il écrivait au duc de Longueville pour lui annoncer sa victoire, et lui disait : « Je vous prie, incontinent la présente reçue, de vous » avancer avec toutes vos forces, sur la rivière de Seine, » vers Pontoise ou Meulan.... pour vous joindre à moi ; » c'est la paix de ce royaume, et la ruine de la Ligue, à » laquelle il faut convier tous les bons Français à courir » sus ! »

Mayenne ne fit que traverser Mantes, qui trois jours après se rendit au roi ; il continua sa route, ramassant

---

(*) 19 février 1590. — Après midi. — Jean Soret, marchand, dᵗ paroisse Saint-Maclou, ayant été déclaré adjudicataire pour un an des *boires* (sic) de la ville, moyᵗ 840 écus, y fait participer Léon Souyn, D. Lefébure, Nᵃˢ Guesdon, Cléry Mazières, J. Lescomban, etc.

(Minutes de l'étude de Mᵉ Jouarre, notaire).

tout ce qu'il put rallier de cavalerie, et vint chercher un
asile à Pontoise (1). Les habitants de cette ville virent
avec stupeur défiler dans leurs rues et revenir en désordre
ces escadrons de la Ligue, qu'ils croyaient invincibles.
Mayenne avait, en effet, à l'avance annoncé à ses partisans la défaite du Béarnais ; mais, en proie à une panique
nouvelle, le général des armées de l'Union ne se trouva
pas suffisamment en sûreté derrière nos remparts, ébranlés
déjà par deux siéges ; il fit passer l'Oise aux débris de son
armée, et, suivant l'expression d'un écrivain de l'époque,
« donna jusques à Sainct-Denys », où il reçut « la visite
» du légat Cajetan, et des princesses ses parentes, pour
» le consoler sur ceste affliction. »

Une carte (de 1593), qui représente le théâtre des guerres
civiles en 1590, nous a conservé le souvenir de cette
déroute ; nous avons fait graver spécialement ce curieux
document géographique pour l'annexer à ce volume. (2)

D'Ivry, Henri IV vint bloquer Paris : nous n'entrepren-
drons pas de décrire ici les péripéties et les phases de ce
mémorable siége, raconté par tant d'historiens déjà ; nous
ne nous attacherons qu'à ce qui a trait à nos recherches
historiques. Signalons cependant (9 mai), la mort du cardinal de Bourbon, qui s'éteignit à Fontenay-le-Comte, en
Poitou. C'est à partir de ce moment que les Espagnols
conçurent le projet de faire attribuer la couronne de France
à l'infante d'Espagne.

Nous devons aussi dire quelques mots des démonstrations qui eurent lieu dans Paris.

Quelques jours après la mort du « bonhomme qu'on
appelait le roi de la Ligue », commencèrent les célèbres
processions « de l'armée sainte et de l'église militante ».
Nous nous félicitons de pouvoir emprunter à l'*Histoire de*

---

(1) V. *Discours de ce qui s'est passé en l'année*, etc. ; Tours, Jamet Mettayer,
impr. du roy, 1590.

(2) V. la carte ci-jointe, extraite du *Théâtre géographique*, et la notice (appendice).

France, d'après les documents originaux, une réduction
de la curieuse estampe qui nous a conservé le souvenir

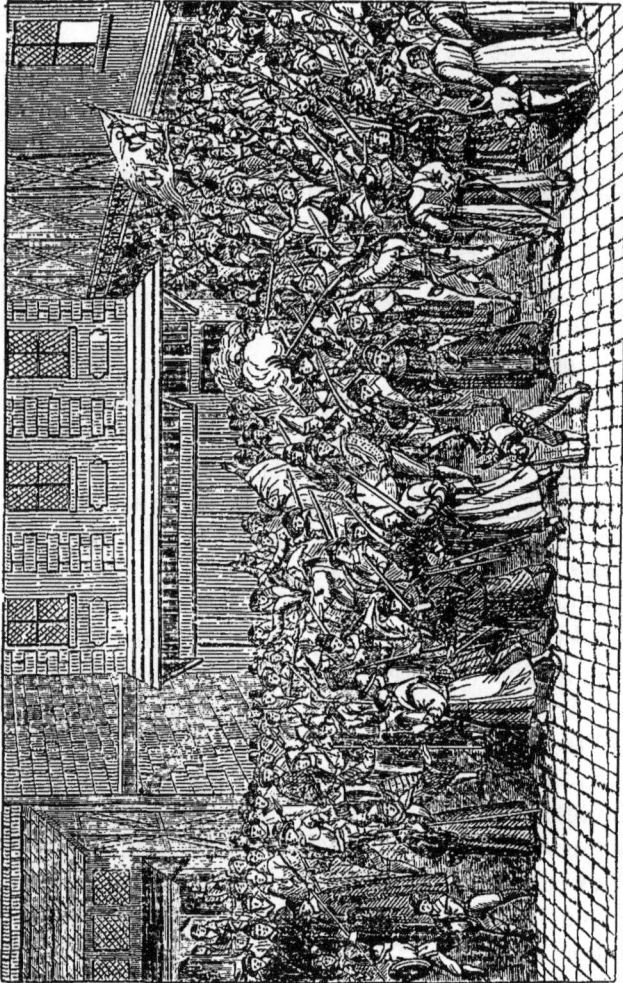

Procession de la Ligue. — D'après une gravure du temps. (Collection Hennin.)

de ces manifestations. Le 3 juin, notamment, eut lieu
une *revue* à laquelle prirent part treize cents moines
ou prêtres, commandés par Guillaume Rose, évêque de

Senlis (1), portant « arquebuses ou pertuisanes et le casque
en tête ». Les capucins, chartreux, minimes, écoliers,
etc., défilèrent devant le Légat, qui, selon les expressions
de P. de l'Estoile, « approuva par sa présence une montre
si extraordinaire et en même temps si risible ». Les chefs
des divers ordres religieux portaient d'une main un crucifix et de l'autre une hallebarde. Un incident, ou plutôt
un accident, vint justifier les terreurs du Légat, lors de
son arrivée dans Paris.

« Un de ces nouveaux soldats, (dit P. de l'Estoile), qui ne
savait pas sans doute que son arquebuse était chargée à balle,
voulut saluer le Légat qui était dans son carrosse avec le
jésuite Ballarmin Panigarole et autres Italiens, tira dessus, et
tua un des ecclésiastiques, qui était son aumônier. Ce qui fit
que le Légat s'en retourna au plus vite, pendant que le peuple
criait tout haut que cet aumônier avait été bien fortuné d'être
tué dans une si sainte action. »

Chaque jour fut dès lors signalé, sous les murs de
Paris, par des combats entre les assiégés et les troupes
royales.

A défaut de Pontoise, resté à la Ligue, le roi résolut de
s'emparer de Beaumont-sur-Oise, ainsi que de l'Isle-
de Adam et de Conflans-Sainte-Honorine ; les écrivains du
temps nous donnent quelques notes sommaires sur la
soumission de ces places à Henri IV :

« Ayant ainsi pourvu à cerner et environner Paris et Saint-
Denis, Sa Majesté voyant que les ennemis se pouvaient encore
aider de la rivière d'Oise, pour faire *quelque magasin* de Pontoise, elle résolut de leur ôter cette commodité, et partant
dudit Gonesse, vint assiéger la ville et château de Beaumont-
sur-Oise, où Potrincourt, qui en était gouverneur pour la
Ligue, trouva le moyen d'entrer, et fit contenance de la vouloir
opiniâtrer ; toutes fois il la rendit, comme fit aussi celui qui

(1) Ce même Guillaume Rose fut obligé, dans la suite, de se réfugier à l'Abbaye-
du-Val, où il resta à peu près jusqu'à la fin des troubles ; il obtint du roi, le 17
mars 1596, des lettres patentes qui le remettaient en possession de son évêché.

tenaït le château de l'Isle-Adam, et celui de Conflans. S. M.
fit de là *une cavalcade* jusqu'à Gisors, tant pour s'assurer de
cette ville que pour y laisser quelques forces qui pussent ôter
aux ennemis la communication de Beauvais à Pontoise. » (1)

Dom Grenier, d'autre part, a trouvé, dans des mémoires
manuscrits, quelques détails sur la reddition de Beaumont :

« En 1590, dit-il, la ville et le château de Beaumont-sur-
Oise furent assiégés par les troupes du roi, pendant le siége
de Paris : il fut battu et miné ; mais *il était si fort* qu'on ne
sut qu'y faire. Le sieur de Poutraincourt y commandait. Ses
parents et amis firent si bien, qu'ils le persuadèrent de le
rendre à composition, ce qu'il fit. La garnison sortit bagues
sauves. La place fut mise en la garde de M. de Marcilly, qui
l'a conservée en respect durant ces troubles. Le Roi s'en
retourna au siége de Paris. Le sieur de Poutraincourt fit service au roi. Les troubles cessés, Beaumont passa à M. de
Liancourt. » (2)

On remarquera cette situation singulière de la ville de
Pontoise, devenue dès lors une forteresse de la Ligue,
isolée au milieu de toute une contrée soumise à l'autorité
royale.

L'histoire de la *prise* d'Herblay mérite aussi l'honneur
d'une mention spéciale : Charles le Prévost avait obtenu,
le 6 avril 1588, la permission d'entourer de murs cette
bourgade, dont les habitants tenaient pour la Ligue. Dans
les incursions faites par le roi dans nos environs, au commencement du siége de Paris, le monarque s'arrêta une
fois à la Patte-d'Oie pour demander *les clefs* d'Herblay. Si
l'on en croit une ancienne tradition, un des habitants les
lui aurait présentées sur un plat d'étain (3), faute de

---

(1) *Discours de ce qui s'est passé*, etc. (Tours, I, Mettayer, impr. du Roi, 1590).

(2) Douet d'Arcq. — *Recherches sur Beaumont-sur-Oise*. (T. IV des Mémoires
de la Société des antiquaires de Picardie, p. 25.)

(3) *Histoire de la vallée de Montmorency*, par Lefeuve (5ᵉ édit.), p. 408. — Le
Béarnais aurait reçu ce délégué d'assez mauvaise humeur : « Ventre saint Gris ! Quel
est ton nom ? — La Geingeolle, balbutia notre homme peu sûr de lui... » C'était déjà

mieux. Herblay avait montré fort peu de sympathie pour la cause royale ; Henri IV, pour punir la petite ville de sa rébellion, aurait, dit-on, imaginé un moyen assez original : il signifia aux habitants la défense *à perpétuité* « de se servir de charrettes sur ses routes et chemins quelconques. »

On prétend que cette prohibition eut un tel effet, qu'à la fin du siècle dernier, il n'y avait encore que quatre charrettes à Herblay. (1)

Il ne reste plus rien aujourd'hui des fortifications de cette commune ; à l'époque de la Révolution, on voyait encore quelques traces des portes et des tourelles démantelées de l'enceinte, créée uniquement en vue des guerres de la Ligue ; il y a plus de quarante ans que les derniers vestiges en ont disparu.

Pendant la durée du siége de Paris, si l'on en croyait certains auteurs, l'abbaye de Maubuisson, qui déjà, l'année précédente, avait eu à loger le roi et ses officiers, aurait encore été occupée militairement ; protégés par la sainteté du lieu, et d'ailleurs, sans doute, en nombre suffisant pour tenir tête aux Ligueurs de la garnison de Pontoise, les officiers du roi, sans être inquiétés par le canon de la ville où commandait de nouveau M. d'Alincourt, se seraient, sans façons, installés à Maubuisson.

D'Aubigné met à ce sujet dans la bouche de Beaujeu et de Fœneste l'entretien suivant : (2)

FŒNESTE. — « .... De ce costé-là, j'en sçais plus long que vous... car j'ay demeuré huict mois à Jovi et fault avouër que

un nom de comédie : ce n'était pas le nom du paysan ; mais le surnom resta à sa famille, et il n'y a pas 60 ans, qu'une des branches de la famille Rigaud, en cet endroit, était dite « *Lageingeolle.* »

(1) « Pendant deux cents années, les laitières de l'endroit étaient les seules qui portassent leur lait sur la tête, toutes les nuits, jusqu'au pavé des Innocents, et les cultivateurs *suivaient* leurs femmes, le dos chargé de besaces pleines de fèves ». De là serait venu le sobriquet de *Besaciers d'Herblay.* (Lefeuve, *ibid.*)

(2) *Les Aventures du baron de Fœneste*, Liv. IV, Ch. 12.

la débauche y estoit fort grande... Durant le siége de Paris,
les abbayes de Maubuisson, Longchamps, Montmartre, Chelles
et Poissy estoient bien exercées des dévotions de la cour. »

BEAUJEU. — « Il me souvient très-bien que la Cornette du
Roy étoit logée dans l'abbaye de Maubuisson, et estions tous
assez bien logez, sauf que y eust huict nonnains qui ne purent
nous faire place.......... »

M. Pihan de la Forest, dans ses notes manuscrites, dit
à propos de ce passage : « Ce d'Aubigné était un protes-
tant des plus effrénés, et qui saisissait toutes les occasions
de dire du mal des Catholiques Romains ! »

Pontoise continuait de servir d'asile à beaucoup d'habitants des campagnes obligés de fuir devant la soldatesque
qui parcourait les villages ; parmi ces réfugiés se trouvait
un certain nombre de prêtres des environs (1), forcés
d'abandonner leurs paroisses pour se soustraire aux sévices
des Huguenots.

C'est vraisemblablement vers cette époque qu'eut lieu,
sous les murs de Pontoise, un petit combat de cavalerie,
ou plutôt une escarmouche, dont la relation se trouve
dans un recueil *manuscrit* intitulé : *Journal du roi Henri IV
pendant les années* 1589 *et* 1590. (2)

_____

(1) Extrait des *Mortuaires de S*t*-Mellon* (Reg. du 15 janvier 1589 au 24 octobre
1606) : « Le XVIe aoust (1590) fut inhumé en lad. esglise par mesdits sieurs (les
» doyen, chanoines et vicaires), maître Bonaventure Dubac, prestre, natif d'Auvers,
» réfugié au chasteau de Pontoise à cause des guerres. » — Les registres de Saint-
Mellon, qui d'ailleurs n'était pas *paroisse* de la ville, ne relatent que *cinq* mariages
du 23 février 1591 au 26 juin 1606.

(2) Bibliothèque nationale, mss. fonds français 3412, folio 125. (5 pages et demie
in-folio). Ce registre est composé de pièces sans suite, et en quelque sorte détachées ;
on pourrait, avec au moins autant de raison, lui donner pour titre : *Journal de la
Curée*, car il est à remarquer que dans tous les récits contenus dans ce registre, ce
personnage figure toujours avantageusement, et qu'il est question de fort peu d'événements dans lesquels il ne se soit signalé d'une manière quelconque. Quoi qu'il en
soit, ce manuscrit a une valeur historique : le P. Lelong le cite dans sa Biblioth. hist.
sous le n° 19306, comme faisant partie de la *Bibliothèque du roi*. M. de Valori a
placé par erreur cette escarmouche en 1589 ; il suffira de lire la pièce pour s'en
convaincre ; il nomme en outre le gouverneur M. d'*Ablaincourt*. Pour faciliter la
lecture de cette pièce, nous en rétablissons le texte avec l'orthographe moderne.

Nous en avons extrait le récit qu'on va lire, et dans lequel le *pistolet* joue un certain rôle : cette arme, qui semble avoir été importée d'Italie, n'était pas alors en usage depuis très-longtemps dans les armées françaises; malgré quelques progrès apportés dans la fabrication, les pistolets de la fin du xvie siècle, qui ne ressemblaient en rien à nos *revolvers* modernes, étaient des armes longues et lourdes, et quelquefois même dangereuses pour ceux qui s'en servaient : le récit qui suit, que nous croyons fort peu connu du reste, pourrait s'intituler :

COMMENT LA CURÉE MANQUA D'ÊTRE PRIS PAR LES PONTOISIENS

Et quel vilain tour faillit lui jouer le pistolet de M. de Villars.

Le Roi étant logé près de Beaumont-sur-Oise, où il attendait des munitions pour aller attaquer une place, lesquelles devaient passer la rivière de Seine à Conflans, village qui est près du lieu où entre Oise dans Seine, et craignant que ceux de Pontoise, où commandait M. d'Alincourt (lequel n'y était pour lors, mais il ne laissait d'y avoir une forte garnison), ne leur fissent de l'empêchement (car il n'y a, ce me semble, dudit Conflans à Pontoise, que deux petites lieues, et il en fallait passer fort près pour venir à l'armée), M. le maréchal de Biron voulut aller lui-même à Conflans pour cet effet. Il prit trois cents chevaux, et étant au rendez-vous, et fait son ordre, il donna les coureurs à mener à La Curée, lequel prit trente messieurs de ses compagnons, et étant arrivé à Conflans, et ayant fait passer et acheminer lesdites munitions, Monsieur le maréchal se résolut d'aller passer près de Pontoise, pour voir quelle mine feraient ceux de dedans.

La Curée reprenant la tête, et approchant de Pontoise, et voyant qu'il n'en sortait personne, fit halte pour laisser passer M. le maréchal, lequel le laissant pour faire la retraite, lui dit : « Curée, si les ennemis sortent, avertissez-m'en », et cela dit, s'en alla.

Peu après, La Curée vit partir quatre cavaliers qui venaient de la ville, dont l'avenue de ce côté-là est par entre les vignes, au milieu desquelles il y a un chemin fort large, qui a des

deux côtés des haies et des fossés. Ces quatre hommes de
cheval vinrent par derrière La Curée, lesquels approchant,
crièrent : « Cavaliers, un coup de pistolet ! » Ce qu'étant
entendu par six des compagnons de La Curée, qu'il avait
laissés deux ou trois cents pas derrière lui, en avertirent, ce
qui lui fit aller soudain avec encore quelques-uns des siens,
baillant ce qu'il commandait à mener à son lieutenant, et
envoyant quatre de ses compagnons aux ennemis.

Ils se dirent quelque chose les uns aux autres sans se fort
approcher ; mais les ennemis se tenaient toujours près de leurs
haies, ce que voyant, La Curée recommença sa retraite, et ses
compagnons firent de même ; enfin, s'éloignant de la ville, ces
quatre cavaliers s'en éloignèrent aussi, l'un desquels s'avança,
ce que fit aussi un de ceux de La Curée, et se tirèrent chacun
un coup de pistolet ; chacun blessa le cheval de son ennemi.
En même temps, La Curée vit sortir de la ville de Pontoise
deux troupes, l'une de quarante chevaux, et l'autre de plus de
soixante, dont incontinent il avertit M. de Biron, qui déjà
s'était fort éloigné.

Lors, La Curée se résolut de faire mine de se retirer comme
un homme qui s'en voulait aller ; cela donna envie à ces
messieurs de le suivre, et s'éloignèrent un peu de la ville, et
surtout ces quarante chevaux.

Cependant, M. le maréchal étant averti, tournait tête vers
La Curée, qui aussitôt tourna aux quarante qui s'étaient
avancés, lesquels se voulurent retirer, mais ils ne le purent
faire que La Curée ne les chargeât, et comme il tira un coup
de pistolet à un, son pistolet qui était à pétard, fait à Rouen,
et lui avait été donné par M. de Villars qui en était gouverneur,
et parce qu'il était fait d'une façon où il y avait de l'art à le
charger, soit que l'on eût failli, ou autrement, en tirant, il lui
sortit de la main, et de violence lui jeta le bras derrière le dos,
si rudement, qu'il ne s'en pouvait nullement aider.

En ce même temps, cet autre gros, qui soutenait le
premier, s'avança pour le secourir, ce que reconnaissant, La
Curée vit bien qu'il ne fallait plus penser à ce qu'il fallait
faire, car de se retirer devant eux il ne pouvait, M. de Biron
étant encore loin.

Il résolut donc d'aller à la charge *à ce gros*, et y mena ses compagnons, son bras en l'état que j'ai dit, ne s'en pouvant nullement aider. Et j'ai ouï dire à lui-même qu'il n'a jamais rien fait qui lui ait baillé tant d'impatience que de se voir pêle-mêle dans les ennemis, sans les pouvoir offenser ni se défendre. Il les chargea néanmoins si brusquement, qu'il leur fit tourner visage, et en fut tué plus de douze sur la place ; quatre pris prisonniers ; trois des siens furent tués, et plusieurs blessés. La Curée fut un peu blessé sous la gorge, eut toute la barbe brûlée ; il fut aussi blessé sous l'aisselle, et souffrait tout cela, comme une quinzaine, sans se remuer.

Je l'ai ouï discourir là-dessus, et lui ai ouï dire qu'en plusieurs occasions, et en celle-là particulièrement, il a vu bien souvent mieux réussir les choses faites un peu témérairement, que celles où on apporte grande considération ; parce que la considération de cette grande avenue, avec ces haies et ces fossés, l'avaient empêché de pousser jusqu'au bout les ennemis pour la croyance qu'il eut qu'ils avaient farci ces haies d'arquebusiers, ce qu'ils n'avaient fait, au contraire, ayant vu revenir M. de Biron, ils s'étaient tous retirés et avaient fermé leurs portes et levé leur pont (de Pontoise) au nez de leur cavalerie ; et s'ils eussent été poussés, une partie eut été tuée, et l'autre se fut jetée dans les fossés, comme encore firent plusieurs, à ce que les trompettes qui vinrent quérir les prisonniers le lui dirent. La Curée, après cela, se retira et M. de Biron en fit de même, et le lendemain La Curée alla trouver le Roi, la barbe rasée et le bras en écharpe, qu'il porta plus de trois semaines, mais non jamais plus ce malheureux pistolet, qu'un valet d'un de ses compagnons qui l'avait ramassé lui rapporta.

Cependant, la délivrance de Paris approchait : les mois s'étaient écoulés en combats souvent meurtriers, mais stériles comme résultats, si ce n'est l'enlèvement des faubourgs. La capitale était défendue par 5,000 soldats à peine, presque tous étrangers, et 40,000 hommes de la garde bourgeoise. On avait fondu les cloches pour en faire des canons ; les remparts étaient défendus par les religieux :

jacobins, cordeliers, carmes, capucins, jésuites, tous armés
contre l'*hérétique*. Henri IV eut pu s'emparer de vive force
de Paris ; mais il redoutait pour la capitale les conséquences d'un assaut : « Je suis, disait-il, le vrai père de mon
peuple, et je ressemble à cette vraie mère de Salomon ;
j'aimerois mieux quasi n'avoir point de Paris, que de
l'avoir tout ruyné par la mort de tant de personnes ! »

Il chercha donc à prendre Paris par la famine; on la
supporta héroïquement : « Quand il n'y eut plus de pain,
» on mangea les chevaux, les ânes, l'herbe des rues, les
» souris, les rats, les animaux les plus immondes ; on
» fist de la farine avec les ossements des morts, et une
» mère, dit-on, mangea le corps d'un de ses enfants. »

On rapporte que trente mille personnes périrent de faim
et de maladies dans ce siége, et cependant le peuple,
soutenu par la fougueuse éloquence des prédicateurs, par
l'activité des Seize, du duc de Nemours, et des duchesses
de Nemours, de Mayenne et de Montpensier, ne songeait
pas à se rendre : on était réduit cependant à la dernière
extrémité. (1)

Le cœur de Henri IV n'était pas insensible à tant de
malheurs : ce fut alors que le roi d'Espagne envoya au
secours des assiégés Alexandre Farnèse, duc de Parme,
l'un des plus habiles tacticiens du xvie siècle, qui, par
de savantes manœuvres, réussit à ravitailler la ville, et à
y introduire 8,000 soldats d'élite. En même temps, avec
son corps d'armée, il faisait une utile diversion (6 sept^{bre}).

Le roi dut donc lever le blocus, et se retirer par Senlis
et Creil ; les Espagnols avaient évité le combat en rase
campagne, pris Lagny, puis Corbeil; lors du siége de cette
ville, prise et reprise tant de fois, le gouverneur de Pontoise contribua puissamment au succès des Espagnols et des
Ligueurs, en leur fournissant des munitions de guerre :

(1) Th. Lavallée, Le Bas, Renaudin, Hénault, etc.; les historiens de la Ligue, et
les diverses relations du siége de Paris.

« Les balles que livra le gouverneur d'Alincourt leur furent bien utiles alors : ils faisaient le siége de Corbeil, que le capitaine Rigault défendait avec vigueur. Aussitôt que le sieur de Rosne leur eut amené les munitions capturées à Pontoise, ils firent jouer trois batteries postées au sommet de la montagne, foudroyèrent la tour du donjon et firent brèche à la porte de Paris.

» Le 16 octobre, les Espagnols lui donnèrent l'assaut ; le capitaine Rigault fut tué en la défendant, mais l'ennemi pénétra dans la ville, massacra tout ce qu'il rencontrait, poignarda les soldats réfugiés dans les églises. Les prêtres de Corbeil ensevelirent douze cents victimes.

» Au massacre succéda le pillage, et la même année vit mourir de dyssenterie plus de 4,000 soldats qui s'étaient gorgés de raisins et de fruits.

» Son armée reposée, le prince de Parme quitta Corbeil ; il voulait y laisser des troupes espagnoles, mais Mayenne et les Parisiens exigèrent que la garnison se composât de Ligueurs français. Mais la nuit de la Saint-Martin, M. de Givry, gouverneur de Melun pour le Béarnais, escalada les remparts, et tandis que les habitants épouvantés s'enfuyaient, passa la garnison tout entière au fil de l'épée. Les Parisiens en firent des plaintes au duc de Parme qui s'excusa sur leur défiance (le gouverneur, cependant, était espagnol, et se nommait don Toraque). La satire Ménippée a voué au ridicule le prince de Parme, sous le nom de Jean de Lagny, et sa conquête éphémère. (1)

Vers la fin de novembre, Henri IV écrivait à M. de Givry, qui avait repris Corbeil et Lagny, et qui était assez vaniteux, dit-on : « Tes victoires m'empêchent de dormir, comme autrefois celles de Miltiade, Thémistocle. A Dieu, Givry ; te voilà payé de toutes tes vanités. » (2)

(1) Biogr. S.-et-O., p. LVII-LVIII.

(2) Anne d'Anglure de Givry fut tué au siége de Laon, en 1594 ; il avait environ 34 ans ; il joua un rôle important pendant le siége de Paris. On dit que c'est lui, et non pas Henri IV, qui laissait entrer des vivres dans la ville, par amour pour la belle Mlle de Guise : ce serait encore une légende à supprimer !

D'après une autre version, Givry aurait laissé passer des vivres moyennant 45,000

La guerre continuait en province, et notamment en Bretagne ; le duc de Mercœur était le chef de la Ligue dans cette contrée ; autour de Paris, le calme n'était pas encore rétabli. Vers la fin de l'année, le roi, tout en harcelant les Espagnols, écrivait à madame de Gramont :

 « Il n'est rien survenu de nouveau... le Légat veut traiter asteure (sic) de la paix. Croyez que je ne m'endormirai pas en sentinelle. Je me porte très-bien, Dieu merci, vous aimant comme le pouvez souhaiter... je suis accablé d'affaires que j'en succombe sous le faix. Aimez-moi comme celui qui ne cessera jamais de volonté envers vous ; c'est assez dit ; je baise un million de fois vos beaux yeux. »

Malheureusement pour la belle Corisande, le volage monarque avait vu pour la première fois Gabrielle d'Estrées, au château de Cœuvres, et s'en était épris aussitôt : c'était précisément le 10 novembre 1590 ; au moment même où Givry s'emparait de Corbeil et en chassait l'Espagnol, Gabrielle s'emparait du cœur du roi et en chassait madame de Gramont.

Le 19 novembre, Mayenne écrit à M. de Belin (1) pour lui donner quelques renseignements sur les troupes qui sont destinées à rester à Paris, et sur les corps qui doivent au contraire agir hors de cette ville : ce qu'il y a de curieux dans cette dépêche, c'est qu'il lui recommande tout particulièrement de détruire Conflans-Sainte-Honorine « dont, dit-il, la démolition importe trop. » (2)

A la date du 6 décembre, il annonce au Prévôt des Marchands de la ville de Paris l'envoi de quarante muids de blé et des secours en argent pour MM. de Collate et de

écus qu'il se fit donner pour ce service ; certains hommes, à cette époque, faisaient des choses de la guerre un véritable négoce, et aussi bien dans un parti que dans l'autre, on songeait d'abord à faire ses affaires personnelles, au détriment de la Ligue ou du roi.

(1) François de Faudoas d'Averton, petit-neveu du maréchal de Montluc, et capitaine de 50 hommes d'armes.

(2) Correspondance du duc de Mayenne, d'après les *Documents inédits de la Bibliothèque de Reims*, I, p. 46 (1590-1591).

Belin. Mayenne se félicite « des succès et de la bonne
tenue de M. d'Alincourt à Pontoise ». On trouve dans
cette lettre la preuve de la grande confiance qu'il avait
en cet officier. (1)

Enfin, le 7 décembre, le duc de Mayenne écrit de nouveau à M. de Belin (2), et lui indique les dispositions à
prendre pour aider d'Alincourt à défendre Pontoise. Voici
le texte de cette dépêche :

« Monsieur de Belin, j'ai eu avis que le roi de Navarre
voulait aller avec toutes ses forces vers Pontoise pour l'assiéger,
d'autant que du côté de Meaux il ne peut rien entreprendre,
parce que je le couvre, et parce que cette place (Pontoise) est de
très-grande importance pour la conservation de votre ville (Paris),
je suis délibéré de n'y *rien épargner* les forces et moyens que je
puis servir.

» Je m'assure que Monsieur d'Halincourt y fera tout le devoir
que on doit entendre de lui, pourvu qu'il soit assisté de gens de
guerre, la ville étant de grand'garde. Je ne puis lui envoyer
sûrement d'ici, d'autant que ledit roi de Navarre étant du côté
de Beaunois (sic) est entre ledit Pontoise et moi. Et pource
que je vous supplie et conjure, d'autant que cela vous importe,
de vouloir choisir deux cents harquebusiers de Tremblecourt,
des mieux aguerris, et deux cents lansquenets, ou du moins
cent cinquante, que vous ferez incontinent et en toute diligence
conduire à Pontoise.

» Et si ce nombre fait faute à votre ville et que vous ayez
besoin d'en avoir d'autres en leur place, je vous enverrai trois
ou quatre cents bons soldats du régiment du Bourg, que je
vous ferai couler en deux jours, et vous jugeriez que ce ne
soit encore assez, j'ai réservé six cents de nos meilleurs étrangers et plus délibérés que je vous envoierai en même temps.
J'écris au comte de Collate (3) à cet effet, et à M. le chevalier

(1) Correspondance du duc de Mayenne, 1590-1591 (pièce 88), I, p. 109, *d'après
les Documents inédits de la Bibliothèque de Reims.*

(2) *Ibid.* I, p. 117.

(3) M. de Collate était un colonel de lansquenets au service de l'Espagne, en garnison à Paris, d'après P. Mathieu.

d'Aumale (1) et au sieur Rondinelli (2), afin de l'y disposer.
*Je vous supplie de rechef juger l'importance et conséquence de
cette affaire et d'y user de la diligence que vous savez être nécessaire.* Faites je vous prie que Desportes (3) et Péricard (4) me
viennent trouver à la première commodité, d'autant qu'il naît
tous les jours de plus en plus des affaires où j'ai besoin de leur
présence. Je vous envoie une copie du règlement que j'ai avisé
de faire pour les dépêches. Faites-leur voir, afin que Messieurs
du Conseil de la Cour et de la Ville en soient avertis. Je vous
prie que j'aie bientôt de vos nouvelles. »

« De Soissons. »

Cette lettre nous fait envisager sous un jour nouveau le
chef des armées de la Ligue : s'il ne fut pas un grand
général, il fut du moins un officier prévoyant ; et nous
semblons rencontrer, au moins dans son style, une contradiction avec le portrait que les historiens nous ont laissé
de ce capitaine, représenté comme un type de noncha-
lance, et d'une lenteur proverbiale.

(1) Claude de Lorraine, 3ᵉ fils du duc d'Aumale, chevalier de Malte, général des
galères de la Religion et abbé du Bec, fut tué à Saint-Denis en 1591.

(2) Ambassadeur du duc de Ferrare, près la cour de France, accrédité près de la
Ligue.

(3) Frère du poète du même nom.

(4) Secrétaire du duc de Guise, devenu secrétaire d'État sous Mayenne.

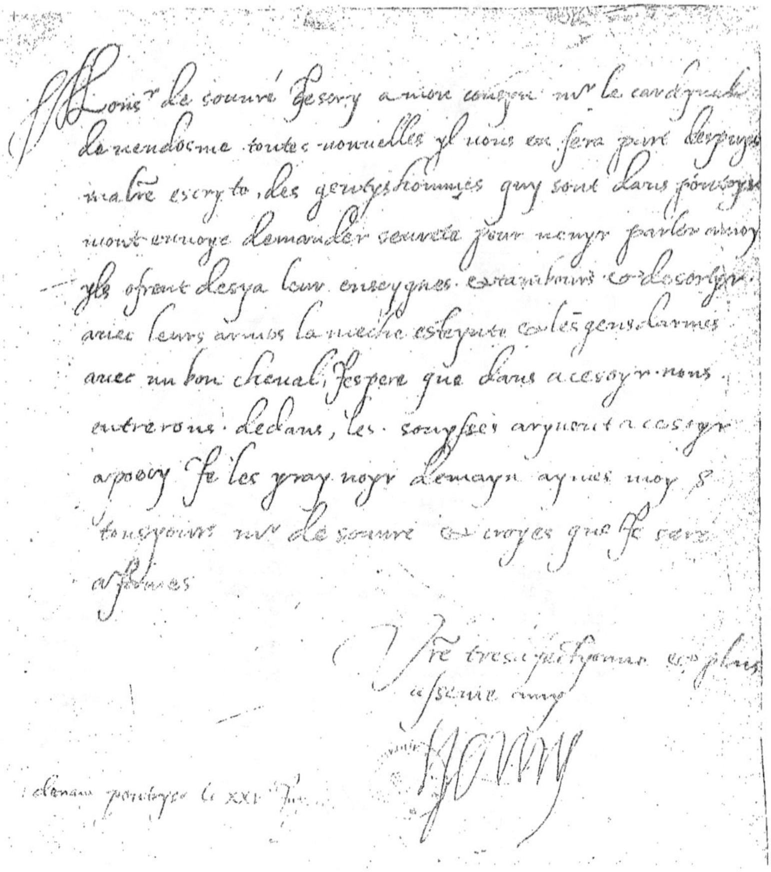

Mons.r de souuré Jescry a mon cousin m.r le cardynal
de uendosme toutes nouuelles yl uous en fera part despuys
ma lbre escry te, des gentyshommes quy sont dans poutoys
uont enuoye demander seureta jour uenyr parler a moy
yls ofrent desya leur enseygnes escanbours et descorys
auec leurs armes la meche esteynte et les gens darmes
auec un bon cheual, Jespere que dans a ce soyr nous
entrerons dedans, les souyses aryuent a ce soyr
aproys Je les yray uoyr demayn apres moy g
tousyours m.r de souure es croyes que Je sers

a fetones

Ve tres paffyone et plus
asseure amys

HENRY

A enan pouteyes le xxi J.....

CHAPITRE DIXIÈME.

De Janvier 1591 à la fin de 1593. — Lettre du duc de Mayenne. — La *Trahison descouverte* en la ville de Pontoise. — Coup de main infructueux de M. d'Alincourt sur Mantes. — Les *Manuscrits de Noël Vouland.* — Combats sous Chars et dans le Vexin Français. — Surprise de l'Isle-Adam. — Troubles à Paris ; appui donné aux Seize par la compagnie de M. d'Alincourt. — Lettres patentes de Henri IV en faveur de l'Hôtel-Dieu. — Les vingt écus du bois et de la chandelle. — Mort du jeune d'Alincourt. — Traité et trève de 1592. — Terrible grèle de 1593. — Mort de madame d'Alincourt ; les mausolées des Cordeliers. — D'Alincourt achète le domaine de Pontoise. — Les Jésuites et les biens de la Confrérie-aux-Clercs. — Dernier combat livré sous les murs de la ville. — Fin de 1593.

Au commencement de l'année 1591, il semblait qu'un troisième siége de Pontoise était imminent ; la crainte de cette attaque, qui, par suite des circonstances, n'eut pas lieu, fut l'objet d'une lettre du duc de Mayenne au gouverneur d'Alincourt. On va lire cette pièce très-intéressante, par laquelle on peut encore juger de la haute importance que le duc attachait à la conservation de Pontoise ; elle dénote, en outre, qu'il avait une exacte connaissance des lieux et des moyens de défense de la place :

Du IIIe Janvier (1591).

A Monsieur de d'Allincourt (sic),

J'ai été averti que l'ennemi voulait tourner de votre côté avec toutes ses forces, afin d'y entreprendre quelque chose,

12

dont je m'assure tant au bon ordre que vous saurez donner et
en la valeur que vous lui ferez connaître qu'il n'en emportera
que de la honte.

Toutefois, afin que vous ayez plus de moyen de lui résister
et ne pouvant sitôt vous assister des forces que j'ai ici, le roi
de Navarre étant entre vous et moi, j'ai dépêché en diligence
à Messieurs de Belin et prévôt de marchands, pour vous faire
conduire deux cents bons harquebusiers et bien aguerris, et
deux cents lansquenets picquiers, des meilleurs du régiment
de Collate ; vous assurant que là où il sera besoin de davantage, je ne vous manquerai *de chose quelconque qui soit en ma
puissance*, jusques à me rendre moi-même avec tout ce que j'ai
de forces, sur le lieu *(à Pontoise)*, pour votre secours, *ayant
aussi chère votre conservation que celle de mes propres enfants.*

Je vous ai écrit depuis peu de jours pour vous prier de *faire
achever et abattre du tout vos faubourgs, sans que le respect et
considération des particuliers vous retienne.*

Je vous prie de rechef d'y employer le plus d'hommes et de
diligence qu'il vous sera possible, voire mesme, de faire *ouvrir*
les logis de l'abbaye de Saint-Martin, si vous jugez qu'il soit à
propos, et que l'ennemi s'en peut prévaloir. (1)

Faites surtout que j'aie souvent de vos nouvelles, et vous
assurez que sitôt que Ribault sera arrivé, je vous enverrai des
moyens.

    A Soissons. (2)   (Charles de Lorraine.)

L'année 1591, moins fertile du reste en événements
remarquables que les précédentes, commence par un
revers du roi qui échoue dans son projet de surprendre
Paris. (Journée des farines, 11 janvier). Il se rabat sur

_____

(1) *Ouvrir* est employé ici dans une acception militaire, et dans le sens de *démolir*
ou *démanteler* ; on pourrait peut-être encore l'expliquer dans le sens de *créneler*
ou *pratiquer des embrasures* dans les murailles. Le duc de Mayenne ordonne d'abattre
les faubourgs entiers et même Saint-Martin : « Aux grands maux les grands remèdes » ;
il se rappelait qu'en 1589, l'occupation de l'abbaye et la gène causée à l'artillerie des
Ligueurs par les constructions du faubourg, avaient facilité l'approche des assiégeants,
et, par suite, déterminé la prise de la ville.

(2) Correspondance du duc de Mayenne, d'après les *documents inédits de la Bibl.
de Reims* (CCV. — I, p. 260).

Chartres, où nous retrouvons M. de la Bourdaisière en
qualité de gouverneur ; le roi fait le siége de cette ville
et la prend le 12 avril (1). Pendant ce temps, et tandis
que dans Paris les divers partis se disputent le pouvoir,
la ville de Pontoise, toujours ligueuse, reste étrangère
toutefois aux luttes politiques qui s'établissent entre les
Seize, les Espagnols, Mayenne et les autres chefs de la
Ligue, qui tous voulaient exploiter la situation, chacun
à son profit.

Chiverny rapporte dans ses mémoires que, vers la fin
de janvier, M. de Montpensier « travaillait heureusement
en Normandie pour le roi, et qu'il ne restait plus, *dans
cette province*, à la Ligue que Rouen, le Havre, *Pontoise*,
et quelques autres places de moindre importance. »

Si nous laissons de côté les événements extérieurs, qui
n'ont pas trait à cette étude historique, nous ne voyons
rien de bien intéressant pendant les premiers mois de
l'année. (*)

Cependant, au mois de juin, si l'on en croit une pièce
imprimée à l'époque, un fait assez grave se serait produit
à Pontoise : un officier nommé Gauseville, et son beau-
frère La Mare, auraient tenté de livrer cette ville aux
« Navarrais ». Nous avons reproduit presque en totalité
cette plaquette à la fin de ce volume, et nous prions le
lecteur de s'y reporter, s'il veut connaître l'histoire et les
détails de cette espèce de conspiration ; comment M. d'Alincourt la fit avorter, et ce qui est rapporté de la condam-
nation et de l'exécution des coupables (2). Nous devons

(1) Consulter l'excellent ouvrage de M. de Lépinois : *Histoire de Chartres*
2 volumes in-8º.

(2) V. Pièces justificatives : *La grande trahison descouverte*, ci-après p. xxxv.

(*) 28 avril 1591. — Testament de Pre Féchet, Escr sr de la Varenne, capitaine
d'une compagnie de gens de pied sous M. de Castelnove. Il choisit pour exécuteurs
testamentaires Georges Féchet, Escr sr de Montagu, son frère, et Jean Cossart, tan_
neur. Il veut qu'on lui fasse un service au village de Montluy, en Touraine. (Minutes
de Me Prévost ; étude Jouarre, notaire.)

ajouter, cependant, que dans nos recherches, comme dans nos Archives, nous n'avons rien trouvé de relatif à cette affaire : ne serait-ce qu'une *nouvelle à la main* de l'époque, destinée à ranimer la foi et l'ardeur des Ligueurs ?

Nous voyons encore, dans le cours de cette année, succéder à Jacques de Monthiers, et entrer en charge, Guillaume Baudry, écuyer, conseiller du roi ; il prend le titre de lieutenant civil et criminel du bailliage.

A la fin de juin, l'armée royale vient camper aux environs de Magny ; le 27, le roi expédie de cette ville plusieurs lettres et ordonnances ; le 29, il se rend à Mantes, et revient encore le 30 à Magny-en-Vexin.

En juillet, Madame Tiercelin, abbesse de Maubuisson, voulant se décharger d'une partie de l'administration de l'abbaye, en raison de son grand âge et de ses infirmités, demanda aux religieuses de lui adjoindre, à titre de coadjutrice, madame Françoise Tiercelin de Brosse-Possé, sa nièce, prieure de Variville, ce qui fut agréé par la communauté. La coadjutrice, oubliant « le droit du Roi », crut pouvoir prendre possession sans brevet de la coadjutorerie de la maison. Tant que sa tante vécut, elle put jouir sans trouble de son titre ; mais on verra plus loin quelles furent les conséquences de cet oubli des formalités nécessaires pour la possession de bénéfices de nomination royale. (1)

Après avoir tenu la campagne quelque temps aux environs de Mantes et de Magny, Henri IV remonte vers le nord : le 24 juillet, il passe à Creil ; le 26, il écrit de Compiègne au duc de Nevers : (2)

« Au partir de Mantes, j'ai pris le chemin que je vous avais dit, et ayant fait passer l'eau à une partie de mes forces, pour prendre le château de Conflans, comme j'ai fait, et *quatre ou*

(1) Mss. Pihan de la F. *Maubuisson*, p. 41. (Bibl. de Pontoise.)
(2) Orig. fonds Béthune ; mss. 9104. (Bibl. nat.)

cinq autres forts qui étaient *entre Pontoise et Saint-Denis* (1).
..... Passant près de ma ville de Noyon, je suis résolu de l'attaquer : elle sera demain investie... »

La ville de Pontoise est, pendant toute cette période, sous le coup d'une alarme continuelle ; la présence de l'armée royale dans le Vexin Français, et la crainte d'un siége nouveau, forcent le gouverneur à redoubler de vigilance et à se tenir perpétuellement sur ses gardes ; le jour, on fait des reconnaissances dans la campagne, et chaque nuit des rondes ou patrouilles autour de la ville (2) ; le départ de Henri IV vient momentanément calmer les craintes des habitants.

Quelques jours après, le duc de Mayenne paraît à Conflans avec un corps d'armée : d'Alincourt sort alors de Pontoise ; et, à la tête de quelques troupes, essaie de surprendre Mantes, dont les faubourgs sont un instant occupés ; mais Sully, qui avait eu connaissance du projet, est assez heureux pour le faire échouer ; les Ligueurs sont repoussés ; d'Alincourt est forcé de se replier sur Pontoise, et Mayenne bat en retraite. Chiverny, dans ses mémoires, raconte en ces termes comment échoua ce coup de main des Ligueurs :

« En ce même temps, M. de Mayenne ayant vu revenir le roi vers Noyon, et le voyant assez diverti et empêché (3) d'assiéger ladite ville, fit une secrète entreprise sur celle de Mantes,

(1) Le roi veut sans doute parler de quelques fortifications élevées sur les hauteurs qui entourent la vallée de Montmorency, ou de quelques bourgades de cette vallée (Herblay ou autres), fortifiées pour les besoins du moment.

(2) De tout temps, depuis le commencement des troubles, l'usage s'était établi de faire ces rondes nocturnes : par une ordonnance bien antérieure, Jacques de Monthiers donne ordre aux *capitaines* Souyn et Dargence (tous deux marchands bourgeois du quartier Notre-Dame), et à leurs *enseignes*, « de prendre garde aux portes des faubourgs, de les tenir fermées la nuit » et de faire des rondes autour des faubourgs « pour descouvrir s'il y aura aulcunes embusches pour surprendre la ville ». (Arch. municip. EE.) Le 31 juillet (1591), d'Alincourt accorde au sieur Jehan Maistre d'être déchargé de la garde des portes et autres charges publiques, en raison de son emploi au magasin des vivres. (A. M. *Ibid.*)

(3) *Empêché de*, c'est-à-dire occupé à.... (locut. anc^ne).

où nous étions tous, les officiers du Conseil et grands de la Cour, desquels ils espéraient tirer de grosses rançons et butins faisant cette prise ; pour parvenir à laquelle, M. d'Alincourt, gouverneur de Pontoise pour la Ligue, avait ménagé quelques intelligences dedans. Mais M. de Rosny, qui en était gouverneur pour le roi, les sut si à propos découvrir, et nous en donner avis au Conseil du Roi, que ladite entreprise ne fit d'autre effet que de nous obliger à nous rendre plus soigneux de notre sûreté ; et ainsi ledit sieur du Mayne manqua là ; et croyant pouvoir mieux réussir ailleurs, s'en alla avec toutes les forces qu'il avoit pour joindre celles que le sieur de Rosne lui amenait de Flandres de la part du prince de Parme..... » (1)

Le 29 août 1591, Henri IV écrit au duc de Montmorency une lettre datée du camp de Noyon, dans laquelle il lui raconte comment les Pontoisiens ont surpris l'Isle-Adam, dont le gouverneur était absent ; il montre un certain dépit de ce coup de main ; on peut juger, par la même lettre, combien les communications étaient difficiles, et combien était alors périlleux le métier de porteur de correspondances : (2)

« Mon Cousin, il y a 15 ou 20 jours que je vous écrivis par un messager... Je vous ai depuis cinq ou six jours encore écrit par un laquais, que je renvoyai vers le sieur Desdiguières, étant contraint de me servir de ces commodités, faute de meilleures ; et peur que ledit laquais *soit perdu*, et que vous n'ayez point eu la lettre, j'ai adressé de vous faire mettre ici un duplicata par lequel vous verrez qu'il n'est rien survenu de nouveau, sinon que, pendant que le sieur Erdonville, qui commandait à l'Isle-Adam, était venu pour se trouver à la bataille, ceux de Pontoise ont surpris le bourg et le château dudit Isle-Adam, où ils se sont *fort insolemment portés*, même dans le vieux château, qu'ils ont gâté en plusieurs endroits, dont j'ai eu déplaisir ! Et j'espère bien *le leur faire payer*, même à celui qui commande dans ledit Pontoise, qui a d'autres

(1) *Mémoires de Chiverny*. (Collect. hist. Michaud et Poujoulat), X, p. 513.
(2) Copie conservée, d'après l'ancien cabinet de M. de Mendajors.

maisons où il sera aisé de se revancher (1). Depuis l'évasion du duc de Guise, j'ai traité de l'échange de ma cousine, la duchesse de Longueville et de ses filles, avec le vicomte de Tavannes ; ..... »

Les faits dont parle Henri IV s'étaient passés le 21 août (*) ; la garnison de Pontoise, profitant effectivement de l'absence de M. de Hédouville, que le roi appelle *Erdon-ville*, avait pillé l'Isle-Adam, et mis le feu en divers endroits. Les Ligueurs conservèrent, toutefois, intacte la tour du château, dans laquelle ils laissèrent une garnison composée de lansquenets, pour garder le passage de l'Oise ; mais l'Isle-Adam ne resta pas longtemps au pouvoir des soldats de M. d'Alincourt : le 12 septembre suivant, MM. d'O, de Fontenay, et autres, qui étaient partis de Senlis avec le régiment de la garde, d'autres troupes, quatre pièces de canon et 254 boulets de batterie, « en huit charrettes » et 24 caques de poudre à canon, parurent devant cette petite ville. L'artillerie était commandée par Jonny, commissaire royal. On somma les lansquenets de se rendre ; sur leur refus, le feu fut ouvert immédiatement, et une brèche pratiquée à coups de canon. On allait donner l'assaut, quand les Ligueurs, se voyant dépourvus de moyens suffisants de défense, firent des propositions de rendre la place, dans laquelle fut réinstallé M. de Hédouville.

Le journal l'*Écho Pontoisien* a publié sous le titre de *Manuscrits de Noël Vouland* (2), une série d'articles, qui, si l'on en croit l'auteur, seraient tirés d'un ancien *Journal* rédigé (?) d'après des notes d'André Sergent, curé de

---

(1) Sans doute le château d'Alincourt, près Magny.

(2) V. les numéros des 20 juillet, 24 août, 7 septembre, 2, 16, 23 novembre 1876 ; 4 et 8 janvier, 15 et 22 mars, et 19 avril 1877 ; ces articles sont signés I. C.

(*) État civil de Pontoise. (Extrait des registres de la paroisse Saint-Pierre) : « Du 28 août 1591, a esté baptisé un fils à hon. homme P. Cuvernon, et a esté appelé Loys, par ses parrains : vénérable et discrette personne Me *André Duval*, prêtre-docteur de Sorbonne, et honorable Claude Hémard. »

Cormeilles-en-Vexin. Noël Vouland place dans le courant d'août et le commencement de septembre de 1591, les événements qu'il raconte ; mais il résulte d'une polémique, soulevée par cette publication, que ces dates sont absolument erronées ; des doutes sérieux se sont également élevés sur l'authenticité de certains faits relatés. Nous analysons sommairement les récits (?) de Noël Vouland, sans nous porter, en aucune façon, garant de leur véracité ; mais cette publication intéresse le Vexin Français, et c'est à ce seul titre qu'elle a droit à une mention particulière.

Les « gens du roi » auraient eu la velléité de chasser les Ligueurs « par delà la rivière d'Oyse ». (Il eût fallu pour cela, bien entendu, faire un nouveau siège de Pontoise). Un détachement d'éclaireurs, arrivé à Puiseux, n'ose aller plus loin ; et se rabattant entre Boissy-l'Aillerie et Montgeroult, arrive à Cormeilles, et s'en empare. Cette avant-garde est bientôt suivie par Henri IV en personne, et par son armée : « venant de Gisors, elle arrivait en tournant Chars » ; le roi traverse la vallée de la Viosne à Ws, et établit son quartier-général, pendant assez longtemps (?), dans la *Maladrerie de Cormeilles*, où il donne audience à André Sergent, curé. (1)

Ici survient un incident nouveau ; près d'un mois après l'installation du roi à la Maladrerie, Antoine Maubert, ligueur acharné, qui commande le château de Chars, conçoit le projet de s'emparer de la personne du roi, qui n'avait avec lui qu'un faible détachement, « le gros de l'armée étant au bord de l'Oise (?) ». Mais Henri IV était à Meulan, *cette nuit-là* ; le coup de main échoua. Le roi, alors, pour venger l'insulte faite à son *quartier-général*, se présente devant Chars, dont le curé fanatique, Gilles Boucher, avait armé et surexcité tous les habitants ; après

(1) Les troupes royales auraient réuni « dans les champs voisins » tant de bestiaux (amenés de Hénonville, Chaumont, etc.', que le chemin de Grisy en aurait conservé le nom de *Chemin des Bœufs* (?)

un combat des plus acharnés, dans lequel le roi a un
cheval tué sous lui (?), les Charsois sont vaincus, et le
bourg à demi détruit ; la victoire reste au Béarnais.

Voici ce que dit seulement M. Bonnejoy, à l'égard de
ce siége de Chars par l'armée royale; et c'est aussi ce qui
nous paraît le plus vraisemblable :

« C'est entre la prise de Gisors (1591) et celle de Pontoise
(1593) (1), que Henri IV trouva le temps de lancer par lui-
même, ou par un de ces généraux, *quelques volées* de pièces
de canon sur les murailles du château de Chars. C'est sur un
mamelon voisin, nommé le *Haut-de-Bray*, que la tradition veut
qu'il ait placé ses batteries ; et par le fait de ce mamelon, situé
à 3 ou 400 mètres de distance, on domine parfaitement le
château. Il paraît que le huguenot Louis de Rouville l'avait
fait bien remettre en état, et qu'il résista plus qu'on ne l'aurait
cru, car les soldats l'incendièrent. On trouve encore des traces
très-visibles de feu sur le mur du côté sud, à l'intérieur : on
découvre aussi de temps en temps, quand on fouille au pied
des ruines, des boulets de fer et même des lingots de plomb
fondu. Ce château ayant été ruiné, comme on vient de le voir,
Jacques de la Guesle en fit reconstruire un autre à côté de
l'église, en remontant dans la vallée... c'était un bâtiment
assez gracieux, formé d'un corps de logis en retour, flanqué
de deux ailes ; et les débris du vieux château furent abandon-
nés aux ravages du temps. »

Pendant cette période de guerres civiles, eurent aussi
lieu, dans la campagne du Vexin, un grand nombre de
petits combats et de rencontres entre des partisans isolés,
aux environs de Magny, de Chaumont, etc.; mais les
détails de la plupart de ces épisodes ont échappé à nos
recherches, car peu de documents authentiques nous en
ont conservé le souvenir.

Le 16 novembre, à la suite du meurtre du président

_____

(1) *Histoire de Chars*, p. 33 et 34. M. Bonnejoy a sans doute voulu dire *1594*,
et faire allusion à la *soumission* de cette ville ; car depuis 1590 la capitale du Vexin
Français ne fut l'objet d'aucune *prise*.

Brisson et des conseillers Tardif et Larcher, èxécutés sans jugement par ordre du Conseil des Seize, un mouvement populaire se produisit dans Paris ; il fallut appeler à la hâte des troupes des garnisons voisines pour aider à rétablir l'ordre. De Renty, gouverneur de Meaux, les frères du Pesché, goùverneurs de Château-Thierry et de la Ferté-Milon, et autres, s'y rendirent. D'Alincourt partit également ment de Pontoise avec une compagnie :

« Lesquels tous ensemble, dit Vaultier, firent ce qu'ils purent pour apaiser ce peuple qui allait par les rues, en nombre de dix ou douze mille, criant : *Vive le Roi !* ..... Enfin, ils furent gagnés..... argent, pains, munitions qu'ils leur baillèrent avec belles promesses qu'ils leur firent ; peu à peu s'adoucirent et se retirèrent. Iceux apaisés, toutes ces garnisons qui étaient allées au secours de Paris se retirèrent aussi, et lors, si Sa Majesté eût été proche, ils se fussent rendus. » (*)

Dans la campagne, les gens de guerre continuaient de commettre des exactions et de se livrer à des attentats de toutes sortes contre les personnes et contre les propriétés. Bien que Pontoise ne soit pas encore au roi, l'Hôtel-Dieu obtient cependant de celui-ci des lettres patentes, datées *du camp devant Rouen*, du 5 décembre 1591, par lesquelles Henri IV ordonne de respecter les fermes de Champagne et de Mézières, appartenant à cet établissement, qu'il met sous sa protection et sauvegarde ; « leur permettant (aux » fermes) en signe de ce, mettre et apposer aux portes » les panonceaux et bastons royaux » ; le roi défend en outre d'attenter aux personnes des fermiers, femmes et familles, à la charge que ceux-ci « se maintiendront, sans favoriser les ennemis rebelles. » (1)

(1) Original : Arch. de l'Hôtel-Dieu de Pontoise ; B. 135. Signé : *Par le Roi, Potier* ; et sur le repli est écrit : *Sauvegarde.*

(*) 1591. — 8 octobre. — D'Alincourt fait remise aux habitants : « de la somme » de 16 écus 2/3, dûs par chacune semaine pour les fortifications, pour être avec » celle de 3 écus 1/3 imposée par nous sur tous les habitants contribuables aux tailles, » exempts ou retirez en ladite ville y tenans boutiques ouvertes, et faisant publicque- » ment traficq, convertye et employée au bois et chandelle pour les corps de garde » de la garnison. » (*Archives Municipales*, EE. 14.)

La fin de 1591 (*) n'est remarquable que par le siége de Rouen, d'où le roi data les lettres dont nous avons parlé ; et par la chute du comité des Seize, qui sont enfin renversés par le duc de Mayenne.

Dès 1592, on voit poindre, de la part de Villeroi, des projets de médiation et d'arrangement entre le Roi et la Ligue, ce qui fait dire de lui « qu'il avait été suspect aux Seize parce qu'il aimait véritablement la Religion et l'État. » (1)

Le 6 janvier, Henri IV écrit à M. du Plessis, et lui apprend qu'il a intercepté des lettres adressées par le duc de Mayenne à MM. de Villeroi et d'Alincourt, dépêches adressées à Pontoise. Cette lettre, datée du camp de Rouen, ne nous donne toutefois aucun renseignement sur ce qui se passait de notre côté pendant le siége de la capitale de la Normandie. (**)

(1) Le Président Hénault, p. 596. (Édit. 1768.)

(*) État civil de Pontoise : *Paroisse Saint-Pierre ; extrait des Registres de Baptêmes* : « den 15 December anno D. 1591, hat der Drunêst und Mauhaft Janiss » Boelz dess Loblich Collaltischen-Regiments und Garnison Pontoyssi Laübenambt » seinen Sohn in der Parres Saint Pier Taüfen lassen und sein gefateres Laüth die... » und Manhafte ». Signé : Thicbold! Fuërst, veldtwaibel (feldwebel, sergent'. Joannes Warcken. Christina Schmolz gefaterin. Le curé avait commencé à écrire : *Du 15e*, etc..... a esté baptizé ung fils à honorable, etc., quand se trouvant sans doute embarrassé, il a dû passer la plume au sergent allemand qui continua la transcription de l'acte. Nous reproduisons textuellement le passage en allemand. (Ce Registre de Saint-Pierre commence le 5 janvier 1591 et s'arrête au 20 octobre 1592.)

(**) État-civil de Pontoise : *Extrait des Registres de la Paroisse de Saint-Pierre* : (Janvier 1592.) « Du 16e jour dudit mois a esté baptisée une fille de très hault et puissant seigneur, messire Charles de Neufville, chevalier, etc., etc...... Gouverneur de Ponthoise et du païs le Vexin (sic), et de dame Marguerite Mandelot, son espouse, qui auroit esté teneue et nommée *Magdalaine* par dame Magdalaine de Laubespine, espouse de hault et puissant seigneur Mgr de Villeroy, et..... »

(*Écriture du* XVIIe *siècle*) : « Le présent registre a été trouvé dans les papiers de feu messire Philipe Porcher, vivant, curé de l'église Saint-Pierre de Pontoise, ce que je certifie être véritable, *signé* Le Tourneur. » *Et ensuite :* « Qui m'a été donné entre les mains, lequel j'ay délivré à présent Jacques de Laval, à présent curé dudit Saint-Pierre. Ce jourd'huy 25e juin 1691. *Signé* Le Tourneur. »

La fille de M. d'Alincourt, à laquelle se rapporte l'acte ci-dessus, épousa le marquis de Sillery, né en 1583, mort en 1640. Ce fut lui qui alla en Espagne conclure le mariage de Louis XIII avec Anne d'Autriche. Il n'eut pas d'enfants de son mariage avec Mlle Madeleine d'Alincourt, et le titre de marquis de Sillery passa plus tard au comte de Genlis.

Dans une assemblée tenue à Pontoise, le jeudi 30 avril,
la réunion, présidée par Guillaume Baudry, nomme de
nouveaux *dizainiers* pour faire la collecte, dite des 20 écus :
cette collecte était destinée à fournir de bois et de chandelle la garnison de la ville ; et par une ordonnance du
gouverneur d'Alincourt, tous les habitants, nobles ou non
nobles, privilégiés ou non, « à la réserve des biens
d'église », étaient astreints à fournir vingt écus par
semaine à cet effet : cela durait depuis le 8 janvier 1591 ;
les collecteurs, maître Pierre Duvivier, procureur, et
autres, qui en étaient chargés depuis cette date, fatigués
de cette tâche, demandèrent à être déchargés de ce soin ;
l'assemblée nomma pour les remplacer les sieurs Marc
et Prévôt. (1)

Au mois de juin, on reprit les négociations pour la
paix : les « agents de cette affaire, dit l'Estoile, étaient
Villeroy, Du Plessis et le président Jeannin » ; elles n'eurent pas de résultats immédiats ; mais Villeroi s'éloignait
déjà sensiblement du parti des exaltés, et nous ne tarde-
rons pas à voir d'Alincourt ressentir les influences de la
politique paternelle.

Un peu plus tard, d'Alincourt perdit son premier enfant,
issu de son mariage avec Marguerite de Mandelot ; on
l'inhuma aux Cordeliers : « .... Dans la même chapelle,
disent les manuscrits de la Ville, est un tombeau de
pierre, orné de marbre de diverses couleurs, élevé de
trois pieds de terre, sur lequel on lit d'un côté, sur une
pierre de marbre noir :

« Tombeau de Charles de Neufville, fils de Messire Charles de Neufville, Baron
d'Halincourt, capitaine de 50 hommes d'armes des ordonnances du Roy, Gouverneur
de Pontoise et pays Vexin, et prévôt de Paris ; Il trépassa le 20 d'août 1592. »

Le mausolée était en marbre blanc et représentait un
petit enfant ; de l'autre côté du monument, se trouvait

(1) Archives de la Ville (BB. 11. 2 ff. parchemin).

une plaque de marbre noir, sur laquelle on avait gravé
ces vers :

> Icy, gist un enfant, dont la gentille enfance
> Fist naître au cœur des siens mainte belle espérance.
> Fils des Villeroy, ici-bas, en naissant,
> Il vit son bisayeul, son ayeul, et son père.
> Mais dans les bras des trois, et de sa triste mère,
> Le Ciel le voulut prendre et l'avoir innocent. (1)

Henri IV savait quels étaient ses intérêts réels ; suivant
les sages conseils que lui donnaient Rosny, Mornay et le
chancelier Chiverny, il voulait doter le pays d'une paix
sincère et durable ; il avait entamé avec Mayenne et les
chefs de la Ligue des négociations qui n'avaient échoué
que devant les exigences exorbitantes de ceux-ci. Il était
donc naturel que, dans une sphère moins élevée, les chefs
militaires de cette contrée qui n'était plus le théâtre principal de la guerre, voyant les souffrances de nos popula-
tions du Vexin, et peut-être fatigués eux-mêmes d'une
lutte interminable, cherchassent à conclure au moins une
suspension d'armes, qui permit aux soldats de se reposer,
et aux gens des campagnes de se livrer à leurs travaux
avec un peu de tranquillité.

Villeroi aidant, le projet réussit ; il fut convenu qu'un
long armistice aurait lieu dans le Vexin et l'Ile-de-France ;
et, en effet, Pontoise conserva dans la suite, jusqu'à sa
soumission définitive à Henri IV, une espèce de *neutralité
armée,* dont on ne saurait exactement définir le caractère,
tant l'habileté de Villeroi avait ménagé à son fils les moyens
de choisir ultérieurement, selon les circonstances, l'alter-
native de paix ou de guerre.

Un traité, stipulant une trève, fut donc conclu entre
M. d'Alincourt, au nom du duc de Mayenne, et M. d'O,
gouverneur de l'Ile-de-France, représentant le roi.

Il fut convenu : que pendant *sept mois*, dans le but de

---

(1) Il y avait également une inscription latine, reproduite dans les mss. Pihan de
La Forest, I, ff. 24.

soulager le peuple et faciliter les récoltes, il ne serait fait *aucun acte d'hostilité*, entre eux ni les leurs, dans les gouvernements de Pontoise, Mantes, Meulan, etc., etc.; que la circulation serait rétablie, sauf à produire des passeports des gouverneurs; que les officiers de justice pourraient faire leurs charges dans l'étendue de leur juridiction, ainsi que les échevins et autres magistrats des villes; que les habitants des villes et du « plat païs » pourraient cultiver, labourer et ensemencer leurs terres, sans qu'il soit loisible à personne, de quelque parti qu'il soit, de saisir et prendre leurs chevaux, bestiaux, ni autres choses à eux appartenant, etc. (1)

Cette trêve fut conclue le 1er septembre 1592, à Meulan, et ratifiée par le roi, le 30 du même mois. Elle fut, du reste, prorogée d'un an à son expiration; et ce nouveau délai coïncida presque avec l'entrée de Henri IV dans Paris, et la remise de Pontoise sous son obéissance.

L'armistice n'eut pas cependant des effets immédiats, car des documents de l'époque nous apprennent que « le 13 septembre, fut tué Antoine Bourdon, *à la guerre* près de Marines, et y enterré. » (2)

D'autre part, le 1er octobre, la garnison de Pontoise, unie à celle de Beauvais et à d'autres troupes du parti des Ligueurs, fait un coup de main sur Saint-Leu, qui n'était plus fortifié; le bourg est pillé par les soldats, et les plus grands désordres y sont commis.

Le 15 septembre, était né à Pontoise Jean Coqueret, qui plus tard devint principal de la *Maison royale de Navarre* et du *Collége des Grassins*, et docteur en Théologie; il fut le directeur spirituel du cardinal de Richelieu, l'ami de saint François de Sales et de saint Vincent de Paule. Il était né de parents très-pauvres, mais honorables. Il mourut en 1655.

(1) V. *Pièces justificatives*, ci-après : Traité de 1592. (No IX)
(2) D'après une note communiquée par M. l'abbé Loisel, curé de Montgeroult.

D'Alincourt, à la fin de cette année (1592), éprouvait de
grandes difficultés dans le recouvrement des tailles et
impôts, ce qui n'a rien d'extraordinaire, en raison de
l'état d'épuisement dans lequel devait se trouver le pays
à la suite de ces guerres, ruineuses pour la contrée ; il
était obligé de *contraindre* les malheureux habitants des
campagnes du Vexin, dans lequel il exerçait son autorité :
nous en trouvons une preuve dans la pièce suivante, que
nous avons en notre possession :

« J'ei receu des habitans de la paroisse de Présaigny Lorguelleux, par les mains
» de Symon Phelippes, la somme de seize escus sol deux tiers, pour le tiers de la
» contraincte ordonnée par Monseigneur le Baron d'Hallincourt, Gouverneur en la
» Ville de Ponthoise et Pays-Vexin, aux sieurs Baudemolle, Cadet Lambert, de la
» Marche, et douze autres leurs compaignons harquebuziers à cheval, pour avoir esté
» contraindre les habitans de la paroisse cy-dessus, pour ce qu'ils doibvent de tailles
» et taillon, la présente amende en considération de la longue distance du chemin
» mesme pour la despense et séjour qu'ils auroient esté contrainctz 'fère. Faict audit
» Ponthoise, ce vingt-neuviesme jour de décembre 1592.

» Quittance de la somme de XVI escus ² ¹. » (1)

Signé : BOUTILLIER.

L'année 1593 commence et se continue, pour Pontoise,
dans les mêmes conditions que la fin de 1592 ; le 23 janvier, le duc de Mayenne autorise la Ville à prélever une
taxe d'entrée spéciale sur chaque muid de sel, pour l'entretien des ponts, portes et murailles.

Le 26 du même mois, s'ouvrent à Paris les fameux *États
de la Ligue* : les Espagnols voulurent y faire voter l'abolition de la loi Salique, et proposèrent de ne pas reconnaître
le roi pour souverain légitime, quand même il se ferait
catholique ; enfin, de déclarer l'Infante d'Espagne reine
de France. Cette demande fut rejetée : cette assemblée
devint bientôt, du reste, l'objet du mépris général, et
rapprocha les modérés de tous les partis, qui la ridiculi-
sèrent par le célèbre pamphlet de la *Satire Ménippée* ;

(1) Pièce orig. mss. — 1 ff. — (Collection H. Le Charpentier). — Pressagny-
l'Orgueilleux est une commune d'environ 500 habitants, située dans le département
de l'Eure, près de Vernon, et à 12 kilomètres des Andelys.

cependant, ces États servirent en réalité les intérêts de
Henri IV plus qu'ils ne leur furent contraires, en décidant
que la couronne de France ne pourrait être portée ni par
une femme, ni par un étranger.

Le 13 mars, des pourparlers ont lieu entre MM. d'O et
d'Alincourt, dans le but de prolonger *pendant un an* la
trêve pour Pontoise (*) ; la convention nouvelle, concernant le Vexin, ne fut définitivement ratifiée que le 30
mars. Ce traité nouveau, conclu entre MM. d'O et d'Alincourt, est très-explicite en ce qui concerne les voyages
des habitants d'un pays à l'autre : « Les gentilshommes
» et autres portans les armes, voulant aller en leurs mai-
» sons des champs pour s'y rafraischir, prendront passe-
» port *du chef du parti contraire,* ou aultrement ils seront
» *de bonne prise,* comme ils seront, s'ils reçoivent en
» leurs maisons ceux qui viendront d'une faction de guerre
» et gardent leur buttin ». La neutralité de la ville et du
château de l'Isle-Adam est confirmée, dans cette nouvelle
convention, d'une manière formelle.

Henri IV, cependant, n'a pas l'air d'attacher une grande
importance à cet armistice : le 15 avril, il adresse à
Gabrielle d'Estrées une lettre qui ne porte pas l'indication
du lieu où elle fut écrite ; c'est la deuxième lettre écrite à
cette date, et nous savons que Henri IV coucha à Meulan
le soir du jour où ces lettres furent expédiées ; il lui dit
que, pendant qu'il écrivait, on lui annonce que trois cents
chevaux sont arrivés à Pontoise : « Je n'en ai que deux

(*) État civil de Pontoise : Paroisse Saint-Pierre ; extrait des R. de Baptèmes :
« L'an 1593 le dimanche 9ᵉ du m. de may, jour et feste de la translation de monsʳ
» Sᵗ-Nicolas, à 4 heures de relevée, fut par vénérable et discrette personne M. Roger
» Deschevert, Prêtre, licencié es-droicts, Prieur commandataire du Prieuré de Sainte-
» Honorine de Conflans...... par la permission et en présence de v. et d. p. Mᵉ Jehan
» Subtil, curé de Saint-Pierre.,. baptizée une fille à.... messire Charles de Neufville,
» etc., etc.... laquel fut nommé Katherine par sa maraine mademoiselle de Longueville,
» madame (de) Theure, et son parain, monsʳ de Villeroy, le père. »
Catherine de Neufville devint dame d'honneur de la reine Anne d'Autriche, et épousa
Jean II, de Souvré ; elle mourut en 1657.

cents, dit-il, mais je m'en vais passer *à la vue de la ville*
pour voir *s'ils veulent se battre* : et s'ils le font, ajoute le
Vert-Galant, je donnerai un coup de pistolet pour l'amour
de vous. Bonsoir mes chères amours. »

Il semble que Pontoise et le Vexin, déjà tant éprouvés
depuis quelque temps, étaient destinés à être victimes de
tous les fléaux qui désolèrent le pays pendant la fin du
XVIᵉ siècle.

Le dimanche 11 juin, jour de la Trinité, vers 6 ou 7
heures du soir, survint un terrible orage de grêle, analogue
à celui qui éclata sur cette ville le 12 août 1875, mais
beaucoup plus violent encore, si l'on s'en rapporte aux
historiens de l'époque :

« Il fit grêles si horribles », dit un témoin de ce désastre,
« que de mémoire d'homme n'en fut vu ni ouï parler de telle ;
car plusieurs furent pesées, tant en cette ville que ailleurs, et
en fut trouvé telles qui pesaient 18 et jusqu'à 20 livres de poids
chacune (1) ; de quoi, il en procéda ruines et dommages into-
lérables, tant d'églises, châteaux, maisons, que autres édifices ;
grands dégâts de grains et autres fruits de la terre, comme des
vignes, dont le bois ne revint et ne rapporta selon son naturel
que cinq ou six ans après ; déracinant les bois de haute futaie ;...
plusieurs furent tués et blessés, et d'autres demeurèrent trou-
blés et insensés de leur esprit ; sans le dommage des bêtes,
tant domestiques que sauvages. »

L'abbé Trou parle de grêlons de 10 à 12 livres ; les
moissons furent entièrement ravagées, et toutes les toitures, vitres, tuiles et ardoises entièrement broyées.

Pontoise ne fut pas seul frappé dans cette catastrophe ;
beaucoup d'autres villes furent atteintes par le fléau : à
Soissons, notamment, le clocher de la cathédrale s'écroula.
Pendant cet orage, le tonnerre, dit-on, gronda avec un
bruit tel que des vitres se brisèrent.

(1) Nous croyons, toutefois, qu'il y a ici une forte exagération ; on a voulu sans
doute faire allusion à *l'agglomération* des grêlons, phénomène observé dans beaucoup d'orages de grêle.

On a eu, nous semble-t-il, à toutes les époques, le plus grand tort de faire intervenir à tout propos la personne et le bras de Dieu dans les résultats de phénomènes atmosphériques et météorologiques, tels que la grêle, les inondations, etc. ; si l'on étudie par la statistique les manifestations physiques de notre globe, on reconnaîtra qu'elles se reproduisent à peu près périodiquement dans chaque siècle ; l'on remarquera, par exemple, que telle zone sera grêlée à peu près régulièrement chaque année, avec plus ou moins d'intensité, tandis que telle autre zone ne le sera, en moyenne, qu'une fois en dix ans.

On ne manqua pas, en 1593, de voir, de part et d'autre, la traduction de la colère céleste dans l'épouvantable grêle dont nous venons de parler ; et les Catholiques-Ligueurs, comme les Huguenots-Royalistes, s'empressèrent de commenter le fait à leur manière, chacun selon son opinion, rangeant Dieu, ceux-ci, dans le parti du Roi, ceux-là, dans celui de la Sainte-Union. On peut en juger par le langage de Vaultier de Senlis, qui nous apprend que le lendemain un orage analogue se reproduisit dans d'autres villes :

« ..... Meaux, Amiens, Beauvais, et autres villes, qui tenaient *pour le parti des Ligueux*, et qui *se moquaient des villes* où le désastre avait été le jour précédent, surent lors comme l'ire de Dieu est à craindre, n'épargnant personne ; car lesdits orages et grêles recommencèrent *seulement sur eux* à décocher *plus grands que les premiers*, qui causèrent de grandes ruines et démolitions telles qu'impossible n'était de plus ! »

L'idée de Dieu éveille, dans le cœur de quiconque n'est pas un athée, des sentiments de grandeur, de bonté et de justice tout à la fois ; or, sans méconnaître ce qu'il y a de providentiel dans certaines circonstances de l'existence de l'homme, on peut croire que cette nuée dévastatrice, qui parcourut la France, désolée déjà par trente ans de guerres civiles, frappant à tort et à travers les Ligueurs et les partisans du roi, ne représentait pas plus la justice divine

que les terribles ouragans du 13 juillet 1788 et du 12
août 1875.

Un mois après cette grêle, le gouverneur de Pontoise
eut la douleur de voir expirer sa jeune femme, Marguerite
de Mandelot, âgée seulement de vingt-trois ans.

Elle fut enterrée au couvent des Cordeliers, où d'Alincourt lui fit élever un magnifique mausolée, dans la
chapelle de la Vierge, « que l'on croit être l'ancienne
chapelle Saint-Jacques ». Ce monument, placé du côté
droit de l'autel, était en marbre blanc ; il représentait une
jeune femme couchée ; sur une plaque placée au-dessus,
on lisait l'inscription suivante :

« Cy gist haute et puissante Dame Marguerite Mandelot, Dame d'honneur de la
» Reine mère du Roy, femme de Messire Charles de Neufville, Baron d'Halincourt,
» chevalier des deux ordres du Roy, capitaine de cinquante hommes d'armes de ses
» Ordonnances, Gouverneur et Lieutenant pour Sa Majesté à Pontoise, et pays du
» Vexin-le-François, laquelle décéda le dixième jour de Juillet 1593. » (1)

Le jeune fils de Ch. d'Alincourt, mort l'année précédente, avait été enterré dans la même chapelle. Ces
monuments, ainsi que tant d'autres qui, certainement,
auraient aujourd'hui pour nous une immense valeur historique et artistique, ont été détruits en 1793. Le souvenir
des morts n'a pas trouvé grâce devant les démolisseurs !

Cependant, Henri IV, voyant qu'il n'y avait pas d'autre
moyen d'en finir, se décida à abjurer le protestantisme :
le 23 juillet, il écrivit à Gabrielle pour lui annoncer cette
nouvelle : « Ce sera dimanche, dit-il, que je ferai le saut
périlleux ! » expression que l'on a bien à tort traitée de
propos de baladin! comme l'a dit avec raison M. Dussieux (2).

La concession que le roi avait la sagesse de faire à ses
sujets allait-elle les satisfaire ? Et s'il gagnait en partie
les Catholiques, ne risquait-il pas de perdre les Protes-

_____

(1) On voyait également, au-dessus, sur une plaque de marbre noir, une longue
inscription latine, que l'on trouvera dans les mss. P. de la F. I. ff. 24. M. d'Alincourt
semble, dans cette épitaphe, devoir rester inconsolable de cette mort prématurée.

(2) *Lettres intimes de Henri IV*, in-8°. 1876. p. 190.

tants ? L'expression de *saut périlleux* n'était pas exa-
gérée. (1)

Le 31 juillet, après l'abjuration du roi, qui avait eu
lieu le 25, dans la basilique de Saint-Denis, la trêve fut
étendue à tout le royaume ; le besoin de la paix se faisait
sentir dans toute la France, et cette longue suspension
d'armes était de nature à en hâter la conclusion.

Le 23 août, Nicolas Aublin, écuyer, s^{gr} de Favelles,
qui avait acheté, le 25 août 1578, le domaine de Pontoise,
le revend, par acte passé devant Mes Careteret et Ferrand,
notaires au Châtelet (2), à M. Charles de Neufville, baron
d'Alincourt, gouverneur du Vexin.

Fiacre Terrier, élu de Pontoise, juge, à la date du 26
août, une contestation entre les échevins, d'une part, et
treize prêtres de la ville, d'autre part, demandant à nommer deux délégués pour faire l'assiette des 45,000 écus,
avec les autres délégués du corps de Ville. J. Durant et
Antoine Seigneur sont choisis pour cette mission et prêtent
serment à cet effet. (3)

Dans le courant de novembre, les Jésuites réussissent à
se faire délivrer par le duc de Mayenne des *lettres patentes*
leur donnant la propriété des biens de la Confrérie-aux-
Clercs de Pontoise ; la lecture de cette pièce « scellée du
grand sceau de cire verte, en lacets de soye rouge et
verte », nous apprend :

Qu'en ce temps misérable et turbulent..., plus ledit ordre
(de Jésus) s'accroîtra, tant plus en seront les âmes catholiques
pourvues de salut et de remède... Nous avons été dûment
averti qu'en la ville de Pontoise y a une certaine Confrérie,

(1) V. cette lettre, D. H. p. LXXIX.

(2) Arch. Municip. *Fonds Pihan*, n° 16. — Le domaine de Pontoise fut revendu
le 31 octobre 1626, par Nicolas de Neufville, fils de M. d'Alincourt agissant au nom
de son père et par procuration, par devant M° Guillot, notaire à Lyon, au profit de
Armand du Plessis, cardinal de Richelieu, lequel le laissa par testament à la duchesse
d'Aiguillon sa nièce.

D'Alincourt resta donc seigneur *engagiste* de Pontoise pendant trente-trois ans.

(3) Archives Municipales, EE. 18.

vulgairement appelée Confrérie-aux-Clercs..... le bien et
revenu de ladite Confrérie n'a été cy-devant à telles œuvres
et si pieuses qu'aujourd'hui il y a moyen de l'employer, et
colloquer, en mettant *l'entière et libre* disposition aux religieux
de ladite Compagnie de Jésus ; considéré les temps misérables
auxquels par nos péchés nous sommes tombés, etc....., pour
ces causes, donnons et octroions par ces présentes, *tous les
biens, revenus, profits et émoluments quelconques* de ladite Confrérie, pour être iceux revenus... employés à l'entretènement
d'une maison de novices dudit ordre (de Jésus), de telles autres
œuvres pieuses qu'ils aviseront bon être..... Cy, prious Messieurs les gens du Parlement, etc..., commettre si besoin est
un des conseillers pour mettre lesdits religieux en possession,
nonobstant oppositions, appellations, et tous autres empêche-
ments quelconques ; la connaissance desquels, si aucuns sont
faits, attribuons à ladite Cour du Parlement, privativement à
tous autres juges, *même à ceux dudit Pontoise,* etc., etc. (1)

En signant cette pièce, Mayenne donnait ce qui ne lui
appartenait pas ; et d'autre part, les Jésuites n'avaient
aucune espèce de droit sur les biens de la Confrérie-aux-
Clercs ; les révérends pères, du reste, malgré leurs finesses
et toutes les précautions juridiques révélées par les lettres
patentes, en furent pour leurs démarches ; car la Confrérie,
qui avait fait tant de bien dans Pontoise, resta en possession de ses propriétés ; et ce n'est que dans les premières
années du xvii° siècle que le cardinal de Joyeuse parvint
à établir les Jésuites à Pontoise, en dépit de l'opposition et
des difficultés que le Parlement et l'Université soulevèrent
à ce sujet.

Avec l'année 1594, recommencèrent les hostilités ; mais
les choses avaient singulièrement changé de face pour le
roi, et à son avantage : la Ligue, déconsidérée, couverte
de ridicule par la *Satire Ménippée,* commençait à voir de
toutes parts la défection de ses partisans. Un certain nombre
de ceux qui tenaient encore en son nom des places ou des

(1) V. mss. P. de la F. : *Histoire des Couvents.* I, ff. 37. (Archives de Pontoise.)

provinces, pensaient déjà à traiter avec le roi aux conditions les plus avantageuses qu'il serait possible d'obtenir ;
d'autres résistaient encore. Malgré la politique et les efforts
du duc de Feria, ambassadeur d'Espagne, le « *sauve qui
peut* » général n'allait pas tarder à commencer.

Dans une lettre adressée, le 5 janvier, de Meaux, à
M. de Maisse, ambassadeur à Venise, Henri IV l'entretient
de ses négociations avec le duc de Mayenne : on prévoit
déjà quel en sera le dénoûment. La fin de cette lettre
contient quelques détails sur un combat livré près de
Pontoise, par la Noue aux troupes de Mayenne ; on voit
ici se dessiner la politique des Villeroi, dans la *neutralité
organisée* par d'Alincourt, qui refuse de recevoir dans
Pontoise les troupes de la Ligue :

« Peu de jours avant l'expiration de la trêve, dit le roi, le
duc de Mayenne avait fait approcher les régiments de Granval,
Lures et Montplaisir, qui pouvaient faire six ou sept cents
hommes, premièrement de cette ville pour tâcher de les y faire
entrer ; puis, vers Paris, pour les jeter dans Pontoise, faisant
porter aux oreilles du sieur d'Alincourt que je le voulais assiéger. Toutefois, *il ne voulut pas les recevoir*, de sorte qu'ils sont
demeurés trois ou quatre jours *logés dans les villages de ce
quartier-là*, jusqu'à ce que, le dernier jour de la trêve expiré,
le sieur de la Noue, avec quelques troupes de sa garnison,
alla les charger et les mit en *route (déroute)* encore qu'ils fussent trois fois davantage. Il y demeura environ cent morts
sur la place, et grande quantité d'armes jetées à terre par ceux
qui s'enfuyaient. Mayenne a mis hors de Paris Daubray,
Passoit et Marchant, qui étaient leurs colonels : c'est un bel
exemple pour les autres villes. » (1)

Tel fut le dernier combat livré sous les murs de notre
cité.

(1) *Orig. à la Bibl. Nat.* : fonds St-Germain Harlay, mss. 1024, pièce 278.

CHAPITRE ONZIÈME.

Histoire des négociations de Villeroi et de C. d'Alincourt, avec Henri IV, pour la reddition de Pontoise (Janvier-Mars 1594). — Situation malheureuse des campagnes dans le Vexin. — Examen des causes qui amenèrent la soumission de la Ville. — Comment Pontoise fut *vendu*, et non *rendu*, et à quel prix. — Entrée de Henri IV à Paris. — Fin de la biographie de M. d'Alincourt : son existence au château de Pontoise ; ses priviléges ; sa maison militaire ; son second mariage et ses enfants. Ce qu'il devint dans la suite ; anecdotes. Sa mort et ses funérailles.

Nous avons dit comment Pontoise et la plus grande partie du Vexin, après avoir rompu avec la Monarchie, avaient traversé la période la plus agitée des guerres de la Ligue ; il n'est pas moins intéressant d'étudier maintenant dans quelles conditions cette contrée rentra sous l'autorité royale : c'est ce qui va faire à présent l'objet de notre examen.

Depuis bientôt cinq ans, la ville de Pontoise s'était soustraite à cette autorité ; et, sauf pendant les quelques mois qui suivirent le siége de 1589, elle était demeurée au pouvoir de la Ligue, défendant de ce côté, ainsi qu'une sentinelle avancée, l'approche de la capitale, bravant les armées du Navarrais, et barrant la route du Vexin.

La situation de notre pays était devenue déplorable.

On trouvera, comme exemple, dans les *pièces justificatives* annexées à cette relation, un curieux extrait des registres de la paroisse de Genicourt; cette pièce donnera une idée du peu de sûreté qui régnait alors, et des déprédations commises journellement par les gens de guerre.

C'est ainsi que, dès 1588, nous voyons les portes de l'église de cette commune *brisées* par les soldats. En 1590, un serrurier *refait* la serrure du trésor de la fabrique ; l'année suivante (1591), elle est *brisée de nouveau*, et à deux reprises différentes, par les « gens d'armes. »

Une note manuscrite nous apprend que les contributions « ruinoyent les villages comme appert, par cy-devant et cy-après. »

En 1594 et en 1595, les « gens de guerre » défoncent régulièrement la porte du « trésor », où il ne devait plus se trouver beaucoup de numéraire, après tant de visites intéressées ; enfin, en 1596, on répare *les ruines* que les soldats avaient causées dans l'église de Genicourt!!......

On peut juger par cet aperçu de la misère profonde qui régnait alors dans les campagnes du Vexin ; nous empruntons à un ouvrage de M. E. Rendu, le passage ci-après, qui est un éloquent et saisissant tableau de l'état de la France pendant cette triste période des guerres de religion :

« Le royaume, depuis vingt-sept ans, était en proie à la guerre civile. Catholiques et Protestants, engagés dans une lutte d'extermination, n'entrevoyaient d'autre issue à cette suite effroyable de combats, de massacres, d'assassinats, de guet-apens, de trèves aussitôt violées que conclues, que la destruction de l'un ou de l'autre des deux partis, qui, sous le drapeau de la religion, ensanglantaient la commune patrie !

» Les provinces étaient ravagées, la capitale dominée par une faction furieuse, le trésor grevé d'une dette de près de deux cents millions. Plus d'agriculture, plus de commerce, plus d'industrie : les routes effondrées, les ponts coupés ; les habitants des campagnes dans un tel état de misère, que, pour payer les impôts, ils étaient obligés de vendre le chaume qui couvrait leurs maisons. Puis, au milieu de ce lamentable désordre, l'étranger, sous prétexte de défendre le catholicisme,

menaçant l'indépendance nationale, et par son or, comme par
ses entreprises armées, pénétrant jusqu'au cœur de la France;
et, avec la complicité du parti espagnol, se préparant à marcher sur Paris....... » (1)

Pontoise, cependant, allait enfin voir finir cette triste
et longue série de troubles et de guerres civiles, dont on
pourrait dire qu'elle subit encore aujourd'hui les conséquences.

Ce ne furent nullement, comme on l'a dit, des circonstances locales, mais des raisons politiques étrangères à la
ville elle-même, qui amenèrent sa soumission définitive à
Henri IV.

Ce fut à Villeroi, père du gouverneur d'Alincourt, que
le roi dut de rentrer en possession de Pontoise. Villeroi
était las des tergiversations de Mayenne ; il pensa à négocier, par l'entremise de son fils, la reddition de la capitale
du Vexin. Henri IV et Villeroi s'observaient et comptaient
l'un sur l'autre ; aussi, de Thou (2) fait remarquer « la
bonté qu'eut Henri d'accorder à M. d'Alincourt, son fils,
la prolongation de la trêve pour Pontoise ». On cacha cette
négociation, parce que le roi comptait que Villeroi, qui
avait toujours été plus ou moins neutre, serait plus propre
que tout autre à traiter avec le duc de Mayenne, tant
qu'on le croirait dans les intérêts des deux partis.

De son côté, Villeroi comptait bien aussi sur la reconnaissance de Henri, et son espoir ne fut pas déçu de ce
côté, comme on le verra plus loin.

Voici d'abord ce que dit le P. Daniel, relativement à la
prolongation de la trêve pour Pontoise :

« Le sieur de Villeroi fut convaincu que le duc de Mayenne
n'agissait pas de bonne foi avec le roi ; c'est pourquoi, après
avoir de nouveau représenté au duc qu'il s'allait perdre s'il
différait de traiter, et que plus il retarderait, moins les condi-

(1) *Les Français*, par M. Eugène Rendu, p. 115 (in-12, Ch. Fouraut, 1870).
(2) *De Thou*, tome VIII, p. 371. — (Paris in-fol. 1659).

tions seraient avantageuses, il prit congé de lui pour se retirer
à Pontoise, avec toute sa famille. Il prit dès lors la résolution
d'engager d'Alincourt, son fils, qui en était gouverneur, à
traiter avec le Roi, et dès qu'il y fut, ayant fait connaître à ce
prince l'envie qu'il avait de lui faire ce bon service, il obtint
de lui une prolongation de trois mois de trêve pour Pontoise,
afin d'amener son fils à ce qu'il souhaitait. » (1)

Le 23 décembre, en effet, Villeroi, après avoir notifié
sa résolution au duc de Mayenne, quitta définitivement
ce dernier, et vint retrouver son fils à Pontoise ; il avait
imaginé de demander, des deux côtés, une *trêve*, dont
l'effet apparent était d'établir, en ce qui concerne cette
ville, une sorte de *neutralité armée,* mais dont le but réel
était de lui permettre d'agir en liberté et de continuer des
négociations à son profit ; nous allons dire quel parti il sut
tirer de la situation qu'il avait si habilement créée :

« Le lundy, trois de janvier (1594), dit Pierre de l'Estoile,
a été rendue publique une lettre que le sieur de Villeroy a
écrite au duc de Mayenne, dans laquelle........ vu le parti
honorable qui lui a été proposé de la part de Sa Majesté, et le
mauvais état des affaires, s'il le refuse, et le peu de secours
qu'il doit attendre des Espagnols, qui cherchent la ruine de
l'État, il le prie d'agréer qu'il accepte *la trêve qu'il a demandée
à Sa Majesté pour la ville de Pontoise.* » (2)

Les affaires de la Ligue deviennent de plus en plus
mauvaises ; Mayenne perd du terrain ; nous lisons encore
dans le Journal de Pierre de l'Estoile :

« FÉVRIER. — Au commencement de ce mois, le sieur de
Villeroy ayant *fait son accord* et celui de son fils, le sieur
d'Alincourt, avec le Roy, pour la ville de Pontoise, est rentré
au service de Sa Majesté, qui lui a donné l'employ de secrétaire d'État, qu'il avoit occupé sous le roi Henri III. » (3)

(1) *Hist. de France*, P. Daniel, IX, p. 704 (in-4°).
(2) *Journal de Henri IV*, I, p. 451.
(3) *Ibid.* page 464. On trouve aussi aux Archives nationales des lettres de février
1594, enregistrées au Parlement le 13 juin suivant, relatives à la convention avec le
sieur d'Halincourt, et d'autres lettres, en 1597, modifiant certains articles de cette
capitulation.

Il résulte du témoignage de divers historiens qu'il négociait des deux côtés à la fois, et que la reddition de Pontoise était pour lui « un des moyens d'arriver à une pacification générale. »

On a cherché à expliquer de diverses manières les motifs de la « composition » de Pontoise avec le Béarnais.

L'abbé Trou rapporte que la détention au château de Pontoise d'Antoine de Loménie, secrétaire des commandements de Henri IV, avait contribué à rapprocher les deux partis (1). « Le prisonnier aurait su, dit-il, faire servir sa captivité à la cause de son maître ». L'auteur des *Recherches sur Pontoise* a fait ici une confusion qui lui fait dédoubler le même personnage; il dit, en effet, que, dans sa prison, Loménie eut de fréquentes conférences avec Neufville de Villeroy, *alors gouverneur* de Pontoise, ET AVEC d'Alincourt qu'il s'efforçait de gagner à la cause du roi. Or, Villeroy, *gouverneur*, et d'Alincourt ne faisaient qu'un seul et même officier. L'abbé Trou ajoute que Loménie réussit, et que lorsque le sacre de Henri IV, à Chartres, fut connu, et qu'un grand nombre de villes se furent déclarées pour lui, de Villeroy, d'Alincourt (encore *bis in idem*) ET les principaux habitants de Pontoise, toujours travaillés par de Loménie (qui était en prison), députèrent vers le Béarnais, pour lui annoncer que Pontoise se rangerait sous son obéissance... à condition, toutefois, que cette cité resterait *neutre*.

Henri IV, dit encore l'abbé Trou (confondant de nouveau le fils avec le père), envisageant les services que d'Alincourt pouvait lui rendre pour faire la paix avec le duc de

---

(1) Antoine de Loménie, né en 1560, mort en 1638, fut, en 1595, ambassadeur à Londres, puis, en 1606, secrétaire d'État; c'est lui qui a légué à la Bibliothèque Royale 340 vol. de pièces historiques, recueil des plus précieux, connu aujourd'hui à la Bibliothèque sous le nom de *fonds Brienne*. Son père, Martial de Loménie, greffier du Conseil, avait été tué le jour de la Saint-Barthélemy. Antoine de Loménie ayant été fait prisonnier par les Ligueurs, avait été enfermé assez longtemps au château de Pontoise.

Mayenne, accueillit la soumission de Pontoise aux conditions énoncées ; on va voir ce qu'il y a d'exact en ce qui
concerne cette prétendue soumission *volontaire*.

· Villeroi, de son côté, a expliqué (1) les motifs qui lui
firent embrasser définitivement la cause royale ; ce sont
ces motifs, intéressés et absolument politiques, qui contri-
buèrent, en réalité, à la reddition de Pontoise, laquelle fut
le gage, en quelque sorte, de sa réconciliation avec le roi ;
il ne voulait pas, disait-il, dans un langage qui l'honore
du reste, « compatir aux humeurs des Espagnols, qu'il
tenait pour auteurs et cause de la ruine du parti catholique
et de la France. »

Mais ce qui nous fera envisager le rapprochement de
Villeroi et du roi sous un jour moins favorable pour le
premier, c'est que d'Alincourt reçut (avec son père), pour
la cession de Pontoise, une somme de près de cinq cent
mille *livres*, somme énorme pour cette époque, et surtout
eu égard à la pénurie dans laquelle devait se trouver le
trésor royal après ces guerres.

D'Alincourt avait en outre fait stipuler par le roi, qu'il
resterait chargé, comme par le passé, du gouvernement
de Pontoise, et qu'il y commanderait en son nom (en
attendant qu'on pût disposer d'un emploi plus élevé).

On dit, du reste, qu'il contribua aussi à la reddition de
quelques autres places, et à l'apaisement de la guerre
civile en général.

D'après Sully, Villeroi n'aurait entièrement rompu avec
la Ligue que lorsqu'il considéra la perte de ce parti
comme certaine, et après la reddition des villes les plus
importantes, telles que Rouen, Orléans, Bourges, Meaux,
etc. « Alors, dit-il, il ménagea si bien son temps, par le
moyen de M. du Plessis et de M. de Sancy, dont le marquis
d'Alincourt, son fils, épousa (plus tard) la fille, que l'un et
l'autre ne reconnurent le roi *qu'en se faisant acheter.* »

(1) *Mémoires d'Estat*, II, p. 108.

Sully se plaint, dans ses *Mémoires*, que la plupart de ceux qui, dans ce temps-là, semblaient porter de l'affection au roi, l'aimaient, en réalité, moins par inclination que par intérêt : Sully s'étonne à tort ; cela s'est vu et se verra sous tous les gouvernements ! Il y a pourtant des amis fidèles et désintéressés, mais on en rencontre fort peu ; on ne les apprécie qu'à la longue, et souvent c'est seulement bien plus tard que l'on est à même de distinguer le vrai dévouement aux intérêts d'une cause, de l'ambition vulgaire, si habile qu'elle soit, qui ne se fait aucun scrupule de crier, selon les circonstances : *Vive le Roi !* — ou — *Vive la Ligue !*

« Monsieur de Villeroy et Monsieur d'Halincourt son fils », écrit Sully, « *se firent acheter bien chèrement*, d'autant qu'il eut l'argent de la récompense de sa charge, et encore après la charge de sécrétaire d'Estat. »

« Le lundy 25 novembre (1596), » dit encore Claude Groulart, dans ses Mémoires, » nous fusmes disner chez Monsieur le Président Séguier, Monsieur d'Incarville et moy, pour, par le commandement de Sa Majesté, voir le menu de ce que coustoient les cappitulations des Villes de ce Royaume, où l'on nous fit voir de grandes villenies, et de l'argent incroyable baillé à ceux qui avoient trahi l'Estat, et esté cause des grandes guerres de la Ligue. »

Suit une liste de toutes les places *achetées* par Henri IV, avec le prix payé, en regard ; presque en tête de cette longue nomenclature, intitulée : « *Estat des deniers accordés pour composition*, etc. », on trouve cet article :

« Au sieur d'Alincourt et aultres,................... *pour Pontoise*.............. **124,200** escus. » (1)

D'autre part, nous extrayons l'article suivant de « l'*Estat des sommes acquittées à la descharge du Roy*, etc. », relevé dans les *OEconomies royales*, de Sully : (2)

---

(1) V. *Mémoires relatifs à l'Histoire de France*, Cl. Groulart, 1599.
(2) Paris et Rouen, édit. 1663, petit in-12, tome IV, p. 379.

« Plus, à Monsieur de Villeroy, pour luy, son fils, Pontoise, et autres particuliers (sic). **476,594** LIVRES. »

Cette somme, représentée dans notre monnaie actuelle, et en tenant compte de la valeur comparée (1) de l'argent de nos jours et à l'époque de la Ligue, équivaudrait à environ UN MILLION SEPT CENT QUATRE-VINGT-SEPT MILLE FRANCS !

C'est, comme l'on dit vulgairement, « un beau denier », et Bacon a pu dire avec raison que si l'argent était un mauvais maître, il était du moins un fort bon serviteur !

Il est avec le ciel, dit-on, des accommodements ; on vient de voir dans quelles conditions et après quelles tergiversations et quelles menées politiques, Villeroi et d'Alincourt négocièrent à leur profit la soumission de Pontoise ; voici dans quels termes le R. P. Gaspard Viallier, le 7 février 1642, dans l'église des Carmélites de Lyon, et devant le cercueil de C. d'Alincourt, *expliquait* cette *affaire* : « La » Religion seule lui avait mis le fer à la main : en effet, » *à peine* le grand Henri ayant fermé son cœur aux erreurs » et aux impiétés des hérétiques,..... cet illustre capitaine » témoigna par son obéissance et par sa soumission qu'il » n'avait jamais été ennemi de la royauté, et qu'il était le » plus parfait et *le plus passionné* serviteur du Roi ! »

On ne saurait mieux arranger les choses : du reste, quelques lignes plus loin, maître Gaspard en arrive à qualifier les Ligueurs de *mutins* ! Si d'Alincourt entendit ce discours du fond de son cercueil, il put ajouter *in petto* : « *quorum pars magna fui* ! »

On pense involontairement, en lisant cette oraison funèbre, au type, si spirituellement mis en scène par Topffer, de ce sceptique personnage qui s'écriait à chaque instant : « Faux ! épitaphe ! ! tout est épitaphe ! ! ! »

Ce fut le 21 mars, ou le 22, jour même de l'entrée de

---

(1) D'après Bally, et autres, *la valeur relative* d'une livre, à l'époque de la ligue, varia de 3 fr. 66 c. à 3 fr. 83 c. de notre monnaie actuelle.

Henri IV à Paris, que Pontoise rentra officiellement et définitivement au pouvoir de la royauté. Ce serait le 22 mars, si l'on en croyait la mention manuscrite d'un Pontoisien de l'époque, et dont nous avons parlé (page 145). Le 20 mars, le roi était à Senlis ; il écrivait à M. de Brèves, gentilhomme ordinaire de sa chambre et, à cette époque, ambassadeur « à la Porte du Grand-Seigneur », c'est-à-dire en Turquie : « La ville de Pontoise se doibt *déclarer* » dans deux ou trois jours, avec le sieur de Villeroy, et » d'Halincourt son fils. C'estoit le seul passage qui demeu-» roit ouvert sur les rivières et la ville de Paris, lequel » lui estant osté, cela aydera beaucoup à la faire venir à » la raison d'une façon ou d'aultre. » (1)

Le 21 mars, en effet, le roi quitta Senlis et se dirigea sur Saint-Denis, en passant par *Ruel* (?) : P. de l'Estoile ne dit pas qu'il passa par Pontoise ou près de cette ville. Nous ne raconterons pas les incidents si connus de l'entrée du roi dans Paris; mais c'est aux Villeroy et à d'autres VENDEURS, *cjusdcm generis*, que, ce jour même, Henri IV fit allusion, dans cette réponse restée célèbre, adressée à Nicolas, secrétaire de Charles IX et du duc de Mayenne. Nicolas, à propos des événements qui venaient de se passer, disait au roi « qu'on avait fini par rendre à César ce qui appartenait à César. » — « Ventre-Saint-Gris, dit le roi, on ne m'a point fait comme à César : car on ne me l'a pas rendu, à moi : on me l'a vendu, et bien vendu ! »

En résumé, la version qui nous représente les Pontoisiens, catholiques enthousiasmés, allant se jeter aux pieds de Henri IV, aussitôt après son abjuration, et, en quelque sorte, entraînant leur gouverneur ligueur dans les bras du roi, n'est qu'une fable poétique, dont il ne subsiste moralement rien, quand on a étudié, comme nous venons de le faire, l'histoire des négociations intéressées de MM. de

(1) Extrait de la Bibliothèque de M. de Monmerqué : mss. intitulé : « *Lettres aux ambassadeurs du Levant.* »

Villeroi et d'Alincourt (1). Dans tout le cours de cet
ouvrage, nous avons mis, autant que possible, sous les
yeux du lecteur, les termes mêmes employés par les
auteurs dont nous avons invoqué le témoignage : il était
important, surtout dans cette partie de notre travail,
d'établir par des citations d'une autorité incontestable, la
part de responsabilité qui incombe ici à chacun.

C'est avec un sentiment pénible que l'on voit ces chefs
de la Ligue, qui avaient juré solennellement de maintenir
de tout leur pouvoir la Sainte-Union et de ne *jamais* traiter
avec le Béarnais ; ces hommes, qui à tant de reprises,
avaient payé de leur personne sur les champs de bataille,
et exposé leur vie pour le salut de leur cause, en être
arrivés, après cinq ans de lutte, à laisser marchander et
à débattre le prix de leur conscience politique, comme
s'il s'était agi d'un objet de commerce !

Bien que, dans la suite, d'Alincourt joue un rôle moins
important dans les événements relatifs à Pontoise, il n'est
pas sans intérêt de relater ce que nous avons recueilli sur
ce personnage : il appartient par sa famille à notre contrée,
et il y a rempli de trop importantes fonctions pendant la

---

(1) Les vaillants chevaliers du siége de 1589 étaient devenus des hommes d'affaires !
Nous devons ajouter que les Villeroi ne furent pas les seuls à tenir cette conduite
vénale : dès le 27 décembre 1593, de Vitry-l'Hôpital avait vendu Meaux pour 20,000
écus et l'emploi de bailly ; Villars et autres vendirent Rouen, le Havre et diverses
places de Normandie pour 3,477,800 livres ; de la Châtre vendit Bourges et Orléans
pour 898,900 livres. A Paris, le gouverneur, M. de Belin, devenu suspect, avait été remplacé par le comte de Brissac : celui-ci reçut pour livrer la capitale 1,695,400 livres,
etc., etc. ; il serait trop long d'énumérer les nombreux *articles* de ce genre relevés
dans les *Œconomies royales* de Sully (édit. 1663, IV), et dont le total s'élève au
chiffre énorme de 32,142,981 livres.

L'impartialité nous oblige à faire deux remarques qui expliquent cette conduite des
Ligueurs, sans cependant la justifier : la première, c'est qu'aucun d'eux ne fit sa soumission *avant* la conversion du roi ; la seconde, c'est que la plupart d'entre eux avaient
fait la guerre à leurs frais ; et les gouvernements militaires étaient considérés par eux
comme des *propriétés* qui s'achetaient ou se vendaient, moyennant indemnité. Ces
considérations atténuent, sans l'excuser nous le répétons, ce qu'il y eut de vénal dans
les *accords* de MM. d'Alincourt, de Villeroi et autres avec Henri IV.

Ligue, pour que nous ne cherchions pas à finir la biographie de l'ancien gouverneur du Vexin. Nous la compléterons par quelques détails historiques, et par des notes assez curieuses sur sa vie privée, extraites d'écrivains de son temps ou presque ses contemporains.

Pendant les événements que nous avons racontés, il était resté au château de Pontoise, où il avait une *maison* civile et militaire, comme gouverneur du Vexin. Son secrétaire se nommait Etienne Rousselet; son capitaine des gardes, Jehan Desmoulins ; son écuyer, Christophe Vadecard. Edme Regnault remplissait les fonctions de *capitaine-concierge*, et Le Prince, celles de sommelier du château. On voit, plus tard, en son absence, figurer Jehan de Dampont, en qualité de *chastelain sous* M. d'Alincourt.

La garnison se composait de lansquenets, d'artillerie, de compagnies du régiment de Castelnau, et de cavalerie. Voici les principaux officiers dont les noms sont parvenus jusqu'à nous : Mathurin de Castelnau, sieur de Boisjoly ; Charles d'Aumont, sieur de Porcheuse (officiers supérieurs). Les capitaines d'infanterie François Richard, Henry Rondelle, Claude Lionnois, Antoine de Safre, Georges de Ver, sieur de la Croix ; enfin : Nicolas Desjardins ; Jacques Loubelle, sieur de Nantilly ; Robert Rielle (gens de pied).

Parmi les officiers de lansquenets : Jehan Bocq, Cœsar, Poost, capitaines. Jehan le Clerc, prévôt de la compagnie d'Ansgênes. Citons encore : les lieutenants Ant. Roger, sieur de la Rose; Simon de la Haye ; Claude Lionard (infanterie) ; compagnie de chevau-légers de M. de Saint-Germain : Guillaume de Lameray, lieutenant ; Claude de Genton, sieur de Mollon, capitaine ; Pierre Mulot, maitre-canonnier d'artillerie ; Cœsar Bonfilzs (noble homme), sergent-major du régiment de Boisjoly, etc., etc. Tels sont les noms des principaux officiers qui commandaient la garnison de Pontoise, et occupèrent cette ville depuis le siége de 1590.

On trouve dans les registres des baptêmes de St-Pierre et d'autres églises, le nom du gouverneur, celui de sa première femme, et plus tard celui de sa seconde, comme ayant servi de parrain et de marraines à divers enfants de Pontoise : ce sont, dans la plupart des cas, des fils ou filles d'officiers de la garnison.

D'Alincourt semble aussi ne pas s'être montré ingrat envers ceux qui avaient fait preuve de dévouement envers sa famille ou envers lui-même : c'est ainsi que nous le voyons assigner une dot de mille écus à une jeune fille de Pontoise, Marguerite Lambert, pour la marier avec le fils d'un libraire de Paris, en reconnaissance des services « que la famille de la jeune fille a faits aux sieur et dame de Villeroy, parents du donateur. » (1)

Le gouverneur se rendait assez souvent à Alincourt, près Magny, auprès de son père, et y passait quelque temps.

Le traitement de M. d'Alincourt s'élevait à 1,800 livres par an, ce qui équivaudrait de nos jours à une somme d'environ *six mille huit cents francs.* (2)

Le gouverneur jouissait en outre de certains autres droits ; ses prérogatives étaient assez étendues : il pouvait, avant tout autre, commander aux gens de guerre passant par Pontoise, ainsi qu'aux officiers de la milice bourgeoise. Dans la ville, il avait, avec le lieutenant du roi, le pas sur tous les autres officiers, à l'exception, *s'il venait,* du gouverneur de l'Ile-de-France. S'il survenait un passage de troupes étrangères à la garnison de Pontoise, celles-ci étaient tenues de lui fournir un corps de garde d'honneur. Le gouverneur avait en outre le droit d'avoir des gardes à

(1) Original : Minutes Prévost ; étude de Me Jouarre. (Acte du 3 septembre 1596.)

(2) Archives de Rouen : C. 1233, p. 17. M^t du bureau des finances de Rouen, du 30 janvier 1595. Le texte de cette pièce, ainsi que plusieurs autres notes intéressantes, nous a été communiqué par M. J. Depoin. — Nous continuons d'évaluer la monnaie de l'époque par proportion à la valeur *comparée* de l'argent.

sa solde, portant « la bandoulière avec ses armes » ; il
était exempt de tous droits d'entrée, même du tarif de la
ville ; il pouvait s'asseoir à la première place dans l'Hôtel-
de-Ville, s'il s'y tenait des assemblées. Il avait le droit de
chasse sur tous les biens dépendants de la ville, et enfin
pouvait « jouir des foins, herbages et fruits, pêche des
» fossés, remparts et glacis ; être exempt de service per-
» sonnel du ban et arrière-ban, même de contribution à
» icelui ; de tailles, ustencilles, logement de gens de
» guerre, tutelle, curatelle, guet, garde, et enfin de
» toutes autres charges publiques. »

D'Alincourt, comme gouverneur, et pour se conformer
aux instructions qui lui étaient données, devait veiller à
ce que les habitants vécussent en bonne intelligence avec
les « gens de guerre » ; il avait ordre de faire châtier
sévèrement ceux qui contreviendraient aux règlements
militaires, en vigueur pendant cette période de troubles.

De son mariage avec Marguerite de Mandelot étaient issus :

Charles de Neufville (né à Pontoise), mort jeune, inhumé
aux Cordeliers.

Madeleine, mariée plus tard au marquis de Sillery, morte
sans enfants. (Née à Pontoise.)

Catherine, dame d'honneur de la reine Anne d'Autriche,
mariée à Jean II de Souvré (née à Pontoise), m. en 1657.

D'Alincourt se remaria, le 11 février 1596, avec Jacqueline du Harlai, fille dé Nicolas du Harlai, baron de Sancy,
colonel des suisses.

Il eut de ce second mariage six enfants, qui furent :

Nicolas de Neufville, 4e du nom, duc de Villeroy, maréchal de France et gouverneur de Louis XIV, pendant sa
jeunesse. (Né à Pontoise. Nous en parlerons plus loin.)

Henri, comte de Buhy, mort en 1628 ; marié à Françoise Phelypeaux.

Camille, né à Rome le 22 août 1606 ; plus tard archevêque de Lyon.

Ferdinand, chevalier de Malte, évêque de Saint-Malo.

Lyon-François, mestre-de-camp, tué au siége de Turin, le 3 août 1639.

Marie de Neufville, mariée deux fois, morte en 1688.

Après la reddition de Pontoise, d'Alincourt se distingue à Laon, puis à La Fère : dans la correspondance de Henri IV, on voit d'Alincourt mandé à Compiègne, le 5 mars 1596, avec ses troupes et avec la compagnie de Vitry. Le roi le fait venir à Rouen, et lui donne le collier de ses ordres, qui depuis figure dans ses armes (1). Au siége d'Amiens, en 1597, il déploie une bravoure digne des plus grands éloges, et est couvert du sang d'un nommé Dumay, tué dans ses bras.

Le traité de Vervins (1598) met fin à la guerre entre Philippe II d'Espagne et Henri IV; il accompagne le roi. M. de la Guiche meurt gouverneur de Lyon : d'Alincourt lui succède dans cette place, dont il avait déjà la survivance.

Après la mort du brave d'Espinay de Saint-Luc, tué devant Amiens, en 1597, d'Alincourt avait été présenté pour la place de grand-maître de l'artillerie ; mais le roi craignit qu'il ne fût pas capable de remplir cette charge considérable : « il lui trouvait les ongles trop pâles. » (2)

Il avait d'ailleurs un compétiteur redoutable, et qui l'emporta : c'était M. d'Estrées, père de la belle Gabrielle, « laquelle remonstroit au roi, que s'il lui refusoit, ce

---

(1) Dans sa *Notice sur Magny*, M. Feuilloley rapporte par erreur que d'Alincourt représenta Henri IV à Rome, lors de l'absolution de ce prince : qu'il dut se proster-ner, *en caleçon*, sur les marches de Saint-Pierre et, dans cette posture, recevoir de la main du pape trois coups de baguette. Aussi, un vieux capitaine huguenot, reprochant à Henri IV d'avoir été fustigé par le pape : « Oui, répartit le monarque, mais sur les...... reins de M. d'Alincourt ! »

Ce furent MM. d'Ossat et du Perron, et non d'Alincourt, qui négocièrent l'absolu-tion du roi, l'obtinrent, et le représentèrent à la cérémonie du dimanche 18 septem-bre 1595. (V. P. de l'Estoile, II, p. 230 et suiv. Édit. 1741.)

(2) Mémoires de Sully, livre IX.

» seroit un témoignage certain qu'il ne l'aimeroit plus ;
» qu'elle estoit résolue de se rendre en quelque religion…
» auxquels assaults, écrit Henri IV, je n'ay pas eu assez
» de force pour y résister….! »

On donna à d'Alincourt une compensation : le titre
d'ambassadeur ordinaire et extraordinaire près la cour de
Rome. Le 11 janvier 1600, Henri IV écrit au duc de
Gênes pour lui dire qu'il envoie M. d'Alincourt à Rome,
et le prier « d'accommoder une gallère qui l'attende à Anti-
bes, afin qu'il puisse se rendre à Gênes, et pour faciliter
son passage. » (1)

La même année, au mois de mai, d'Alincourt prend
part aux négociations relatives au mariage du roi avec
Marie de Médicis. Il est encore, à cette occasion, l'objet
d'autres faveurs ; le 7 mai, il apporte à Fontainebleau la
nouvelle de la signature du contrat, passé le 25 avril précédent ; il remet au roi, en même temps, un portrait de
la future reine, enrichi de pierreries et de diamants.

Le reste de la vie de Villeroi-d'Alincourt ne présente
rien de très-remarquable ; cependant on trouve encore son
nom cité à diverses reprises dans le Journal de Pierre de
l'Estoile, et par d'autres historiens.

L'Estoile raconte, avec de nombreux détails, les magnifiques cérémonies qui furent célébrées à Rome au mois de
mars 1608, lorsque M. d'Alincourt, ambassadeur, remit le
collier de l'ordre du Saint-Esprit, au nom du roi, aux
ducs de Segni et de Santo-Gemini. On le voit mêlé à quelques intrigues et à quelques affaires sans importance. Il
conserve le titre de gouverneur de Lyon jusqu'à la fin de
son existence. En 1610, il fait des démarches pour obtenir
une garnison à Lyon, afin, disait-il, d'avoir un corps de
réserve prêt à marcher contre les protestants du Langue-
doc, s'ils venaient à se révolter. Le Ligueur reparaissait
en lui ; mais on soupçonna qu'il avait une arrière-pensée

(1) Arch. de la ville de Gênes. Copie transcrite par l'ambassade de France à Turin.

de défiance contre les priviléges de Lyon, et on lui fit des difficultés qui entravèrent le succès de sa demande.

C'est à son séjour à Lyon, qui fut assez long du reste, que se rapportent les quelques anecdotes qui suivent.

D'Alincourt avait l'habitude, paraît-il, d'obliger les courriers qui passaient à Lyon, à s'arrêter, et à monter chez lui, pour les questionner et leur demander des nouvelles de Paris.

Tallemant des Réaux, dans ses *Historiettes* (1), raconte, à ce propos, une anecdote très-connue d'ailleurs : les réparties qu'il donne comme étant de M. de Vandy, neveu du comte de Grandpré, ont aussi été attribuées au duc de Roquelaure ; mais le *Momus Français* (2), qui met en scène ce dernier personnage, n'est pas un recueil sérieux, et il y a toute raison de croire que c'est entre MM. d'Alincourt et de Vandy que se tint cette célèbre conversation, qui égaie encore de nos jours les lecteurs d'almanachs ! Voici l'*historiette* :

« Une autre fois qu'il (Vandy) courait la poste, en passant par Lyon, on l'obligea à aller parler à feu M. d'Alincourt, père de M. de Villeroy, qui exerçait cette petite tyrannie sur les courriers. Il y fut : M. le Gouverneur (d'Alincourt), sans autrement le saluer, lui dit : « Mon ami, que disait-on à Paris quand vous en êtes parti ? — Monsieur, on disait vêpres ! — Je demande ce qu'il y avait de nouveau ! — Des pois verts, Monsieur.

Alors se doutant que ce n'était pas ce qu'il pensait, monsieur d'Alincourt ôte le chapeau, et lui dit : « Monsieur, comment vous appelez-vous ? » — « Cela n'est pas réglé, reprit Vandy, tantôt *mon ami*, tantôt *Monsieur*. » Et il s'en va. On dit après

---

(1) Tallemant des Réaux, VIII, Ch. CCLXXXII. — Dans le deuxième volume de ses *Historiettes*, Tallemant fait encore une autre allusion à cette habitude de M. de Neufville-d'Alincourt, mais au lieu d'être Vandy, le personnage qui aurait fait ces réparties serait le comte de Clermont-Lodève, grand seigneur du Rouergue, et connu à la Cour sous le nom de marquis de Cessac.

(2) *Momus Français* ; Cologne, 1727, in-12.

à M. d'Alincourt qui c'était. Il envoya après, mais en vain...
Vandy le laissa là pour ce qu'il était. »

Le même Tallemant a consacré à *madame* d'Alincourt
(2ᵐᵉ du nom), un de ses chapitres : (1)

« Un garçon de Paris, nommé M. de Marcognet, fils d'un
maître des requêtes appelé Langlois, fit amitié avec monsieur
d'Alincourt, et devint en même temps amoureux de madame
d'Alincourt, qui était belle, et dont on n'avait encore rien dit.
Il la servit fort longtemps sans en avoir la moindre faveur, et
il ne se pouvait vanter que d'être un peu plus obstiné que ses
rivaux. Las de cette vaine recherche, il résolut de tout hasarder......... »

Ici le récit de Tallemant revêt une couleur tellement....
gauloise, que nous nous bornerons à en faire un compte-
rendu sommaire. Pendant que M. d'Alincourt était à la
chasse avec lui, Marcognet se laisse tomber « dans un
bourbier », afin d'avoir une occasion de quitter la partie ;
il rentre, change de vêtement, et s'en va voir madame
d'Alincourt, qui était seule....... En résumé, après une
lutte, aussi bien physique qu'intellectuelle, il triomphe de
madame d'Alincourt, qui, selon l'expression de Tallemant,
« était moitié figue, moitié raisin, et avait peur du scan-
dale. » — Bref, il obtient, un peu de force, tout ce qu'il
demandait ; nous continuons l'*historiette* :

« ...... Elle le menaça de le faire poignarder. « Il ne faut
pas d'autre main que la vôtre pour cela, madame », — et lui
présentant un poignard : « Vengez-vous vous-même, dit-il, et
je vous jure que je mourrai très-content ! » — Depuis, elle ne
fut pas si cruelle, et ses autres galants n'eurent pas tant de
peine que celui-ci. »

Tallemant, on le sait, est assez « mauvaise langue »
dans sa manière, et tout ce qu'il dit n'est pas « *mot
d'Évangile* » : il passe ensuite à *monsieur* d'Alincourt,
qu'il ne trouve pas « *très-grand seigneur* », et auquel, en

(1) Tallemant des Réaux, XLVIII, 101 (2ᵉ vol.) — V. aussi *Ibid.* XLIX, 102.

fait de femmes, il prête des goûts singuliers : on va en
juger :

« Une fois, ce monsieur d'Alincourt s'avisa de vouloir tâter
mademoiselle de la Moussaye, une grande, vieille et vilaine
fille : elle lui donna un beau soufflet. C'était *un original* que
cette Mlle de la Moussaye : jamais il n'y eut une créature si
mal bâtie, si malpropre ; vous eussiez dit une bohémienne ; de
grands vilains cheveux, noirs et gras. Elle avait pour femme
de chambre un grand laquais. Avec tout cela, elle ne manquait
pas d'esprit, et disait les choses assez plaisamment. Une jolie
femme, feu madame d'Harambure, disait que de toutes les
vilaines bêtes, elle ne pouvait souffrir que la Moussaye ; elle
demeurait avec Mlle Anne de Rohan. »

Avouons, si le portrait est exact, que l'ancien gouverneur de Pontoise et du Vexin Français avait des préféren-
ces bizarres, qui peuvent expliquer, jusqu'à un certain
point, les *vengeances* de la belle madame d'Alincourt !

Charles de Neufville d'Alincourt mourut à Lyon, le
18 janvier 1642, âgé de 76 ans. Sentant sa fin approcher,
et sachant qu'il n'y avait plus d'espoir de le conserver à
la vie, il dit avec beaucoup de calme : « J'ai trop vécu
pour n'avoir pas appris à cesser de vivre quand il plaira à
l'auteur de la vie de me l'ordonner. » Il fit preuve, du
reste, de sentiments très-chrétiens.

Il était alors gouverneur de Lyon et du Lyonnais, etc.,
conseiller d'État, capitaine de cent hommes d'armes et
grand maréchal des logis de la maison du roi, lieutenant
général du roi, etc.

Ses funérailles, célébrées avec une grande pompe,
eurent lieu au couvent des Carmélites de Lyon, où il fut
inhumé. Maître Gaspard Viallier, dont nous avons déjà
parlé plus haut, prononça, le 7 février, dans cette église,
son oraison funèbre. Cet orateur, qui était « docteur ès-
droits et prestre-chevalier de l'Église de Lyon », a fait
publier sa « harangue funèbre de très-haut et très-puissant
seigneur, etc. », avec cette épigraphe : « *Mortuus est vir*

omnibus bonus excellens, fulcimentum patriæ, suorum mu-nimentum, custos rituum paternorum. » (St-Basil. Ep. 2). (1)

(1) Lyon, 1642, in-4°. Hierosme de la Garde, rue Mercière, près la place Confort, *A l'Espérance.* — Dans cette oraison funèbre, qui ne rappelle guère que par le titre les magnifiques morceaux oratoires de Bossuet, le P. Viallier fait, dans un style bour-souflé, un panégyrique des vertus de M. d'Alincourt, mais donne peu de détails sur sa vie. L'exemplaire qui existe à la Bibliothèque nationale porte cette mention manuscrite sur le titre, d'une écriture de l'époque, et très-lisible : « *Dono auctoris anno 1642. Die 16 may* ». On y trouve aussi les armes de Villeroy, telles que nous les avons reproduites plus haut. Nous avons encore trouvé deux autres pièces sur le gouverneur de Lyon et de Pontoise, mais qui ajoutent peu de renseignements à ceux qu'on vient de lire. L'une, est une pièce intitulée : « *Mausolée des Machabées*, pour le sujet de la harangue funèbre prononcée à Lyon, en l'église des F. Prescheurs de Confort, en l'honneur de..... etc., par le R. P. Paul Garra, Tholosain (aux armes de Villeroy). Lyon, chez Jean-Aymé Candy, rue du Puits-Pelu ; dédié au fils du défunt, Nicolas de Neufville ». Dans cette dissertation, d'Alincourt est comparé à Alexandre-le-Grand, à Judas Macchabée, etc., etc. La dernière pièce est un éloge funèbre, en latin, dont nous croyons devoir donner le titre, et citer le passage le plus intéressant :

Illustrissimi potentissimique Domini Caroli de Neufville, dom. D'HALINCOURT, *elogium funebre. S. L. — M. DC. XLII (auctore Labbé)*, in-4° et in-fol. (2 édit.)

« .... Primà hæc bella cum hæreticis pro lege et rege fuerunt : alia pro Religione, pro fide successere. Qui cœlum patriam putaret, sanctiùs estimavit eas partes sequi, quæ cœlo, quàm quæ terræ militarent. PONTŒSIAM avitæ administrationis urbem duobus exercitibus dedere recusavit, ut servaret fidei, servaturus diutiùs, nisi glans ferrea fregisset animos civium, dum fregit brachium Ducis. Amisit itaque illam ut gloriosiùs reciperet, recepit ut Lutetiæ immineret, et Regiæ urbi in partibus retinendæ incubaret. Religionis Catholicæ causam suscepisse, non speciem ambitioni obduxisse probavit, dum ad invictissimum Regem statim atque ad Ecclesiam Catholicam redisset, primus advolavit. Nec dubitavit prudentissimus princeps, quin sibi iste fidem servaturus esset, qui servasset Deo ; regendam PONTŒSIAM Catholicus tradidit, qui eam servarat Catho-licis. Ex istà urbe Halincurtius LUTETIAM ad deditionem sollicitavit, atque ut dederetur præsidium munitissimum bellicis machinis irruit, et armatus præstò fuit, ut fatale vide-retur, non sine Villaregii operà Urbem Regiam capi posse. Omnium deinde certami-num particeps, omnium victoriarum pars fuit fidus Regi comes......, nec priùs arma deposuit, quàm, bellorum finis esset !...... »

L'éloge funèbre se termine ainsi : « Abi, Viator, non mortuus est HALINCURTIUS ! vivit totus in filiis, immortaliter victurus, si tales semper nascantur hæredes ! »

N. B. — Les trois portraits ci-après ont été tirés du recueil de Gaignières, pour *l'Histoire du costume en France*, publiée par le *Magasin Pittoresque* (XXIV, p. 53). Grâce à l'obligeance de M. Best, directeur de cette intéressante publication, nous pou-vons les reproduire ici. Le personnage de gauche est Antoine de Saint-Chamant, en 1589, seigneur de Méry-sur-Oise ; cette terre était antérieurement la propriété de la famille d'Orgemont (autre ancien nom seigneurial pontoisien). Les armes de la famille de Saint-Chamant, dont les représentants existent encore, sont : « de sinople à trois fasces d'argent. Devise : *Nihil nisi vincit amor.* » La dame qui figure au milieu est restée inconnue ; mais elle nous fournit un assez curieux spécimen des toilettes de femmes à la fin du XVIe siècle. Enfin, à droite, on voit le roi Henri IV, « d'après un portrait antérieur à 1600 ». Les cheveux ont blanchi ; mais on reconnaît encore les traits du jeune gentilhomme béarnais dont on a vu plus haut le portrait, et l'on retrouve cette physionomie fine et intelligente qui caractérisa le premier des Bourbons.

CHAPITRE DOUZIÈME.

O n peut dire qu'avec l'entrée de Henri IV dans
Paris, et la soumission de Pontoise à l'autorité
royale, se termine complètement, pour cette
dernière ville et pour le Vexin Français, le « temps des
guerres », comme l'on disait alors, ou, si on le préfère,
la période militaire, qui durait depuis 1588.

Mais à peine la ville est-elle délivrée de l'éventualité de
nouveaux siéges et du fléau de la guerre civile, que se
présente une grave préoccupation d'une autre nature. La
question financière surgit, accompagnée d'une foule de
difficultés à résoudre : dettes énormes à payer ; travaux
urgents à exécuter ; défaut de ressources ; règlements

financiers intérieurs très-difficiles ; contestations et procès entre la Ville et certains particuliers !...

Dès le 29 mars 1594 (*), c'est-à-dire sept jours après la reddition définitive de la place, les habitants adressent au roi un *placet* dans lequel ils lui demandent qu'il lui plaise, « usant de sa bonté envers eux, en considération des grandes pertes et ruynes qu'ils ont souffertes dans les deux siéges, et la continuation des guerres, nourriture des garnisons et grandes dettes de toutes sortes dont ils sont chargés, etc., accorder l'oubliance et l'abolition du passé entre toutes personnes, et pour quelque cause que ce soit ; confirmer les priviléges de ladite ville, tels qu'ils étaient de tout temps auparavant les guerres. » (Ces deux articles sont ratifiés par le roi).

Le placet demande ensuite la confirmation des octrois concédés sur le magasin à sel, la décharge des tailles et autres impositions que l'on pourrait prétendre être dues depuis le commencement des guerres. (Accordé par le roi). Exemption de tailles et impositions pendant douze années, à raison des dettes de la ville. (Refusé). Droits de taxe sur les bestiaux et marchandises passant par la ville et par la rivière. (Refusé également, par le motif que les droits déjà perçus sont suffisants, et que cela deviendrait excessif). (1)

Les habitants avaient adressé la requête suivante au duc de Mayenne et au Conseil d'État :

« Supplient très-humblement, les habitants de la ville et des fauxbourgs de Pontoise, Monseigneur le Duc de Mayenne, de diminuer les tailles, telles qu'ils les

_____

(1) Archives de Pontoise, GG. n° 43 (2 ff. papier). — On trouve également dans nos Archives une foule de pièces relatives aux impositions des siéges, demandes particulières de dégrèvement, etc., etc. (GG. 41.)

(*) 30 mars 1594. — « Pierre Acarie, ligueur des plus furieux, était boiteux ;.... » bigot et d'un esprit faible, il ne laissa pas que d'être du Conseil des 40 (Acarie » faisait partie des *Seize*), et fort accrédité dans son parti. Il est sur la liste de ceux » qui furent chassés de Paris, le 30 mars 1594. Barbe Avrillot, sa femme, se fit » converse aux Carmélites de Pontoise ; on a écrit sa vie sous le nom de sœur Marie » de l'Incarnation. » (*Mémoires de l'Estoile*, tome II, note de la p. 80 ; édit. de Cologne, 1719). — V. mss. Pihan de la Forest, *Hist. des égl. et couvents*, I, ff. 12.

payaient en l'année 1589. Attendu les grandes pertes qu'ils ont souffertes, assez notoires, et les frais qu'ils ont faict et font encore de présent, pour l'entretènement des garnisons estant en leur ville. Sur laquelle requeste aviez ordonné audict Conseil des égards aux souffrances que les suppliants ont souffert, et au zèle et affection qu'ils ont toujours faict paroistre au bien de ceste cause? Qu'ils seront remis dans la même situation qu'en mil cinq cens quatre-vingt et neuf, comme il appert par ledict arrest, et tout au bas de la requeste, etc., etc. »

Cette supplique semblait n'avoir pas été suivie de l'effet qu'espéraient les habitants.

Henri IV connaissait la situation pénible dans laquelle se trouvait Pontoise ; il avait été à même d'apprécier les maux que les guerres avaient causés à cette ville ; aussi, à peine un mois s'était-il écoulé depuis que la capitale du Vexin était rentrée sous son sceptre, qu'il rendait l'ordonnance suivante : (1)

HENRI........ etc., à nos amés et féaux les trésoriers généraux de France, establis à Rouen ; salut. Nos chers et bien amés les habitans de notre ville de Pontoise nous ont, par leur requeste, présenté en notre Conseil que par la déclaration par nous faicte lors de la réduction de ladite ville en nostre obéissance nous avons ordonné que les supplians jouiront en la présente année du bénéfice de la diminution des tailles à eulx accordée au commencement d'icelle année, qui est qu'ils ne doivent porter pour toutes tailles, taillons et creues en ladite année que la somme de 852 escus 30 sols ; et néantmoins les esleus de Gisors au préjudice d'iceluy n'ont délaissé de les imposer à plusieurs grandes sommes par leurs commissaires envoyés à Pontoise ; n'estant raisonnable de les surtaxer et porter à plus grandes sommes, ains en considération de leurs pertes et ruines soufferles par deux sièges mis devant ladite ville, nourritures des garnisons et incursions de ces guerres..... Nous avons ordonné et ordonnons..... que lesdits supplians seront quites et deschargez de toutes taxes, excepté la dessusdite somme destinée à l'entretènement de la garnison..... Car tel est nostre plaisir.

Donné à Paris, le XXIV⁰ jour d'apvril 1594. (2)

(1) Archives de Rouen : C. 1232 ; f⁰ 87. — Dans les mêmes Archives, C. 1232, f⁰ 63, du 25 avril 1594 : ordonnance de continuer à un sieur E. Cordier la ferme, ou bail, *du quart du vin* vendu en détail dans Pontoise. (Mᵉ Guillaume Le Prestre rappʳ.)

(2) Quatre jours après la signature de cette pièce, c'est-à-dire le 28 avril, madame Tiercelin de Brosse mourut à Maubuisson, dont elle était toujours abbesse. Elle fut inhumée à l'entrée du chœur ; sa pierre tombale la représentait, et portait cette épitaphe : « Cy gist noble et vertueuse Dame Madame Magdeleine Tiercelin de Brosse, laquelle dès son jeune âge s'est vouée et donnée à Dieu ; et a pris l'habit de céans à l'âge de 15 ans, où elle s'est toujours comportée si religieusement qu'elle a été abbesse de ce Royal Monastère par l'espace de 20 ans, et a vécu l'espace de 65 ans avec humilité et exemple de toute bonne vie, et amatrice de paix, laquelle trespassa le 28 avril 1594. Priez Dieu pour son âme. »

Madame Tiercelin portait : « *d'argent, à deux tierces d'azur posées en sautoir, cantonné de quatre merlettes de sable.* »

Bientôt, des procès surgissent de tous côtés : entre les particuliers, relativement à des questions d'intérêt résultant des événements de la guerre ; et d'autre part, entre la Ville et certaines personnes, comme celles, par exemple, qui avaient quitté Pontoise au moment du siége, et dont on cherche à recouvrer la part de contribution. (1)

De leur côté, les médecins, « maistres barbiers, saigneurs, chirurgiens et apoticaires », représentés par Robert Petit, Estienne Prevost et André de Montreuil, plaident contre la Municipalité qui veut leur faire payer leur part dans la contribution des 45,000 écus. Ils se basent sur des lettres du roi du 14 août 1589, d'après lesquelles ils avaient été déchargés de toutes contributions, en raison des bons soins qu'ils avaient donnés à 800 malades et blessés, pendant la durée du premier siége. La Ville répond qu'il leur a été alloué un écu par malade, pour les médicaments et pour leurs soins ; les médecins ripostent que ces soins ont duré six mois, que l'offre qui leur a été faite est dérisoire ; que d'ailleurs ce sont les blessés qui ont reçu cette allocation, insuffisante d'ailleurs pour leur nourriture et pour les soins qu'ils exigeaient.

Malgré cette argumentation, l'élu particulier de la ville de Pontoise rend, le 24 avril, une sentence qui condamne les « barbiers, saigneurs et apoticaires » à payer leur part de la contribution de guerre : ceux-ci portent appel de ce jugement, qui fut confirmé le 29 novembre. L'arrêt de la Cour les condamna en outre à tous les dépens. (2)

(1) Voir notamment *Procès Vatherie*, D. H., p. XLIX et suivantes.

(2) Archives de la Ville. (CC. 45 : liasse de pièces des procès). — Dès le mois d'octobre 1593, nous trouvons les traces d'un procès engagé par les habitants contre Me Pierre de la Serre, Me Garnet, Gerbault, Jehan Darthois, Me Robert Petit, et consorts, « apothicaires et cirurgiens, demandeurs, en entérinement de lettres royaux les exemptant de contribuer aux 45 mil escus, en considération de ce qu'ils ont pansé et médicamenté les capitaines et soldats qui ont esté blessez au siége mis par le Roi. »

Le procès a lieu devant l'élu de Pontoise. (Arch. Munic. EE. 18). — Il existe aux Archives Municipales (CC. 44) une affiche imprimée, à la date du 23 juin, relatives à des impositions « levées en Normandie », sur les vivres et sur les marchandises. Cette pièce ne nous révèle aucun détail intéressant sur les événements de l'époque.

Nous jugeons inutile d'entrer dans d'autres détails sur les nombreux procès qui surgirent à cette époque, et qui ne démontrent clairement qu'une chose : un embarras financier des plus grands, et des difficultés inextricables pour en sortir.

Du 5 au 12 mai, il y eut divers passages de troupes qui se rendaient au secours de la Capelle, ville autrefois fortifiée, et qui était alors assiégée par les Espagnols. Le rendez-vous de ces corps d'armée était à Verberie, où devait se trouver, le 13, le maréchal de Biron. Le 11 mai, Henri IV vint coucher à Pontoise ; il fut harangué à son entrée dans la ville par un chanoine de Saint-Mellon à la tête de tout le clergé (1). Le lendemain, il partit pour Creil, pour de là rejoindre le gros de l'armée, qui l'avait précédé ; mais il apprit, le 16, que la Capelle avait capitulé, dans des conditions d'ailleurs honorables, et après une défense opiniâtre. (2)

Vers la fin de mai, passèrent à Pontoise de longs bateaux, sur lesquels on avait chargé huit gros canons avec les munitions nécessaires à leur service ; ces pièces provenaient des garnisons de Paris et de Saint-Denis ; Pontoise en fournit aussi quelques-unes. Plusieurs compagnies remontant le cours de l'Oise escortaient cette artillerie, que l'on mena ainsi jusqu'à Compiègne : là, on débarqua les canons qui furent montés et dirigés sur Laon pour servir à l'attaque de cette place. (3)

(1) P. Saint-Mellon, Reg. D. (V. dossier G. — Guill. Duval). — A propos des discours *subis* par Henri IV dans le cours de son existence, M. Ludovic Lalanne parle d'un certain éloge du cardinal Duperron ; ce morceau d'éloquence, des plus singuliers et surtout des plus longs, était l'œuvre du pontoisien Guillaume Duval, lecteur et philosophe au Collége royal. On conçoit très-bien, dit M. Lalanne, que si Henri IV entendit beaucoup de discours pareils à ceux de Duval, il eut raison de dire : « En » vérité, ce sont les harangues que l'on m'a faites, depuis mon avénement à la cou- » ronne, qui m'ont fait blanchir les cheveux comme vous voyez ! » — V. *Curiosités littéraires*, 1857, p. 237. — V. Tallemant des Réaux, édit. Montmerqué, I, p. 91.

(2) P. de l'Estoile, *Journal de Henri IV*, II, p. 167.

(3) Monuments inédits de l'Histoire de France, etc., p. 282.

M. d'Alincourt avait accompagné le roi au siége de
Laon ; mais, sur des nouvelles venues de Pontoise, il dut
quitter l'armée assez précipitamment et rentra dans *sa*
ville le 11 juillet ; on avait, en son absence, organisé « une
petite entreprise », qui fut dénoncée, paraît-il, par quelque faux frère. Il y eut, à la suite de cette affaire, plusieurs
arrestations ; les coupables n'étaient pas seulement dans la
population : il s'en trouvait aussi parmi les soldats de la
garnison, dont quelques-uns furent également arrêtés (1).
Nous n'avons pu recueillir de détails précis sur cette espèce
de complot, qui semble du reste n'avoir été suivi d'aucun
résultat effectif.

Dans la suite de 1594, nous ne trouvons plus que la
trace d'actes administratifs dont les principaux sont :

A la date du 30 septembre, une ordonnance du trésorier
de France, de Paris, qui décide que Jacques Lefebvre,
maçon, a payé la réparation du pavé, sur les sommes
que les échevins touchaient du domaine. (2)

Le 27 octobre, des lettres patentes du roi, relatives aux
droits des doyen et chanoines de Saint-Mellon, confirmant
celles de Henri III (avril 1579), et ajoutant ce dispositif :
« Sont collateurs des écoles publiques de la ville de Pon-
» toise, et n'est loisible à aucune personne d'enseigner la
» jeunesse en icelle, qu'elle ne soit par eux approuvée,
» reçue et instituée, etc. »

Le 13 décembre, expédition des lettres définitives de
Henri IV, modérant à 45,000 écus l'imposition de 60,000
écus du siége de 1589, et ordonnant la levée de deniers.

---

(1) Journal de Vaultier de Senlis (1594).

(2) Nous avons été obligé, dans cette dernière partie de notre travail, de reprendre
la méthode d'exposition chronologique adoptée pour les premiers chapitres de cette
histoire. Ce procédé, peut-être moins agréable sous le rapport de la lecture, permet
d'embrasser un plus grand nombre de faits et de les classer à leur date exacte.

Nous ajoutons que nous avons reproduit, sans y rien changer, diverses citations,
dans lesquelles l'orthographe, et même quelquefois les règles de la syntaxe, sont loin
d'avoir été respectées ; mais nous préférons mettre les textes originaux sous les yeux
du lecteur.

Veuë de l'Eglise St. André a Pontoise.

Israel Silvestre

(COLLECTION DE Mᴿ LÉON THOMAS.)

Héliog. Dujardin.   Eudes. imp

Dans le même mois, la Ville rembourse à Corax Boucher le prix de l'office de greffier de l'assiette des tailles.

Nous trouvons dans la correspondance de Henri IV, pendant cette année, un certain nombre de lettres datées de Pontoise, et notamment une, du 28 novembre, adressée au cardinal de Joyeuse.

Le 29 décembre, d'Alincourt signe avec l'entrepreneur Lemercier (*) un marché relatif à la construction de la *citadelle* ; cette pièce nous donne quelques détails intéressants sur ce que devait être cette construction militaire. (1)

(1) **29 décembre 1594.** — « MARCHÉ entre Ch. de Neufville s^r d'Alincourt et Nicolas Lemercier, masson, demeurant à la Foullerie. — Ce dernier.... fera les ouvrages ci-après, à commencer du 1er mars, sans aucune discontinuation et à la plus grande diligence, en une citadelle que S. M. a faict bastir hors la ville, du costé de la Picardie :

1°. Abattre la banquette qui est autour des trois bastions, et icelle défoncer à plomb du gason, de profondeur telle que se trouvera ; sur icelle fondation, planter ung mur qui aura 8 pieds d'épaisseur en fond, revenant à 5 pieds à la hauteur du cordon, et ainsi jusqu'à un autre cordon en plinte à hauteur telle qu'il sera avisé ; faire le parapet de 4 pieds d'épaisseur et de hauteur compétente ; tout ledit parapet de pierre de taille en talut ; faire des canonnières et embrasures aux endroicts commodes ; faire aussi les pointes et orillons de mesme longueur que ceux qui sont commencés, et sur les pointes desdits bastions faire des sentinelles en encorbellement de pierre de taille, et icelles couvrir en daume... faire les quasemattes et voultes de l'épaisseur de 6 p.

Tous lesquels murs des bastions et courtines sera tenu ledit Lemercier de faire de blocs massonnés de chault et sable, avec des chesnes de 9 pieds.

Item sera tenu faire une porte au mytan de la courtine entre le bastion Royal et le bastion Nostre-Dame, qui aura en sa fondation 12 pieds d'épaisseur, revenant à 9 à la hauteur du pont.... poser un pont tournant et faire un corps de garde au-dessus.

Et ledit d'Hallincourt promet de payer à Lemercier les deniers suivants : — Pour les murs des bastions jusqu'au cordon, 6 écus pour toise, compris les pointes et les orillons et casemates ; et au-dessus jusqu'au parapet, 5 écus. — Pour la toise des courtines, 5 écus 1/2 ; et au-dessus du cordon, 4 écus 1/2 ; le parapet, 5 écus ; les éperons, 4 écus (par toise). — Pour la toise devant la porte, 8 écus. — Pour la toise des resauts et corps de garde, 6 écus. — Les vuidanges des murs seules se feront aux dépens de Lemercier. » (Extrait des minutes Prévost : étude de Me Jouarre, n^{re}.)

D'Alincourt paraît en outre avoir puissamment contribué à la réparation de diverses parties des fortifications de la ville ; on voit encore aujourd'hui ses armes sculptées sur un soubassement de l'ancienne porte Chappelet (place Notre-Dame, maison Dedieu, actuellement habitée par M. Coville).

Cette ancienne muraille semble avoir été criblée de projectiles, en certains endroits, lors du siège de 1589 ; en y faisant exécuter des travaux, M. Dedieu y a découvert des biscaïens et des boulets de diverses grosseurs, enfoncés dans l'épaisseur des murs.

(*) Voir à l'Appendice la *note additionnelle* sur LEMERCIER.

Enfin, l'année se termine par l'expression d'une détresse
financière complète : le 31 décembre, une assemblée de
la Ville est faite, « au son de cloche et en la manière
accoustumée ». On expose aux bourgeois que la Ville est
poursuivie par ses créanciers, et dans l'impossibilité
absolue de payer ses dettes... « attendu que la Ville n'a
plus aucun fonds ni revenu patrimonial dont elle puisse
faire paiement, tellement que s'il n'est remédyé à ce faict,
lesdits habitans *seront contraints de quitter et abandonner
la ville et de la laisser déserte !....* ». L'assemblée rédigea
une nouvelle supplique au roi et déclara qu'il lui serait
demandé permission de lever « 400 écus o. par an » pour
payer les dettes de la Ville, autres que les rentes dues
par elle ; ce qui fut autorisé par un arrêt du 3 octobre
suivant (pour 500 écus).

Mayenne, uni aux Espagnols, tenait encore dans le
nord et dans l'est : Henri IV déclara la guerre à l'Espagne
le 17 janvier 1595.

Le 1er mars, le roi est à Maubuisson, d'où il écrit à
M. de Humières de remettre 120 cordes de bois à Angélique
d'Estrées, abbesse de ce monastère (1). Angélique était la
troisième fille d'Antoine d'Estrées, et sœur de Gabrielle ;
des Mémoires contemporains nous ont laissé sur elle des
détails, un peu exagérés peut-être, mais peu édifiants.

A madame Magdeleine Tiercelin de Brosses, avait succédé, en qualité d'abbesse de Maubuisson, sa nièce Françoise Tiercelin ; mais le roi força cette dernière, dont la
famille était très-zélée pour la Ligue du reste, à se démettre
de ses fonctions, et fit installer à sa place Angélique
d'Estrées, qui fut « *nommée unanimement* ». Les Bulles,
sanctionnant cette *candidature officielle*, ne furent expédiées
par Clément VIII que le 13 octobre 1596 ; mais dès 1594,

_____

(1) Original de la lettre : *fonds Béthune*, 9139. (Bibl. nat.) V. ci-après *Documents
historiques*, p. LXXX.

on voit Angélique prendre dans des chartes authentiques
le titre d'abbesse de Maubuisson. (1).

Voici dans quels termes les manuscrits Pihan de la
Forest racontent la manière dont la nièce de l'ancienne
abbesse fut dépossédée :

« L'abbaye était trop considérable par ses richesses et sa
célébrité pour ne pas exciter l'envie de quelques personnes en
crédit à la Cour... Cette dame (Gabrielle d'Estrées) avait une
sœur, abbesse de Bertaucourt, dans le diocèse d'Amiens, qu'elle
aimait beaucoup et qu'elle désirait rapprocher de Paris, afin de
la voir plus souvent. Elle sut bientôt que Maubuisson avait une
abbesse sans titre civil et légal : elle résolut d'obtenir, pour cette
sœur, cette abbaye qui réunissait « la richesse à la proximité de
la capitale ». A la première entrevue qu'elle eut avec le roi,
qui fut à Bertaucourt même, où elle était auprès de sa sœur,
elle le pria de la rapprocher de Paris. Le roi, qui connaissait
le caractère de l'abbesse, n'était pas de cet avis ; néanmoins,
il lui promit en observant qu'il ne voyait pas d'abbaye pour
elle. Mlle d'Estrées lui indiqua Maubuisson ; le roi promit qu'il
y penserait.

» Pour exécuter sa promesse, il vint chasser autour de cette
abbaye, et ayant demandé à entrer dans la maison, il alla sur
le champ voir l'abbesse. Le roi s'entretint familièrement avec
Mme de Brosses-Possé, et lui demanda par forme de conversation qui lui avait donné ses provisions pour l'abbaye. Mme de
Brosses-Possé, qui ignorait entièrement ce que l'on tramait
contre elle, lui répondit ingénuement : « Sire, vous pouvez me
les donner quand il vous plaira ». Le roi répliqua en souriant :
« Madame l'abbesse, j'y penserai ! » Mais avant de quitter
Maubuisson, il fit dire à Mme de Brosses qu'il voulait donner
l'abbaye à une autre.... Elle résolut alors de retourner sur le
champ à Variville, d'où elle était professe. »

Ceci se passait peu de temps après la mort de madame
Tiercelin ; Dom Etiennot et Duval font figurer la nièce
de cette dernière comme 18ᵉ abbesse de Maubuisson ; mais

(1) *Gallia Christiana*, VII (édit. 1744).

le manuscrit Pihan n'admet pas cet ordre, et place Madame d'Estrées immédiatement après Madame Tiercelin.

Par suite des troubles continuels qui régnaient, et du peu de tranquillité dont on jouissait alors, il s'était établi, dès le siége de Paris, sinon un véritable désordre dans cette abbaye, du moins un notable abandon des rigueurs de la vie monastique ordinaire ; la conduite de la nouvelle abbesse était peu propre à rétablir la règle ; laissons parler l'abbé Trou :

« Elle ne se contenta pas d'y souffrir et d'y favoriser même les entrevues de Henri et de Gabrielle, elle se livra de son côté, avec les seigneurs de la Cour, à des rapports plus que galants. Tant de licence fit d'abord frémir les pieuses filles de Blanche de Castille. Mais peu à peu son exemple en entraîna d'autres dans le relâchement et l'esprit mondain. Elle eut ses partisans ; la prieure avait aussi les siens. La division déchira cette communauté jusqu'alors si étroitement unie, et il est difficile de dire tout le mal que fit cette femme pendant vingt-cinq ans qu'elle fut à la tête de cette illustre abbaye. » (1)

Mais l'abbesse et le roi lui-même rencontrèrent parfois chez la prieure une résistance qui dénote chez cette dernière une piété ardente et même un certain courage :

« La prieure était de la maison de Cléry ; c'était une fille sage, prudente et généreuse, qui avait toujours maintenu l'union dans la Maison, et conservé les mœurs de ses filles. Voyant avec douleur que le côté abbatial était toujours ouvert, et que la Cour y était continuellement, à cause de mademoiselle Gabrielle et de madame l'abbesse, sa sœur, elle prit la clef de la porte du cloître qu'elle fermait soigneusement. Quelques religieuses affidées, et surtout une bonne sœur converse nommée Ambroise, veillaient continuellement et prenaient garde à tout ce qui se passait pour en avertir la prieure, afin qu'elle mît ordre à tout. (2)

» Elle était dans une sollicitude continuelle, parce que le

(1) L'abbé Trou . *Recherches sur Pontoise* , p. 137.

(2) Relation sur la *Vie de la mère Marie des Anges* (1737, p. 73).

roi Henri IV faisait faire continuellement des courses par les
seigneurs de la Cour. Enfin, après bien du temps et des poursuites, malgré toute la vigilance de la prieure, le Roi vint un
jour après complies, lorsqu'on l'attendait le moins, et envoya
en diligence un de ses courtisans à la porte du cloître pour
tâcher d'y entrer par force ou par surprise.

Ce seigneur vint donc à la porte du cloître, comme sœur
Ambroise la fermait; il la poussa d'une telle force, que cette
bonne fille ne put jamais lui résister. Il entre, il court au par-
loir et au dortoir; il trouve une religieuse, et il la mène par
force à la grande salle où était le Roi. La sœur Ambroise vole
de son côté vers la prieure pour lui dire ce qui se passe. La
prieure, accompagnée de deux ou trois religieuses, court en
diligence à la salle où était Henri IV. Elle entre, et sans saluer
le Roi, elle fait enlever sa religieuse, qui ne faisait que d'entrer.
Le Roi fut étonné du courage de cette bonne prieure, qui lui
dit d'un ton ferme : « N'êtes-vous point honteux, Sire, de
troubler ainsi des religieuses, vous qui devriez donner l'exemple à la Cour et empêcher les désordres ? » Le Roi tourna le
tout en raillerie, et se retira. »

Soit que le roi se fît scrupule de donner définitivement
l'abbaye à une femme telle que madame d'Estrées, soit
que le pape ait attendu que la démission de madame de
Brosses-Possé lui eût été authentiquement remise, ce ne
fut qu'en 1597 qu'Angélique, abbesse de fait depuis déjà
longtemps, prit possession officiellement de l'abbaye.
Cette cérémonie, dit-on, fut magnifique : Henri IV voulut
faire lui-même l'installation de la sœur de sa maîtresse ;
il fit promettre aux religieuses obéissance à leur nouvelle
abbesse. Citons encore ici quelques extraits assez curieux
du manuscrit Pihan de la Forest, relativement à l'étrange
administration monacale d'Angélique d'Estrées :

« Elle avait fait ses vœux de religion à Poissy.... elle était
d'un caractère vif et avait beaucoup d'esprit ; elle n'aimait pas
la contrainte, ni dans elle, ni dans les autres ; elle ne tarda
pas à faire voir combien elle était peu propre à gouverner

l'abbaye dont elle avait été pourvue. Passionnée pour les plaisirs, elle ne laissait échapper la jouissance d'aucuns ; le jeu, la
table, les promenades extérieures, la conversation des hommes
faisaient ses passe-temps ordinaires. Son abbatiale, qu'elle avait
fait bâtir, devint le rendez-vous de la meilleure compagnie, et
très-souvent de la moins décente. Elle n'épargnait aucune
dépense pour satisfaire ses désirs ; sa parure, ses ameublements
étaient plutôt ceux de la femme la plus mondaine que d'une
religieuse : aussi n'en avait-elle que le nom.

» On peut dire, toutefois, à sa décharge qu'elle ne fut jamais
hypocrite et qu'elle ne couvrit pas ses désordres du voile de la
religion, dont elle ne montra que ce qu'il fallait pour ne pas
paraître n'en avoir point du tout. Il était impossible que le
relâchement ne s'introduisît pas dans Maubuisson sous une
telle abbesse : il y fut porté à son comble. La communauté
était composée de vingt-deux religieuses, qui insensiblement
oublièrent les devoirs de leur état. Celles que madame d'Estrées
avait admises à la profession savaient à peine les éléments
de la religion. Leur ignorance était telle, que ne sachant pas
la manière de se confesser, elles avaient plusieurs protocoles
de confession, qu'elles se prêtaient, tantôt l'un, tantôt l'autre,
quand elles allaient à confesse. Après l'office, qui se célébrait
précipitamment et indécemment, elles passaient leur temps
avec des compagnies du dehors, qui entraient librement dans
le monastère. On y jouait, on y représentait des comédies ; ·
Quelquefois même des religieuses donnaient la collation dans
des cabinets particuliers, pratiqués pour cet usage dans le jardin de l'abbaye.

» Les dimanches, c'était un autre genre de divertissement.
On avançait l'heure des vêpres, qu'on rendait les plus courtes
qu'il était possible. Cette corvée acquittée, la prieure conduisait
la communauté promener au dehors ou sur le chemin de
Paris, ou sur les étangs de l'abbaye. Les religieux de Saint-
Martin-lès-Pontoise, qui n'étaient pas plus réguliers, venaient
les y trouver et dansaient avec elles. (?)

» Ces faits paraîtraient incroyables aujourd'hui s'ils n'étaient
rapportés par des personnes dignes de foi et qui se sont donné
la peine de les écrire.

» Il ne faut pas cependant s'imaginer que les mœurs des religieuses fussent aussi déréglées qu'une pareille conduite semblerait l'annoncer. Ces filles, qui paraissaient fouler aux pieds la décence de leur état, respectaient celle de leur sexe. La prieure surtout, de mœurs irréprochables, veillait attentivement sur celles de ses religieuses. » (1)

Nous devons même, à ce sujet, ajouter une observation : c'est que M. Pihan de la Forest, pour son *Histoire de Maubuisson*, s'est principalement appuyé sur les auteurs, ou plutôt sur les opinions des écrivains de Port-Royal, connus par leur hostilité notoire et leur aversion pour madame d'Estrées ; toutefois, il n'en reste pas moins vrai que l'administration d'Angélique fut loin d'être une période édifiante pour l'histoire de Maubuisson, et forme un triste contraste avec celle de tant d'abbesses qui avaient illustré *Notre-Dame-la-Royale* de leur sainteté et de leurs vertus.

On finit du reste par mettre ordre à cet état de choses, mais beaucoup plus tard : Angélique d'Estrées fut enfermée aux *Filles-Pénitentes*, à Paris, et une autre *Angélique*, madame Arnauld, de Port-Royal, femme vénérable et sainte, eut la mission de rétablir à Maubuisson l'ordre et la réforme. Angélique d'Estrées parvint pourtant à s'échapper encore, avec l'appui de son beau-frère ; elle retourna à Maubuisson et chassa la réformatrice, mais celle-ci fut bientôt rétablie par l'autorité. Arrêtée de nouveau, la sœur de Gabrielle fut enfermée plus étroitement que jamais aux Clarisses de Paris, où elle resta jusqu'à sa mort, arrivée en 1634.

Nous reprenons le récit des événements de l'année 1595.

Cambrai était assiégé par les Espagnols : le roi était alors à Lyon ; il se mit en route aussitôt pour venir au secours de la place ; il partit vers le 22 septembre.

Le 24, on chanta dans toutes nos églises un *Te Deum* à l'occasion de l'absolution que lui avait envoyée le Pape.

---

(1) Bibl. Municip. de Pontoise *(mss. Pihan)*. — Ces manuscrits sont *inédits*.

COLLECTION DE SIGNATURES, *tirées des minutes de Prévost, et conservées en* *l'étude de M* Jouarre, *notaire à Pontoise* — **1** Pierre, cardinal de Gondi, abbé de Saint-Martin. — **2** et **4** L. Descouys et J. Robequin, les *deux* curés de Saint-Maclou. — **3** Marg^te de Mandelot (madame d'Alincourt). — **5** et **6** Dancongnée et François, échevins. — **7** Claude Vatheric, greffier de la Prévôté-Mairie. — **8** Jacques de Monthiers, lieutenant général du Bailliage. — **9** Guillaume Baudry, son successeur. — **10** Deschevert, grand-vicaire de Pontoise (intrus par Henri IV). — **11** Sœur Claude Le Boutillier, supérieure de l'Hôtel-Dieu — **12** Prévost, notaire. (V. *suite*, p. 233.)

Le même jour, on publia un mandement du roi portant que « toute sa noblesse, gens d'ordonnance et autres, eussent à se trouver, en armes, partout où serait son armée », dans les vingt jours de la publication.

Le roi passa par Pontoise le 6 octobre ; il avait avec lui beaucoup de cavalerie, et était suivi de nombreux convois de munitions de guerre qu'on dirigeait sur le nord, au secours de la citadelle assiégée ; le surlendemain 8, il fut rejoint par le prince de Conti, qui commandait cinq cents cavaliers, et le maréchal de la Châtre, avec trois mille hommes d'infanterie. Il écrivit ce jour-là au connétable de Montmorency, qu'il appelle *mon compère*, une lettre datée de Pontoise et relative aux événements de la guerre.

Vers la même époque, M. d'Alincourt rencontra des obstacles dans la perception de son traitement ; il fut obligé de faire une demande à l'effet de contraindre les receveurs de Gisors et de Vernon à lui payer *ses quartiers* de janvier, avril et juillet, dont le montant ne lui avait pas été versé. Ceux-ci répondirent par un refus, basé sur ce que les habitants ont été « deschargés, comme ayant été ruynés par la guerre : là où il n'y a rien, dit le proverbe, le roi perd ses droits ». Après quelques difficultés, le gouverneur du Vexin finit par recouvrer ce qui lui était dû. (*)

Les minutes que Me Jouarre a très-obligeamment mises à notre disposition, renferment de très-curieux spécimens de signatures de la seconde moitié du XVIe siècle. Souvent, les « comparants » qui ne savaient pas écrire, au lieu d'une croix, figuraient l'instrument de leur profession ; ainsi, le laboureur imitait la forme d'une bêche ; le vigneron, celle d'une serpe ; le serrurier, d'une clef ; le charron, d'une roue, etc. Quelquefois même, ces emblèmes avaient trait au nom plutôt qu'à la profession du signataire, dont ils devenaient les *armes parlantes*. Nous avons remarqué dans les minutes de l'étude Jouarre des singularités dont voici un exemple : un des clients de Me Prévost signait en faisant *son portrait* au bas de l'acte ; et, chose singulière, ces portraits, à la vérité grossièrement faits, sont identiques dans les divers actes où ils se trouvent reproduits. Un autre, qui devait être au moins garçon apothicaire, se contentait de dessiner une seringue, sur le corps de laquelle le notaire inscrivait le nom de son client.

(*) 1595. Simon Bredoulle, prévôt-maire et voyer de Pontoise, etc. V. *Sentence en faveur des cordonniers*, du 28 mars 1595. — Dans des sentences de 1609 et de 1613, le même Bredoulle prend les titres de conseiller du roi, juge civil et criminel, etc (Archives Municipales, fonds Pihan, I, ff. 137.)

Dès le commencement de 1596, le duc de Mayenne, qui avait promis de se réconcilier avec Henri IV après l'absolution donnée par le pape, reconnut enfin le *Béarnais* pour roi de France ; cet exemple fut suivi par les ducs de Nemours et de Joyeuse.

Dans le courant de l'année, le roi confirma les lettres patentes qu'il avait octroyées en faveur des habitants de Pontoise, et déclara la ville déchargée de toutes tailles nouvelles.

Pendant toute cette fin du xvie siècle, la peste fit de fréquentes apparitions, parcourant la France et décimant tour à tour chaque province ; elle ne cessait que pour reparaître bientôt avec plus ou moins d'intensité ; elle avait fini par prendre un caractère endémique. On donnait du reste alors indifféremment le nom de *peste* aux épidémies de diverses natures engendrées par les guerres et par les causes d'insalubrité de toute espèce, contre lesquelles on n'employait le plus souvent aucune des mesures hygiéniques usitées de nos jours contre les invasions du choléra.

Une sentence du bailliage, du 20 mars 1597, admet, de son consentement, Antoine de Lihu à remplir les fonctions de saigneur et barbier des pestiférés, pour une période de trois ans, et le *condamne* à les exercer avec les priviléges ordinaires et aux gages de cent livres par an, — et trois cents livres par an en temps de peste ; ces émoluments devaient lui être payés par la ville. (1)

Ces *gages* furent augmentés parce que Lihu représenta à l'audience que le traitement antérieurement alloué était véritablement insuffisant pendant la durée de l'épidémie, « ne pouvant faire autre besogne que celle des pestiférés ». On voit par le préambule de la sentence que cet emploi si peu enviable avait été exercé pendant huit ans par Marin Chérouise, et que celui-ci refusait de s'en charger plus

(1) Archives de Pontoise : *Mss. P. de la F.*, 1, ff., 157. — *Registre de la Ville*, fo 182. R.

longtemps. Le corps de ville, de son côté, soutenait qu'il
était non-recevable, parce qu'il avait touché ses gages de
la Municipalité, pendant plusieurs années, « sans avoir eu
rien à faire. »

Nos recherches sur la période de la Ligue, dans notre
contrée, n'auront pas été stériles, au moins sous le rapport
de l'état civil : à la liste, longue déjà, des hommes illustres dont Pontoise a été le berceau, il faut désormais
ajouter une naissance ignorée de tous ceux qui s'étaient
jusqu'à présent occupés de l'histoire de notre ville :

Celle de Nicolas de Neufville, v° du nom, duc de
Villeroy. (1)

Le baptême du fils de M. d'Alincourt eut lieu dans la
collégiale de Saint-Mellon, le 17 octobre 1598 : la découverte du lieu exact de sa naissance a une importance considérable au point de vue de notre histoire locale ; mais sous
le rapport historique, en général, elle n'est pas moins
intéressante : elle éclaircit un point resté obscur jusqu'ici
dans les différentes notices publiées sur « le plus honnête
des Villeroi. »

La plupart des biographes, en effet, ne citent aucun
lieu de naissance ; un ou deux ont indiqué Lyon ; d'autres
l'ont fait naître par erreur en 1597. D'après des titres
généalogiques, il serait né le 14 octobre (1598); il est
établi à présent qu'il a vu le jour à Pontoise. Rappelons,
en quelques mots, les titres à l'illustration conquis dans
l'histoire par ce *Pontoisien* :

(1) État civil de Pontoise. *Extrait du registre des baptêmes de Saint-Mellon.*
(Nota. Ce registre, qui commence à la date du 20 janvier 1591 et s'arrête au 7 janvier 1605, ne contient que la mention de *dix-sept* baptêmes seulement pour toute
cette période : Saint-Mellon était une collégiale et non une paroisse.)

« Le xviiᵉ (octobre) mil VC. IIII ˣˣ XVIII fut baptisé en ladite église, par maître
» Christophle Ler, chanoyne, Nicolas, filz de hault et pᵗ sgʳ Mʳᵉ Ch. de Neufville
» (*etc., etc.*), faisant sa résidence au chasteau de Pontoise, et de haulte et puissante
» dame Jacqueline de Harlay, sa femme. Son parrain ; hᵗ et pᵗ sgʳ Messire Nicolas
» Le Gendre, chevalier des deux ordres du Roy, seigneur de Villeroy ; la marraine,
» dame Marie de Moreau, femme de Monsʳ de Sansy. »

N. de Neufville, d'abord marquis, puis duc de Villeroi, succéda à C. d'Alincourt, son père, en 1615, dans le gouvernement de Lyon ; après de nombreuses et brillantes campagnes en Piémont, en Franche-Comté et en Catalogne, et après avoir été nommé gouverneur de Pignerol et de Cosal, il conquit le bâton de maréchal de France et devint gouverneur du jeune Louis XIV, duc et pair, et chef du Conseil des finances. On le représente comme un homme rempli de bon sens, de probité et d'esprit. Il ne faut pas le confondre avec son fils, François, qui fut aussi maréchal de France, mais célèbre au contraire pour sa présomption et par ses insuccès.

Nicolas de Neufville mourut à Paris, le 28 novembre 1685 ; les dates de sa naissance et de sa mort sont données (mais *sans indication de lieux*) dans la *Chronologie historique militaire*. (1)

Par un de ces singuliers rapprochements, qui souvent se rencontrent dans les choses de la vie humaine, nous passons sans transition, dans cette étude chronologique, de la naissance d'un homme illustre à la mort d'une femme célèbre, — par sa beauté, sinon par sa vertu !

Au mois d'avril 1599, la grande grille du chœur des religieuses de Maubuisson s'ouvrit pour livrer passage au cercueil de celle qui avait failli devenir reine de France.

Gabrielle d'Estrées, éloignée par décence de Fontainebleau pendant la quinzaine de Pâques, mourut subitement après avoir mangé une orange, ce qui donna à penser qu'on l'avait empoisonnée ; elle avait eu trois enfants de Henri IV, et était grosse d'un quatrième, lorsque survint cet événement. Henri IV éprouva un chagrin très-violent de la mort de sa maîtresse :

« Le Roi », dit Chiverny, « prit le deuil avec la couleur noire,

---

(1) 7 vol. in-4°, 1760 et suiv. — Cet ouvrage est de Pinard, commis aux bureaux de la guerre, qui devait avoir les pièces justificatives sous les yeux quand il écrivait son livre ; son travail est estimé, et considéré comme correct, malgré son étendue.

contre la coutume de nos rois, mesme « pour leurs femmes
espousées », reprenant quelques jours après le violet, qu'il
porta plus de trois mois entiers, ayant voulu que toute la Cour
en portât aussi le deuil... On fit un grand et solennel service
à Saint-Germain-l'Auxerrois, où toute la Cour se trouva, et
de là, le corps de la mère et de l'enfant furent portés et conduits honorablement en l'abbaye de Maubuisson, ce qui fut
fait, chacun ayant contribué au devoir et à la peine pour un
si inopiné malheur.... »

LA PORTE DU PONT (vers Pontoise), 50 ans après la Ligue.
Dessin de C. Cousin.
D'après l'estampe de Silvestre et les anciens documents. (V. ci-dessus, p. 137.)

Angélique d'Estrées rendit à sa sœur les honneurs funèbres dans son monastère. Dom Estiennot rapporte qu'elle
fut enterrée « dans le chœur des religieuses, auprès de la
chaire abbatiale ». C'est là que vinrent reposer les restes
de ce qui avait été « la belle Gabrielle. »

C'est au 3 mai de la même année (1599) que l'on peut

faire remonter la fondation ou plutôt l'institution des Ursulines. Réunies d'abord sous le nom de *Servantes de la Sainte-Vierge*, elles demeurèrent auprès de Saint-Maclou ; puis plus tard, dotées par le cardinal de Joyeuse, elles s'installèrent dans la ville basse. On voit encore actuellement les restes des bâtiments de cette communauté. (1)

Depuis longtemps la Sainte-Union était dissoute ; ses chefs s'étaient soumis les uns après les autres ; le duc de Mercœur avait été l'un des derniers : il n'avait livré la Bretagne qu'en mars 1598. Le 2 mai suivant, avait été signé avec les Espagnols le traité de Vervins, qui termina la guerre avec l'étranger ; le célèbre édit de Nantes, rendu la même année, avait fait disparaître les dernières velléités de la guerre civile. En 1600, le roi épousa, à Lyon, Marie de Médicis ; sauf la campagne de Savoie, entreprise contre le duc Charles Emmanuel, la paix régnait dans toute la France.

Telle fut la fin de cette lutte d'un demi-siècle, qui avait failli entraîner la ruine de la Monarchie Française ; après cette longue période de troubles et de guerres intestines, le pays, qui n'aspirait qu'au repos, allait enfin jouir de dix années de calme sous une sage et intelligente administration, dont le poignard de l'assassin Ravaillac devait faire périr le chef, trop tôt pour le bonheur du pays !

ci s'arrête le travail que nous avons entrepris ; mais il nous reste, avant de terminer cet ouvrage, à examiner quelles furent pour Pontoise, comme pour notre contrée, les conséquences de la longue période de lutte dont nous avons parcouru les phases diverses.

On peut se livrer à cette étude sous un double rapport : général d'abord, c'est-à-dire relatif à la France entière, et ensuite particulier à notre pays ; et chacune de ces deux manières d'envisager la question doit encore se subdiviser ;

(1) *Chronique des Ursulines*, tome 1er. (Paris, édit. 1673.)

nous allons donc suivre cette méthode de classification
et chercher à résumer chaque partie de notre examen.

Au point de vue *historique*, la Ligue a été jugée, et
nous le devons dire, bien diversement, par les esprits les
plus élevés, par les hommes les plus éminents : il serait
à la fois instructif et curieux de rechercher comment les
écrivains les plus distingués ont, selon leurs tendances
respectives, formulé leurs conclusions sur cette lutte
effroyable ; si cette recherche ne nous eût entraîné dans
de trop grands développements, nous eussions mis en
parallèle, sous les yeux du lecteur, l'opinion d'historiens
tels que Guizot, Michelet, Capefigue, de Chalembert,
H. Martin, de Riancey, Anquetil, et tant d'autres. (1)

La Ligue, dont la fin fut très-différente du commencement, avait eu pour point de départ une exaltation de
sentiments religieux, très-louables en eux-mêmes ; mais
cette ardeur à défendre les intérêts catholiques ne tarda
pas à être exploitée par les passions politiques, par l'ambition des Guises, soutenus eux-mêmes, et dans un but
intéressé, par Philippe II d'Espagne.

La Ligue, on ne le niera point, eut des moments de
grandeur, et des chefs habiles et chevaleresques ; mais
après des succès, parfois inespérés, elle finit dans le ridicule ; la Sainte-Union, désagrégée, vit ses auteurs traiter

---

(1) Les événements de cette période ont inspiré à M. Guizot les réflexions suivantes :
« Au fond, Protestants et Catholiques n'acceptaient ni les uns ni les autres
leur liberté mutuelle ; non-seulement les uns et les autres se croyaient en possession de
la vérité religieuse, mais ils se croyaient en droit de l'imposer par la force à leurs
adversaires........ Un bon ordre politique est indispensable pour que la liberté des
esprits se développe régulièrement et fasse à la société plus de bien qu'elle ne lui
cause d'embarras........ Le seizième siècle nous a fait faire dans la civilisation et dans
le développement intellectuel des pas considérables : mais le dix-huitième et le dix-
neuvième nous ont appris combien, dans l'art de nous gouverner en peuple libre, notre
imprévoyance et notre inexpérience sont encore grandes, et à quel point une forte et
saine organisation de la liberté politique nous est nécessaire, pour que nous puissions
jouir sans péril de la liberté intellectuelle, de ses plaisirs et de ses gloires. » (*Histoire
de France*, III, p. 388.)

avec celui qu'on ne devait jamais reconnaître pour le chef
de la Monarchie Française.

La Ligue, dans le principe, fut Française, légitime, en
quelque sorte, au point de vue national, patriotique dans
ses débuts, démocratique dans les discours de ses orateurs ;
mais dans la suite, l'ensemble se modifia tellement qu'elle
devint une faction : un État dans l'État, divisé lui-même
en plusieurs camps.

Contrainte dès lors à avoir recours à l'étranger, elle
finit par voir diminuer de plus en plus le nombre de ses
partisans ; et la France, exténuée de cette épouvantable
lutte, ne tarda pas à se jeter dans les bras de Henri IV,
dont le sceptre devint le « gage de l'ordre à l'intérieur, et
à l'extérieur, le symbole de la dignité et de la puissance. »

Tel est, à notre sens, le résumé des jugements portés
par les divers auteurs ; et c'est ainsi que l'on peut formuler,
sans parti pris, une appréciation sur cette période de
l'Histoire de France.

Après cet examen purement historique, la Ligue doit
être étudiée aussi dans ses conséquences, sous le rapport
des *intérêts municipaux*.

Et ici, il nous suffira de faire appel à deux écrivains
qui ont particulièrement traité ce côté de la question :
« Les villes de libertés municipales, dit Augustin Thierry,
saisirent avidement l'espérance de regagner leurs franchises perdues, et de rétablir leurs constitutions mutilées ;
elles s'enrôlèrent à l'envi dans la Ligue, dont leurs milices
composèrent la principale force…. » (1). Les événements
accomplis à Pontoise sont le corollaire de cette assertion.

La Ligue eut, en effet, pour résultat d'agrandir les
doctrines municipales ; si les États de 1593 avaient pu
« *faire un roi* », il aurait eu pour bases de son gouvernement les doctrines populaires ; l'accord établi entre le
peuple et le clergé eût constitué une sorte d'union démo-

(1) *Essai sur l'Histoire du Tiers-État*, p. 110.

cratique religieuse qui eût contre-balancé les droits du
pouvoir absolu ; aussi, M. Capefigue a-t-il dit : « Je
» définis la Ligue : *le gouvernement provincial et munici-*
» *pal des intérêts catholiques* : elle fut l'opposition morale
» de la vieille société, contre les innovations qui la mena-
» çaient dans son principe et dans ses coutumes. » (1)

On peut donc dire qu'au point de vue des intérêts
municipaux, la *composition* de M. d'Alincourt avec le roi
ne fut pas inutile, car Pontoise, comme toutes les villes
qui traitèrent de gré à gré, demanda et obtint que toutes
ses anciennes franchises fussent expressément maintenues.

Si, maintenant, de ces considérations générales, qui
peuvent s'appliquer à Pontoise comme à d'autres villes,
nous descendons à rechercher quelles furent, en particulier, pour notre vieille cité Vexinoise, les conséquences de
ces guerres civiles, nous sommes amené à scinder encore
cet examen en deux parties distinctes : le côté moral et
intellectuel ; et la part des intérêts matériels.

On a prétendu que la défaite de la Ligue avait eu pour
effet direct et spécial d'affaiblir dans Pontoise l'esprit religieux et l'ardeur pour le culte catholique qui animaient
auparavant ses habitants. Cela n'est pas absolument
exact : Pontoise ne s'est pas trouvé, sous ce rapport,
dans une situation bien différente de celle de beaucoup
d'autres villes ; et d'ailleurs, dans la suite, ne trouvons-
nous pas dans les imposantes manifestations catholiques
du xviie siècle, dans la fondation de nouvelles communautés, et dans d'autres actes matériels, la preuve que
cinquante ans plus tard la ville était encore animée de la
foi la plus vive ?

Si l'on se reporte à ce qui se rattache à l'enseignement
public, on peut constater que le niveau de l'instruction
n'avait pas dû baisser dans cette période ; même pendant
les troubles, n'avons-nous pas vu le Chapitre de Saint-

(1) *Histoire de la Ligue*, II.

16

Mellon donner tous ses soins à ce que nous appellerions
aujourd'hui les écoles primaires ; d'autre part, le collége,
fondé précisément dans cette seconde moitié du xvi⁰ siècle,
loin de péricliter, devient en peu de temps une pépinière
d'où sortiront bientôt des noms illustres qui brilleront dans
le siècle suivant. Il est donc difficile de conclure que, la
Ligue disparue, Pontoise ait subi, sous le rapport religieux,
moral ou intellectuel, une transformation, et même une
modification bien profonde.

Au point de vue matériel, la situation est toute différente.

On peut affirmer que les guerres de la Ligue eurent
pour la ville des conséquences fatales.

Avec la fin du xvi⁰ siècle, d'abord, se termine l'*histoire
militaire* de la cité : ses remparts en mauvais état, ruinés
par deux siéges, ne sont plus l'objet que d'insignifiantes
réparations ; des dépenses ordinaires mais urgentes, nécessitées par l'entretien de la ville, deviennent trop lourdes
pour le trésor municipal ; la citadelle, commencée et restée
inachevée, est démolie au bout de quelque temps, sur la
demande, il est vrai, des habitants ; mais l'importance de
la ville au point de vue stratégique, déjà beaucoup dimi-
nuée, est annihilée complètement.

La contribution de guerre de 1589, les pertes subies
pendant les deux siéges, le lourd fardeau des logements
militaires, l'entretien d'une nombreuse garnison, les fré-
quents passages de troupes, les réquisitions de toute nature
pendant de longues années de guerre civile, obèrent d'une
manière indéfinie et irrémédiable les finances de Pontoise.
La municipalité se voit désormais dans l'impossibilité d'entreprendre d'importants travaux ; on rebâtit *provisoirement*
Notre-Dame ; faute de ressources, le provisoire devient
définitif.

Le nombre des habitants décroît d'une manière extraordinaire : c'est la conséquence de l'état de choses dont nous

venons de parler ; il n'est pas sans intérêt d'examiner les chiffres que la statistique nous a conservés sur ce mouvement de la population.

En 1332, Pontoise comptait 2,150 feux, « tant pauvres que riches », ce qui à raison de *cinq* habitants en moyenne par *feu*, base de calcul généralement adoptée, produit un total de 10,750 habitants (1). Dans ce nombre ne sont pas comptés les *privilégiés* et les *exemptés* ; si l'on y ajoute encore les étrangers de passage, les soldats et gens d'armes, etc., on arrive à un total de plus de *onze mille* habitants, à certaines époques. Jusqu'au xvie siècle, les faubourgs s'accroissent de plus en plus ; la population ne diminue pas.

En 1720, lors du dénombrement de Saugrain, nous ne voyons plus que 650 feux à Pontoise, soit 3,250 habitants. En évaluant à *douze cents* le chiffre des victimes de la peste de 1638 (2), et à 800 celui des personnes qui, à cette époque néfaste, quittèrent Pontoise *pour n'y jamais revenir*, nous n'obtiendrons encore qu'un total de 5,250 habitants, soit, vers 1630, environ 5,500 habitants, et, en tous cas, 1500 feux *de moins* qu'en 1332.

L'imposition du siége, et les charges qui en étaient résultées, ne furent pas étrangères à ce résultat ; on peut en effet constater, à partir de la Ligue, une décroissance rapide dans le chiffre de la population. (3)

Les conséquences de la Ligue furent beaucoup plus graves pour Pontoise qu'elles ne le furent pour les autres villes du Vexin Français ; quant aux petites communes, bourgades ouvertes à toutes les « incursions des gens d'armes », elles avaient été, pendant de longues années, il est vrai, livrées à la merci de la soldatesque, tour à

(1) M. de Boislisle, *Bulletin de la Société de l'Histoire de France*, 1875.
(2) On a beaucoup exagéré, en le portant à 4,000, le nombre des victimes de la peste de 1638 ; les chiffres ci-dessus, qui paraissent être exacts, sont tirés du « Registre des délibérations de la Ville ». Plus de 2,000 habitants s'enfuirent en outre de Pontoise, et une partie de ces derniers n'y rentra jamais.
(3) Voir la *note additionnelle*, à l'Appendice.

tour huguenote ou ligueuse ; mais le péril passé, et la
paix rétablie, les plaies ouvertes par ces guerres civiles
se fermèrent plus rapidement, et l'on y oublia peu à peu
les maux qu'on avait supportés. La population des campagnes, cette source de la vitalité du pays, et pour laquelle
le travail c'est la vie, eut bientôt réparé tous ces désastres !

D e cette histoire de Pontoise, remplie de tant de faits
historiques, — et si intéressante à tant d'égards, —
nous venons de parcourir une période de CINQUANTE
ANS ; nous avons cherché à jeter un peu de lumière sur
une des époques les plus importantes de notre histoire
locale.

Dom Estiennot a dit : « *Pereat memoria eorum per quos*
» *periit memoria majorum !* — Périsse la mémoire de ceux
» qui ont fait périr celle de nos aïeux ! »

Nous espérons être désormais à l'abri de la malédiction
lancée par le savant bénédictin contre les démolisseurs des
souvenirs archéologiques ; loin de détruire ces précieux
vestiges, nous avons au contraire essayé de rappeler,
autant du moins qu'il a été en notre pouvoir, toute une
succession de faits dont l'ensemble a une importance
capitale.

Nous avons montré Pontoise, la vieille ville, éminemment catholique et royaliste, toujours attachée à justifier
sa devise : *Deo regique fidelis*, jusqu'au jour où un sentiment religieux et une intention louable entraînèrent nos
pères dans le parti de la Ligue ; plus tard, un examen
sensé de la situation, et une inclination naturelle pour la
monarchie, les eussent certainement, après l'abjuration de
Henri IV, ramenés sous le sceptre de ce prince ; mais,
nous l'avons dit : il se trouva, dans le premier mouvement, des hommes qui l'exploitèrent au profit de leur
ambition, comme, dans le second, d'autres le firent au
profit de leur intérêt.

Pendant ce temps, la ville avait supporté deux siéges, une ruineuse occupation militaire, payé les frais de la guerre, perdu le plus beau de ses monuments, et enfin, sous le rapport financier et militaire, compromis à jamais son avenir !

Tel fut pour Pontoise, au point de vue matériel, le plus clair résultat des guerres de la Ligue.

La cité, cependant, ne sombra pas dans cette tourmente d'un demi-siècle ; là où se termine l'histoire militaire d'un pays, commence généralement une autre carrière ; mais ici la transition fut longue et pénible, et le contre-coup de ces chocs funestes se fit sentir à une distance considérable des événements qui les avaient produits.

Certes, il y eut bien des défaillances, et dans les individualités qui se sont présentées à nous dans le cours de cette histoire, nous n'avons pas toujours rencontré des exemples heureux à citer ; mais en sera-t-il autrement quand on lira plus tard notre histoire contemporaine ?

Si, d'ailleurs, nous nous élevons au-dessus de ces considérations secondaires, que voyons-nous ? Une lutte engagée entre deux principes : l'autorité royale, et les croyances religieuses d'un peuple que sa foi soutient.

De part et d'autre, tous combattent, et n'hésitent pas à s'imposer les plus durs sacrifices pour défendre, ceux-ci la Monarchie, ceux-là la Religion. Malgré l'ambition personnelle de quelques chefs de parti, les intérêts matériels ne tiennent qu'une bien petite place dans la préoccupation du plus grand nombre ; la vitalité de la France s'affirme de toutes parts.

Nous repoussons, comme également funestes pour une nation, le despotisme, le fanatisme aveugle ou l'intolérance absolue de ceux qui la gouvernent ; mais, d'autre part, nous n'hésitons pas à le dire :

Un peuple qui n'aurait plus « ni foi ni loi », c'est-à-dire chez lequel les instincts matérialistes auraient étouffé toute aspiration supérieure et tout sentiment religieux ; un peuple qui perdrait tout respect de l'autorité, et dont les doctrines favorites seraient celles qui conduisent à la destruction totale de la religion, de la famille et de la propriété, ce peuple, disons-nous, dans lequel s'éteindraient bientôt les derniers vestiges du patriotisme, serait un peuple perdu !

La guerre civile, — la plus hideuse de toutes les guerres, — survenant dans de pareilles conditions, serait le signal de la fin de son existence et de son autonomie.

Fasse le Ciel que, dans l'avenir, une lutte pareille n'ensanglante jamais la terre française ! Si ce n'est pas un idéal irréalisable, puissent le calme et l'apaisement, se faisant enfin dans les esprits, doter désormais notre cher pays de la sécurité et de la liberté qui lui sont à la fois nécessaires, non-seulement pour exploiter en paix les richesses de son sol, mais encore pour continuer de répandre les bienfaits d'une saine et solide instruction ; de cultiver l'intelligence et de faire fructifier l'initiative de ses enfants.

En un mot, puissions-nous, sous le double rapport intellectuel et matériel, assurer la grandeur et la prospérité de la Patrie !

FIN.

LA LIGUE A PONTOISE
ET
DANS LE VEXIN FRANÇAIS

PIÈCES JUSTIFICATIVES

COLLECTION

DE

DOCUMENTS HISTORIQUES

INÉDITS

ou réimprimés pour la première fois,

Réunis et publiés

PAR

Henri LE CHARPENTIER

Recueil suivi de notices historiques, de notes bibliographiques, etc.

PONTOISE.

M. DCCC. LXXVIII.

I.

DISCOURS
DU SIÉGE DE PONTOISE

CONTENANT CE QUI S'EST PASSÉ
DEPUIS L'UNZIESME DE IUILLET JUSQUES A PRÉSENT.

A PARIS,

CHEZ PIERRE DES-HAYES,

En la rue du Bon Puits.

1589.

(Avec permission).

près les cruels massacres commis par Henry de Vallois, ès-personnes des principaux pilliers de l'Église, et qu'il se seroit déclaré ennemy des catholiques, l'ayant de plus en plus faict paroistre, tant pour s'estre ligué et associé avec les Anglois (hérétiques et anciens ennemis de France).

Il auroit dauantage appellé auprès de luy Henry de Bourbon, roy de Nauarre, duquel (voire depuis sa naissance) les déportemens n'ont esté sinon que d'vn ennemy mortel de l'Église catholique, luy promettant le désigner roy de France après luy. Mais Dieu empeschera que tels hérétiques excommuniez commandent d'ores en auant en vn royaume très-chrestien, et fera que leurs desseins s'en iront en fumée peu à peu.

Or, pour parvenir à leurs sacriléges desseings, ils auroient délibéré d'approcher cette ville de Paris, s'asseurans que les intelligences secrettes qu'ils y pourroient auoir auec quelques Politiques seroient cause qu'ils auroient moyen d'y entrer afin de la saccager, piller et ruyner, et par ce moyen, à l'exemple de Paris, donner frayeur aux villes, lesquelles tiennent pour l'Vnion Catholique.

Toutefois, et par la grâce de Dieu, telle entreprise est venue à néant, par le bon ordre que Monsieur de Mayenne y a donné.

Ce que voyant, le roy de Nauarre se seroit hazardé passer la riuière de Seine, estimant qu'il pourroit aisément forcer la ville de Pontoise, et par tel moyen se rendre maistre d'icelle et de la riuière d'Oise, et empescher de ce costé que les viures n'arriuassent à Paris.

Pour à quoy paruenir, le mardy, unziesme de ce mois de Iuillet, il assaillit le faulx-bourg de Nostre-Dame, qui est de là la riuière, tant furieusement, que n'eust esté le bon courage des habitans et des forces que mondit seigneur le duc de Mayenne y avoit enuoiées, entre autres les régiments des sieurs de Hautefort, d'Alincourt et de Tremblecourt, auec une compagnie de lansquenets, sans doubte ils fussent demeurez dans le faulx-bourg, mais ils en furent repoussez, en sorte que plus de quatre cens des leurs y furent tant morts que blessez, desquels estoient plusieurs gentilshommes, dont le roy de Nauarre, à grand regret.

Il avoit amené six pièces d'artillerie, sçauoir : deux canons et quatre bastardes, dont l'vne est éuentée, et des cinq autres il feit battre les ramparts estans à l'entour de Nostre-Dame, afin de l'assaillir le plus tôt qu'il pourroit : et de faict, jeudy dernier, treziesme de ce mois, il feit donner l'assaut, auquel il perdit bien de trois à quatre cens hommes, qui ne fut sans quelque perte des nostres, encores qu'ils fussent victorieux.

A cause de quoy et que les ennemis veoient que ce fort de Nostre-Dame est inexpugnable, ayans séduit un maçon qui congnoissoit l'assiet de l'Église et qu'elle se pouuoit miner, le roy de Nauarre feit travailler en diligence à la mine, mais ils n'en peurent venir à bout (ainsi faut-il croire de ceux qui se bandent contre Dieu), car les assiégez faisans samedy dernier une sortie, par la volonté divine et miraculeusement, ils prindrent prisonnier ce maistre de la mine, lequel, enquis de plusieurs choses, confessa leur auoir donné l'intelligence de faire renuerser l'Église ; toutes fois, que si on luy vouloit sauuer la vie, il donneroit le moyen d'esuenter leur mine, ce qu'il a fait.

Les forces estans tant dedans la ville qu'aux faulx-bourgs, que Monsieur le duc de Mayenne y a enrolé, sont de trois à quatre mille hommes : outre que le chemin de deça la riuière est libre. Ceux de la ville et les païsans qui s'y sont retirez sont près de deux mille hommes. Ils ont des viures à suffisance, graces à Dieu, et n'ont faute de munitions de guerre.

Le roy de Nauarre a peu d'infanterie et luy fasche beaucoup de diminuer tous les iours le nombre de sa cauallerie.

Dimanche dernier, seiziesme de ce mois, sur le soir, les catholiques se voyans fort oppressez du canon de l'ennemy, qui estoit planté à vingt et cinq pas de l'Église de Nostre Dame, trouuèrent moyen de ietter du dessus du clocher des fassines et des botteaux de paille, avec des feux artificiels sur leur artillerie, ce qu'ils exécutèrent tant dextrement qu'ils bruslèrent les roues et attirail d'un canon et d'une bastarde, lesquelles sont maintenant en terre et ne s'en peuuent aucunement seruir, en sorte qu'ils n'ont plus dont ils se puissent aider, sinon un canon et trois bastardes, avec fort peu de munitions de guerre.

Les viures leur sont tant cours que le pain d'un carolus vaut six sols, qui est cause que la nécessité a rendu malades grande partie des leurs, joinct qu'ils ont peu d'espérance d'en estre secourus. Maintenant le roy de Nauarre voudroit bien n'auoir point passé la riuière de Seine, se voyant au milieu de ses ennemis, ayant les catholiques de Rouan à dos et sachant que Monseigneur de Mayenne a moyen de rafraîchir tous les iours les gens de guerre y estans : car il y en envoye de frais les vns après les autres.

Encores lundy dernier, la nuit, dix-huitiesme de ce mois, le roy de Nauarre, faisant assaillir le fort de Nostre-Dame, a esté repoussé bien furieusement, auec encores grande perte des siens, y aiant perdu plusieurs hommes de marque, qui n'ont encore esté recongnus.

Dieu fera par sa miséricorde accoustumée que son Église triomphera à l'encontre de ses ennemis, et que bientost la France, tant accablée de trauaux, iouyra du repos de longtemps désiré. C'est pourquoy aussy nous ne deuons nous lasser de le prier, servir et honorer, et par ces mesmes prières luy recommander devotieusement la Santé des Princes et Seigneurs catholiques, lesquels exposent d'heure à autre leur sang, pour le support de l'Église catholique, soulagement et repos du pauure peuple.

FIN.

La pièce ci-dessus n'a jamais été réimprimée : l'érudit secrétaire de la Société historique de Compiègne, M. A. de Marsy, parent de feu M. Lointier, ancien maire de Pontoise, avait eu autrefois la pensée de faire une réédition de cette plaquette, mais il ne mit pas ce projet à exécution. C'est une des pièces de l'époque qui nous donne le plus de renseignements sur les événements du siége de 1589, et, par son importance comme par sa date, elle figure en tête des documents historiques que nous publions. Le texte a été collationné sur l'exemplaire de la Bibliothèque nationale.

II.

BRIEF DISCOURS

DE LA DÉFAICTE DE L'ARMÉE DE HENRY DE BOURBON,

JADIS ROI DE NAUARE,

DEVANT LA VILLE DE PONTOISE,

AVEC LE NOMBRE DES MORTS.

Faicte par M. le Duc de Mayenne ; et autres Princes et Seigneurs, unis pour la deffence de la foi Chrestienne, Catholique, Apostolique et Romaine.

A Tolose, par Jacques Colomiez. 1589.

'est une chose très-certaine, et assez cogneuë de tout temps, que tout autant de fois que les ennemis de la foy Catholique, se sont essayez de vouloir esbranler l'inexpugnable fort de l'Eglise militante, voire y jetter le moindre croq, pensans y donner quelque attainte, Dieu le très-vigilant et très-soigneux gardien d'icelle a émoussé tous leurs desseins, et les a rendus totalement inutiles : voire le plus souvent a faict que les éguillons de leurs flèches, qu'ils avoient acérées pour décocher, ont refrappé contre leur poictrine, jusques à faire voler leurs propres membres en pièces. De cecy, puis que tous les jours les exemples nous en font sages, nous nous contenterons de mettre en avant les prophéties que David a pré-annoncées à tous ceux qui, ennemis de la Loy de Dieu,

enjambent des embùches aux fidèles Chrétiens et Catholiques,
notamment au Pseaume 7 : « *Il a ouvert un puis, et la foui ; et
est cheu dans la fosse qu'il a faicte. Sa douleur sera convertie sur
sa teste : et son iniquité descendra sur le sommet de son chef.* »
Comme s'il disait : Les meschants et infidelles, ne se conten-
tans pas d'assaillir les Chrétiens à la veuë de tous, ont encore
dressé des chausse trappes pour leur rompre le col. Mais par
le juste jugement de Dieu, eux-mêmes seront suffoqués de la
mesme mort qu'ils leur auront machinée. L'affliction qu'ils
ont pourpensé leur brasser retombera sur les autheurs d'icelle
et refrappera sur leur ceruelle, l'escarboüillant et fracassant,
comme celuy qui jettant une pierre droit à plom haut en l'air,
ne se donne de garde que la pierre vient à tomber sur sa teste.
Au Pseaume 9, il dit : « *Au mesme laqs, qu'ils avoyent dressé,
leur pied a esté prins* » : c'est à dire, par ces gleux, filets et cau-
telles, dont ils tiroyent à surprendre les justes, comme les
oiseleurs, eux-mesmes se sont enlacés : et les mesmes aguets,
par lesquels ils s'efforçoyent de les empoigner et leur couper
la gorge, leur ont esté occasion et cause de leur perte.

Or tout cecy ne tend à autre but, sinon que nous remercions
Dieu des grâces qu'il nous faict journellement, anéantissant
les forces de nos ennemis, tant plus ils nous veulent mettre le
pied sur la gorge. Qu'il soit vray ces jours passez, le Béarnois,
jadis roi de Navarre, s'efforçant de donner l'assaut à la ville
de Pontoise, fut si vivement repoussé par les nostres que neuf
cens hommes de pied, tous soldats bien aguerris, y demeurèrent sur la place. Outre ce, quinze des principaux chefs de son
armée y furent tués : et entre autres le capitaine Charbonière,
son lieutenant, et un autre nommé Boüillet.

Quoy voyant, ledit Roy de Biarn tout au mesme instant fit
jouer une mine qui alloit sous la grande église de Nostre-
Dame, laquelle ceux de dedans ont courageusement repoussée,
et se sont fortifiés d'une telle sorte, que la mine a joué contre
ceux qui l'avoient faicte : si bien qu'ils y sont demeurez quinze
cens hommes d'eslite et cent cinquante chefs : deux pièces de
canon y ont esté crevées, et deux autres saisies et emmenées
par les nostres. Toutes lesquelles choses ont redondé à la
grande confusion et perte de l'ennemy.

Il y est demeuré des nostres, Monsieur d'Hautefort, lequel

fut porté à Paris auquel lieu il fust enterré dans l'église des Augustins. Monsieur d'Alincourt est blessé d'une arquebusade au bras : toutefois, il n'est guieres offensé, mesmes on espère que dans peu de jours il recouvrera sa guérison. Au demeurant, il y a dedans Pontoise deux mille arquebusiers bien lestes, et cinq cens chevaux, lesquels font si bien leur devoir qu'il n'a jamais esté possible à l'ennemi de prendre les corps de leurs principaux chefs, lesquels servent de voirie aux chiens et aux courbeaux. Ils ont mandé des trompettes dans Pontoise, pour les pouvoir faire enterrer, à quoy les nostres n'ont jamais voulu accorder. D'ailleurs pour chose certaine, Monsieur de la Chartre est arrivé à Paris, accompaigné de huict cens chevaux et cinq mille hommes de pied. L'on attend aussi Monsieur de Nemours avec ses forces, qui moyennant l'aide de Dieu y arrivera au premier jour.

Voilà succintement d'assez bons commencements, dont a pleu à Dieu nous bien-heurer, par lesquels nous pouvons cognoître comment Dieu favorise ceux qui ont espérance en lui : exposans leur vie pour la manutention de l'Eglise Catholique, Apostolique, Romaine, laquelle, comme un très-seur enclume, fera résistance aux coups de marteaux que les ennemis d'icelle y pourroient brandir. Aussi les bons Catholiques zélateurs, qui mettent leur fiance en la miséricorde de Dieu, voyant les vains efforts des ennemis, leurs peines et ennuyeux desprits, se réjoüissent de sa justice et bonté envers les justes.

Veu donques le devoir que ceux qui sont dans Pontoise, font : voir les bons succez qui ont ja ressorti à leur advantage, le bon zèle, ferme volonté, et ardent désir qu'ils ont de se défendre, il ne faut douter que l'ennemi n'aura jamais le pouvoir, et moins le loisir, de mettre le pied dedans. Mais les nostres ne se contentent point de se fortifier des armes temporelles, voire encore ont recours aux armes spirituelles, qui est d'avoir les yeux esleués au Ciel, prians incessamment Celuy qui en moins de rien peut dissiper tous les plus furieux assauts que les hommes pourroyent excogiter, qu'il lui plaise continuer la victoire à l'encontre de leurs adversaires. En quoy nous les devons secourir et seconder : nous proposans devant les yeux, que, si à la seule parole de Josué les murailles de Jéricho

furent renversées par terre, aussi ayant une ferme foy, et
bonne délibération de combattre pour la querelle de l'Eglise,
Espouse de Jésus-Christ, les exécutions que l'ennemy pense
faire ressortir en effet, seront tout aussi tost dissipées en
fumée.

Pourquoy qu'un chacun, embrasé d'un bon zèle, n'espargne,
non-seulement ses moyens, mais encore sa propre vie, si
besoin est, pour une bonne occasion, qui est l'extirpation des
hérétiques, afin que purifiés et antidotés contre leur poison,
et les ayant déniché de nos terres, nous puissions vivre avec
contentement et repos. Et que nos enfans se puissent vanter,
qu'à la sueur de notre visage, nous leur avons aplani le chemin
et desraciné les ronces et chardons qui le rendoyent inacces-
sible. Ou bien, venans à respandre notre sang, et perdre
nostre vie, nous burinions une mémoire de nostre nom sur la
lame du cœur de la postérité : à l'exemple de tant de généreux
et magnanimes guerriers, la mémoire desquels demeura per-
pétuée aux rais du clair soleil, sans estre tant soit peu brunie
du bandeau d'obscurité. Et qui plus est, après avoir conquis
de si insignes trophées, et laissé la mémoire de nos faicts
emprainte aux cœurs des hommes, nous puissions estre jouis-
sans des récompenses que Dieu, très-libéral rémunérateur, a
préparées à ceux qui constammen tont souffert pour le soustien
de sa saincte querelle.

Cette plaquette, extrêmement rare, n'a jamais été réimprimée ; elle n'existe pas à
la Bibliothèque Nationale.

M. J. Bornibus, de Saint-Ouen-l'Aumône, en possède un exemplaire, et a bien
voulu nous en donner une copie, afin de la faire figurer dans cette collection de
documents sur la *Ligue à Pontoise*, dont elle n'est pas le moins intéressant.

Elle est imprimée à *Tolose*, par Jacques Colomiez (1589). On y trouve des comparaisons curieuses et on y reconnaît le style méridional, à cette exaltation religieuse
et à ces périodes sonores qui la distinguent des autres plaquettes du même genre,
mais d'origine parisienne.

Quoi qu'en dise l'auteur, embouchant la trompette de Jéricho, *la défaicte* de Henri
de Bourbon à Pontoise se traduisit par la prise de cette ville quelques jours après ;
on se pressait trop d'annoncer la victoire et on dut avoir des désillusions, ce qui est
arrivé dans toutes les guerres, aussi bien anciennes que modernes.

A la suite de la copie qui nous a été communiquée de la pièce qui précède, on lit
les vers suivants, que nous reproduisons, bien qu'ils n'aient aucun trait à la *défaicte
de Henry de Bourbon* ; on y trouve des réflexions que l'on croirait émanées de
quelque penseur de nos jours, n'étaient l'ancien style et l'ancienne orthographe !

T rois choses sont où ne se faut jouer :
La sainte foy, l'œil et la renommée,
Par aveugles athées diffamée
Qui la devroient sur toute autre louer.
On ne doit point la foy désavouër
Receu au sein de l'au vive animée :
La pipe d'œil ne peut estre entamée
Qu'elle ne soit tout à l'instant sans œr.
Toutes trois sont bien requises en France,
Pour en bannir l'hayneuse defiance.
Car par la foy la promesse est gardée,
L'œil de la foy par les œuvres congneu.
Par toutes deux le renom maintenu,
Sans toutes trois la France est hazardée.

Par tout le vice a cours, et le plus vicieux,
Et le plus incapable, et le moins entendu.
Pour le plus habile homme est aujourd'hui rendu,
Et réputé sur tous pour le plus précieux.
Des jeunes en mespris sont tombez les plus vieux.
L'honneur que l'on leur doit est maintenant perdu,
Tout devoir et honneur est ore confondu,
Rien n'est bien en son ordre icy bas sous les cieux.
Le vertueux n'est plus entre le populaire,
Tenu pour un miroir d'exemple salutaire,
Courrant par laschetez se desloyal son lustre.
Il ne faut à présent qu'avoir biens à foison,
Pour faire réclamer en public sa maison,
Bien que de toutes soit la moins noble et illustre.

III.

CHANSON NOVVELLE

OU EST DESCRITE LA VERTV ET LA VALEVR

DES LYONNOIS

EN LA DEFFENSE DE PONTOISE.

———

Sur le chant : *Estendu parmy les Fleurs*.

PONTOISE, à fin qu'à l'advenir,
Chacun se puisse souvenir,
Que tu as fait grand'résistence
Au dernier Valois de la France,

Je veux publier en ces vers,
Par tous les coins de l'univers,
Que tu as défendu sans craincte
Le party de la cause saincte.

Plusieurs régiments commandez
Par grands seigneurs, furent mandez
Dans PONTOISE, pour la deffendre,
Car l'ennemy la vouloit prendre.

Deux Roys usants d'un pied legier
La vinrent soudain assiéger,
Ayant à force infanterie
Et une grand'cavallerie.

Henry de Valois y estoit,
Lequel ses troupes excitoit,
Et pour leur hausser le courage
Leur donnoit Pontoise au pillage.

Le Roy de Navarre guidoit
Ses Huguenots, et présidoit
Au camp, car Henry de sa grâce,
Luy faisoit là tenir sa place.

Ceux qui dedans Pontoise estoyent
A bien deffendre s'apprestoyent,
Sans s'étonner de voir l'armée
De deux Roys contre eux animée.

Mais surtout raconter ie dois,
Ce que firent les LYONNOIS,
Qui montrèrent en toute sorte
Vne assurance brave et forte.

Ils repoussèrent bien souvent
L'ennemy, lors que plus avant,
Pensant s'approcher pour combattre,
Hardis, ils se venoyent abbattre.

Si on eust razé le faux bourg
Qui ceint Pontoise tout autour,
Il n'y avoit moyen quelconque
De l'assaillir ou la prendre oncque ;

Mais on ne voullut nullement
Démolir si grand bastiment ;
Et voylà comme l'avarice
Apporte touiours préiudice.

L'on ne voyoit le cœur faillir,
Soit pour deffendre ou assaillir,
Aux Lyonnois, lesquels, sans cesse,
Combattoient avec grande addresse.

Ils soubtindrent virilement
Et combattirent longuement
Dedans l'Église vénérable
De la VIERGE très-honorable.

Car les ennemys de plein fault
Par là donnèrent leur assault,
Pensant, s'ils gaignoyent ceste Église,
Que la ville seroit tost prise.

Les LYONNOIS, qui entendoyent
A quoy les ennemys tendoyent,
Gardèrent d'une force exquise,
Tous le pourpris de ceste Église.

Mais les canons des ennemys,
Qui contre estoyent braqués et mis,
Et tonnoyent ainsi que la foudre,
Mirent toute la vouste en poudre.

Le camp des deux Roys a esté
En ce siége très-bien frotté,
Et a veu, assiégeant Pontoise,
Ce que vault la force lyonnoise.

Parquoy ces Roys de plus en plus
Voyants tant de leurs chefs perdus,
Se despitoyent, et leur courage,
Estoit tout agité de rage.

Par dix et sept iours tout entiers
Ils nous battoient de tous quartiers,
Mais nous repoussions leur furie
A grands coups de scopetterie.

Les citoyens n'espargnoyent rien
De ce qui estoit de leur bien,
Et donnoyent aux soldats courage
Par bonne chère et bon visage.

Les femmes venoyent aux remparts
Et y apportoyent aux soudarts
Tout ce qui estoit nécessaire,
Sans craindre le camp adversaire.

Mais tant iour que nuit canonans,
Et sur notre ennemy tonnans,
Nos pouldres, hélas! nous faillirent,
Et en grand'tristesse nous mirent.

Nous en apporter l'on n'osoit,
Car l'ennemy s'y opposoit,
Se tenant sur les advenues
Avec canonnades menues.

Mais pour ce le cœur ne perdions,
Ains, bravement nous défendions,
Voulant, la bande lyonnoise,
Mourir pour deffendre Pontoise.

Lors on fit composition,
Avec bonne condition,
Et ne fut la ville outragée,
Ny par l'ennemy saccagée.

Car nous voulions plustôt la mort
Que de permettre vn si grand tort,
Plustôt eussions perdu la vie,
Que voir la ville en pillerie.

Parquoy sortismes de ce fort
Avec un honorable accord,
Et Dieu voulut nostre sortie,
Et aussy nostre despartie.

Car après, Henry de Valoys
Pensant voir rendre les abbois
A Paris, ville renommée,
Où il vint camper son armée,

Se logea au bourg de Saint-Cloud,
Où il fut frappé d'un tel coup,
Le iour des liens de Sainct-Pierre,
Qu'il ne nous fera plus la guerre.

Nous prions Dieu qu'en Paradis,
Soyent tous nos bons compaignons mis,
Lesquels sont morts dedans Pontoise,
Et qu'au Ciel leur âme s'en voise.

Celuy qui a faict la chanson
Est un des enfants de Lyon
Qui commandoit dedans Pontoise
A vne bande lyonnoise.

FIN.

RANG TIENDREY.

Cette pièce fait partie d'un recueil factice, volume grand in-folio, composé de documents extrèmement rares, de poésies. d'estampes, de caricatures et d'affiches de l'époque de la Ligue ; on y trouve des annotations autographes de Pierre de l'Estoile, qui l'a composé ; ce précieux recueil fait partie de la *réserve* de la Bibliothèque nationale ; il est unique dans son genre et est intitulé : *Les belles Figures et Drôleries de la Ligue.*

La *Chanson nouvelle* est imprimée sur une seule feuille, comme ce que l'on appelle dans le colportage une *complainte*, et dans un format correspondant assez à notre grand in-4° actuel.

A côté d'elle se trouvent classées trois autres pièces du même genre et d'un format analogue ; l'une d'elles est intitulée : *Chanson pleine de réjouissance, avec actions de grâces, sur la mort advenue à Henry de Vallois, par un sainct et très-digne de mémoire, Frère Jacques Clément.*

Sur la *Chanson nouvelle*, relative à Pontoise, on voit en haut du feuillet et descendant sur la droite, une annotation écrite de la main de Pierre de l'Estoile. Voici cette note, très-originale, et qui peint bien tout à la fois la naïveté et l'énergie de son auteur :

« *Chansons des gueux de la Ligue, moulées dans la grande*
» *cage des oysons, à Paris, où les Ligueurs, continuant en*
» *leurs folies et fureurs, traînent par les fanges de leurs*
» *sottes bouffonneries, sales et ordes médisances, le nom du*
» *Roy d'aujourd'hui, qu'ils appellent le Béarnois, qui en fin*
» *berne si bien eux et leur Ligue, qu'ils cognoissent le peu*
» *d'arquest qu'il y a de se iouer à son maistre !* »

La *Chanson nouvelle* ne porte pas de date; elle est, bien entendu, postérieure à la mort du roi Henri III : ce fut une de ces pièces volantes destinées à exalter ou à relever le courage des Ligueurs. Cette pièce a été réimprimée en 1873, par M. le docteur Bonnejoy, avec un certain luxe typographique (Arras, imprimerie Schoutheer. Paris, librairie Wilhem). M. Bonnejoy dit qu'il n'en connaît que *deux* exemplaires originaux (en comprenant celui de la Bibliothèque), et qu'il ignore quel en est l'auteur.

Ce dernier, effectivement, tout en disant qu'il était chef d'une *bande lyonnoise*, ne se nomme pas; mais dans les mots : *Rang Tiendrey*, qui terminent la pièce, et dont l'orthographe est certainement altérée à dessein, on a cru reconnaître le nom de : *René d'Artigny*, comme l'établit la décomposition ci-après :

$$
\begin{array}{cccccccccccc}
R & A & N & G & T & I & E & N & D & R & E & Y \\
1 & 2 & 3 & 4 & 5 & 6 & 7 & 8 & 9 & 10 & 11 & 12
\end{array}
$$

$$
\begin{array}{cccccccccccc}
R & E & N & E & D & A & R & T & I & G & N & Y \\
1 & 7 & 3 & 11 & 9 & 2 & 10 & 5 & 6 & 4 & 8 & 12
\end{array}
$$

Un de nos amis, Pontoisien érudit et infatigable chercheur, a étudié cet anagramme et affirme qu'une famille d'Artigny a autrefois résidé dans le Forez et le Lyonnais. Serait-ce ce *d'Artigny* l'auteur des vers, assez médiocres du reste, de la *Chanson nouvelle*? *Adhuc sub judice lis est*..... En tous cas, la découverte est ingénieuse, et l'orthographe du mot *Tiendrey* fait supposer une préméditation qui justifie jusqu'à un certain point la traduction : *René d'Artigny*.

H. L. C.

IV.

EXTRAIT

DU

COMPTE-RENDU DE L'ASSIETTE DE 45000 ÉCUS

DE CONTRIBUTION

IMPOSÉE A LA VILLE DE PONTOISE, APRÈS LE SIÉGE, EN 1589.

(Primitivement 60,000 écus)

(Compte de 1594).

GENS D'ÉGLISE.

ehan Robequin, curé de St-Maclou (précédemment de Saint-André). . .	10 escus.
Robert Noël, curé de Saint-Pierre . .	60 »
Louis Descouys, 2e curé de Saint-Maclou. . .	20 »
Christophe Ler (plus tard curé de St-Maclou).	15 »
Claude Maillard (do de St-Pierre) .	10 »
Mathieu Hazard, organiste	50 »
Symon Collentier, chapelain	45 »
Hénauld Barbier, —	45 »
Claude Thierry, —	7 »
Claude Reynard, —	3 »
Guillaume Tupin, —	6 »
Louis Bordereau, chanoine de Saint-Mellon. .	6 »

Mathieu Guyempel, vicaire de Notre-Dame. .   6 escus.
Claude Gastebois, prestre. . . . . '.   1   »
Anthoine Dupuis.   1   »
André Pyot.   20   »
Nicolas Yon, chapelain de Saint-Waast . . .   7 . »
Jehan de Vadecart, prestre (curé de St-André).   10   »
Sébastien Vallet . . . .   30 sols.
Mathieu Prévost . . . .   2 escus.
Anthoine Scigneur, chapelain de la Confrérie
    aux Clercs.   1   »
Mellon Soret, chapelain (plus tard curé de
    Saint-Maclou).   3   »
Claude Bachellier.   2   »
Jehan Durant   40   »
Pierre Benoist.   30   »
André Vacher   30   »
Noël Dousset.   12   »
Jehan Dufour   30   »
Pierre Parent   10   »
François Fourmentin.   1   »
Jehan de Pannesay, chanoine de Saint-Mellon.   45   »
Nicole Lamosin . . . .   30 sols.
Raymond de Merville. . . . .   1 escu.
Guillaume Poupel (plus tard curé de St-André).   7 escus.
Guillaume Leconte. . . . .   30 sols.
Robert Coquaigne   30   »
Isambert Leleu   30   »
Simon Charpentier. . . . .   1 escu.
Pierre des Indes. . . . .   30 sols.
Nicolle Vallentin.   50   »
Louis le Normant, chanoine de Saint-Mellon.   12   »
Guillaume Poisson, chapelain de Saint-Mellon
    et curé d'Ennery.   100   »

LES GENS D'ÉGLISE RÉFUGIÉS.

M⁰ Gérard Caffin. . . . .   6 escus.
Christophle Chennevière, curé d'Osny. . . .   4   »
Pierre Dubray, curé de Mézières   3   »

Jehan Cheron, curé de Livilliers . . . . . .   3 escus.
Michel Dufour, curé de Labbeville.   1   »
Jean Dupron, curé du Fay.   6   »

NOBLES.

Jacques de Monthiers, lieutenant civil du bailli
   de Senlis . . . .   560 escus.
André de Forest. . . . . · . . .   100   »
Gabriel de Monthiers.   120   »
Le sieur de Groslay   340   »
Le sieur de Saint-Han   100   »
D^{lle} des Clos, veuve de Me Guillaume Honoré.   120   »

AUTRES PERSONNES NOTABLES.

Me André Fournier, procureur du Roi . . . .   250 escus.
Jacques Dauvergne.   1000   »
Jehan Dauvergne, lieutenant g^{ral} du bailliage.   1000   »
Me Simon Bredoulle, avocat du Roi   80   »
Jacques Gérard, m^{tre} de l'écurie du Roi *(Postes)*.   600   »
Veuve Me Claude Dubois, procureur   140   »
Me René Richardière, procureur.   50   »
Pierre Couldray, salpestrier   60   sols.

LES RÉFUGIÉS *(nobles)*.

Mme de Balincourt . . . .   20 escus.
Mme du Plessis.   115   »
M. de Soubs-le-Jour   160   »
Mme de Montjavoult   26   »
Charlotte de Rongis, veuve de Reyllier . . .   100   »

AUTRES RÉFUGIÉS.

Me Reyllier, de Beaumont. . . . .   40 livres.
Nicolas Chéron, de Boissy   30   »
Edouard Caffin, d'Hérouville . . . ·   30   »
La dame Pierre Caffin   30   »
Jehan Caffin. . . . .   28 l. 7 s.
Simon Samson, de Beaumont. . . . .   24 livres.

HABITANTS DU PONT-DE-PONTOISE.

Jehan Le Roux . . . .   50 livres.
Claude Quesnel   12   »
Sébastien Bouler.   114   »
Pierre Restouville . . . .   40 sols.
Jehan Fourgon. . . . .   19 l. 10 s.
Pierre Chédiot. . . . .   24 livres.

Ce qu'on vient de lire n'est qu'un *extrait* du rôle de la contribution de guerre, — rôle fort considérable, et dont la publication *in extenso* nous entraînerait dans de trop grands développements, et présenterait peu d'intérêt : aussi, nous avons cru devoir nous limiter à la liste des personnes notables ; on peut d'ailleurs consulter les registres manuscrits, conservés aux archives de Pontoise.

La Recette de l'imposition est divisée en quartiers, de : *Ville. — Chasteau. — Pont-huis. — La Grande-Tannerie. — La Foullerie. — La rue de la Barre. — La Coustellerie. — Le Chou.*

V.

SIÉGE DE 1589

LISTE

PARTIELLE

DES OFFICIERS ET SOLDATS BLESSÉS

(Extrait des Archives de la Ville de Pontoise).

E. E. 16, n⁰ 13. — Liasse 65.

ROOLLE DES BLESSÉS

Tant mestres de camp, cappitainnes que soldats, au siége de Ponthoyse,

— Sans que en ce présent roolle soyent comprins tous les soldats blessés audict siége depuis le mardy xi, jusques au lundy xxiv juillet mil cinq cens quatre-vingt et neuf,

— Mentionnés en un roolle arresté et signé de Monseigneur le duc d'Espernon, pair et colonnel de France.

Premièrement. — MESTRES DE CAMP.

Le comte de Grandpré, du régiment de Champaigne, blessé au visage d'une harquebouzade, et d'un coup de pique.

Le seigneur de Baranqueville, aussy blessé d'une harquebouzade au pied gauche.

Le seigneur de Breigneux, aussy blessé d'une harquebouzade à la main gauche.

Le sire de Beaujeu, blessé au bras, d'une harquebouzade.

CAPPITAINNES BLESSÉS.

Le sieur de Bléry, blessé à la main gauche, d'une harquebouzade.

Le cappitainne Froux, blessé d'une grande harquebouzade, au bras gauche.

Le capp{ne} Labrosse, fort blessé à la cuisse droite, dont il a l'os rompu, d'une mousquetade.

Le capp{ne} de Ladevèze, blessé aux deux jambes, d'une grande harquebouzade.

Le capp{ne} La Cousture, blessé au bras, d'une harquebouzade.

Le capp{ne} Maillart, blessé d'une grande mousquetade à la jambe droicte.

Le sire de Tillodet, blessé à la cuisse droite, d'une grande harquebouzade.

Le capp{ne} Bournonville, blessé d'une grande harquebouzade à la jambe.

Le capp{ne} Chailly, blessé au bras, d'une harquebouzade.

Le capp{ne} Foyteau, blessé à la teste, d'une grande harquebouzade, avec fracture à l'os.

Le capp{ne} du Glas, blessé d'une grande harquebouzade, avec l'os rompu ; a rompue toute la mandibule inférieure.

Le capp{ne} L'Isle, enseigne, de Lombard, fort blessé au corps et aux bras, d'une harquebouzade.

Le capp{ne} Piault, ung peu blessé d'esclats au visaige.

Le capp{ne} Rozières, blessé à la jambe, d'une harquebouzade.

Le capp{ne} Desmoulins, lieutenant du capp{ne} de la Chappelle, blessé d'une harquebouzade aux genoux.

Et le capp{ne} Masteron, qui fust blessé à Poissy, d'une harquebouzade.

Le capp{ne} Galloys, blessé à la main gauche, d'une harquebouzade.

Le capp{ne} Brénis, lieutenant du capp{ne} la Tour, blessé à la teste, d'un coup de pierre.

Le capp{ne} Gron (?), enseigne du capp{ne} Custodin (?), blessé au pied, d'une harquebouzade.

Le capp^ne Moignieul, lieutenant du capp^ne Boisseault (?), blessé d'une grande harquebouzade à la cuisse.

Le capp^ne Rinve, blessé d'une grande harquebouzade à la cuisse.

Le sergeant Lacouppe, blessé d'une grande harquebouzade au bras.

Le capp^ne Bédroflier, blessé de grands coups de pique aux bras, au corps et au visaige.

PRINCIPAUX SOLDATS.

Au Régiment des Gardes du Roy.

Ung soldat, nommé Adrian Dupin, de la compaignie du capp^ne Pommereux, blessé d'une grande harquebouzade à la cuisse gauche, portant sur l'os pubis.

Au Régiment de Picardie.

Ung soldat, nommé Charles Boutet, dit la Fraise, blessé d'une harquebouzade dans la jambe.

Marin, souldart, blessé d'une grande harquebouzade à la jambe gauche.

Jehan-Jacques Levot, blessé à la teste, d'un grand coup de pierre. Il fault le trépanner.

Fabien Furasseau, fort blessé d'une grande harquebouzade, dont tous les os de la jambe ont esté rompus.

Pierre de Saint-Clair, blessé à la main, d'une harquebouzade.

Jehan Servan, dit la Croix, blessé à la main gauche, d'une harquebouzade.

Jehan Beuvret, dit Desnoyers, blessé d'une harquebouzade.

A la Compaignie du cappitainne Custod... (?).

Le sergeant La Marre, blessé d'une grande harquebouzade dans la poitrine, et passant par au travers du bras gauche.

Nicolas des Angles, blessé d'une grande harguebouzade *(sic)* au bras droit.

Le capp^ne La Perrolle, blessé à la cuisse droite.

Henry Bourgeoys, dit Duboys, blessé à la main droite, d'une harquebouzade.

Jacques Dubois, blessé à l'espaulle, d'une harquebouzade.

Claude Desjardins, blessé d'un coup de pique à la jambe.

Régiment de Champaigne.

Claude Fournier, dit Lajeunesse, fort blessé à la jambe gauche, dont l'os est rompu, d'une harquebouzade.

Georges Chastillon, blessé de deux harquebouzades, à la cuisse droite, l'aultre au visaige ; de la compaignie du capp^ne Biroisse.

Le sergeant Lamarre, blessé au bras gauche ; de la comp^ie du cappitainne de Vallepergne.

Le soldat nommé Duverger, blessé à la teste et au bras, d'une harquebouzade ; de la compaignie du capp^ne Bonguillard.

Jacques Lombard, blessé à la teste et aux bras, de coutelas.

Claude Anda, blessé à l'espaulle ; de la compaignie de Rochambault.

Denis Vayre, blessé au bras droit, et a le pouce coupé.

Antoine de Marainville, blessé d'une grande harquebouzade à la cuisse gauche.

Jehan de Maulbois, blessé d'un coup de pique au bras gauche.

Jacques Firmin, blessé d'une harquebouzade à la cuisse droite.

Le caporal Latanche, blessé à la nuque, d'une harquebouzade.

Ung soldat nommé Chatillon, blessé à la jambe.

Le caporal Lapierre, blessé d'une harquebouzade à la teste.

Ung soldat nommé Lagrêve, d'une harquebouzade au bras.

Ung soldat nommé Lafollie, blessé à la cuisse, d'une harquebouzade.

Le Régyment de Baranqueville.

Jehan Hérault, dit Lapierre, blessé de trois harquebouzades, à la cuisse droitte, au pied et à la jambe.

Vincent Mousquet, dit des Sergies, blessé à l'espaule, d'une grande harquebouzade.

Denis, de Limongne, blessé d'une harquebouzade.

Ung soldat nommé le Cadet Dupuis, d'une harquebouzade à la jambe droitte.

Maugis Rattou, blessé d'une grande harquebouzade à la teste.

Le sergeant Marguier, blessé à la main.

Ung soldat nommé Lajeunesse, blessé à la jambe gauche.

A la Compaignie de Villeneuve.

Jehan Picard, blessé au bras ; tout l'os broyé.

Jacques Richer, blessé aux genoux, d'une grande harque-bouzade.

Jehan Billot, dit Dupré, blessé à la main.

Edouard Regnard, blessé sur les... (*effacé*) ; y a fyssure.

Jehan Robert, blessé tout au travers de l'os mauplatte (*sic*).

Nicolas de Champaigne, fort blessé au bras.

Michel Nappe, blessé tout au travers des deux cuisses.

Aumont Braignet, blessé à la jambe.

Claude Bouvier, blessé aux chevilles des pieds.

Pierre Delacroix, blessé dans le nez (*sic*).

Thomas Durand, blessé à la jambe, d'harquebouzade.

Guillaume Pommier, blessé à la nuque du col, traversant l'os mauplat (*sic*).

Claude Belleau, blessé à la cuisse, d'un coup de mousquet.

Pierre Pitoys, blessé à la jambe.

Pierre Collard, blessé à la jambe, d'un coup de pique.

Nicolas, de Charbonnière, blessé au visaige, d'un coup de pique.

Vincent Lefebvre, blessé à la main, d'un coup d'espée.

Claude de La Rault, blessé au pied, d'un coup de pierre.

Nicolas Lamarre, blessé à la jambe, d'une harquebouzade.

Claude Fonvenne (?), blessé à la cuisse, d'une harquebouzade.

Nicolas Sauvant, blessé à la cuisse, d'une harquebouzade.

René Pinglet, blessé aux reins.

Clavart, blessé à la teste.

Claude Dufort, blessé au front, d'un petit esclat.

De la Compaignie du cappitainne Guimard.

Joachim des (*illisible*), dit de Lavigne, blessé à la teste, d'une harquebouzade.

René Lhuilier, blessé à la cuisse droite.

Jean Mathiers, dit de Livry, blessé aussy à la cuisse droitte.

Jacquet Dupin, dit Latour, blessé à la cuisse, et un coup de pique dans mesme lieu.

Denys Ferrond, dit La Rue, blessé à la jambe gauche.

Philippe Noir, blessé au bras gauche, d'une grande harquebouzade.

Thomas Dollain, dict Dauphin, fort blessé au costé.

Charles Dedevant, blessé d'une mousquetade à la cuisse
gauche.

Jacob, de Reims, d'une harquebouzade aux chevilles des
pieds.

Du Régiment de Rubercy.

Denys Guiguel, dit Duverger, fort blessé de deux coups
d'harquebouzade, ung à la teste, et aussy aux bras.

Guillaume Pouilly, blessé au travers du corps, harquebouzade.

Justin Romand, dit la Vallère, de la comp^{ie} de Beauchamps,
blessé à la cuisse gauche.

Régiment de la Garde.

Ung soldat nommé Pierre Ferrant, blessé à l'espaule ; de la
compaignie de Piault.

Jehan Petit, fort blessé aux cuisses, d'une mousquetade.

Jehan Mellon, fort blessé à la teste.

Ung soldat nommé Gérôme, blessé au bras gauche.

Ung soldat nommé la Pussière, blessé au bras droit, d'harquebouzade.

Ung soldat nommé la Perle, blessé à la poitrine.

Ung soldat nommé la Solle, blessé de deux coups de pique
à la teste.

Ung soldat nommé l'Espine, blessé à la jambe.

Le Cadet de Champaigne, blessé à la jambe, d'harquebouzade.

Ung soldat nommé la Forge, blessé à l'espaule.

Le soldat nommé Lagrange, blessé à la jambe.

Jacques Hangue, dit Lafrance, blessé à la mamelle droite.

Le soldat nommé le Pain, blessé d'une grande harquebouzade ; de la compaignie de monsieur de Breigneux.

Ung soldat nommé Jean Berger, blessé au bras droit ; de la
compaignie du cappittaine Foyteau.

Le sergeant Laplace, harquebouzade à la teste.

Le sergeant Laforest, harquebouzade à l'espaulle.

Jehan Lelièvre, blessé au bras.

Chasteaurouge, harquebouzade dedans le bras.

Ung soldat nommé Lamothe, blessé au bras.

Ung soldat nommé Bigort, blessé à la gorge.

Lemarle, blessé aux deux cuisses.

Ung soldat nommé Montbron, blessé au jarret.

Michelet, blessure dans les bras.

Ung soldat nommé Lafontaine, blessé au visaige et au corps, d'harquebouzade.

Jehan Petit, d'une grande harquebouzade qui lui rompt les cuisses.

Mellon, coup de pierre à la teste.

Ung soudard nommé Lassaillon, blessé à la teste.

Aultre Lajeunesse, blessure à la main.

Le Cadet de Champaigne (bis), blessé à la jambe.

Montfort, blessé à travers les deux cuisses.

Ung soldat nommé Lapuer, blessé à travers les deux jambes.

Sainct-Paul, blessure à la jambe, d'harquebouzade.

La Marre, blessure de main.

Le Cadet de la Mollure, blessé aux bras.

Le tambour du cappitainne Fault, blessé d'une harquebouzade à la cuisse.

Signé : **DE LA VALLETTE.**

Et à la suite :

« Extrait de l'original d'un Roolle, estant au greffe de
« l'Election de Ponthoyse, le xxiii novembre mil cinq cens
« quatre-vingt et quinze. »

Signé : Langlois.

Ce document est inédit.

Sur la pièce originale manuscrite, conservée dans les archives de Pontoise, on lit en marge, en haut du premier feuillet, cette mention, tracée d'une écriture du siècle dernier : « *Pas un seul nom de cytoien n'est compris dans cette liste* », — ce qui n'a rien de surprenant, puisqu'il s'agit d'une liste partielle des blessés de l'armée *assiégeante*, détail probablement ignoré par le *cytoien* qui a fait cette annotation judicieuse.

VI.

LA REPRINSE

DE LA VILLE

DE PONTHOISE ET DU CHASTEAU DE VINCENNES

FAICTE NOUVELLEMENT

PAR MONSIEUR LE DUC DE MAYENNE

Lieutenant général de l'Estat et Couronne de France.

ENSEMBLE LES ENSEIGNES QUI ONT ESTÉ APPORTÉES EN L'ÉGLISE DE NOSTRE-DAME, A PARIS.

A PARIS,

Par HUBERT VELU,

Demeurant deuant le Collége de Bon-Court.

1590.

AVEC PERMISSION.

evant que de faire une description ample touchant la reprinse de la ville de Ponthoise, faicte le sixiesme de ce présent moys de januier, par Monsieur le duc de Mayenne, j'ay délibéré tenir quelque petit propos du chasteau du bois de Vincennes, près Paris, lequel plusieurs personnes

estimoient imprenable à raison des murailles espesses desquelles
estoit composé le Donjon, dont mondit sieur le duc de Mayenne
feist battre les iours nagueres escoulez, de telle furie que le
capitaine Sainct-Martin, tant résolu opiniastre et affectionné à
la nouuelle religion qu'il est, fut contraint de se rendre à telle
composition et condition qu'il sortiroit ses bagues sauues,
comme l'on dict à la mode de la guerre, s'asseurant comme il
debvoit, sur la foy et promesse de mondict sieur le duc de
Mayenne, il s'est retiré en la ville de Senlis, pour se ioindre
avec la Nouë, l'vn des plus fins et des plus vieux huguenots
de la France ; le chasteau du bois de Vincennes reprins, l'artillerie qui estoit braquée deuant debvoit marcher pour tirer
droict en la ville de Ponthoise, mais le desbord de la riuière
fut cause de rompre cette bonne entreprinse, laquelle fut différée
iusques au iour de Noël dernier que mondict sieur le duc de
Mayenne fist monter en grande diligence l'artillerie pour la
conduire droict en la ville de Ponthoise, laquelle quant le Roy
des Biarnois eut prinse, il pensoit bien auoir obtenu vn grand
aduantage à l'encontre des Catholiques de la France, et principalement des cytoiens de la ville de Paris, ausquels il estimoit
bien brasser quelque grande occasion de fascherie pour les
faire repentir de ce qu'ils ne le veulent encore receuoir pour
Roy ; mais le Tout-Puissant nous a bien faict cognoistre par
expérience qu'à luy appartient de disposer et aux hommes de
proposer seulement, car au lieu qu'il se persuadoit d'ennuyer
les susdicts habitans de Paris, il se trouva si empesché en son
siége de Ponthoise, que s'il fut demeuré encore deuant par
l'espace de quelque temps qu'il eut esté contrainct de leuer le
camp pour s'enfuyr en son païs de Biarnois auec sa courte
honte, à raison du grand nombre d'hommes qu'il perdoit tous
les iours, tant par maladies qui les tourmentoient et faisoient
mourir, que par les coups d'arquebuzades et de mousquets que
leur tiroient ceux qui estoient enfermez dedans ladicte ville de
Ponthoise.

Il ne se faut esmerveiller si les Catholiques de France, et
principalement ceux de Paris ont receu vne ioye extrême quant
ils ont entendu nouuellement que ladicte ville de Ponthoise
avoit esté reprise par Monsieur le duc de Mayenne, laquelle il
nous faut confesser estre autant, je ne diré point seulement

utile et profitable aux Parisiens, ains aussi nécessaire que peut estre la mammelle d'vne nourrice à vn petit enfant, car tout ainsi qu'vne mère nourrice baille du commencement l'vne de ses mammelles à taitter à son petit nourriçon, laquelle après qu'il l'a bien tirée, elle lui rebaille encore l'autre, affin que par le moyen de son laict il puisse estre soustencé et alimenté pour viure et croistre ; en cas semblable, il y a deux riuières à l'entour de la ville de Paris, l'vne desquelles s'appelle Oyse et l'autre Marne, laquelle se vient rendre en la riuière de Saine, du costé de Chalanton, Corbeil et Melun, et sert de mère nourrice en partie à Paris, pour autant qu'elle y apporte grande quantité de bleds, de vins et de bois pour nourrir les habitans dudict Paris ; quant à la riuière d'Oyse, elle entre dans la riuière de Saine du costé de Ponthoise, d'où il vient aussi grande abondance de bleds, de bois et de foins, ce qui est cause que l'on dit que les Parisiens la doyuent respecter et tenir pour chère et précieuse, ainsi que doit faire un petit enfant la mammelle de sa mère nourrrice. Monsieur le duc de Mayenne en considération des biens et commoditez pour la vie humaine qui viennent ordinairement en la ville de Paris par Ponthoise, se délibéra d'y dresser vn camp pour la reprendre, à quoy il a tousiours trauaillé et en propre personne, iusques au premier iour de l'an dernier que l'artillerie fut braquée deuant ladicte ville de Ponthoise, laquelle il fist batre si furieusement que ceux qui estoient dedans pour la garder se trouuèrent estonnez, se voyans saluez et estrainez de ceste sorte, tellement qu'ils donnèrent vn signal pour demonstrer qu'ils vouloient parlementer affin de se rendre, mais parce qu'ils demandoient des conditions desraisonnables pour eux qui auoient enduré le canon, mondict sieur ne les leur voulut accorder, ains les a reçeus à condition seulement qu'ils sortiroient la vie sauue comme ils ont faict le samedy sixiesme de ce présent moys de ianuier, au grand regret du Roy des Biarnois et contre son opinion, car quant à son retour de la ville de Dieppe il changea la garnison de Ponthoise, il pensoit bien qu'ils deussent tenir plus longuement qu'ils n'ont faict ; c'eust esté un grand dommage ; ie ne parleré poinct seulement du Parlement de Paris, ains aussy de tout le public de la France, si les Huguenots royalistes qui estoient dedans Ponthoise y estoient demeurez d'auantage,

attendu que leur intention estoit d'y faire la presche public-
quement, veu que c'est un lieu de dévotion qui a touiours esté
hanté et fréquenté par les Catholiques de la France, à raison
des miracles qui ont esté faicts en l'église de Nostre-Dame
de Ponthoise.

Celuy qui commandoit en ladicte ville, qu'on appeloit
Monsieur du Plessis, approcha si près de la batterie qu'il fut
touché d'un coup de canon dont la mort s'en est ensuyvie ; les
enseignes du régiment de Picardie qui estoit dedans ladicte
ville et autres, auquel commandoit ledict sieur du Plessis, ont
esté apportées à Nostre-Dame de Paris, ce iourd'huy huictiesme
de ianuier, suyvant la coustume saincte et louable qui se pratique ordinairement en France, affin de louer Dieu et luy rendre
action de grâce de ce qu'il luy a pleu de assister pour reprendre
en si peu de temps qu'il a faict la ville de Ponthoise, car pour
les affections particulières qui· gouuernent auiourd'huy les
habitans de la France, ie ne fais doubte qu'il n'y ayt quelques
vns qui trouuent estrange et admirable la douceur et humanité
de laquelle mondict sieur le duc de Mayenne a vsé tant vers
le Gouverneur du bois de Vincennes que vers ceux de Ponthoise ; mais quant ils auront bien cogneu le propre et deuoir
du bon Prince et le malheur de la guerre, ils mettront tous leurs
affections particulières, car comme maintiennent les sçavans
tant aux lettres sacrées que prophanes, l'office d'un vray prince
est d'auoir pitié et compassion, de pardonner à ceux qui se
retirent vers luy quant ils sont conduicts d'vne bonne volonté
et affection, ainsi qu'vn bon père de famille, qui n'vse de
rigueur et sévérité vers ses enfans toutes et quantes fois qu'ils
l'ont offensé, ains les embrasse et recognoist pour siens, si tost
qu'il luy demandent pardon, ioinct que tous chefs d'armées
cherchent tous les moyens qu'il leur est possible de ne mener
à la boucherie ceux qui sont à leur suyte, et principalement
ceux qui commandent, qui sont contraincts de se présenter à un
assaut de ville pour monstrer le chemin et donner exemple à
leurs soldats affin qu'ils ne facent difficulté de hazarder leur
vie au besoing. Incontinent après que Monsieur le duc de
Mayenne eut remis la ville de Ponthoise en la liberté tempo-
relle et spirituelle, de laquelle elle avoit accoustumé jouyr,
devant que le Roy de Biarnois s'en fut emparé et fist serrer

bagage pour le remuer affin de le conduire droict à Meulan,
ceux qui s'estoient enfermez dedans pour le garder, se doutans
bien qu'ils n'estoient pour faire teste aux forces de mondict
sieur le duc de Mayenne, se sont rendus, craignans de se
mettre en danger de perdre la vie s'ils eussent enduré le
canon, de quoy nous deuons louer Dieu.

FIN.

En outre de l'édition de cette plaquette par Hubert Velu, il en existe une autre
imprimée à Lyon, en 1590, « *prins sur la copie imprimée à Paris, par Iean
Patrasson.* » Cette édition, absolument semblable à l'autre, quant au texte, porte
les armes de Mayenne sur le titre ; l'auteur de la présente publication en possède un
exemplaire sur lequel on a inscrit la date de la reprise de Pontoise par les ligueurs :
« *6 ianvier* », d'une écriture de l'époque.

A la fin de l'édition Velu, se trouve un portrait du duc de Mayenne, qui n'existe
pas dans l'autre ; il a pour légende : « *Charles de Lorraine, duc de Meine, Pair
et G. C. de Fr.* » Nous ne connaissons pas de réimpression de cette pièce ; celle-ci,
croyons-nous, est la première qui ait été faite depuis les éditions de Hubert Velu et
de Lyon : nous l'avons reproduite en entier.

VII.

LA TRAHISON DESCOUVERTE

EN LA VILLE DE PONTHOISE

AVEC L'EXÉCUTION QU'ON A FAICT DES TRAITRES,
ET DE LA CONVERSION DE L'UN D'ICEUX, LEQUEL ESTOIT HÉRÉTIQUE.

A PARIS,

Chez ROBERT NIVELLE, rue Saint-Jacques,

AUX CIGOGNES

Et ROLIN THIERRY, rue Saint-Jacques,

AU LYS BLANC

Imprimeurs de la Sainte-Union.

1591.

(Avec privilége).

Nous publions la plus grande partie de cette pièce, en supprimant quelques passages sans intérêt, et en résumant la fin du récit qui contient des longueurs. Comme on le verra, il s'agit d'une lettre que l'on suppose écrite par un habitant de Pontoise.

Après avoir fait une exposition des sentiments religieux qui doivent guider tout homme de bien, le Pontoisien en question arrive au fait de la *grande trahison*, et la raconte en ces termes :

Pour trousser briesvement, le fait a passé en telle sorte que, durant le siége de Paris, nos gensdarmes allans à la guerre vers Beauvais, passant par Amblainville, surprirent le sieur de Gauseville, gentilhomme autant accompagné de perfections que l'on sçauroit désirer, lequel mis à

rançon et n'ayant de quoy sitost satisfaire, comme par aventure
il eut bien désiré, se voyant de loisir, et l'oisiveté le faisant
évanouir en ces conceptions, pourpensa de faire un bon service
à son maistre, qui estoit le Roy de Navarre.

Et pour l'effectuer, estant assez bien voulu de noz capitaines,
lesquels, de tout temps, ont esté toujours plus courtois que
ceulx du party contraire, ayans cecy un peu trop devant les
yeux, que la fortune d'un honnête homme, ores que affligée
et altérée, est toujours comme vénérable et sacrée à ses propres
ennemys, prenant l'occasion au poil haute, tantôt l'un, tantôt
l'autre, et enfin les ayans tous pratiquez, il fait eslection d'un
entre les autres, lequel, à son advis, il pourroit gaigner fort
facilement.

Et cette résolution prise, sachant très bien que la fain gloute
et exécrable de l'or violente le cœur le plus asseuré du temps
présent, mit ce premier moyen en avant pour corrompre ce
capitaine ; lequel sur ses entrefaites le venant visiter, après
luy avoir fait bonne chère et un grand discours de la valleur
de son Roy, luy descouvre ce que déjà longtemps il couvoit
en son âme, l'asseurant que si le vouloit assister luy feroit
toucher une grande somme de deniers, et, outre ce, luy donneroit perfection en tous ses désirs.

Ce capitaine, assez accord, feint lors quelque mécontentement
qu'il avoit, et que s'il luy vouloit tenir promesse, il n'y avoit
gentilhomme en la ville qui y peust mieux mener à fin l'entreprise que luy. Le sieur de Gauseville, contant sans son hoste,
l'embrasse de toute son affection, et liez si lui sembloit de
serments éternels et indissolubles, prend la fin et le desseing
de ceulx qui conspirent, ayant esgard à la sentence de
Corneille Tacite, disant que les hommes doivent honorer et
respecter les choses passées, obéyr aux présentes, souhaictant
le commencement de leur entreprise bon et les endurer en
quelque sorte, que ce soit qui leur succède.

Sur ce, enquis des moyens comme ils pourroient procéder,
veu le bon ordre qui se tenoit en la ville : lors, ce capitaine,
fait fort d'avoir cinquante soldats tout à sa dévotion, que
l'ennemy venant présenter l'escallade au Pôthuis, il ne leur
feroit donner empeschement aucun à trois cens hommes
d'entrer en la ville, et que mesmes, assisté d'iceux qui

sçavoient toutes les places de la ville, il leur livreroit le chasteau où sont toutes les munitions de guerre, l'armée venant à s'approcher, ayant l'ennemy et dedans et dehors, ils seroient contraints et forcez de se rendre à mercy. Cela faict et promis, laisse le sieur de Gauseville, et de ce pas alla trouver Monsieur nostre Gouverneur, luy descouvrist entièrement ce qui s'estoit passé entre luy et le susdit : ce qu'ayant entendu, lui commande expressément de faire bonne mine, l'entretenir de promesses et paroles, au mieux que seroit possible, jusques à ce qu'il aye retiré de luy quelque mot d'escrit et quelque preuve suffisante qui peussent le convaincre de trahison.

Ceste entreprise, Monsieur, avoit toujours couvé depuis le jour de la Chandeleur jusques au jour de la Pentecoste; or, vous pouvez remarquer la prudence de nostre Gouverneur, lequel ayant un désir perpétuel et bouillant de conserver ceux qui sont affectionnez à cette cause, afin d'attraper non-seulement le chef, mais d'avantage ses complices, sans montrer aucune altération, en ses gestes ny contenances, veu le subject qu'il en avoit, voit et regarde tous les jours celuy qui ne demandoit aultre chose que de mettre luy et les siens sur le bord d'une ruine inévitable.

Cependant, le sieur de Gauseville se voyant favorisé autant ou plus que de coutume de Monsieur le Gouverneur, c'est lors qu'il commence à solliciter ce capitaine plus que jamais, lui faict écrire par le sieur de la Noüe, faict venir à Ponthoise un maistre maçon pour prendre la hauteur de la muraille, et poursuivant sa pointe, commença dès l'heure à filler et tordre la corde de son désastre et malheur.

Les affaires passans en telle sorte, Monsieur d'Hallincourt est toujours à l'eschauguette, comme vigilant et prudent Gouverneur, veillant cependant que ses subjects reposent à la brit de toute violence, met tel ordre à ce fait que le feu mesmes venant à s'allumer, et nous courans pour l'estaindre, la fumée ne nous eust pas seulement offensés. Et pour sçavoir et entendre d'advantage de son ennemy, permet au sieur de Gauseville, prisonnier sur sa foy, de s'en aller où il voudroit pour trouver de quoy acquitter sa rançon : de quoy, extrémement resjouy, pouvant, en toute liberté, communiquer avec ceux de son party, s'achemine tantot à Beauvais, tantot à Amiens, mais le plus souvent à Senlis, où ayant un jour trouvé le Roy de Navarre, lui conte ce qu'il avoit brassé à Ponthoise.

Mais le siége de Chartres survenant, lui commanda seulement qu'il eut toujours à entretenir ce capitaine, et ce par le moyen d'un sien beau-frère, nommé la Mare, auquel il s'estoit descouvert, qui estoit pour lors à Ponthoise.

Chartres, cependant, est assiégée, et puis quelque temps après prise, depuis ce temps l'ennemy venant à s'espandre en noz quartiez, sans cesse va çà et là jusques à tout que toutes choses fussent appareillées.

Le (*date en blanc*) de juin, le sieur de Gauseville pensant tenir l'oyseau par le pied et non par la plume, avec un convoy s'achemine de Beauvais à Ponthoise, où estant arrivé il somme ce Capitaine de sa promesse, et que de sa part argent lui seroit donné et d'avantage mesme s'il vouloit. Au mesme qu'il ne restoit plus qu'à prendre heure pour effectuer ce que dès longtemps ils s'estoient proposé.

L'heure prise, le sieur de Gauseville pourpense le moyen de faire approcher l'armée, ce qu'il pouvoit facilement effectuer, envoyant son frère la Mare vers le Biarnois, et pour jouer asseurément s'en va vers Monsieur d'Hallincourt descharger la Mare de tout ce qu'il pouvoit avoir faict pour lui à Ponthoyse, et lui faict donner passeport. Mais la trahison commençant à vouloir payer son autheur, et l'heureux succès de tels entrepreneurs n'avenant jamais si miellé et doucereux qu'il n'aye, soit d'une part ou d'autre, le fiel à la queue, Monsieur d'Hallincourt adverty de tout ce qui se passoit par ce capitaine, fait arrester la Mare aux faubourgs, nonobstant le passeport, saisi de lettres, qui contenoient tout le subject de l'entreprise, le fait constituer prisonnier, pareillement le sieur de Gauseville, et tous ceux avec les quels il avoit accoustumé de communiquer......... Et ainsy pris, et emprisonnez, Monsieur d'Hallincourt ne voulant rien faire que bien à propos, les met entre les mains de la justice, où convaincuz du faict, leur procez est envoyé vers Monseigneur le duc de Mayenne, lequel instruit de tout, voyant les preuves si claires, conclut avec la justice qu'ils soient jugez à mort.

Là dessus arrest est prononcé : *à la Mare d'estre pendu, et au sieur de Gauseville d'estre décapité*, mais afin de tirer entière vérité d'iceux, la Mare *mis à la gesne* ne pouvant supporter la rigueur d'icelle, confesse tout entièrement. Ce qu'ayant entendu, le sieur de Gauseville, sans se laisser travailler, confirme et ratifie ce que dessus : et ainsi sont amenez à la chambre des criminels, pour adviser de leur salut et dernière volonté.......

Dans la suite de la lettre, l'auteur, au milieu de considérations assez diffuses et avec force réflexions sur l'horreur qu'inspire l'hérésie, nous apprend : que la Mare, en vrai catholique, fit aussitôt son *examen de conscience* et implora la clémence du Ciel ; mais le sieur de Gauseville, qui était huguenot, tenait d'abord un tout autre langage ; il demandait instamment qu'on le laissât en repos ; pourtant, il se mit aussi à prier et, sur les supplications de son compagnon la Mare, il consentit à recevoir un des frères Mathurins que M. d'Halincourt avait envoyé chercher, et qui était connu de lui. Il y avait en ce moment auprès de lui cinq ou six ecclésiastiques qui essayaient de le convertir, et qui finirent par triompher de sa résistance première.

En apercevant le frère Mathurin, Gauseville « *changea de figure et de couleur* » et se mit « *à raisonner* » avec lui ; enfin, après une longue discussion, ouvrant son âme à la foi, « *il entrevist cette claire lumière de l'Église qui lui avoit esté si longtemps cachée.* »

En attendant les religieux du couvent des Cordeliers, on chanta le *Veni Creator* ; ceux-ci étant arrivés, Gauseville prit deux religieux à part, un des Mathurins et un des Franciscains, fit une confession générale, et employa à son instruction les derniers instants qu'il avait à vivre.

La Mare, qu'on avait séparé momentanément de lui, ayant appris cette conversion, l'embrassa cordialement et lui prodigua des consolations, comme s'il n'en n'avait pas eu lui-même besoin.

Après avoir reçu la communion, ils furent conduits au supplice. La Mare fut exécuté le premier, puis le sieur de Gauseville ; leur courage étonna tous les gentils-hommes et officiers qui assistaient à ce triste spectacle.

Là se termine le récit de cet épisode des guerres de religion à Pontoise, qui, sans être un fait historique important, offre cependant quelque intérêt pour l'étude de cette période de notre histoire.

La réédition que nous faisons de cette plaquette, complète la série de ce qui a été publié sur Pontoise à l'époque des guerres de la ligue. Cette pièce, croyons-nous, comme les précédentes, n'a pas été réimprimée.

VIII.

EXTRAITS

DES

ARCHIVES DE L'HOTEL-DIEU

DE PONTOISE

1589-1590 — B. 136

(Pièces inédites relatives aux siéges de Pontoise).

A

Les Vicaires et Commissaires royaux, commis et députés de par le Roy et son grand Aumosnier de France, sur le faict de la généralle réformation des hospitaulx et maladeries de ce Royaume, au premier huissier ou sergent royal sur ce requis, salut :

Veu la requête à nous présentée, le 27ᵉ de ce moys, par les Religieuses et Prieure ès-couvent de Hostel-Dieu de Pontoise, contenant qu'en l'année 1583, sœur Claude Le Bouteillier auroit esté pourveue du dit prieuré, où elle auroit trouvé de si grandes charges et debtes, qu'elles n'eussent peu estre acquictées sans aliéner beaucoup des immeubles d'icelluy. Ce que n'ayant voulu permettre, elle l'auroit faict des deniers et moyens de ses parents qui lui auroient aydé, et quelque temps après, par quatre années consécutives, seroit survenue la contagion qui auroit totallement incommodé le dit prieuré, de manière que à cause de ce, et des stérilitez et chertez de vivres, elles auroient

esté grandement intéressées, sans toutes fois avoir jamais
desnyé aux pauvres malades et aultres nécessiteux, receuz
au dict Hostel-Dieu, le secours et assistance de si peu de
moyens qui restoient au prieuré. Depuis, estans survenus les
troubles, la ville de Pontoise prise, après avoir supporté deux
siéges et grandes garnisons de soldats, la pluspart des quels
blessez et malades ont esté receus, traittez, et médicamentez
au dit Hostel-Dieu, avec grands frais excédant de beaucoup le
revenu d'iceluy; il auroit néanmoings, puis naguères, esté
saisy à la requeste du Procureur du Roy, et les suppliantes
adjournées par devant nous, pour en rendre compte et apporter
au Greffe de la réformation, les tiltres de la fondation, les
anciens comptes et l'estat du dit revenu, à quoi il leur estoit
de tout impossible satisfaire, tant pour avoir les dits comptes,
papiers, tiltres et acquiz, esté perdus pendant les troubles, que
pour n'avoir oncques esté et n'estre comptables.

Requeroient à ces causes estre deschargées de la reddition
de compte, et que la somme à laquelle elles pourroient estre
reliquataires par l'issue et closture d'un compte, leur feust
délaissée et remise pour payer les debtes qu'elles ont esté
nécessitées de créer pour subvenir aux charges dudit Hostel-
Dieu pendant la contagion et guerres, ainsi qu'elles faisoient
apparoir par information et procès-verbal, et aux réparations
nécessaires et faire aux bâtimens d'iceluy.

Conclusions du Procureur du Roy, le tout; nous, avant que
faire droict sur la dite requeste, avons ordonné et ordonnons
qu'il sera informé d'office, à la requeste du Procureur du Roy,
des faicts contenus en icelle requeste; et ce pendant, avons
faict et faisons main-levée aux suppliants de la dite saisie et
ordonné que les Commissaires establis au régime et gouvernement des biens saisis, leur en rendront compte. Si, vous
mandons ces présentes, mettre à deue et entière exécution,
selon leur forme et teneur, nonobstant oppositions quelconques
et saus préjudice d'icelles.

Donné, à Paris, soubz le scel de la generalle Réformation,
le dernier juillet l'an mil six cens ung.

DESBOYS,
Commis par l'absence du Greffier.

Délivré le 7 juin 1602.

B

Devant nous, Gabriel de Monthiers, escuyer, seigneur de Saint-Martin, conseiller du Roy notre Sire, lieutenant général au siége du Bailliage, Ville et Chatellenie de Pontoise, est comparu, l'an 1601, le 24ᵉ jour de juillet, Mᵉ Pierre Duvivier, procureur des Dames religieuses et Sœurs de l'Hostel-Dieu de Pontoise, lequel nous aurait faict entendre que lesdites Dames sont poursuivies à la requeste de M. le Procureur Général du Roy, pour rendre compte des biens et revenus de l'Hostel-Dieu, chose à eux impossible, pour avoir esté, les papiers et acquets d'icelle maison, vollez et et emportez par les gens de guerre, joint que la despense et l'entretenement ordinaire des pauvres dudit Hostel-Dieu ; et à ce moyen, nous a requis pour avoir preuve de ce que dit est, qu'il nous pleust recevoir les attestations et dépositions d'aucuns habitants de cette Ville qui ont eu connoissance de ce que dit est, pour en avoir par eux acte et s'en servir ainsi qu'ils adviseront.

Sur ladite requeste, aurions ordonné que lesdites Dames feroient comparoître devant nous jusqu'au nombre de six ou sept desdits habitants pour estre ouïs sur le contenu de ladite requeste, pour à quoy fournir, lesdites Dames ont faict paroistre par-devant nous :

Pierre Durant, pescheur, demᵗ à Pontoise, aagé de 72 ans.

Jehan Gaucher, marchand,	dᵒ		dᵒ	39 »
Benoist Devaux, manouvrier,	dᵒ		dᵒ	42 »
Jean de la Coré, masson,	dᵒ		dᵒ	42 »
Pierre Parent, masson ;	dᵒ		dᵒ	40 »
Nicollas Baucheron,	dᵒ		dᵒ	77 »
Antoine Mesnet, eschevin de cette ville,			dᵒ	50 »
Sébastien Boullet, menuisier,			dᵒ	58 »

Jacques Volluet, aagé de 32 ans, ou environ.

Lesquels, après le serment par eux faict, ont dict concordablement, après avoir ouï la lecture de certaine requeste à nous présentée par les Religieuses, Prieure, etc., de l'Hostel-Dieu de Pontoise, ont dict sçavoir pour l'avoir veu, qu'en l'an 1589 et 1590, lors des siéges qui feurent posez devant cette ville de Pontoise, tant par le feu Roy Henry, dernier décédé, que par

le duc de Mayenne, il y avoit grand nombre de soldats et gens
de guerre qui venoient audit Hostel-Dieu, y prenoient et
emportoient tout ce qu'ils trouvoient, n'ayant aucune seureté
en ladite maison pendant lesdits siéges, et le lieu et endroit
ou estoient resserré leurs papiers et enseignements estoient
ouvert et à l'abandon des gens de guerre, et que la Prieure
dudit Hostel-Dieu n'eust ozé fermer aucune porte de ladite
maison, et que sy elle les eust faict fermer, elles eussent esté
incontinent rompues et effondrées par lesdits gens de guerre,
à raison de quoy savent, les déposants, que lesdites Religieuses
ont perdu un bon nombre de leurs papiers et tiltres, mesme la
porte où estoient les tiltres et papiers de ladite maison auroit
esté effondrée et rompue par lesdits gens de guerre, et prins et
emportez une partie des tiltres, ainsy que bon leur auroit
semblé, ainsy que ledit Baucheron et Voluet ont dict et déposé
avoir veu.

Mesmement, ont dict sçavoir que pendant lesdits siéges il y
avoit grant nombre de soldats blessez et malades et aultres
pauvres malades, jusqu'au nombre, pendant ledit premier
siége, de 5 ou 600 malades et blessez, auxquels la Supérieure
fournissoit et entretenoit d'aliments, et auroit employé grande
quantité de linge pour ensépulturer les pauvres décédez, et
qu'estans dénuez de linge, à raison du grant nombre de morts,
elles auroient esté contraintes de mandier et demander, ès-
maisons des habitants de la Ville, pour leur ayder de linge et
avoir moyen d'ensépulturer les morts, ce qu'elle ne pouvoit
faire à raison de ce qu'elle estoit dénuée de moyens et de
commoditez à l'occasion des guerres.

Comme aussy, ils ont dict sçavoir que pendant ledit temps
du siége, et mesme depuis, et tant que les guerres ont eu
cours en le Royaume, ladite Prieure auroit faict une grande
despense pour les reffections et entretenements des bastiments
dudit Prieuré, et mesme des fermes et métairies, plus que ne
remonte le revenu annuel de la maison, et à quelle despense
tant pour la nourriture des pauvres malades, Religieuses et
entretenements des bastiment, qui se montoit plus une fois du
revenu de ladite maison. Mesme a, ledit Baucheron, dict que
diverses fois ladite Dame auroit emprunté sur le sgʳ de Moussy
des deniers pour subvenir à la nourriture des Religieuses.....

IX.

TRAITÉ DE 1592

(Archives de la Ville de Pontoise.)

————

TRÊVE

ntre le seigneur d'O, gouverneur et lieutenant pour le Roy en la Ville de Paris et Isle-de-France, et le sieur DE HALINCOURT, capitaine de cinquante hommes d'armes, gouverneur de la Ville de Pontoyse et du païs le Vexin-François,

IL EST CONVENU ENTRE EUX :

Sous le bon plaisir du Roy, et de M. LE DUC DE MAYENNE,.

Que, pour soulager le peuple, faciliter la récolte des fruits, *pendant sept mois accomplis*, il ne sera fait *aucun acte* d'hostilité entre eux, ni les leurs, dans l'estendue des Gouvernements des Villes de Mantes, Meulant, Pontoyse, Chaumont et Magny, et aultres païs dudit Vexin-le-François, Saint-Denis, Senlis, Beaumont et Poissy, et que, pendant ledict temps, ils ne pourront attenter ny faire entreprinse aucune sur lesdites Villes.

Que la Ville et Chasteau de l'Isle-Adam demeurera *neutre*.

Que les habitans desdites Villes, non portans armes pour faire la guerre, pourront sortir avec leurs chevaux et bestiaux, aller et venir d'une ville à une aultre, dans l'estendue dudict païs, en prenant des passe-ports des Gouverneurs des lieux de leurs demeurances, ou de leurs lieutenans, en leur absence, sans qu'ils puissent demeurer en les Villes où ils iront plus de temps qu'il plaira aux Gouverneurs de leur en accorder.

Que les juges et aultres officiers des Villes et lieux susdits pourront faire leur charge en l'estendue de leur juridiction, tout ainsi qu'ils faisoient cy-devant ; comme aussy que les officiers de la forest de Sainct-Germain-en-Laye pourront exercer leur estat en toute liberté en ladite forest, et tenir leur juridiction, ainsi qu'ils avoient accoustumé.

Que les habitans des Villes et du plat païs pourront labourer, cultiver et amender leurs terres, sans qu'il soit loisible à personne, de quelque party qu'il soit, de saisir et prendre leurs chevaux, bestiaux, ni aultres choses à eux appartenant.

Fait à Meulant, ce premier jour de septembre 1592.

Signé : FRANÇOIS D'O.

Et au bas on lit :

« Après que les articles contenus au présent traité, faict du commandement du Roy, entre le seigneur D'O et le sieur DE HALINCOURT, ont esté lus devant nous au Conseil, SA MAJESTÉ les a ratiffiés et approuvés, et entend que le contenu dudict traicté soit entièrement approuvé par les Gouverneurs des Villes, capitaines des gens de guerre de son royaume, et de tous ses subjects, de quelque qualité qu'ils soient.

Faict au camp, sur Marne, le dernier de septembre, mil cinq cens quatre-vingt et douze. »

Signé : HENRY.

Et plus bas :   Par le Roy : RASE.

« Le 13 mars 1593, autre traité qui proroge la trève, *pendant un an*, sous le bon plaisir de leurs chefs et supérieurs ; il est confirmé par M. le duc de Mayenne, lieutenant du Royaume, de l'avis du Conseil, et signé de la main dudit sieur de Mayenne. »

(Archives de la Ville de Pontoise).

X.

EXTRAIT

DES

COMPTES RENDUS

PAR LES RECEVEURS ANNUELS DE LA FABRIQUE DE GENICOURT.

1569-1600

(Un vol. in-folio papier ; 900 pages).

1587. P. 200. tem, payé à Mellon Charton, sergent, pour avoir adjourné par deux fois pour aller aux estats. xxx s. tr.

1588. P. 214. Item, à Jehan Pigache, pour avoir par luy refaist les portes de l'église, que les gens d'armes avoient rompuz. x s. tr.

Item, à Dupré et Osmont, sergens à Pontoise, pour avoir faict commandement d'amener quatre hommes pour travailler aux fortifications de la Ville de Pontoise. . . xivj s. v d. tr.

Item, payé à Vaultier et Duboys, sergens audict Pontoise, pour avoir faict commandement de porter du bled de munition audit Pontoise, a esté paié. . . . . xv s. tr.

1589. P. 223. A esté paié à Barthélémy Séqueville, à Genicourt, pour le remboursement de ce qu'il avoit paié pour les habitans à M. la Loble, pour les fraiz des grains portez au magazin de Pontoise, paié . . . . ix l. tr.

Alloué, sauf aux Marguilliers de ladite église à les rembourser sur les habitans.

Item, paié pour retiré les ornemens des jandarmes (*sic*). xi s. tr.

Item, a esté paié au vitrier qui a refaist toutes les vitres de l'église moiennant la somme de . . . . xvij l. tr.

Item, pour avoir du plastre pour attacher lesdites vitres. ix s. tr.

Item, paié pour les despens à quoy les paroissiens ont esté condamnez envers le vitrier, faulte de payement, payé. xx s. tr.

Item, a esté paié à l'estainnier qui a refaist le grand benoistier. . . . . xxx s. tr.

Item, pour un autre benoistier qui a esté refaist à Pontoise . . . . x s. tr.

1590. P. 233. Item, au sergent Charton, pour avoir semond et adjourné les habitans pour envoyer aux estats, baillé . . . . x s. tr.

Baillé à ung serrurier qui a refaist la serrure du Thrésor de l'église. . . . . xx s. tr.

Item, au mareschal pour la ferrure et crochet mys au Thrésor . . . . xxiv s. tr.

1591. P. 243. Item, pour avoir faict refaire la serrure du Thrésor, rompue par les gens d'armes, pour ce . . . . x s. tr.

P. 244. Item, pour avoir faict refaire en seconde fois la serrure du Thrésor, rompue de rechef par les gens d'armes. xiiij s. v d. tr.

P. 256. (*Ecriture ronde Louis XIII*). — NOTA : « Qu'au temps des guerres civiles, les contributions ruinoient les villages comme appert par cy-devant et cy-après. »

1594. P. 264. Item, pour avoir faict refaire la serrure du Thrésor, que les gens d'armes avoient rompue . . . . xx s. tr.

1595. P. 268. Item, pour avoir faict refaire la serrure du Thrésor, rompue par les gens de guerre . . . . xviii s. tr.

Item, à Charles, sergent, pour son sallaire d'avoir faict le commandement aux Marguilliers de porter les livres de baptesmes et mortuaires en justice . . . . xv s. tr.

1596. Item, paié pour une mine de plastre pour réparer les ruynes que les gens d'armes avoient faictes en ladite église, ladite année. viij s. tr.

C'est à l'obligeance de M. Joseph Depoin, président du Cercle Sténographique de l'Ile-de-France, et parent de l'auteur de cette publication, qu'est due la communication du curieux état qui précède ; nous lui en adressons ici nos remerciements. Bien que ce relevé n'ait pas trait directement à Pontoise, on peut, en le parcourant, se faire une idée du peu de sécurité qui régnait alors dans nos campagnes voisines, puisqu'en un court espace de temps, on est obligé de faire refaire, nombre de fois, la serrure du Trésor de la Fabrique, « rompue par les gens de guerre ! »

XI.

SIÉGE DE 1589

ANALYSE DES PIÈCES

DU

PROCÈS

INTENTÉ PAR

CLAUDE VATHERIE

Greffier en chef de la Prévôté-Mairie de Pontoise,

AUX ÉCHEVINS DE CETTE VILLE.

1592-1596.

PUBLICATION FAITE D'APRÈS LES DOCUMENTS MANUSCRITS ET INÉDITS
CONSERVÉS AUX ARCHIVES DE PONTOISE.

AVANT-PROPOS.

Le procès de Claude Vatherie contre la Ville de Pontoise, à l'occasion des pertes subies par lui lors du siége de 1589, et dont il voulait être indemnisé, forme un très-volumineux dossier, conservé dans nos Archives Municipales. Il est renfermé dans la liasse FF., sous les n°ˢ 20 et suivants.

Ces documents méritent mieux qu'une simple citation : Utiles
pour l'histoire du siége, en général, ils nous fournissent de
très-curieux détails sur les premiers jours de cette lutte : de
plus, ils nous font connaitre, nominativement, un grand
nombre d'officiers, de magistrats, et de personnages divers de
Pontoise, qui, sans ce débat, nous seraient probablement
restés totalement inconnus.

Le fond de la procédure n'a cependant rien en lui-même de
très-remarquable ; mais les détails historiques contenus dans
les diverses dépositions faites dans l'enquête, l'interrogatoire
de Vatherie, et celui de sa femme (laquelle fait preuve d'une
certaine intelligence), méritent toute notre attention : ils nous
révèlent les émotions des assiégés ; les péripéties et les incidents
de la fuite de Vatherie ; enfin, ils nous initient, jusqu'à un
certain point, aux habitudes et à la vie privée des Pontoisiens
de 1589.

Plutôt que de disséminer les détails de cette affaire, nous
avons préféré en condenser la substance, et en donner séparé-
ment les extraits que l'on va lire.

DÉBUT DU PROCÈS.

A la requête de Mᵉ Cl. Vatherie, greffier de la Prévôté-Mairie,
seront adjournez à comparoir devant M. le lieutenant civil, le
vendredi 23 octobre 1592 :

Mᵉ Simon Charton , avocat ;

Anthoine Maistre , marchand ; — eschevins ;

Et Mᵉ Guillaume Prieur, avocat syndic.

Pour voir dire que, pendant le siége de Juillet 1589, Vatherie
étant à Paris, avec aulcuns des habitans pour solliciter Monseigneur duc de Mayenne pour envoyer des gens de guerre en
la Ville et des pouldres et munitions, il auroit été pris en sa
maison la quantité de 80 muids de vin rouge par le sieur Mellon
Charton et autres commissaires députés, avec la quantité de
17 muids d'avoine, qui étaient en la maison de Pierre Gillebert,
son gendre ; ladite avoine « pour la nourriture des chevaulx
que le deffunt sieur de Sagougues, qui estoit coronnal de la
quavallerie (sic) de Messieurs les Princes Catholicques, avoit
fait entrer en ceste Ville. »

Pour, par les Eschevins, payer à Vatherie ledit vin, à raison de 22 écus par muid, prix auquel il s'est vendu dans le cours de ladite année, « signament par les marchands de Compiègne qui sont venus incontinent après la reddition de la Ville, auxquels auroit esté vendu la quantité de 300 muids de vin qui estoient dans un bateau sur le bord de l'eau, et avoient esté baillez en payement au deffunt Roy sur les deniers de la composition. »

Et l'avoine au prix qu'elle a pu valoir audit temps.

CONSULTATION

Signée à Paris par trois avocats (Petit, Ans. Piset (?) et Pasquier), sur le 2e article de la Composition faite par le Roy avec les habitans de Pontoise, lors de la reddition de la Ville en son obéissance, au mois de mars 1594.

« Ceux qui tenoient le parti contraire au parti que tenoit la Ville avant la reddition, ne peuvent exercer aucune poursuite contre la Ville de tout ce qui a esté prins sur eux pendant les guerres, comme estant chose remise par ladite capitulation. »

« Les habitans de la Ville et aultres qui tenoient même parti doivent avoir récompense de partie seulement de ce qui a été pris sur eux pour être mis et entré au magasin. »

« Ce qui a été pris par les gens de guerre par voie d'hostilité ne peut être mis à la charge de la Ville. »

« Les réfugiés et ceux qui avoient leurs biens resserrés *en la Ville* doivent contribuer *non-seulement aux 45,000 écus, mais à tous les frais du siége.* »

24 avril 1595.   (*Archives de Pontoise :* FF. I.-16).

ENQUÊTE

Faite à la requête de Mes Pierre Duval et Jacques Foubart, eschevins, à l'encontre de Me Claude Vatherie, greffier en chef de la Prévôté-Mairie de Pontoise, demandeur (en paiement d'une indemnité pour le pillage de sa maison par les soldats de la Ligue, lors du 1er siége).

Le mercredi 6 mars 1596, et jours suivants, devant Me Gabriel de Monthiers, escuyer, seigneur de Saint-Martin, conseiller du Roy, lieutenant civil et criminel au bailliage.

INTERROGATOIRE DES TÉMOINS.

Isambert Leleup, prestre, chapelain de l'église M. S¹-Maclou, estant en l'abaie de Maubuisson, accompagné de Mᵉ Jehan Dussaux, prestre, seroit (*sic*) arrivé Mᵉˢ Claude Vatherie et J. Derin, lesquels disoient ces parolles ou semblables, « que tout estoit perdu, et que l'anemy avoit fait bresche en l'église Nostre-Dame ; » ils estoient sortis de la Ville comme gens espouvantez et esperdus, garnis de pistolles (*pistolets*) en leurs mains, avec des haulse-col, et disoient qu'ils entendoient (*attendaient*) Mᵉ Pierre Duval, procureur, avec Mᵉ Mathieu Durant, prestre, pour eulx en aller ensemble. Et que, estant arrivés en ladite abbaye, ils seroient allés parler à l'abbesse, laquelle ayant entendu ces paroles, elle seroit montée en sa coche pour s'acheminer droit à Méry, et lesdits bourgeois droit à l'abbaye du Val, pour lieu de refuge. Et disoient qu'ils possédoient beaucoupt, dont Vatherie disoit qu'il avoit dix mille francs d'argent monnoyé, mesmes beaucoup de bled, qui estoit en son grenier, sans les aultres grains, et aussi grande quantité de vin en sa cave et qu'il estoit destruit. Et disant ces paroles, il estoit fort dolent et fasché. Et quant audit Derin, disoit qu'il avoit vaillant en son logis, tant à luy qu'à aultres, la somme de quinze mille francs, pour le moings. Davantage ils disoient que l'on ne les eust pas lessé passer à la porte, se n'eust esté qu'ils ont dict qu'ils alloient faire venir du foin de l'abbaye de Maubuisson pour la commodité de la Ville.

P. 21. François Bunon, maçon en l'abbaye : « — trouva Vatherie et Derin en une gallerie qu'on appelle vulguérement la *gallerie des Nopciers ;* et s'adressant à Derin qu'il cognoissoit de longue mein »... celui-ci lui dit « qu'il estoit sorti de la Ville avec toutes les peines et difficultés »... « Ils pressèrent de telle façon la dame abbesse de se retirer » qu'elle monta en carrosse ; ils suivirent la voiture jusqu'au bois de Frépillon, fort tristes, et devisant avec l'abbesse.

Sans l'effroy et fraieur que lui donnèrent iceux bourgeois, jamais n'auroit, ladite dame, quitté et habandonné l'abbaye ; à raison de laquelle absence fut l'abbaye incontinent pillée et vollée entièrement.

« Ils firent si bien qu'ils firent desloger l'abbesse. » (Déposition de Rolland Nicolas).

P. 35. M⁰ Jehan Dusaulx, chapelain de Maubuisson, « vit arriver Vatherie en hausse-col, et Derin portant une pistolle dans sa main ; » leur ayant demandé « comment se portoit la Ville de Pontoise », ils répondirent que peu s'en falloit que Nostre-Dame ne fût prise, « que ung cappitaine nommé M. de Haultefort y avoit esté blessé et frappé, et que voyant le hasard qui s'y portoit, ils avoient mieux aimé habandonner leurs biens plutôt que de demeurer en ladite Ville. »

Après le départ de l'abbesse, M⁰ Dusaulx avec M⁰ Isambert Leleu et domp Pierre Pattes se rendirent et retirèrent en l'abbaye du Val.

P. 42 et suivantes. Roullant Nicolas, garde des bestes porchines de Maubuisson, « a vu Vatherie et Derin parler à l'abbesse qui estoit pour lors en la cour de l'abbaye... et ladite dame au mesme instant quitta ledit lieu comme toute estonnée et effroyée, et monta en sa coche, et se réfugia en l'Hostel Seigneural de Méry pour y estre en plus grande seureté. » (Le seigneur de Méry était alors Antoine de Saint-Chamant.)

Vatherie et Derin retournèrent le lendemain à Maubuisson, « de quoy ladite dame étant avertie par le déposant, qui l'estoit allé trouver à Méry, lui fist au mesme instant retourner et rebrousser chemin et le renvoya en l'abbaye. Elle le chargea de dire aux soldats qui y estoient pour la garde d'icelle et à celuy qui commandoit en son nom qu'ils eussent à faire sortir incontinent et sans délay, lesdits Vatherie et Derin, afin que à leur occasion ne feust l'abbaye pillée. Elle manda qu'on les chassast (p. 50). Mais estant de retour, il trouva que lesdits Vatherie et Derin estoient sortis... Et dit oultre, le déposant, que à cause de l'absence de ladite dame, absence causée par l'effroy et espouvantement que luy donna la fuitte desdits Vatherie et Derin, cela fust subject et occasion que l'abbaye de Maubuisson fust pillée par les gens de guerre, qu'il a vus arriver depuis et enlever et transporter hors tous les biens, meubles et choses précieuses de ladite abbaye.

Vatherie écrivit de Maubuisson au sieur lieutenant du bailliage (M. de Monthiers), pour sçavoir s'il retourneroit dans la Ville, mais le lieutenant ne lui fit aucune response.

(Déposition de Gilles Cossart, p. 227).

Marc Chéron, laboureur de vingnes à Espeluches... « était à Méry lorsque Vatherie et Derin y arrivèrent avec Jehan Dusaulx, chapelain de Maubuisson, et autres dont il n'a congnoissance.... lesquels arrivèrent au logis d'ung nommé Mᵉ Alexis, tavernier ; auquel ils requirent qu'il fît tirer chopine... et auroient bu à l'huis de la maison, sans voulloir entrer, disant qu'ils estoient pressés de passer oultre... et leur ayant esté demandé où ils alloient et d'où ils venoient.... ils respondirent comme tout effroyés que si Dieu n'avoit pitié des habitans de Pontoise, avant une heure la Ville seroit prinse et le Roy seroit dedans ; que quant à eux ils se sauvoient... »

P. 149. Domp Pierre Marchetz, religieux de Nostre-Dame-du-Val, dit savoir que Vatherie et Derin se retirèrent en ladite abbaye après avoir passé en celle de Maubuisson ; où estant, en la présence du déposant et aultres religieux qui se pourmenoient en leur compagnie dans le clouestre, Mᵉ Vatherie auroit dict que la Ville de Ponthoise estoit en perdition et qu'ils s'en estoient retirés par crainte qu'ils avoient de la fureur du siége. — (Déposition de dom Jean Muterne, page 168.) — disant « qu'ils aimeroient mieux sauver leur vie que leurs biens. » On remarque qu'ils répétaient ces paroles à tous ceux qu'ils rencontraient dans leur fuite.

P. 153. Antoine Hervier, garde-bois de l'abbaye du Val, dépose que Vatherie et Derin lui voulurent donner 10 sous tournois pour les conduire jusques au bourg de l'Aumosne, ce qu'il ne voullut faire pour si petit prix d'argent ; quoy voyant, iceux s'adressèrent à ung nommé Jehan Porcher.

P. 168. Paul Langlois, garde-bois, fut commandé par feu Beuger, receveur de l'abbaye, pour conduire Vatherie et Derin jusqu'à la garenne de Méry, où il les laissa. Ils prirent Porcher pour les conduire le reste du chemin.

P. 103. Jehan Porcher, garde-bois, estoit, au début du siège, en l'*Hostel de la Corne*, appartenant aux religieux du Val, ses maîtres ; auquel hostel il gardoit quelque vin, de peur qu'il ne feust gasté par les soldats de la garnison.

Ayant composé pour ledit vin avec un capitaine, il revint au Val. Là il fut chargé par Étienne de Bernay, lors prieur du Val, maintenant en l'abbaye du Trésort, de s'aller informer

de ce qu'estoient devenues les maisons des sieurs Vatherie et
Derin. Il trouva les soldats qui prenoient et transportoient les
bleds et vins de Vatherie, disant que lui et autres estoient
traistres et que, s'ils n'eussent quitté, on n'eut pris ni leur bled
ni leur vin.

La femme de Vatherie lui dit que tout estoit perdu, que le
bled, le vin et l'argent qui estoient en la maison avoient esté
trouvez... Porcher revint au Val, et n'y retrouva pas Vatherie,
qui avoit pris la route d'Herblay. S'estant transporté à Herblay,
il y trouva Vatherie et Derin qui estoient *détenus et arrestés*
par aulcuns soldats, avec lesquels ils composèrent à quelques
deniers pour les condhuire jusque sur la montagne d'Argenteuil.
Ayant dit à Vatherie ce qui se passoit, il lui fut respondu qu'il
n'y avoit remède, et qu'il valoit mieux perdre les biens et
sauver sa vie (*iterum*). Vatherie le requit d'aller dire à sa
femme qu'il s'en alloit à Paris en l'*Hostel du chief Saint-Jehan*.
Porcher s'en retourna à cet hostel de la part de la femme de
Vatherie, pour lui faire savoir « que le plus grand ravage des
soldats estoit faict, et qu'il ne se fachast point ; » auquel message
Vatherie fit réponse « qu'il ne se soussioit aulcunement de ses
biens, puisque sa vie estoit sauve. » (*Semper !*)

P. 110 et suivantes. M⁰ André Vollant, curé d'Esragny, se
réfugia au début du siége de Paris, en l'*Hostel du Chief Saint-
Jehan*, *où vinrent loger plusieurs Pontoisiens.*

(Vatherie y resta trois ou quatre mois).

P. 163. Messire Louis de la Fontaine, chevalier, seigneur
de Cormeilles, âgé de 34 ans, dit pour l'avoir veu, cougneu et
aperceu, que pendant le siége et lorsqu'il y avoit bresche en
l'église Nostre-Dame, au grand portail d'icelle, et que le sieur
de Haultefort y feust blessé, il auroit veu apporter, estant luy-
mesme dedans l'esglise, pour remparer la bresche qui estoit
en icelle, par lesdits gens de guerre et habitans, grande
quantité de laines et tonneaux, ne sçait toutefois si c'estoit de
leur bonne volonté ou par contrainte......

P. 27 et suivantes. Simon Collentier, chapelain de Saint-
Maclou, dit que : les habitans avoient chacun grand nombre
de soldats logez chez eux — jusques à vingtz (déposition de
Clément Dargence, p. 100.) — jusques à vingt et vingt-cinq
(Fiacre Terrier, p. 195.) — et estoient contraincts de fournir

les nourritures comme bledz, vins et aultres vivres. Es-hostels
desdits bourgeois, il a esté pris par les gens de guerre pour le
remparement (réparation) des bresches et fortiffication de la
ville, bois, fer, tonneaux, fagots, laines, draps, lits, matelats,
hostes (hottes), pelles, houyaux et aultres marchandises
nécessaires.

« Là où l'on trouvoit vivres et bestiaux ès-maisons des habitans ils estoient prins. » (Dép. de l'échevin Dancougnée, p. 78).

P. 60 et suivantes. Honorable homme M° Robert François,
advocat ès-siéges royaux de Pontoise, 59 ans, dit :

« Autant que l'on trouvoit de vivres par la ville et par les
champs, ils estoient prins pour la nourriture des gens de
guerre... Et pour la manutention, conservation et fortiffication
d'icelle ville, les cappitaines prenoient et se servoient de touttes
sortes de meubles comme boys, tonneaux, lits, matelats, laisnes
et de toutes marchandises dont ils se pouvoient adviser et recouvrer pour la fortiffication et remparement des bresches qui
estoient faites aux murailles d'icelle ville par le canon du feu
Roy. »

« Dit aussi que s'il falloit dédommager tous ceux qui ont
subi des pertes à l'occasion du siége, « tous les biens des
habitans n'y pourroient pas suffire, pour le grand nombre et
quantité de biens, et de valeur inestimable, qui ont esté employés pour la nourriture des gens de guerre et la conservation
de la ville. »

Les témoignages sont unanimes sur ce point. Un laboureur
de Boissy, réfugié à Pontoise, Nicolas Chéron, ajoute à cette
affirmation un détail personnel qui lui sert éloquemment de
preuve :

« Pour le regard de lui déposant, il lui faudroit bien huit
cents escus ou plus pour la perte qu'il a faite par les gens de
guerre, des biens et meubles qu'il avoit resserrés dedans la
ville. » (P. 133).

P. 185 et suivantes. André Fournier, marchand bourgeois,
estant en la rue du Pont le premier jour du siége, il seroit
survenu une rumeur entre les habitans, disant que l'esglise
Nostre-Dame estoit prinse, et vit grand quantité d'habitans,
ensemble plusieurs gens de guerre, efforcier tant les portiers
que la porte pour sortir hors de la Ville et s'échapper tant de

force que de bon gré... à raison que le bruit estoit que l'esglise
Nostre-Dame estoit prinse........

Et à l'instant arriva (*sic*) : MM. les gens du Roy accompagnés
de gens de guerre, lesquels prinrent les clefs des portes et
empeschèrent la sortie du peuple ; et nonobstant, auparavant
il en estoit beaucoup sorti.

P. 195 et suivantes. Fiacre Terrier, esleu, pour le Roy en
l'élection de Pontoise, dit :

« La Ville feust battue par le portail de la grande porte de
Nostre-Dame qui est vis-à-vis du logis où pend pour enseigne
l'Escu, et feust, ladite bresche, deffendue par les gens de
guerre qui estoient lors dans l'esglise. Lequel assaut dura assez
longtemps, tellement qu'il vint le bruit que l'esglise estoit
gaignée par les gens du Roy, et qu'ils estoient dedans, tellement
que cela donna un tel effroy à plusieurs habitans qui estoient
mal assurés, et leur donna occasion de s'enfuir... Les uns
allèrent en la Ville de Paris, les aultres en l'abbaye du Val ;
aulcuns furent prins sur les chemins en leur enfuyant. Et de
ceux qui s'enfuirent, ung nommé Mᵉ Nicolas Honoré, le notaire
Derin, Mᵉ Claude Vatherie, Mᵉ André de Machy, Oudin de la
Forest, et plusieurs autres. »

« Défunt M. le chevalier de Flavacourt estant adverti de cela,
alla droit à la porte du pont pour empescher que les soldats et
habitans ne sortissent. Le déposant accompagnoit ledit sieur de
Flavacourt, lequel fit fermer la porte du Pont et porta les clefs
au logis de feu Mᵉ Jacques de Monthiers, escuyer, lieutenant
pour le Roy en la Ville de Pontoise. »

« A l'hostel de M. le Lieutenant, se trouva (*sic*) plusieurs
cappitaines qui parloient et devisoient ensemble... et dirent
qu'ils avoient oppinion que le feu Roy s'en alloit et levoit le
siége, d'autant que l'on voyoit toutte sa cavallerie à cheval...
Et commencèrent à parler lors de ceux qui s'estoient fuis et
absentés, et dirent que si l'on n'eust esté à la porte, chascun
s'en feust fui hors la Ville.... disant puisque lesdits habitans
avoient habandonné la Ville, leurs biens estoient confiscables
aux soldats ; ce que ayant résolu, ledit déposant seroit sorti
dudit hostel. Et les cappitaines se seroient emparés des maisons
et biens de ceux qui sestoient absentez..... lesquels auroient
esté contraincts rachepter la perte et ruine totale d'iceux. »

Déposition d'André Fournier, p. 193 : Un jour ou deux après (la fuite des habitans) moy (André Fournier) estant accompagné du cappitaine Bernard, qui faisoit recherche des habitans qui s'estoient fuis, nous sommes arrivés au logis de Claude Vatherie, et pour cause de son absence, nous avons trouvé des soldats qui disoient que M. de la Bourdaisière les avoit posés audit logis.

Déposition de Louis de la Fontaine, seigneur de Cormeilles, p. 163 : En sa présence, plusieurs habitans, desquels il a dit ne savoir les noms, seroient venus par devers le sieur de la Bourdaisière, et se seroient plaintz de aulcuns qui avoient habandonné la Ville, comme aussi auroit faict les cappitaines et gens de guerre, disant par lesdits habitants et cappitaines que si le sieur de la Bourdaisière n'y donnoit ordre, tous les habitans quitteroient Pontoise, et par ce moyen, ladite Ville demeureroit sans aulcune assistance. Quoy voyant, le sieur de la Bourdaisière auroit dict et faict response qu'il falloit mettre garnisons ès-maisons de ceux qui s'estoient absentés de la Ville.

« La Bourdaisière fit response qu'il falloit mettre des soldats en garnison et vivre à discrétion ès-logis des fugitifs. » (Dép. de Ch. Charton, sergent royal, p. 144).

P. 120. Charles de Cossart, escuyer, seigneur de Lieux (Vauréal), demeurant à Cergy, âgé de 58 ans, a entendu le sieur de la Bourdaisière déclarer de bonne prinse et adjuger aux cappitaines les biens des absents. « Mesmes les soldats d'icelui déposant (qui estoit en garnison dans Pontoise avec ses compagnons, pendant le siége) se plaingnoient de lui et l'importunoient de les laisser prandre et piller les maisons des fugitifs, comme les autres soldats de la garnison faisoient, suivant l'ordonnance du Gouverneur ; ce que toutefois lui déposant leur auroit expressément défendu, sur paine de la vie, crainte de reproche à l'advenir. »

On cite parmi les maisons pillées : celles de Vatherie, Derin, Honoré (*passim*), Demachy (déposition de Gilles Cossart), Jehan Marchant (escriptures contre Vatherie), etc.

P. 124. André Fournier, laboureur à Boissy, et plusieurs autres témoins, constatent que le Gouverneur fit sauvegarder les maisons de Nicolas Souvoye et Antoine Esgret, qui avoient été successivement (Esgret le premier) envoyés au duc de

Mayenne, à Paris, pour lui porter des lettres de la part des Échevins.

P. 144. Ch. Charton, sergent royal à Cormeilles, passant par Pontoise, « auroit veu, devant la maison de Derin, plusieurs soldats *qui rompoient et beselloient des coffres et autres meubles* qu'ils tiroient de la maison, et ce, avec *coutres et ferrements...* »

P. 60. Robert François, avocat ès-siéges royaux, 59 ans, était échevin de Pontoise, en 1589, avec Dancongnée : Vatherie était procureur-syndic ; après la fuite de celui-ci, Dancongnée étant tombé malade, tout le faix des affaires publiques retomba sur François, qui dut prendre, avec M. de la Bourdaisière, toutes les mesures nécessitées par la présence d'une garnison nombreuse et les conséquences du siége.

Plusieurs dépositions font retomber sur les Échevins la responsabilité du pillage des maisons des « politiques. » Or, des trois fonctionnaires élus par l'assemblée, deux n'ont pu jouer aucun rôle à ce moment, Vatherie en raison de son absence, Dancongnée à cause de sa maladie. Il est probable que François, qui raconte d'une manière très-platonique les ravages commis par les gens d'armes, s'entendit sur ce point avec le Gouverneur. François paraît représenter dans le conseil de Ville l'opinion ligueuse, comme Vatherie le parti « politique » et Dancongnée l'indifférentisme égoïste et prudent du bourgeois.

Aussitôt après le départ de Vatherie, le Gouverneur envoya quérir François pour lui annoncer la fuite du syndic, et lui fit plusieurs commandements concernant la charge publique de la Ville et le logement des gens de guerre. François devait donc savoir parfaitement ce que M. de la Bourdaisière avait décidé quant aux biens des absents ; cependant, il se borne à déposer que « le commun bruit estoit » que ces biens étaient donnés aux soldats. François vit aulcuns cappitaines accompagnés de soldats avoir dispute et question l'un contre l'autre pour se saisir et emparer des biens de Vatherie. Lors du pillage de la maison du syndic, François avertit Mᵉ Hector Boudault, notaire, gendre de Vatherie, du ravage et dégast de ses biens, pour en aller parler au sieur de la Bourdaisière, pour trouver moyen d'en conserver le reste ; comme en semblable, François vit des cappitaines entrer en la maison de Derin pour prendre ce qui y estoit ; ne sait toutefois si ces maisons furent entièrement pillées. Boudault, averti par François, vint parler à la femme de Vatherie, laquelle estoit tellement troublée et espouvantée de veoir faire en sa maison ledit pillage, que François ne sçait certainement si elle fut parler à la Bourdaisière ; mais c'estoit *le commun bruit* que le Gouverneur auroit dit en ces mots : « *Qui quitte la partie la perd.* »

Nicolas Chéron, laboureur à Boissy, rapporte ce mot de la Bourdaisière dans le dialecte picard : « *Qui quitte la partie la part.* » (Page 133.) « Qui laisse la partie la pert. » (Escriptures contre Vatherie.)

Page 91. Clément Dargence, laboureur à Ausny, sait que le Gouverneur a déclaré de bonne prise les biens des sieurs Honoré, Derin et Vatherie, et autres qui s'estoient fouis, comme traitres et politiques. Il a vu le magasin des vivres, dedans lequel on avoit resserré quelque petite partie des biens des absents, entièrement pillé à cause d'eux et de ladite fuite.

Déposition de Robert François, page 66 : « La Ville de Pontoise estant rendue, François, Dancongnée et plusieurs autres notables, par le commandement du seigneur d'Espernon, *logé pour lors en la maison de la demoiselle de Montjavoult*, audit Pontoise, feurent arrestés et constitués prisonniers en la maison et hostel de Jehan Maistre l'aisné, bourgeois de Pontoise, et illec gardés par des archers du feu Roi, le tout pour grant somme de deniers, qui pour lors estoit demandé au corps de la Ville. »

P. 213. Henri Quesné, vinaigrier, demeurant à Pontoise, estant en garde à la porte du Pont, avec aultres de ses voisins, seroit arrivé au corps de garde de la porte Me Claude Vatherie, qui ploroit, et sur ce que Quesné et ceux de sa *dixaine* lui demandèrent ce qu'il avoit à plorer, Vatherie leur dit qu'il désireroit bien sortir hors de la Ville, craignant, ainsi qu'il disoit, que le Roy ne lui fit déplaisir, *parce qu'il n'avoit pas tenu la promesse qu'il avoit faite au Roy*, et à l'instant sortit Vatherie de la Ville.

P. 223. Gilles Cossart dépose : « Vatherie disoit que Derin avoit esté cause de sa fuite, lequel il auroit rencontré et lui auroit dit : « Compère, sauvons-nous, » et que lors il n'avoit aucune envie de quitter la Ville... Disant aussi que jamais il n'aimeroit ledit Derin, parce qu'il avoit esté cause de sa ruine. »

P. 133. Nicolas Chéron, laboureur à Boissy, estant sur le pont de Pontoise, où estoit Vatherie, lui auroit demandé s'il s'en alloit, lequel Vatherie fit response, qu'il quittoit la Ville de peur du siége, d'autant que il disoit que il avoit promesse avec aultres au Roy en la ville de Chartres, de ne point prendre de garnison de la part de la Ligue, et qu'il craingnoit que le Roy ne s'en ressentist, d'autant que l'on avoit prins des garnisons de la Ligue en la Ville de Pontoise.

(Archives de Pontoise, FF.)

INTERROGATOIRE DE MADAME CLAUDE VATHERIE.
(25 Mai 1596.)

La femme de Vatherie est interrogée sur faits et articles concernant la fuite de son mari et ses suites.

Elle assure que lorsque Me Mellon Charton et Denis Cuvernon, commissaires du magasin establi audit Pontoise, saisirent le vin et avoine, lui auroient promis qu'en elle en seroit payée, et que elle ni son mari n'y perdroient rien.

« Si tost que son mari fut sorti de Pontoise, il seroit venu loger en son hostel des cappitaines qui lui auroient voulu faire accroire que son mari estoit avec le Roy, encores qu'il fût en la Ville de Paris ; auxquels cappitaines elle fist response : « Quand il seroit avec le Roy, qu'en voullés vous dire ? » Lesquels, à raison de ladite response, chassèrent la respondante et sa mère hors du logis, où ils firent grand dégast. »

« Ayant été ainsi chassée, cette femme se transporta vers le sieur de la Bourdaisière pour lui faire plainte, lequel ayant lors des affaires avec plusieurs personnes dit qu'il reviendroit incontinent ; et pour ce qu'il auroit mis trop longtemps à revenir, icelle n'auroit entendu son retour, tellement qu'elle s'en seroit revenue sans aulcune raison ni response. »

Lors de la resduction de Ponthoise au Roy, des soldats de l'armée huguenote, « par force et violence militaire, » entrèrent en son hostel et prirent plusieurs grands deniers que elle et son mari avoient cachez en ung caveau de leur cave, en trois grands sacqs de thoille qui se montoient à mil escus... dont elle auroit

lors fait sa plainte au Roy, mais n'en auroit en aulcune raison...
portion desquels deniers leur appartenoit et l'aultre estoient
deniers consignez ès-mains de son mary ; confessant, elle
respondante, qu'elle auroit serré quelque peu de meubles qui
estoient en sadite maison, comme linge et vesselle d'argent.
Elle se retira au couvent des Cordeliers et y sauva quelque peu
de deniers qu'elle pouvoit avoir, lesquelz elle auroit espargnez
comme les femmes ont accoustumé de faire ; de portion desquels
elle vescut pendant l'absence de son mary.

Interrogée si elle n'auroit pas dict depuis « que son mary
s'estoit absenté de crainte de la mort, et qu'il ne se falloit pas
esbayr si son mary avoit crainct la mort, que Dieu avoit eu
crainte d'icelle ; et qu'il valloit mieux une bonne fuite que une
mauvaise attente. »

Dit qu'elle n'a souvenance de tels propos ; mais que si l'on
eust voullu croire le conseil dudit deffunct Roy, qui avoit esté
recitté aux habitans tant par Vatherie que par aultres qui avoient
esté parler audit Roy à Chartres et Mante, ce qui est advenu
audit Pontoise ne fust pas advenu...

INTERROGATOIRE DE CLAUDE VATHERIE.
(5 Mai 1596.)

III. Vatherie ne nie pas qu'il n'ait eu une fraieur et crainte
de l'événement du siège... Mais il nie avoir cherché les moyens
de s'évader, ce qui lui estoit loisible, parce qu'il commandoit en
la *porte de Paris*, en considération de sa qualité ; ainsi il auroit
aidé à faire sortir Méry Charton, sergent royal, feu G^{me} Turpin,
procureur, plusieurs femmes et enfans, et mesmement des
parents et amis de Me Guy Brisset, qui s'en retournoient à
Poissy.

IV. Au moment de sa fuite, Vatherie avoue qu'il avoit peur ;
mais s'il est parti, c'est qu'étant près de la barrière, seroit
survenu feu Me J. Derin qui lui auroit dit que Nostre-Dame
estoit prinse, et que la Ville s'alloit perdre si elle n'estoit bien
tost secourue, demandant à Vatherie s'il voulloit aller à Paris
pour en advertir M. de Mayenne ; et Vatherie serait à l'instant
parti dans cette intention.

V. N'a aulcunement souvenance d'avoir dit avant que de
sortir « qu'il eust voullu estre mort... »

vi. Nie qu'il soit venu dire à sa femme : « Catherine, tout est perdu ! l'esglise Nostre-Dame est prinse ! je m'en vay me sauver ; sauve-toi, si tu peulx ! » Au contraire, seroit parti sans en rien dire à sa famille.

vii. Interrogé s'il n'a pas dit « qu'il s'en alloit de Pontoise, et qu'il n'y avoit ni pouldres ni munitions, dit : que si tost que la Ville fut assiégée, en considération de sa qualité, il n'auroit bougé de la porte du Pont, pour parler aux personnes qui entroient et sortoient et en advertir le sieur de Villeroy l'aisné, avant son département ; desniant qu'il se soit aucunement efforcé de sortir. »

ix. Nie avoir essayé de sortir et en avoir été empêché par 2 ou 3 fois ; mais dit avoir entendu que Duval, échevin, l'un des défendeurs, voulant s'ingérer de sortir par la porte du Pont, auroit reçeu ung coup d'espée sur l'un de ses bras, dont il auroit esté par longue espasse de temps entre les mains des barbiers de la Ville de Paris.

xii. Enquis s'il n'a pas dit à l'abbesse de Maubuisson qu'elle se sauvât ? — Dit qu'étant sorti de Pontoise il s'est bien rendu à Maubuisson, « non pour lieu de seureté, comme aussy il ne pouvoit estre, mais pour emprunter par Derin quelque argent d'ung religieux *viel et antien* qui estoit demeurant sur la porte de l'abbaye.

xiii. Avoue qu'après avoir entendu le récit de ce qui se passait à Pontoise, l'abbesse monta en coche pour s'enfuir à Méry.

xiv. Voyant que les chemins de Paris n'estoient libres et craignant plusieurs volleurs, ils partirent de Maubuisson avec plusieurs gens d'esglise, après y estre restés demi-heure seulement, pour aller en l'abbaye du Val.

xv. Enquis s'il n'a pas dit aux religieux du Val « qu'il désiroit que aulcuns habitans de Pontoise, amis d'aulcuns religieux, feussent dehors comme luy. » Ne nie pas.

xvi. Déclare être arrivé vers 5 heures du soir au Val, et en être parti la nuit suivante, vers 2 heures après-minuit. Et aussy tost qu'ils y arrivèrent ils faillirent estre prins prisonniers par ung prestre, ung nommé mesire Jacques, qui estoit de Villeradam, et par les soldats qui estoient avec lui, en la présence d'aulcuns religieux, enffans de ceste Ville de Pontoise, sans lesquels religieux ils eussent esté prins.

xxi. Enquis s'il n'a pas, à son retour à Maubuisson, été congédié par l'abbesse. — Dit que lui et Derin sont sortis de l'abbaye, de leur bonne volonté, pour esviter le danger de leurs personnes, joinct que lui, respondant, ne pouvoit pas se tenir audit lieu en seureté pour avoir esté quelque temps auparavant leur ennemy, à raison que, en sadite qualité de procureur-syndic de Pontoise, *il auroit faict vendre les vaches de l'abbaye*, pour les deniers à quoy elles auroient esté taxées par arrest de la Court, pour parvenir à faire la *case matte* qui est dedans les fossés dudit Pontoise. (C'est la *casa matta* indiquée sous la lettre G au plan d'une partie des fortifications, publié dans la réédition des *Antiquités de Pontoise*, de N. Taillepied, par MM. A. François et H. Le Charpentier, 1876.)

xxii. Enquis s'il n'envoya pas Porcher à Pontoise parler à certains personnages pour négocier sa rentrée dans la ville. — Dit ne s'en souvenir ; mais que si Derin et lui eussent voulu rentrer, ils l'eussent fait, comme le fit le fils de Nicolas Souvoye, qui étoit à Maubuisson, et que son beau-frère, Martin Fournier, vint quérir.

xxiii. Enquis s'il n'a pas pris « une guide » au *Moulin-à-Vent* de Maubuisson pour aller à Paris. — Dit ne s'en souvenir. Il sortit de Maubuisson avec Porcher et plusieurs habitans de l'Aumône et des villages circonvoisins, et s'en allèrent à Paris par le chemin d'Herblay. « Auquel chemin Derin et lui furent prins par six ou sept harquebusiers qui estoient en la campagne, lesquels auroient osté audit respondant et audit Derin leurs pistolles (*pistolets*) et les auroient menés prisonniers à la taverne d'Arblay, où ils auroient esté contraints composer avec les soldats à 26 escus, lesquels ils auroient empruntés à un nommé Cauchon ; et estant sortis des mains des soldats, ils seroient allés le mesme jour au giste à Cormeilles-en-Parisis. Ils n'y couchèrent qu'une nuit. Le lendemain passa par ledit lieu Gabriel Trotin (huissier), qui s'en alloit à cheval à Paris, avec lequel ils partirent, ayant loué des jumens à Herblay. Mais ils se séparèrent à Argenteuil où, Derin s'étant trouvé malade, ils séjournèrent jusqu'au lendemain.

xxvii. Etant à Paris, Vatherie, Derin, Honoré, Souvoye, Trotin, Denis Lefebvre, Pierre Cuvernon et aultres, sollicitè-rent par chacun jour le sieur de Mayenne, et les Eschevins de

Paris, afin de ne laisser perdre les habitans de Pontoise. Mais voyant que M. de Mayenne ne secourait les habitans, comme il leur avait promis par plusieurs fois, Vatherie déclara qu'il était marri d'être sorti de Pontoise. Mais il n'est souvenant avoir dit « qu'il n'aimeroit jamais Derin, pour avoir été cause de son départ, » car depuis. lors « il n'a délaissé à fréquenter Derin, à boire et manger, mesmes auroit assisté au banquet de son second mariage, comme son amy et voisin. »

Vatherie avoue être sorti de Pontoise sans aucun mandat ; il a été incité à ce faire par sa qualité de syndic. Il sait qu'Esgret fut envoyé à Paris par le sieur de Villeroy ; et que Souvoye le fut aussi, « s'estant présenté de luy mesmes, pour le désir qu'il avoit d'estre hors de la Ville pour plusieurs raisons, dont le respondant s'abstiendra de déclarer, attendu qu'il est à présent deffunct. »

Trois sacs de thoille de la longueur de pied et demi, conte-nant 1200 écus, cachés dans sa cave, lui ont été pris lors de l'entrée du Roy, en raison de l'absence de sa femme, qui estoit au couvent des Cordelliers avec plusieurs femmes, par les gens du mareschal d'Aulmont et du duc d'Espernon, en présence de plusieurs mercenaires qui auroient, avec pics et houyaux, aidé à desfouyr de terre lesdits deniers. Une portion de ces deniers fut comptée sur la table en présence de maître Pierre Guériteau, procureur, et portée par le sieur Chicorée, commissaire des vivres du Roy, en la maison de Jean Cossard, tanneur. Une autre partie fut portée aux *Deux-Anges*, par les gens de guerre, qui la confièrent à Pierre Dusault, maître de cette hôtellerie.

Sa femme a bien porté aux Cordeliers quelques deniers qu'elle pouvoit avoir de son chef ; mais une partie en a été perdue, à raison de ce que le sieur d'Espernon seroit entré aux Cordeliers avec le sieur d'O.

La femme de Vatherie avait aussi caché quelques meubles chez feu M. Descouys, curé de Saint-Maclou, et ailleurs.

Me Vatherie nie avoir sollicité Me Christophe Ler, curé de Saint-Maclou, de lui communiquer les révélations au monitoire des Échevins. Me Ler l'a fait spontanément, et Vatherie n'a prié personne de détourner ou de lacérer quelqu'un de ces documents (dont suit l'analyse ci-après).

RÉVÉLATIONS AU MONITOIRE LANCÉ PAR LES ÉCHEVINS.

Michel Duval, advocat à Pontoise, dit qu'il s'alla *promener* sur le pont, et rencontrant Vatherie, lui demanda pourquoi la porte était fermée. Vatherie lui dit que le sieur de Villeroy en avait les clefs. « Et le jour mesmes, après le midi, le sieur de Haultefort estant blessé, il vit que le sieur de Villeroy sortist et plusieurs chevaliers avec luy. Et lors il vit s'en aller et départir quelques habitans, au nombre desquels (il lui semble) estoit Vatherie. »

Il trouva, ledit jour, des soldats qui enlevoient du vin de la maison de Vatherie ; comme voisin, il s'y transporta. Il vit là « Me Simon Collentier, prêtre ; Me André Malfuzon et feu » André Mention, gendres de Vatherie, lesquels, signament » lesdits gendres, la teste nue, supplioient et caressoient fort » un cappitaine, et aussi lui Duval avec eux. Lequel cappitaine » disoit que l'on leur faisoit tort, et qu'il « n'estoit point de » ceux-là qui ravissoient. »

Pierre Guériteau, procureur, déclare que « quelque temps après la consommation du mariage de feu Derin et de Claude Guériteau, sa sœur, il auroit entendu dire audit Derin que Vatherie estoit cause de la perte de ses biens, et qu'il l'avoit induit et persuadé de sortir, et que sans luy il ne fut sorti ; mesmes qu'estant en l'abbaye de Maubuisson, il avoit volonté de revenir, de quoi il fut empesché par Vatherie. »

J. Thiboult déclare : « Comme je alloys sur le rempart, par le commandement de Claude Fredin, mon corporal, j'ay veu plusieurs gens de guerre tirer à coups de harquebuzes à croc et de mousquetz sur plusieurs habitans qui s'enfuioient ; et comme je demande audit Fredin la cauze pourcoy on tiroit ainssy, il me fit responce que l'on tiroit sur Me Claude Vatherie et Me Jacques Derin. »

Jacques Giroust, marchand, étant sur le point de partir pour Paris, après la reddition de la Ville, ce que sachant, le sieur de Miraulmont, pour lors gouverneur de Pontoise, accompagné de M. de Bosroger et de Me Robert François, s'adressèrent à lui et le prièrent de « porter la parolle aux habitans de Pontoise réfugiés à Paris, et les advertir que ils eussent, à toute diligence, faire en sorte de fournir au payement de quinze mil escus qui restoient à payer de ladite renson. » Quoi faisant, Giroust s'adressa à Nicolas Souvoye, Mᵉ Gilles Cossart, avocat du Roi, Vatherie et autres, logés au *Chef-Saint-Jean*, près l'hostel de Bourgogne ; Cossart et autres dirent aussitôt à Vatherie : « Allons chez les notaires chercher argent pour soulager les pauvres habitans. » A quoi il répondit : que quant à luy, il n'iroit point et ne s'y obligeroit, qu'il luy suffisoit assez de perdre ce qu'il avoit... Soúvoye et autres dirent alors qu'ils estoient tous prêts de faire bonne affaire pour trouver argent ; qu'il ne tenoit plus qu'à Vatherie qui ne se vouloit pas obliger avec eux.... tellement, que Giroust s'en retourna, et qu'alors il ne fut rien fait par les habitans réfugiés à Paris.

Jehan Robin, huissier à cheval, dit que le lendemain du siége mis devant Pontoise, qui fut le mercredi 12ᵉ juillet 1589, étant sur le pont, au logis d'un cordier, où il achetoit de la mesche à harquebuze, vit les sieurs Vatherie et Derin se présenter plusieurs fois à la porte pour sortir ; mais on les en empéschoit ; à la fin cependant, ils firent tant avec les gens de guerre, qu'ils sortirent.

André Fournier, procureur du Roi, sait que lors du pillage des maisons des bourgeois absents, Mᵉ Mathieu Hazard, prêtre, composa avec les soldats à 30 écus pour racheter du pillage la maison de Nicole Honoré.

En outre des dépositions qui précèdent, il existe encore dans ce dossier un grand nombre d'autres pièces de procédure, mais sans intérêt. L'affaire étant portée devant le Parlement, nous trouvons, au sujet de l'un des conseillers, la supplique ci-après, qui ne porte pas de date.

SUPPLIQUE DES ÉCHEVINS. — FIN DU PROCÈS.

« Les Échevins de Pontoise sollicitent nos sieurs du Parlement de contraindre le conseiller Leclerc à se déporter de la congnoissance du procès de Vatherie, d'autant que Vatherie lui est très-affectionné serviteur et commensal, beuvant et mangeant ordinairement avec lui, mesmes que toutesfois et

quantes que ledit sieur Leclerc se transporte en la Ville de
Pontoise il loge, boit et mengue chez Vatherie. A cause de
laquelle amitié les supplians ont toujours estimé que Leclerc
ne vouldroit estre juge ; et de faict, mardy dernier, Monsieur
Garnier, rapporteur du procès, auroit dit aux Échevins que
Leclerc s'étoit volontairement déporté. Mais ayans, les supplians, esté advertis le jour d'hier que Leclerc a tousjours
assisté à la vision du procès, ils sont contrainctz d'en appeler
à la Court. »

Cette pièce est là dernière du dossier que nous avons analysé ;
elle doit avoir été écrite peu avant la solution de l'affaire.

Quel a été le dénouement de l'action intentée par Mᵉ Claude
Vatherie contre les Échevins de Pontoise ?

Le dossier de cette longue affaire que renferment nos Archives municipales, si volumineux qu'il puisse être, ne contient
aucune indication sur la solution définitive du procès.

En présence de ce défaut de renseignements, et dans le but
de compléter autant que possible l'histoire de ce débat, nous
avons fait de nouvelles recherches, aux Archives Nationales,
à Paris, pour connaître la teneur de l'arrêt de la Cour inter-
venu entre les parties ; mais là, nous avons rencontré une
difficulté inattendue.

La collection des registres du Parlement, pour les années
1596 et 1597 seulement, ne comprend pas moins de trente-cinq
volumes in-folio qu'il eût fallu, faute de posséder la date
précise de la sentence, parcourir feuillet par feuillet ; les
répertoires et autres moyens ordinaires d'investigation font
absolument défaut dans ces manuscrits. L'importance historique de l'affaire, beaucoup plus curieuse par les détails de la
forme que par le fond, méritait-elle une recherche approfondie
aussi considérable ? — Assurément, non.

Nous avons cependant procédé à un examen sommaire, mais
sans résultat : Nous ne saurions donc *préciser* dans quel sens
s'est prononcé le Parlement ; toutefois, en présence : d'une
part, du défaut absolu de documents à cet égard, dans nos
Archives locales (significations ou autres pièces), et d'autre
part, également, de l'absence de récépissés, ou autres titres
établissant indirectement, dans les comptes de la Ville, la

restitution ou le paiement de sommes quelconques à Vatherie,
à une époque ultérieure, il nous est permis de conclure que le
greffier de la Prévôté-Mairie aura dû être purement et simple-
ment débouté de sa demande, et que les Échevins auront gagné
leur procès ; l'arrêt de la Cour suprême aura sans doute, une
fois de plus, justifié le vieil adage qui dit que : « les absents
ont toujours tort ! »

FIN.

XII.

RECUEIL DE LETTRES

DES

ROIS DE FRANCE

(*De la deuxième moitié du* XVIe *siècle*)

ADRESSÉES AUX OFFICIERS OU HABITANTS DE PONTOISE ; DATÉES
DE CETTE VILLE, OU CONCERNANT SON HISTOIRE ;
OU, ENFIN, AYANT TRAIT AUX ÉVÉNEMENTS DE LA LIGUE
A PONTOISE ET DANS LES ENVIRONS.
DOCUMENTS EN PARTIE INÉDITS.

LETTRES DE HENRI II.

I.

DE PAR LE ROY,

Chers et bien amez, Nous avons puis naguères pourveu
en lestat et office de nostre Conseiller général et
Superintendant sur le faict et administration des
deniers communs de toutes les villes estans en et au-dedans
les limites et estendue de la trésorerye et généralité de nos
finances de Rouen, nostre amé et féal Me Gabriel Berard,
pour par luy en jouir, icelluy tenir et exercer aux gaiges,

honneurs, pouvoirs et auctoritez a plain contenuz en leedict de
la création faicte dudit estat et office et dautres semblables.
Mais dautant que pour l'exercice dicelluy et le debvoir aquoy
il est tenu et abstrainct par sa provision, en ensuivant le
serment qu'il a presté, luy est besoing avoir et recouvrer de
vous ou du Recepveur desdits deniers communs tant patrimoniaulx que d'octroictz de nostre ville de Ponthoise, dont vous
avez présentement la charge et administration, les lettres ou
coppies dicelles deuement collationnées pour dresser ung estat
au vray diceulx deniers tant communs que patrimoniaulx,
aussi des parties de despence et charges ordinaires estans sur
iceulx ; Nous voullons, vous mandons et très expressément
enjoignons par la présente signée de nostre main, que incontinant icelle receue vous ayez à bailler et mectre es mains dudit
Berard icelles lettres ou coppies, et à faire expédier les estatz
diceulx deniers et les luy envoyer incontinant la part qu'il
sera selon et ainsi qu'il vous fera sçavoir et entendre, avec
certiffication de la réception de la présente. Si ny faictes faulte,
car tel est nostre plaisir. Donné à Paris, le vi⁰ jour de mars 1556.

Signé : HENRY.

Et plus bas : BURGENSIR.
Avec paraphe.

Et sur le repli est écrit :

A nos chers et bien amez les Gouverneurs, Eschevins et
Recepveur de la ville de Ponthoise.

(Original : Archives, Ville de Pontoise, AA. 37.)

II.

DE PAR LE ROY,

Chers et bien amez, Il vous a esté par nos dernières lettres
de commission mandé nous secourir et fournir certaine quantité de pouldres ou salpestres pour servir aux grands affaires
que nous avons présentement, en quoy nous ne faisons doubte
que vous ne donniez tout lordre et faciez toute la dilligence
quil vous est possible. Touttefois, congñoissans combien il
vous sera malaisé faire faire et composer lesdites pouldres,
aussi que estans ainsi par vous faictes elles ne seront de la

force et vigueur de celle dont nous nous servons et usons de présent, en lexploict de nostre artillerye, Ayant advisé que le meilleur sera que vous nous secourez seullement de la quantité de salpestre contenue en ladite commission, Nous vous prions et néantmoins mandons ne vous mectre point en peine de faire faire lesdites pouldres, mais seullement le recouvrement et amas desdits salpestres, pour iceulx envoyer et rendre au magazin quil vous a esté mandé dedans le temps prefix et le plustost que faire se pourra, qui sera le plus grand et le plus agréable service que vous nous sçauriez faire. Donné à Saint-Germain-en-Laye, le xvᵉ jour de décembre 1557.

Signé : HENRY.

Et plus bas : DELAUBESPINE.
Avec paraphe.

Sur le repli :

A nos chers et bien amez les bourgeois, manans et habitans de nostre ville de Ponthoise.

(Pièces inédites.) (Original : Archives de la Ville, AA. 37 *bis*.)

LETTRE DE CHARLES IX.

A nos chers et bien amez les officiers, manans et habitans de nostre ville de Ponthoise.

DE PAR LE ROY,

hers et bien amez, Vous avez bien entendu la blesseure de la Royne, nostre très-honorée dame et mère, dont elle a esté jusques à ce jour dhuy travaillée avecques beaucoup de mal et doulleur.

Touteffois, il a pleu à la bonté de Nostre-Seigneur avoir pitié de nous, et nous la pryrons pour le bien de nous et de tout nostre royaulme. De laquelle grâce, nous ne voulons demeurer ingrat, pour estre le plus grand bénéffice que nous pouvions désirer, et de luy recevoir. Et pour ceste cause, nous voulons bien nous en resjouir avecques vous, comme avec nos bons et loyaux subjects, à ce que vous en faciez par les églises, monastères et couvents de vostre ville de Ponthoise rendre grâces à Dieu, de qui tant de bien nous vient, et faire prières pour le supplier qu'il luy plaise continuer de plus en plus lamandement de sa santé, à ce qu'elle puisse de brief estre remise en son premier estat. Sy n'y faictes faulte, car tel est nostre plaisir.

Donné à Meullan, le xixᵉ jour de septembre 1563.

Signé : **CHARLES.**

(Original : Archives de Pontoise, AA. 31.)
(Pièce inédite.)

LETTRES DE HENRI III.

I.

on Cousin, Je vous sçay fort bon gré des services que vous me faictes, comme j'ay particulièrement veu par vos dernières, des x et xi de ce moys, et vouldrois bien avoir moyen de vous ayder à continuer de mieulx en mieulx ; mais je ne puis, tant la nécessité de mes affaires est grande, comme vous mesme sçavez. Toutefois, lorsque mes receptes seront libres, je vous ayderay. Je suis bien ayse que les deux lettres que je vous anvoyay dernièrement ayent faict quelque effet, comme vous m'escripvez. J'escripts de nouveau aux habitants de Nevers suivant vostre advis ; je vous envoye ladicte lettre cy enclose pour la leur faire délivrer.

Et sur ce, je prie Dieu qu'il vous ayt, mon Cousin, en sa saincte garde. Escript au camp, devant Ponthoise, le xviiiᵉ jour de juillet 1589.

Signé : **HENRY.**

(Estampille de la Bibl. Nat.)

Et plus bas : Ruzé.

(Traces de l'empreinte du sceau royal.)

Au verso du feuillet :

A mon Cousin, le duc de Nyvernois, pair de France.

(Original : Manuscrits de la Bibliothèque Nationale, fds Français, 3414, folio 13.)

Cette pièce est reproduite en *fac simile* dans ce volume ; le format n'a pas permis de prendre la signature du secrétaire, qui se trouve *beaucoup plus bas* que celle du roi sur la pièce originale.

II.

Mon Cousin, J'ay entendu par vos lettres, et celles que le sieur de Montigny m'a escriptes, la prinse qu'avez faicte de quatre villes de mon pays de Berry, lesquelles avez remises en mon obéissance, dont j'ay reçeu beaucoup de contentement, et vous puis dire qu'en continuant de me servir audict pays, comme avés si bien commencé, vous me ferez ung service très agréable. Je vous envoye un pouvoir pour cest effet, et une assignation de la somme de quinze mil escus pour ayder à l'entretenement des gens de guerre que vous assemblez pour cest effet ; j'escris au sieur de Montigny qu'il mette ensemble tout ce qu'il pourra de forces, comme je vous prie de faire de votre part, et avec lesdites forces faire tant pour le bien de mon service que vous puissiez remettre en mon obéissance toutes les petites villes dudict qui sont rebelles, et entreprendre ce que vous pourrez sur ma ville de Bourges, de laquelle j'espère qu'aurez aysément raison, y ayant en icelle beaucoup de gens de bien qui sont affectionnez au bien de mon service, et lesquels volontiers s'employeront en ceste occasion, quand vous approchey d'eux avec les forces. Je vous prie, mon Cousin, me servir en cela selon la singulière affection que je sens que vous portez au bien de mes affaires, et croyez, qu'en ce faisant, j'en recebvray beaucoup de contentement et vous en sçauray gré et le recognoistray en ce qui s'offrira pour vostre contentement. Et sur ce, mon Cousin, je prie Dieu qu'il vous ayt en sa saincte garde.

Faict au camp devant Ponthoyse, le xxiii juillet 1589.

Signé : HENRY.

Et sur le repli :

A mon Cousin, le duc de Nyvernois.

(Original : Bibliothèque nationale ; manuscrits, fds français, 3422, n° 37, folio 54.)

III.

Mon Cousin, J'avoys obmis de vous dire par mon aultre lettre, que je vous escripvis par un porteur, que J'entends que sur les quinze mil escus que je vous ay faict assigner, vous fassiez payer au sieur de Birague, les deux cens escus par moy, pour son estat de mareschal de camp, afin qu'il ayt moyen de me faire service.

Et n'estant la présente pour aultre subject, prieray Dieu qu'il vous ayt, mon Cousin, en sa saincte garde.

Escript au camp, devant Ponthoyse, le xxve juillet 1589.

HENRY.

(Au même, duc de Nevers).

(Original : Bibliothèque nationale, manuscrits, f. français, 3414, n° 8, folio 14.)

LETTRES DE HENRI IV.

I.

A MADAME LA COMTESSE DE GRAMONT.

J'attends vostre fils qui n'est loin. Toutes fois, ce qu'il a à faire est le plus dangereux. Il s'accompagnera de quelques troupes qui me viennent. Nous sommes devant Pontoise que je croy que nous ne prendrons pas. L'on a attaqué contre mon opinion ; les plus vieus ont esté creus. J'ay peur qu'ils revoyent. Hautefort fut tué hier, qui est perte pour la Ligue. Les ennemys et nous avons esté en bataille tout ce jour, pele mesle, la rivière entre deux. Leurs troupes ne sont pas éguales aux nostres, ny en nombre, ny en bonté. L'Isle-Adam s'est rendu anuy (*aujourd'hui*) ; qui est un pont sur la rivière d'Oise. J'y vay loger demain. Il n'y a plus d'eau entre Monsieur du Maine et moy : il est logé à Saint-Denis. Nous nous joindrons aux Souisses dans six jours. Monsieur de Longueville et de la Noue les meinent. Bien que nous soyons jour et nuict à cheval, si est-ce que nous treuvons ceste guerre bien plus doulce. L'esprit y est plus content. Devant hier, je fis voir mes troupes au Roy, passant sur le pont de Poissy ; je luy monstray douze cens maistres et quatre mille arquebusiers.

Mon cœur, j'enrage quand je vois que vous doubtés de moy,

et de despit, je ne tasche point de vous oster cette opinion.
Vous avez tort, je vous jure (1) que jamais je ne vous ay aimée
plus que je ne fais : et aimerois mieux mourir que de manquer
à rien que je vous aye promis. Ayés ceste créance, et vivez
asseurée de ma foy.

Bon soir, mon âme, je vous baise un million de fois.

Ce xiv⁰ juillet, du camp, à Ponthoise.

Signé du monogramme du roi Henri :

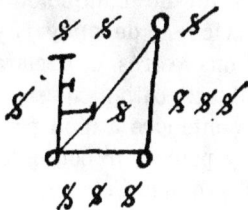

(1) Ici la belle Corisande avait mis en interligne, sur la pièce autographe, une
remarque de sa main, qui a été effacée ensuite.

(Original : Autographe, Bibliothèque de l'Arsenal, mss. hist., n° 179, tome 1ᵉʳ.)

II.

A MONSIEUR DE SOUVRÉ.

Monsʳ de Souvré, J'escry à mon cousyn Mʳ le cardynal de
Vendosme, toutes nouvelles ; yl vous en fera part. Despuys
ma lettre escryte, des gentyshommes quy sont dans Pontoyse
m'ont enuoyé demander seureté pour uenyr parler à moy. Yls
ofrent desjà leur enseygnes et tambours, et de sortyr auec leurs
armes, la meche esteynte et les gens d'armes auec un bon
cheual. J'espère que dans à ce soyr, nous entrerons dedans.
Les Souysses aryuent à ce soir à Poécy. Je les yray uoyr
demayn. Aymes-moy ɣ tousjours, Mʳ de Souvré, et croyes que
je seré à james

Vostre très-afectyonné et plus asseuré amy.

Signé : HENRY.

Au camp, devant Pontoyse, le xxv⁰ juyllet.

(Original : Autographe, Bibl. Nat., supplément français, manuscrits 1939.)

NOTA : Cette lettre est reproduite en *fac simile* dans ce volume.

III.

A MONSIEUR LE PRÉSIDENT DE GRÉMONVILLE.

Monsieur le Président, J'ay veu par la dernière lettre que vous escriviés au feu Roy monseigneur et frère l'affection que vous et le sieur de Lanquetot vostre fils vous portiez au bien de son service... de quoy j'ay receu beaucoup de contentement .. Vous verrés la déclaration que j'ay faicte en faveur de mes subjects catholicques, laquelle je seray bien ayse que vous faciés entendre à mon peuple ; et l'asseurés, de ma part, que je feray pour leur contentement et soulaigement plus que je ne leur promets : et sur ce, je prie Dieu qu'il vous ayt, Monsieur le Président, en sa saincte garde.

Escript au camp de Pontoise, le x⁰ jour d'aoust 1589.

Signé : HENRY.

Et plus bas : POTIER.

(Original : Archives de la famille Le Roux d'Esneval.)

IV.

A MONSIEUR DE SAINT-GENIÈS.

Monsieur de Saint-Geniès, Despuis que Dieu m'a appellé à cest Estat, je n'ay eu le moyen ny le loisir de vous escrire pour les continuelles occupations que j'ay toujours eu, pour me voir parmy des peuples bizarres, et esloigné des villes et lieux où despuis quinze ans j'ay tousjours esté. J'ay eu des nouvelles de mon agent en Espagne...

Croyés au reste que comme je suis creu en dignité je le suis en moyen et bonne volonté de recognoistre les fidèles services que vous m'avez tousjours faicts et que je vous prie de me continuer.

De Marines, ce xi⁰ aoust 1589.

Signé : HENRY.

(Original : Autographe. Collection de M. Feuillet de Conches.)

V.

A GABRIELLE D'ESTRÉES.

L'aultre lettre ne faisoit qu'achever de se fermer lorsque Larchant est arrivé ; je ne l'ay voulu mener plus loing. Je seray très ayse que vous voyés celluy de qui vous pouvés apprendre des nouvelles, mais que cella ne me tarde point l'heur de vostre présence. J'attendray ce que vous aurés apprins avec impatience, mais non telle que vostre venue que je vous supplie de vouloir différer.

Vous escrivant m'est venu advis que trois cents chevaux de Rouen sont arrivez à Pontoise, qui viennent au devant de Villars. Je n'en ay que deux cens, mais je m'en vay passer à la veue de la ville pour voir s'ils veulent se battre ; et s'ils le font, je donneray un coup de pistolet pour l'amour de vous.

Bonjour mes chères amours ; je te baise un milion de fois les mains. Ce xve avril.   H.

Du 15 avril 1593. (2e lettre de cette date.) Henri IV coucha à Meulan le soir du jour où il les écrivait.

(Copie : B. N., *fonds Dupuy*, manuscrits 407, fol. 41.)

VI.

A GABRIELLE D'ESTRÉES.

J'arrivay arsoir de bonne heure et fus importuné, Dieu gards, jusqu'à mon coucher. Nous croyons la tresve, et quelle doit se conclure ce jour d'huy.

Pour moy, je suis à l'endroit des Ligueurs de l'ordre de sainct Thomas. Je commence ce matin à parler aux évesques.

Oultre ceux que je vous manday hier pour escorte, je vous envoye 50 harquebusiers qui valent bien des cuiraces. L'espérance que j'ay de vous voir demain retient ma main de vous faire plus long discours.

Ce sera dimanche que je feray le sault périlleux.. A l'heure que je vous escris, j'ay cent importuns sur les espaules, qui me fairont haïr Sainct-Denys comme vous faictes Mantes.

Bonjour, mon cœur, venés demain de bonne heure, car il me semble desjà qu'il y a un an que je ne vous ay veue.

Je baise un million de fois les belles mains de mon ange et la bouche de ma chère maistresse. Ce xxiii juillet 1593.

Signé du monogramme *ut suprà*.

(Original : Autographe, B. N. fonds Béthune, manuscrits 9128, folio 73.)

VII.

A MONSIEUR DE HUMIÈRES.

Monsièur de Humières, Ce mot est pour vous dire que vous commandiez aux officiers de ma forêt de Compiègne qu'ils ayent à envoyer un certificat à Madame de Maubuisson (*Angélique d'Estrées*), comme la quantité de six vingts cordes de bois, que je lui ay accordées pour son chauffage, et de ses Religieuses, à prendre en mes forests, n'y portera grand préjudice.

Au reste, tout présentement, je viens d'avoir des lettres du sieur de la Boissière, par lesquelles il me mande que si ceux de vostre ville d'Ancre n'eussent point ouvert aux Espagnols, ils n'y feussent pas entrez.

A Dieu. Ce premier de mars (1595), à Maubuisson.

HENRY.

(Original : Autographe. Bibl. nationale, fonds Béthune, manuscrits 9139, folio 39.)

Madame de Maubuisson envoya cet ordre du Roi à M. de Humières, en y joignant une lettre de sa main, écrite du style le plus poli, et dont l'original nous a été conservé.

Il est question de Pontoise dans plusieurs autres lettres de Henri IV, lettres dont nous avons reproduit les passages les plus intéressants dans la première partie de ce livre. De plus, ce prince en a daté un certain nombre de Pontoise, ou plutôt de Maubuisson.

Voici l'indication sommaire des principales pièces de cette nature que l'on peut consulter : Du 1ᵉʳ août 1589, lettre à M. de Souvré, datée de Saint-Cloud. — Du 26 juillet 1591, lettre au duc de Nevers, datée de Compiègne. — Du 29 août 1591, lettre au duc de Montmorency, datée de Noyon. — 5 janvier 1594, lettre à M. de Maisse, datée de Meaux. — 20 mars 1594, lettre à M. de Brèves, datée de Senlis. — Février 1596, lettres concernant d'Alincourt etc., etc.

FIN DES DOCUMENTS HISTORIQUES.

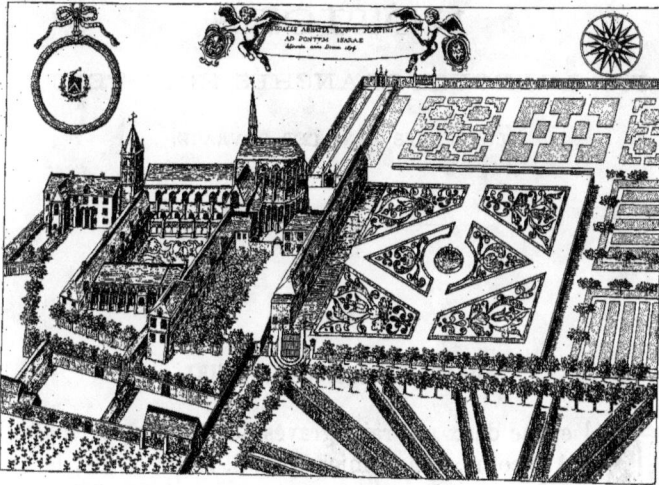

ABBAYE DE SAINT MARTIN DE PONTOISE
d'après une estampe ancienne du *Monasticon Gallicanum*
(Collection de M. La Planqueterie)

APPENDICE

NOTICES

SUR LES DOUZE PLANCHES HORS TEXTE

CONTENUES DANS CET OUVRAGE.

I.

PORTRAIT DE C. D'ALINCOURT.

l existe deux portraits gravés de Charles de Neufville d'Alincourt. Le premier, par C. Audran, est le plus ancien et le plus intéressant ; c'est celui qui figure en tête de cet ouvrage. Il a été héliographié d'après l'épreuve conservée aux Estampes de la Bibliothèque nationale ; on remarquera en bas de la gravure l'estampille de cet établissement. Notre gravure est tirée sur papier de Chine ras.

Le second a été gravé par Van Meerlen, en 1652. Au lieu de la *fraise* de l'époque de Henri IV, d'Alincourt porte, dans ce deuxième portrait, la grande collerette du temps de Louis XIII. Il est représenté à mi-corps, vêtu du manteau d'apparat, et avec le collier de l'Ordre. Les armes des Villeroi sont reproduites dans le bas de l'estampe.

Il n'existe à la Bibliothèque nationale aucune autre estampe, ni aucune médaille, qui, en dehors des deux pièces dont nous venons de parler, nous rappelle les traits de l'ancien gouverneur de Pontoise.

D. H.

6-6

II.

PORTRAIT DE HENRI IV, DANS SA JEUNESSE.

près avoir reproduit les traits de M. d'Alincourt, nous offrons au lecteur un portrait peu répandu du roi qu'on a surnommé le *Vert-Galant* : il était alors dans toute l'ardeur de sa jeunesse. Le prince y est représenté sous un aspect moins solennel que le type si connu de Porbus ; mais on y remarque déjà le regard intelligent et l'air quelque peu narquois qui étaient particuliers à Henri IV, et qui ne firent, avec l'âge, que s'accentuer dans ses traits.

Nous avons pu emprunter ce portrait, grâce à l'obligeance de MM. H. Bordier et Best, à l'*Histoire de France d'après les documents originaux et les monuments de l'art de chaque époque*, ouvrage qui contient une nombreuse collection de documents historiques de ce genre, et de très-intéressantes reproductions.

L'original, d'après lequel ont été gravés les traits du *Béarnais*, est un dessin de l'époque, faisant partie de la célèbre collection Hennin.

III.

LA VILLE ET CHÂSTEAU DE PONTOIZE

Par C. Chastillon.

laude Chastillon, auteur des estampes de la *Topographie Françoise*, naquit à Châlons-sur-Marne en 1547 ; il mourut en 1616. Ses premières gravures, dit-on, datent de 1589 ; les dernières seraient de 1615. La plupart des estampes de Chastillon ont des lettres indicatives qui font supposer des légendes ; mais il n'existe malheureusement aucun texte explicatif de ces lettres initiales de renvoi ; et il résulte des érudites recherches de MM. Von Praët et Louis Pâris, que cette légende, si elle a été faite, n'a jamais été imprimée. Les gravures de Chastillon manquent aussi presque toutes de dates, et, quelquefois même, d'explications suffisantes sur le sujet qu'elles représentent.

Nous avons donc dû étudier l'estampe représentant la ville de PONTOISE, et rechercher quels sont les monuments indiqués par les lettres, puisqu'il n'existe aucune légende ancienne à ce sujet, pour nous guider. Malgré cette lacune, les planches de Chastillon constituent des documents *très-précieux* pour les villes dont l'*ingénieur topographe du Roi* nous a conservé le *profil*; en ce qui concerne Pontoise, c'est LA PLUS ANCIENNE VUE CONNUE de notre cité. Si nous ajoutons que ces planches remontent précisément à l'époque de la Ligue, on comprendra que leur place était indiquée d'avance dans cet ouvrage.

Le livre de M. Trou contenait bien une copie de cette *vue de Pontoise*, par Chastillon, mais outre que le nom de l'auteur n'était même pas indiqué, M. Trou la donnait, par erreur, comme un *dessin* « du moyen âge » (sic), *datant de* 1500. La lithographie des *Recherches* de M. Trou était d'ailleurs très-imparfaite et fort loin d'atteindre le degré de netteté et de fidélité du fac-simile ci-contre, exécuté par M. Dujardin, le graveur héliographe si connu.

Il existe un autre état de cette planche; les différences consistent en ce que le titre de cet autre état porte : LA VILLE ET CHASTEAU DE PONTOIZE, *en Isle-de-France*; les écussons n'existent pas; de plus, dans le bas de l'estampe, à gauche, est figurée une sorte de colline ombrée, avec quelques arbres.

EXPLICATION DES LETTRES : **A** Saint-Maclou. — **B** Saint-Pierre. — **C** Collégiale de Saint-Mellon. — **D** Les Cordeliers. — **E** Hôtel d'Orgemont. — **F** Porte du Pont (vers Paris). — **G** Avenue du Mail. — **H** Faubourg de l'Aumône. — **K** L'Hôtel-Dieu. — **L** Rivière d'Oise. — **M** Château de Pontoise. — **N** Notre-Dame ou Saint-Martin (?). — **O** Chaussée de la Basse-Aumône.

Pour l'intelligence de la gravure, il faut supposer la vue prise des hauteurs de *Saint-Ouen* (dont le clocher émerge dans le bas de la planche, à gauche), et admettre que l'on voit alors Saint-Maclou *par-dessus* le Mont-Bélien; auprès est figurée une potence élevée, emblème de la *Haute-Justice*. Au-dessus, près du monument (**N**), que l'on *suppose* être *l'ancienne* église de Notre-Dame (?), on voit deux chemins, se réunissant en un seul, destinés à gravir la colline qui borne l'horizon; c'est vraisemblablement la route de Rouen. Enfin, les tours de la *Porte de Paris* masquent entièrement le pont; et on voit figurées sur la rivière, en outre de l'île du Pothuis, trois autres petites îles qui n'existent plus aujourd'hui.

Hauteur de l'estampe originale : 415 millimètres; largeur : 477.

IV.

PORTRAIT DU DUC D'ÉPERNON.

Jean-Louis de Nogaret de la Valette, duc d'Épernon, né en 1554, d'une famille noble des environs de Toulouse, mourut en 1642. Il eut une vie extrêmement agitée, avec des alternatives de faveur et de disgrâce. Il avait, lors du siége de Pontoise, en 1589, les titres de colonel-général de l'infanterie et d'amiral de France. Après le crime de Jacques Clément, il refusa de reconnaître le roi de Navarre comme successeur de Henri III, mais il se rapprocha plus tard de lui, sans toutefois faire jamais une soumission sincère. Il se trouvait dans le carrosse royal lorsque Henri IV fut frappé par Ravaillac, en 1610. Il fut même accusé de complicité dans ce meurtre ; d'Épernon, dont nous reproduisons les traits, d'après une ancienne estampe, tomba à la fin de sa vie dans une disgrâce complète, et sa mort fut hâtée par les chagrins qu'il en ressentit.

V.

LA REMARQVABLE ET ROIALLE ABBAIE DE MAULBUISSON

Par C. CHASTILLON.

Maubuisson n'existe plus : cette planche est la *seule et unique* qui nous ait conservé dans leur ensemble le souvenir des bâtiments de cette célèbre abbaye ; c'est ici que le défaut d'explications de la part de l'auteur se fait particulièrement sentir, car il est assez difficile de s'orienter et de pouvoir définir très-exactement ce que Chastillon a voulu indiquer par diverses lettres. Nous ne parlons pas du défaut de perspective et de la singulière manière dont sont figurés les murs de clôture ; ce qui nous intéresse le plus, c'est que cette estampe nous reproduit exactement la disposition et la configuration des monuments de Maubuisson, actuellement détruits.

Cette gravure remonte à peu près à l'époque des guerres de la Ligue ; on se demande pourquoi Chastillon a jugé à propos de faire figurer deux corps de troupes, l'un d'infanterie, et

l'autre de cavalerie, qui semblent manœuvrer en avant des
bâtiments claustraux ; il existe un autre état de cette estampe,
dans lequel ces *carrés* de troupes ne sont pas représentés ; en
outre, on lit à la suite du titre : *I. de F.* (Ile-de-France). Les
lettres de renvoi E et C sont les seules indiquées dans cet état.

EXPLICATION DES LETTRES : **A** Église de l'abbaye. — **B** (*lettre peu visible*) Bâtiments claustraux. — **C** Manoir de Saint-Louis. — **D** Clos du Roi. — **E** Ru de Maubuisson, ou ruisseau de la *Chère-Année*. — **F** Murs d'enceinte de l'abbaye. — **G** ? ? ?
— **H** Village et chapelle de Vaux (?). — **I** Moulin à vent. — **K** Pierrelaye (?). —
A droite du spectateur, à peu près à la moitié de la planche, on aperçoit en partie
une des *tourelles*, à l'extrémité d'un mur. — Dimensions de la planche originale :
120 millim. sur 175.

Il existe une autre planche de Chastillon, intitulée : LE
CHASTEAV DES DESPENDENS DE LA CONTE DE MAVBVISSON ; celle-ci
ne porte aucune lettre de renvoi, et représente un manoir carré,
de formes symétriques, sans explication ; le seul personnage
figuré est un homme qui conduit un âne chargé de sacs vers
un moulin que l'on aperçoit au bas de l'estampe ; on ignore si
cette dernière gravure se rapporte bien à l'Abbaye.

VI.

VEUE DE LA MAISON DU DOIENÉ DE PONTOISE
Par Israël SILVESTRE.

n ce sens qu'elle nous donne une idée très-exacte des
bâtiments qui avoisinaient le château royal, et de l'état
de ces constructions, dans le courant du XVIIe siècle,
cette gravure, quoique postérieure aux événements de la Ligue,
est cependant fort intéressante ; ces constructions avaient, du
reste, dû peu changer d'aspect depuis la fin du XVIe siècle.

On voit, à gauche, s'élever, derrière le mur de clôture, les
deux tourelles qui défendaient l'entrée de la cour du château
(marquées LL sur le plan : voir ci-dessus, page 61) ; puis
la maison du DOYENNÉ, et enfin, à droite, une partie de la
collégiale de Saint-Mellon ; on remarquera aussi la singulière configuration de *la Roche*, sur laquelle s'élèvent ces
constructions.

Les vers qui composent l'inscription latine placée au bas de
l'estampe sont formés, presque en totalité, de mots et de
fragments de vers tirés de la 64e épigramme du 4e livre de

Martial ; les curieux peuvent se reporter au texte de cet auteur, et constater cette singularité.

La planche originale de Silvestre comporte 205 millimètres de large sur 161 millimètres de hauteur ; elle est répertoriée sous le n° 276, § 2, dans le *Catalogue raisonné de l'œuvre de Silvestre*, par Faucheux ; in-8°, 1857. Dans le dernier vers, le mot *Hospitalitate* avait d'abord été écrit *Hospitalitatis* ; on voit encore l's et le point qui était sur l'*i*. Il existe des épreuves avant la légende ; dans cet état, au lieu des mots : *Israel Silvestre fecit*, on lit : *Israel Silvestre delineavit ad vivum et sculpsit anno* 1656.

VII.

RETRAITE DU DUC DE MAYENNE SUR MANTES ET PONTOISE.

Planche qui est le fac-simile de la plus grande partie d'une curieuse carte gravée à Tours, vers 1591.

Elle représente le théâtre des guerres de la Ligue, dans l'Ile-de-France, le Vexin, etc., en 1590 ; un pointillé additionnel indique la route suivie par le duc de Mayenne à la suite de la bataille d'Ivry, dans sa retraite sur Mantes et Pontoise (voir ci-dessus, page 163).

Le graveur, contemporain de ces événements, a figuré par des petits cavaliers courant les uns après les autres la fuite du chef de la Ligue et de ses soldats, pourchassés par l'armée royale ; on y voit également les positions des belligérants, etc.

M. Henri Menu, libraire à Paris, possesseur d'un exemplaire du *Théâtre Géographique*, a eu l'obligeance de nous en faire la communication ; nous avons donc pu reproduire cette pièce, qui comprend le pays environnant Pontoise, et la plus grande partie du Vexin ; enfin, les environs et la ville de Paris. Il existe fort peu de cartes de notre contrée, datant du xvi° siècle, qui nous aient été conservées ; l'on jugera par ce spécimen quelle était l'étendue des connaissances géographiques à cette époque.

On sait d'ailleurs quelles sont l'excessive rareté et l'importance de cet atlas géographique de la France, le plus ancien qui ait été publié ; il est à peu près inconnu, quoique l'on en rencontre quelquefois des planches séparées. Ce sont elles qui ont été reproduites, plus ou moins exactement, dans les atlas hollandais.

Il ressort de la dédicace au Roy, de J. Le Clerc, du privilége et de l'avis qui le suit, que le père de J. Le Clerc, ayant quitté Paris pendant la guerre civile et s'étant rendu à Tours, y fit graver 14 ou 15 cartes des provinces de France. Plus tard, le nombre en fut porté à 35, comprenant tant les trois planches de l'entrée de Henri IV à Paris, que de nouvelles cartes. J. Le Clerc forma alors le projet de les réunir en un atlas pour lequel il obtint un privilége en 1618, mais il mourut avant d'avoir publié son œuvre, et ce fut sa veuve qui fit paraître le THÉATRE GÉOGRAPHIQUE DE LA FRANCE, complet en 53 planches.

VIII.

VEUE DE L'ÉGLISE SAINT-ANDRÉ A PONTOISE.

Taillepied dit, dans ses *Antiquités de Pontoise*, que de son temps cette église passait pour la plus ancienne de la ville ; ce monument n'existe plus aujourd'hui. On y montait par trois escaliers ; sous le roc qui supportait l'édifice, existait une chapelle souterraine.

Cette église, sans doute à cause de sa proximité de la rivière, semblait avoir été adoptée par les mariniers et bateliers ; on voyait dans la nef les sépultures de plusieurs illustres familles ; les curés de Saint-André portèrent pendant un certain temps le titre d'*archiprêtre*.

Notre gravure est de la grandeur exacte de l'original, qui fait partie de la collection de M. Léon Thomas, grâce à l'obligeance duquel nous avons pu faire exécuter ce fac-simile.

Silvestre est l'auteur de cette vignette, répertoriée dans le catalogue de son œuvre, page 269, § 3, comme faisant partie de la *suite n° 8*. Elle n'est pas signée par le célèbre dessinateur, et nous n'en connaissons qu'un seul état.

On remarquera, au premier plan, une sorte de tour qui paraît être la *Tour du Friche* ; au-dessus de l'église, à droite, une tour du château dont on voit en partie la toiture ; enfin, dans l'éloignement, la ville et le clocher de Saint-Maclou.

IX.

ANCIEN PLAN DE PONTOISE

CONSERVÉ AU DÉPARTEMENT DES ESTAMPES, A LA BIBLIOTHÈQUE
NATIONALE.

a légende, dont nous avons scrupuleusement respecté l'orthographe, se trouve en marge de la pièce originale. Nous avons complété les indications qu'elle nous fournit, en y ajoutant : 1°. Les noms des rues, tels qu'ils figurent dans la « *Nouvelle nomenclature des rues de la commune de Pontoise* », adoptée à l'époque de la Révolution ; 2°. Les noms actuels de ces mêmes rues.

De cette manière, on pourra voir d'un coup-d'œil quelle a été la dénomination de la plus grande partie des rues et places de Pontoise, à l'époque de la Ligue, c'est-à-dire au XVIᵉ siècle, à l'époque de la Révolution, et enfin de nos jours : pour l'intelligence de cette légende, le lecteur est averti que les noms anciens sont indiqués immédiatement après la lettre de renvoi ; les noms de la liste de 1790-1795 ensuite, et en *italiques* ; et enfin les noms actuels en caractère **gras**. On remarquera aussi que la légende du vieux plan comprend *deux séries* de lettres, l'une en capitales ou majuscules, et l'autre en lettres ordinaires, telles que A et a, B et b, etc. ; une série de *numéros d'ordre*, et une autre (additionnelle) de *doubles lettres*, toutes deux placées à la suite.

NOMS DE L'ANCIEN PLAN	NOMS DE 1790-1795.	NOMS ACTUELS.
A La Grand-Place au bled.	*Place de la Liberté.*	**Pl. du Grand-Martroy.**
B Petite-Place.	*Place de la Réunion.*	» **du Petit-Martroy.**
C La place du Pont-au-Tripe.	. . . .	» **Pierre-aux-Poissons.**
D L'Estape du Vin.	*Place de l'Étape.*	» **de l'Hôtel-de-Ville.**
E La fontaine de la Croix (du bourg).	*Des Deux-Tuyaux.*	**Rue Basse, entre les 2 moulins** (nᵒˢ 33 et 35).

NOMS DE L'ANCIEN PLAN	NOMS DE 1790-1795.	NOMS ACTUELS.
F La ruë de la Belle-Croix.	*Place du 9 Thermidor.*	**Place de la Belle-Croix**
G La fontaine Saint-André.	. . . .	Actuellement au coin de la rue de **l'Hôtel-Dieu**.
H La ruë du Pont-d'Oyse.	*Même nom.*	**Rue de l'Hôtel-Dieu et R. de la Roche** (partie basse).
I La rue de la Roche.	*Même nom.*	Même nom.
K La Grand-Ruë.	*Même nom.*	Même nom.
L Ruë Sainte-Marguerite	*Rue Barra.*	**Rue de la Chevalerie.**
M La Coutellerie.	*Même nom.*	Même nom.
N Ruë du Soleil. (1)	*Même nom.*	**Rue de l'Épée.**
O Ruë Fontaine. Pierre-Honoré. (2)	*Rue des Vertus.*	**Rue de la Gare.**
P Cimetière du Presbitaire.	. . . .	Emplacement maison Caffin.
Q La Petite-Tannerie.	*Même nom.*	**Rue Basse** (nos 1 à 43 env.)
R La Grande-Tannerie.	*Même nom.*	**Rue Basse** (ho 71 à 89).
S Les Esdegrez d'Orvalę. (3)	. . . .	**Degrés de St-Maclou.**
T La Pierre-aux-Poissons. (4)	*Même nom.*	Même nom.
V Montez du Bordeau.	. . . .	**R. du Pas-d'Ane** (escalier)
X Place, tour et plate-forme du Pothuys.	. . . .	(Quartier du même nom).
Y Rue de la Triperie. (5)	. . . .	
Z Rue de la Corne. (6)	*Rue Marat.*	**Rue de la Corne.**
a Rue de la Charée.	*Rue de l'Unité.*	**Rue de l'Ordre.**
b Rue de la Pie.	*Rue des Sans-Culottes.*	**Rue du Paon.**
c Rue du Sabot.	*Même nom.*	Même nom.
d Rue des Chaudronniers.	*Rue du District.*	**Rue du Tribunal** (1 à 9).
e Rue Delaventure.	*Rue des Fariniers.*	**Rue du Tribunal** (9 à 19)
f Rue Sainte-Honorine.	*Rue Guillaume Tell.*	**Impasse Ste-Honorine.**
g Rue du Prescheur (ou du Pigney.	*Rue du Peigne.*	**Rue Delacour.**
h Rue Gillet.	*Rue aux Fèves.*	**Impasse aux Fèves.**
I Rue Trou-Gillet.	*Même nom.*	Impasse même nom.
k Les Moulins du Pont.	. . . .	(N'existent plus).
l Les Boucheries. (7)	*R. de la Grande-Boucherie.*	**Rue Basse** (nos 55 à 70).
m Le Cimetière du (nom laissé en blanc). (8)	. . . .	Emplacement maison Bouvry.
n La Harengerie. (9)	. . . .	(Place du même nom).
o Place entre St-Meulon (sic) et Saint-Pierre.	*Place de la Montagne.*	**Place du Château.**

1 Le chasteau. — **2** Saint-Meulon (*sic*). — **3** Saint-Pierre. — **4** L'hostel d'Orgemont. — **5** Les Cordeliers. — **6** Saint-André. — **7** L'Hostel-Dieu. — **8** Saint-Maclou.
— **9** Boulevard ou Esperon Nostre-Dame. — **10** L'hospital Saint-Jaques. — **11** La
Porte de Chappelet. — **12** La Grosse-Tour neuve et Porte de Bar. — **13** Porte
Dannery. — **14** Le Boulevard ou Esperon du Potuys '10). — **15** Tour du Friche. —
16 Plate formes. — **17** Casemates. — **18** Porte du Pont. — **19** Porte du Bout-
du-Pont. — **20** Le Ruy. — **21** Fosses pleines d'eau. — **22** Pilles du pont. —
23 Le Petit-Esperon, près le Pothuys. — **24** Les Guérites. — **25** Le terre-plein ou
rempart. — **26** Le Bastar d'eau. — **27** La scarpe et contrescarpe. — **28** La
Porte neuve murée. — **29** La tour Frétillet. — **30** La tour Panchée. — **31** L'isle
du costé du Pothuys.

Légende additionnelle.

AA Faubourg d'Ennery. — Quartier attaqué, pendant le siége de 1589, par l'infanterie Huguenote. Direction dans laquelle on avait commencé à élever la *citadelle*.

BB Faubourg Notre-Dame et quartier Saint-Martin ; attaqué par le duc d'Épernon (1589).

CC Étangs du Vert-Buisson (non indiqués sur le plan), s'étendant jusqu'auprès de
la tour du Friche.

DD Rive gauche de l'Oise : actuellement territoire de Saint-Ouen-l'Aumône.

Nous avons dit que le plan que nous publions est fort ancien ;
l'original, dont la planche ci-jointe est une photogravure, est
fait au lavis et porte cette mention : *F. de la Pointe faciebat.*
La Pointe, qui a reproduit ce plan de sa main, est désigné dans
la *Chalcographie du Louvre*, sous le titre « d'ingénieur et de
géographe du roi » ; c'était un géographe du xviiᵉ siècle.
M. Cortambert nous a fait voir, à la section géographique de la
Bibliothèque Nationale, un recueil de plans des places fortes,
supérieurement dessinés et exécutés par lui-même.

La confection du plan de Pontoise remonterait donc seulement à cette époque, comme on pourrait en conclure de l'aspect
de la pièce, du papier et de l'écriture ; mais le dessin signé de
la Pointe ne doit être lui-même, et nous en avons la conviction,
qu'une *copie*, très-exacte, d'un autre plan, mais *beaucoup plus
ancien*, qu'il a eu entre les mains, et dont le sort nous est resté
inconnu.

Sur ce plan, où l'on voit le couvent des Cordeliers, ne figurent, en effet, ni les Jésuites, établis vers 1604 ; ni les Carmélites, fondées en 1610 ; ni les Ursulines, etc. Les noms des
rues semblent concorder avec ceux du xviᵉ siècle. Bien que,
sous le rapport des proportions linéaires, le plan ne présente
pas toute l'exactitude qu'on pourrait désirer, il nous a paru

très-digne de figurer dans cet ouvrage ; il est d'ailleurs inédit, et il peut aider à l'intelligence de la situation ancienne de Pontoise, au point de vue militaire.

Il est regrettable que les faubourgs ne soient pas indiqués sur cette pièce ; ils n'existaient pas plus sans doute sur l'original ancien que la Pointe a dû copier. Nous y avons suppléé par quelques indications jointes à la légende explicative.

NOTES SUR LA LÉGENDE CI-DESSUS.

(1) Il existe une *interversion* sur le plan, entre les lettres N et O.

(2) Cette rue a successivement porté les noms de rue *Fontaine Pierre-Honoré* (XVIe siècle). Rue *des Béguines* (XVIIe et XVIIIe siècles). Rue *des Vertus* (1793). Rue *des Ursulines* (1800). Rue *Impériale* (1868). Rue *de la Gare* (1871).
Jusqu'en 1867, cette rue n'était qu'une ruelle tortueuse, mal pavée, et indigne de servir d'entrée à la ville, depuis la translation de la gare dans les terrains du Vert-Buisson ; c'est à l'initiative de M. Seré-Depoin, alors maire de Pontoise, qu'est due, en même temps que l'établissement de l'éclairage au gaz, la création de la place de la Gare et l'ouverture, sous le nom de rue *Impériale*, de la voie nouvelle qui aboutit à l'escalier monumental, et relie directement le haut de la ville au quartier de la Gare. M. Seré-Depoin a publié sur ces travaux, avant leur exécution, deux mémoires, avec plans et gravures (1863-1864), que l'on peut consulter.
Le premier tronçon de la rue, ouvert de la rue Basse au Vert-Buisson, portait le nom de rue *Lebel*. La fontaine *Pierre-Honoré* est celle qui se trouve actuellement (1877) auprès du bureau de la conservation des hypothèques, près du pont sur la Viosne.

(3) C'est *Dorvalle* qu'il faut lire ; ce nom est celui d'une ancienne et honorable famille de Pontoise ; ces degrés subsistent encore, mais ils sont avantageusement remplacés par l'escalier monumental en haut duquel est élevée la statue du général Leclerc, œuvre de Lemot, inaugurée en même temps que la voie nouvelle ouverte depuis la rue Basse jusqu'à Saint-Maclou.

(4) Ce nom vient de ce qu'il s'y trouvait des marchands de poisson ; la rue de l'Hôtel de Ville, qui n'est désignée par aucune lettre sur notre plan, *se compose de deux tronçons* ; le premier, allant de l'Étape à la Pierre-aux-Poissons, s'est successivement appelé *de la Cordonnerie* et rue *Jean-Jacques-Rousseau* ; la seconde partie, entre la Pierre-aux-Poissons et le Petit-Martroy, a pris les noms de rue *des Prêtres-Saint-Maclou* ou *des Vicaires* ; et rue *du Temple* (en 1791).

(5) Les lettres Y et Z ne sont pas indiquées sur le plan, ainsi que plusieurs autres lettres, ce qui confirme ce que nous avons dit plus haut : La Pointe a dû copier une autre pièce plus ancienne. La rue du Pont-aux-Tripes était l'entrée de la rue de la Bretonnerie actuelle, où l'on passait sous *deux ponts* à présent démolis.

(6) Dans le procès de Vatheric (enquête générale, p. 103), il est question de l'*hôtel de la Corne*, qui appartenait aux religieux du Val ; la rue voisine porte encore aujourd'hui le nom de Notre-Dame-du-Val, nom remplacé par celui de *Le Pelletier* pendant la Révolution.

(7) Elles étaient situées (dans la rue Basse) dans la partie qui a porté longtemps le nom de *rue Basse de la Grande-Boucherie*. En 1585, il y avait 18 ou 20 boutiques de bouchers qui jouissaient de priviléges particuliers. Il existait en outre six boutiques de bouchers sur le pont d'Oise, et une hors la porte Chappelet. (V. Taillepied. *Antiq. de Pontoise*.)

(8) Ce cimetière était celui dit *des Bouchers* ; cette corporation avait obtenu le droit d'y faire inhumer ses membres, à la suite de la part prise par elle à la reconstruction de l'église Saint-Maclou au XIVᵉ siècle.

(9) Consulter Taillepied, sur *la Harengerie*, et voir dans la réimpression des *Antiquités* le plan de cet ancien marché.

(10) Dans la réédition des *Antiquités de Pontoise* (1876), est annexé un plan détaillé des fortifications du côté de l'Oise et des abords du pont, à l'époque des siéges de 1589-1590. (Copie de M. J. Lebas, d'après la pièce originale.)

X.

ABBAYE DE SAINT-MARTIN DE PONTOISE.

R eproduction très-fidèle, quoique réduite, d'une estampe tirée du *Monasticon Gallicanum*, de dom Michel Germain. Cet ouvrage est resté inachevé : les notices que le savant bénédictin avait préparées ne furent jamais imprimées, et les planches de cuivre que dom Michel avait fait graver ont disparu sans laisser la moindre trace. M. Bonnardot, dans son *Histoire de la gravure en France*, croit qu'elles furent détruites par un incendie. Il n'en avait été tiré qu'un très-petit nombre d'*épreuves*; et c'est à peine si on connaît une *dizaine* de recueils, dans lesquels des amateurs ont réuni des collections plus ou moins complètes des gravures qui devaient orner le *Monasticon Gallicanum*. Ces planches originales sont donc devenues aujourd'hui d'une insigne rareté. Quoique ne remontant pas à l'époque des guerres de la Ligue, celle de l'abbaye de Saint-Martin n'en est pas moins précieuse, en ce qu'elle fait revivre à nos yeux un monument historique et religieux qui n'existe plus ; ajoutons que c'est la seule gravure authentique et complète que nous possédions sur Saint-Martin. L'auteur de ce livre possède un exemplaire de la planche *originale*, d'après laquelle il a fait exécuter la reproduction ci-jointe.

Cette abbaye, dont l'existence est établie dès 1050, fut confirmée par Philippe Iᵉʳ (Charte de 1069). A cette époque, saint Gautier, né à Andoinville, en Vimeu, devint abbé de ce monastère. Un de ses successeurs, Guillaume de Mello, lui fit élever, vers 1146, le tombeau que l'on voit actuellement dans l'église de Notre-Dame. On sait que la crosse de saint Gautier, ou attribuée à saint Gautier, a été l'objet de publications, de recherches et d'illustrations intéressantes dans la *Revue archéologique*.

Au xv⁰ siècle, pendant les guerres contre les Anglais, l'abbaye fut en partie détruite ; l'abbé Pierre Boucher en fit restaurer les bâtiments peu après l'expulsion des envahisseurs. Complétons ces détails historiques par les notes suivantes que nous empruntons à la *Topographie ecclésiastique* du diocèse de Versailles, par M. A. Dutilleux :

« Après avoir été réunie pendant très-peu de temps au prieuré de Meulan, l'abbaye de Saint-Martin recouvra, vers 1770, son autonomie ; mais le 13 juillet 1788, un orage épouvantable en détruisit tous les bâtiments, de sorte qu'il resta peu à faire, pour l'anéantir, aux démolisseurs de 1793. Il ne subsiste plus rien aujourd'hui de ce royal monastère, qui comptait depuis sa fondation 32 abbés réguliers et 16 abbés commendataires. Cette riche abbaye était l'une des plus remarquables de celles de l'ordre des Bénédictins. Les diverses parties de ses bâtiments rivalisaient de beauté et d'étendue. La bibliothèque était d'une richesse exceptionnelle ; mais l'église l'emportait sur tout le reste, et ce sanctuaire était considéré comme le plus magnifique de tout le Vexin Français. Plusieurs parties de cet édifice dataient encore de la première construction, au xi⁰ siècle. »

Relativement à la période qui a fait spécialement l'objet de nos études, voici, par ordre chronologique, les événements intéressants de l'histoire de cette abbaye, pendant la seconde moitié du xvi⁰ siècle :

1540. Jehan Legros, prêtre de Pontoise, fait des donations à Saint-Martin. — 1545. Sébastien de l'Aubespine, 33ᵉ abbé de Saint-Martin (évêque de Limoges, doyen de Saint-Mellon). — 1551. Mort de Nicole d'Orgemont, prieur claustral. — 1556. S. de l'Aubespine remet son abbaye au roi. — 1557. Cartier, administrateur du temporel par intérim. — 1559. Jehan-Antoine de Gros, 34ᵉ abbé. — 1560. De Gros travaille au recouvrement des titres et les met en ordre. — 1565. Il quitte son abbaye. — 1569. Jacques Gérard de la Saussaye gouverne le temporel de l'abbaye pendant la vacance. — 1571. René Guérault de la Papinière, 35ᵉ abbé. — 1575. Charles d'Angennes, dit le cardinal de Rambouillet, 36ᵉ abbé. — 1576. Aliénation des biens de Saint-Martin pour les besoins de l'État. — 1578. Pierre de Gondi, évêque de Paris, 37ᵉ abbé. — 1582.

Mort de Sébastien de l'Aubespine, ancien abbé démissionnaire. — 1588. L'abbé Pierre de Gondi réédifie son hôtel abbatial. — 1590. Bienfaits de P. de Gondi, à l'égard de son abbaye (il se démet, en 1612, en faveur de François de Joyeuse, arch. de Rouen, 38ᵉ abbé). (*Mss. de la Ville. — Bibliothèque municipale.*)

Le cardinal de Gondi, évêque de Paris, était un homme d'une haute piété. Il ne resta dans sa ville épiscopale, pendant le siége, que pour porter soulagement aux souffrances des pauvres. Il se retira, dit M. de Chalembert, « dès qu'il eut perdu l'espoir d'opérer une conciliation. » (V. ci-dessus, p. 232, le fac-simile de la signature de ce prélat). Il portait aussi le titre de cardinal de Retz, mais il ne faut pas le confondre avec son petit-neveu (Paul de Gondi), connu sous ce titre plus particulièrement, et auteur des célèbres *Mémoires* et de la *Conjuration de Fiesque.*

Terminons cette notice sur Saint-Martin par un renseignement bibliographique. M. Léopold Delisle, dans une étude sur l'ouvrage de dom Michel Germain, a dit : « J'ignore ce qu'est devenue la grande histoire de Saint-Martin de Pontoise, que dom Claude Estiennot avait achevée en 1670, et qui était intitulée : *Historiæ regalis monasterii Sancti-Martini suprà Viosnam propè et contrà muros Pontis Isaræ in Vulcassino Franciæ libri tres.* » Nous sommes heureux d'apprendre au savant directeur de la Bibliothèque Nationale que le manuscrit du Bénédictin est conservé dans la Bibliothèque de la ville de Pontoise, et nous espérons même, plus tard, en faire, ou en voir faire, la publication.

XI.

LETTRE DE HENRI III.

Disons d'abord que c'est grâce à l'obligeance de M. L. Delisle et de MM. les conservateurs de la Bibliothèque Nationale, que nous avons pu extraire des Manuscrits et des Estampes les copies des diverses pièces reproduites dans ce volume. La lettre du dernier des Valois est de ce nombre : c'est un souvenir du siége de 1589 ; bien que l'écriture soit de la main du secrétaire, Henri III *a signé cette pièce*, et l'on pourra comparer sa signature avec celle de son successeur Henri IV. On trouvera dans les pièces justificatives *(Lettres des Rois de France)* le texte de ces deux pièces, et particulièrement, page 102, une analyse de ce document.

ANCIEN PLAN DE PONTOISE

AA.

BB.

BR.

CC.   GG.

DD.

Loire R.

Chemin de Paris

XII.

LETTRE DE HENRI IV.

ntre tous les documents reproduits dans ce volume, celui-ci est certainement un des plus dignes d'intérêt. La lettre de Henri de Navarre est écrite par *lui-même.* Il en est de même de celle adressée le 14 juillet 1589 à Mme de Gramont.

Le texte de ces deux pièces est absolument authentique. Elles sont indiquées comme telles dans la liste des *lettres autographes* de Henri IV, publiée par M. E. Yung, qui dans son érudit ouvrage, *Henri IV écrivain*, dit : « Les lettres à Mme de Gramont, et les *premières* à Gabrielle d'Estrées, sont de cette catégorie : dans ce genre de commerce, les secrétaires n'ont rien à voir, et l'on fait ses affaires soi-même. Si ces lettres ne sont pas de la main du roi, il faut désespérer d'en trouver : le roi n'a rien écrit. »

On remarque, dans la lettre à M. de Souvré, au bout de la 9e ligne, une sorte de *8* qui n'est autre chose qu'un *S* barré : Henri IV avait cette singulière habitude d'employer ce signe sans raison particulière ; il le mettait souvent à la fin d'une ligne quand les mots ne suffisaient pas à la remplir et laissaient un vide ; cette espèce de signe, que l'on a cherché à traduire *Scripsit* (en abrégé), ne se rencontre pas dans les lettres écrites par son *secrétaire de la main*, et constitue une preuve de l'authenticité de la pièce dans laquelle on le rencontre, comme autographe du roi. Il l'employait également, et en nombre indéterminé, autour de son *monogramme*, quand il ne signait pas : HENRY, en toutes lettres. (V. ci-dessus, pages 116 et LXXVII.)

Malgré d'assez grandes difficultés matérielles d'exécution, M. Dujardin, par ses habiles procédés héliographiques, a réussi à nous donner une copie très-fidèle et un *fac-simile* de cette pièce qui a pour Pontoise la valeur et l'attrait d'un véritable et sérieux souvenir historique.

NOTES ADDITIONNELLES

1580. — TREMBLEMENT DE TERRE. — On lit dans une plaquette à peu près inconnue, intitulée : « *Discours merveilleux et effroyable du grand tremblement de terre advenu ès-villes de Rouen, Beauvais, Pontoise, etc.* » (Paris, 1580, pet. in-8°), que « l'église cathédrale Nostre - Dame de Pontoise a esté grandement démolie et intéressée par suite de ce tremblement de terre » ; qu'après la secousse on vit « toutes les verreries de ladicte église, qui estoient toutes rompües et cassées, et mesmes quelques pierres qui estoient tombées des voultes en beaucoup d'endroits ». M. Claudin publie une réimpression de cette brochure curieuse, qui est le seul document relatif à cet événement ; en effet, aucune pièce de nos Archives, ni des titres de Notre-Dame, ne fait, mention de ce tremblement de terre, dont la date exacte serait le « VI avril 1580 » (ancien style).

1589. — SUR LE PASSAGE DE HENRI IV A MARINES. — Nous avons dit, p. 150, que le roi avait couché à Marines en 1589 ; il dut loger au château, qui appartenait alors à la famille Tiercelin de Brosses. Si l'on en croit une certaine légende, le roi aurait laissé sur la table, dans sa chambre, un papier (?) sur lequel il aurait écrit : « J'ai trouvé à Marines un peuple bon, mais un peu bizarre ». C'est sans doute la lettre du 11 août, adressée à M. de Saint-Geniès, publiée ci - dessus, p. LXXVIII, qui aura donné lieu à la version d'après laquelle il aurait délivré à ses hôtes ce singulier *certificat*.

La chambre dite *de Henri IV*, au château de Marines, est située au premier étage : elle est la première à gauche de l'escalier d'honneur, dans le couloir qui fait face à la chambre à coucher seigneuriale. Elle donne sur la pelouse intérieure : elle est éclairée par une large fenêtre ; elle est beaucoup plus vaste que les trois autres chambres qui lui font suite. La chambre qui la suit immédiatement a été (suivant la légende) occupée par le chancelier de Henri IV.

L'appartement du Béarnais est fort simple d'aspect, comme le sont en général toutes les pièces du château ; le plafond est à entrevous ; les solives et la grosse poutre qui coupe par le milieu le plafond sont recouvertes de peintures à fresques de tons rouges et bleus auxquelles, dit toujours la tradition, il n'a pas été touché depuis la fin du xvie siècle.

Le seul ornement de cette pièce est une fort belle tapisserie, représentant Joseph expliquant ses songes prophétiques à ses onze frères.

Vers 1840, le vieux précepteur de M. de Gouy, aïeul du comte actuel, lut dans un journal, ou dans une publication, que Henri IV, de passage au château de Marines, avait dû se faire garder par une escorte importante, « parce que le lieu n'était pas sûr et qu'il s'y trouvait comme dans un pays de sauvages ». — Ce récit fantaisiste mit dans un état violent d'exaspération le brave précepteur, qui se mit à fouiller fiévreusement les archives pour y trouver de quoi réfuter l'impertinent journaliste. Malheureusement, les archives du château n'ont rien révélé à ce sujet.

1589. — Capucins. — Donation par Me Jehan Prévôt, prêtre docteur en Théologie, chanoine de Notre-Dame de Paris et archidiacre de Josas, comme fondé de procuration spéciale de M. le cardinal de Gondy, archevêque de Paris, de la Léproserie de Saint-Lazare et de la chapelle de ladite Léproserie, sise *au faubourg de l'Aumône, à Pontoise,* aux Capucins dudit faubourg, pour en jouir par eux à perpétuité, à la charge de laisser jouir le chapelain actuel des fruits et bénéfices jusqu'à sa mort, et d'acquitter les fondations de ladite chapelle. Donné à Paris, le 21 octobre 1589.

(Archives de Pontoise : copie collationnée. — V. mss. Pihan de la Forest, I, ff. 5.)

1590. 20 février. — Les curés de Saint-Maclou et un très-grand nombre de bourgeois signent un acte de notoriété relatif à un sieur Jean Huehors, constatant : « que ledit Huehors appartient à la religion catholique, apostolique et romaine, en laquelle il a tousjours nourry sa femme et ses enfants ; que, tant aux jours ouvrables que festes solennelles, il assiste au service divin, et a reçu plusieurs fois, en présence des témoins, les sacrements dans l'église St-Maclou dont il est paroissien. »

1590. — Sur les Lemercier. — Les noms de famille *Mercier* et *Lemercier*, se retrouvent fréquemment dans l'état civil de Pontoise, à la fin du xvie siècle ; nous avons eu l'occasion de citer d'abord : un Mercier (Pierre), architecte de l'ancienne église de Notre-Dame (v. ci-dessus, p. 131) ; plus loin, nous voyons un Lemercier, également architecte, ou plutôt, comme l'on disait alors, *mestre masson*, traiter avec M. d'Alincourt pour la construction de la citadelle ; celui-ci demeurait *à la Foulerie* ; antérieurement, nous avions vu N. Le Mercier, locataire d'une des *quatre places* appartenant à la fabrique de Notre-Dame, etc. (V. ci-dessus, p. 34.)

Le célèbre architecte Jacques Lemercier, *né à Pontoise* (vers 1590, disent les biographes), était évidemment un descendant de cette famille, qui paraît avoir eu un goût marqué pour l'art de la construction. Richelieu chargea Lemercier d'élever la Sorbonne et le Palais-Cardinal (Palais-Royal). Il exécuta de nombreux travaux, parmi lesquels le célèbre escalier de Fontainebleau. Il termina également l'Oratoire et commença l'église Saint-Roch. Enfin, ce fut lui qui construisit le pavillon du Louvre, à droite du pavillon *de l'Horloge* ; quoique un peu lourd, son style ne manquait pas de grandeur, ni d'inspiration.

Un portrait de Lemercier, donné par l'État, est placé dans l'une des salles de l'Hôtel-de-Ville de Pontoise.

1595. 3 mai. — « Antoine de Saffre, cap^{ne} d'une compagnie de gens de pié, donne procuration à..... (nom en blanc) de, pour et au nom de luy, comparoir par devant M. le Prévost de Paris, pour procéder à l'élection de tuteur et curateur aux personnes et biens de dam^{les} Magdelaine et Catherine de Neuf-ville, filles mineures d'ans, de messire Charles de Neufville, chev^{er}, s^r et baron d'Hallincourt et de deff^{te} dame Marguerite de Mandelot, jadis sa femme ; et déclarer qu'il est d'advis qu'il soit pourveu ausd^{es} d^{lles} d'un tuteur de la personne de messire Nicolas de Neufville, chev^{er}, s^r de Villeroy, cons^{er} et secrét^{re}

d'État du Roy, leur aïeul paternel, et que pour son soullage-
ment, attendu les grandes et importantes affaires esquelles il
est continuellement emploié pour le service du Roy et du
publicq, il lui soit permis commettre telles personnes que bon
lui semblera pour régir, gouverner et administrer les biens sur
la recepte et despense d'iceux. » (*Minutes Prévost.* — Étude de
Mᵉ Jouarre, successeur de M. Léon Thomas, notaire.)

1597. — MONTGEROULT. — « Le 16 juillet, F.-J. Doublet, prieur de Chaumont,
auteur des *Antiquités de l'abbaye de Saint-Denis*, fut chargé, avec J. Colletet, prieur
de Notre-Dame-du-Val, de rechercher les droits seigneuriaux de la terre de Montgeroult. Ces droits seigneuriaux furent adjugés le 19 mars 1599 à J. de Dosnon pour
1,200 écus sol (soit environ 7,000 francs). Les religieux de Saint-Denis avaient éprouvé
de grandes pertes, dès 1594, par suite des guerres de la Ligue, et furent forcés
d'aliéner les biens de Chars, Montgeroult, etc. ; ils possédaient cette dernière seigneurie
depuis l'an 893 (706 ans), époque où Charles-le-Chauve leur avait donné la justice du
Vexin. Le nouveau seigneur, de Dosnon, fut installé par G. de Monthiers, bailli de
Pontoise. » (V. *Notice historique sur Montgeroult*, par l'abbé Loisel, in-12, 1873.)

1597. — SAINT-OUEN-L'AUMÔNE. — « Le 29 septembre, mourut, à la suite du siége
d'Amiens, Abraham Krettezer de Soleure, capitaine de 300 suisses, sous le grand
colonel Buelhagarde de Grisach. Il fut enterré dans l'église de Saint-Ouen (chapelle
méridionale de saint Vincent et saint Éloi). Le fief de Saint-Ouen, qui est le titre de
la seigneurie de Saint-Ouen-l'Aumône, appartenait, à la fin du XVIⁱᵉ siècle, à l'Hôtel-
Dieu de Chars, qui le vendit en 1602. » (Archives de la Ville.)

1598. — ARCHIVES DE ROUEN. — C. 1239. — 22 janvier. Lettres patentes ordonnant au bureau des Comptes d'admettre en la recette de C. Guérin, receveur des
deniers communs de Pontoise, 712 écus restant de 1,930 écus perçus pour l'entretien
des fontaines, etc., etc. Les sommes payées par les habitants pour le bois et la chandelle de la garnison s'élèvent à 930 écus 24 s. *du 1ᵉʳ juillet 1593 au 1ᵉʳ juillet 1599.*

1598. — PROCÈS VATHERIE. (P. S.) — Nous avons retrouvé,
dans nos Archives Municipales, une note qui jette quelque
lumière sur l'issue du procès analysé plus haut ; ce sont les
conclusions du procureur du roi : Vatherie avait appelé du
jugement rendu contre lui par le lieutenant du bailli de Senlis.
Ce jugement ne fut rendu que le 17 avril 1598 ; les échevins,
de leur côté, avaient interjeté appel de la sentence « en ce
qu'elle avait fait contre eux » ; voici le résumé des conclusions
prises devant la Cour par le procureur :

« Requis pour le Roy.... sur les appellations respectivement interjetées, être les
parties mises hors de Cour et de procès, et ce faisant, il soit dit, que ladite sentence dont est appel sortira son plein et entier effet ; que néanmoins, deffences seront

faictes audit lieutenant de Ponthoise *de plus juger à l'avenir* aucuns procez, ny diffé-
rends, où ledict sᵍʳ Roy, le public (*c'est-à-dire l'administration publique*) l'église,
les mineurs et communautez y auront intérèt..... » (Signature illisible ; dans le bas est
écrit en note : « Ducis, rappʳ. » — Arch. Mun. FF. 18, 1 ff. papʳ.) — (V. ci-dessus,
p. 232, le fac-simile de la signature de Vatherie.)

Malgré ses démêlés avec la Ville, C. Vatherie fut encore réélu
syndic de 1613 à 1615. Il mourut de la peste (octobre 1625).

1599. — 3 mars. — Baptême de Charles, f. de E. Regnault, capⁿᵉ du chasteau.
Parrains : M. d'Alincourt et Guillaume Le Prestre, seigneur de Menucourt ; marraine :
Marie Baudry, épouse de M. de Monthiers. (*Reg. de Saint-Mellon.*)

1609-1877. — POPULATION DE PONTOISE. — Voici quelques chiffres concernant
la population de Pontoise à diverses époques :

D'après Lebeuf, en 1726, on n'aurait compté que 2,947 habitants ; toutefois, ce
chiffre est en désaccord avec ceux du dénombᵗ Saugrain, avec d'Expilly, et autres.

D'après le *Dictionnaire géogr., hist. et politique* de l'abbé d'Expilly (Paris, in-fᵒ,
1762-70), Pontoise compte 655 feux. — En 1777, d'après le *Rôle de la capitation*,
la ville contient 4,450 personnes, en y comprenant les faubourgs de N.-D., d'Ennery
et de l'Hermitage. A ce chiffre, il faut ajouter le personnel des deux hôpitaux et des
communautés, s'élevant à 160 personnes, soit au total, en 1777 : 4,610 habitants. —
En 1798 (an VII), la population s'élève à 5,270 personnes, soit une augmentation de
660 individus depuis 1777. — 1801 (an IX), population : 5,104. — 1806 : 5,058. —
1830 : 5,458. — 1840 : 5,404 habitants.

De 1850 à 1870, la population de la ville augmente sensiblement ; sauf quelques
variations, chaque recensement indique un progrès nouveau.

Voici enfin les chiffres fournis par le recensement de 1876, lequel, par parenthèse,
accuse une légère diminution de population sur celui de 1872. La ville comprend
1,137 maisons, habitées par 6,285 personnes. Ce total se décompose ainsi : Hommes :
garçons, 1,331 ; mariés, 1,384 ; veufs 177 ; total : 2,892. — Femmes : filles, 1,411 ;
mariées, 1,395 ; veuves, 493 ; total : 3,299. — Il faut ajouter à ces chiffres 94 individus de population flottante ou additionnelle ; total général : 6,285.

Ces chiffres, comme les divers extraits cités plus haut, ont été pris dans les Archives
Municipales, dont M. le Maire de Pontoise a bien voulu nous donner communication.

FIN DE L'APPENDICE.

INDEX ALPHABÉTIQUE

DES

NOMS DE PERSONNES ET DE LIEUX

CITÉS DANS CET OUVRAGE.

AVIS. — Les chiffres placés après une division -, renvoient le lecteur à la partie intitulée : DOCUMENTS HISTORIQUES, et à l'APPENDICE (partie paginée en chiffres romains).

Nous n'avons pas cru utile de donner l'indication des pages pour les noms répétés très-souvent dans le volume ; ces noms sont reproduits en CAPITALES et sans chiffres de renvoi à la suite.

Ces observations s'appliquent aux *trois* tables qui suivent.

INDEX DES NOMS DE LIEUX.

NOTA. — Les noms de lieux, autres que ceux des villes et communes, sont indiqués en *italiques*. Le lecteur est prié de se reporter à l'index suivant pour les noms de *lieux* ou de *terres seigneuriales* (noms féodaux), employés comme noms de famille. Exemple : *Moussy* (le sg^r de), - 44, etc.

INDEX DES NOMS DE PERSONNES.

NOTA. — Dans cette liste se trouvent compris les noms des *personnages historiques*, et ceux des *habitants de Pontoise*, de la période de la Ligue, dont il est fait mention dans ce volume ; malgré sa longueur, nous avons cru devoir faire ce relevé, qui peut faciliter des recherches et offrir aussi quelque intérêt au point de vue généalogique. Nous avons très-souvent conservé l'orthographe ancienne des noms cités.

INDEX DES NOMS D'AUTEURS.

FIN   DE   L'INDEX.

TABLE

TABLE DES MATIÈRES

(*) Pour plus de détails, voir le sommaire en tête de chaque chapitre.

TABLE DES GRAVURES

PLANCHES HORS TEXTE.

SUJETS DANS LE TEXTE.

TABLE. CXIII

FIN DE LA TABLE.

PAGINATION.

ERRATA.

TEXTE. — P. 12, ligne 9e, au lieu *d'Henri III*, lisez : *de Henri III*.

P. 64 (note), ligne 15e, au lieu de *Davergne*, lisez : *Dauvergne*.

P. 64 (note), ligne 32e, au lieu de *sœur*, lisez NIÈCE (de M. de Monthiers). (Mme veuve Hénin, née Angélique-Charlotte de Monthiers, et *sœur* de M. de Monthiers, est décédée le 30 juin 1877, à Paris).

P. 90 (note), après les mots *de la ville*, ajouter : *(ce que nous appellerions aujourd'hui le ministère public)*, etc.

P. 110 (tête de page, date), au lieu de 1597, lisez : 1589.

P. 119, ligne 1re, au lieu de *François Robert*, lisez : *Robert François*.

P. 165, ligne 22e, au lieu de *l'Isle-de-Adam*, lisez : *l'Isle-Adam*.

P. 185, ligne 9e, au lieu de *ces généraux*, lisez : *ses généraux*.

DOCUMENTS HISTORIQUES. — No II, p. VII, ligne 25e, après le mot desprits, annotation omise : (') *Desprits*, n'est-ce pas *despits* ?

No IV, p. XIX, ligne 24e, au lieu de *Soubs-le-Jour*, lisez : *Soubs-le-Four* (Gouzangrez).

No VIII, p. XLII, ligne 24e, au lieu de *et faire*, lisez : *et à faire*.

No XI, p. LXI, ligne 18e, au lieu de *qu'en elle en serait*, lisez : *qu'elle en serait*.

PONTOISE

IMPRIMERIE TYPOGRAPHIQUE

Amédée Pâris

ANCIENNE MAISON DUFEY

FONDÉE EN 1793.

www.ingramcontent.com/pod-product-compliance
Lightning Source LLC
Chambersburg PA
CBHW061119220326
41599CB00024B/4099